Fachlich argumentieren lernen

AF288793

Waxmann Verlag GmbH
Steinfurter Straße 555, 48159 Münster
info@waxmann.com

LEHRERINNENBILDUNG GESTALTEN

Hrsg. vom
Zentrum für LehrerInnenbildung
der Universität zu Köln

Band 7

Wie die Schule so ist auch das Feld der (Aus-)Bildung von Lehrerinnen und Lehrern in Bewegung und in einem tiefgreifenden Wandlungsprozess begriffen. Die Einsicht in die Heterogenität der Lernvoraussetzungen und Bildungsbedingungen auf Seiten der Schülerinnen und Schüler ist gestiegen und erfordert eine Organisation der (Aus-)Bildung, die fachliche, fachdidaktische und bildungswissenschaftliche Wissensbestandteile stärker aufeinander bezieht und zu einem professionellen Habitus zusammenbinden lässt. Damit verbunden ist die Notwendigkeit, die Praxisphasen als roten Faden über die Ausbildungsphasen hinweg zu gestalten und die Kooperation der unterschiedlichen Akteure der grundständigen Bildung, des Vorbereitungsdiensts und der Fortbildung zu stärken. Die seit langem bekannte Forderung nach einer gelingenden Theorie-Praxis-Verzahnung ist in den letzten Jahren in eine neue Dynamik geraten und verlangt nach einem Ausbau wie auch neuen Akzentuierungen in der bildungswissenschaftlichen und fachdidaktischen Forschung, um Unterrichts- und Schulentwicklung zu begleiten und zu unterstützen.

Die Reihe LEHRERINNENBILDUNG GESTALTEN setzt an diesem Entwicklungsprozess an und präsentiert Beiträge, die die Herausforderung einer neuen und innovativen (Aus-)Bildung von Lehrerinnen und Lehrern aktiv aufgreifen und Impulse für deren weitere Entwicklung setzen.

Alexandra Budke, Miriam Kuckuck,
Michael Meyer, Frank Schäbitz,
Kirsten Schlüter, Günther Weiss (Hrsg.)

Fachlich argumentieren lernen

Didaktische Forschungen zur Argumentation in den Unterrichtsfächern

Waxmann 2015
Münster • New York

Fachlich
Argumentieren
lernen

Bibliografische Informationen der Deutschen Nationalbibliothek
Die Deutsche Nationalbibliothek verzeichnet diese Publikation in der
Deutschen Nationalbibliografie; detaillierte bibliografische Daten sind
im Internet über http://dnb.d-nb.de abrufbar.

LEHRERINNENBILDUNG GESTALTEN, Band 7

ISSN 2194-8429
Print-ISBN   978-3-8309-3191-1
E-Book-ISBN 978-3-8309-8191-6

© Waxmann Verlag GmbH, 2015
www.waxmann.com
info@waxmann.com

Umschlaggestaltung: Anne Breitenbach, Münster
Satz: Stoddart Satz- und Layoutservice, Münster

Gedruckt auf alterungsbeständigem Papier,
säurefrei gemäß ISO 9706

Inhalt

Einführung

Alexandra Budke & Michael Meyer
Fachlich argumentieren lernen – Die Bedeutung der Argumentation
in den unterschiedlichen Schulfächern 9

Teil I: Fachspezifische Argumentationen

Ralph Schwarzkopf
Argumentationsprozesse im Mathematikunterricht der Grundschule:
Ein Einblick 31

Anke Uhlenwinkel
Geographisches Wissen und geographische Argumentation 46

Carsten Roeger
Philosophisches Argumentieren 62

**Teil II: Aktuelle Bedeutung von Argumentation
im Unterricht und Kompetenzen der SchülerInnen**

Miriam Kuckuck
Argumentationsrezeptionskompetenzen von SchülerInnen –
Bewertungskriterien im Fach Geographie 77

Aline Willems
Fachlich argumentieren lernen im Unterricht der modernen
Fremdsprachen – eine Bestandsaufnahme 89

Petra C. Tebaartz & Katja Lengnink
Was heißt „mathematischer Beweis"? – Realisierungen in Schülerdokumenten 105

Teil III: Argumentieren in den Fächern als Teil politischer Bildung

Andreas Vohns
Argumentationen in der Mathematik – Mathematik in Argumentationen:
Ein bildsames Spannungsverhältnis? 123

Stephanie Leder
Bildung für nachhaltige Entwicklung durch Argumentation
im Geographieunterricht 138

Teil IV: Bewertung durch Argumentation

Monika Tautz
Argumentieren lernen im Rahmen religiöser Bildungsprozesse –
Einüben in die Rationalität religiöser Überzeugungen 153

Hannes Sander & Dietmar Höttecke
Bewertungskompetenz in der Physikdidaktik:
Zwischen Rationalität und Intuition 167

Elke Visser & Corinna Hößle
Bioethisch argumentieren – Ein diagnostischer Blick
auf die Bewertungskompetenz im Biologieunterricht 182

Teil V: Förderung von Argumentationskompetenzen

Jenny Christine Cramer
Förderung der Entstehung mathematischen Argumentierens aus
Perspektive der Diskursethik von Habermas 199

Marcel Mierwald & Nicola Brauch
„Ich denke, dass Anne Franks Tagebücher eigentlich eine sehr gute
Quelle sind, da ...“ – Zur Konzeptionalisierung und Förderung des
historischen Argumentierens im Fach Geschichte 215

Monika London & Carolin Mayer
Argumentierend Arithmetik lernen 230

Florian Böttcher & Anke Meisert
Modellbasiertes naturwissenschaftliches Argumentieren im Biologieunterricht.......... 248

Teil VI: Fächervergleichende Argumentation

*Alexandra Budke, Angelika Creyaufmüller, Miriam Kuckuck, Michael Meyer,
Frank Schäbitz, Kirsten Schlüter, Günther Weiss*
Argumentationsrezeptionskompetenzen im Vergleich
der Fächer Geographie, Biologie und Mathematik........................ 273

Jelko Peters
Schriftliches Argumentieren in den Fächern Deutsch und Geschichte.
Ein Vergleich der Operatoren für die Abiturprüfung 298

Teil VII: Kurzbeiträge

Veit Maier
Planungsaufgaben in deutschen Geographieschulbüchern............................. 313

Sarah Göbert
Die Fach(un-)spezifik des argumentierend-erörternden Schreibens –
vergleichende Untersuchung der Fächer Deutsch, Geschichte und Biologie............. 316

Dorothee Gronostay
Videostudie zur Qualität von argumentativen Lehr-Lernprozessen
im Fachunterricht Politik/Wirtschaft 321

Sabrina Dittrich
Problemlösen und Argumentieren – Behandlung von Mensch-Umwelt-
Interaktionen im Geographieunterricht................................... 324

Florian Kolbinger & Arne Dittmer
Das Wesen der Biologie vermitteln: Ein domänenspezifisches
Kommunikations- und Argumentationstraining für angehende Lehrkräfte 327

Einführung

Alexandra Budke & Michael Meyer

Fachlich argumentieren lernen – Die Bedeutung der Argumentation in den unterschiedlichen Schulfächern

Argumentieren ist kein neues Phänomen und wird bereits seit langer Zeit wissenschaftlich untersucht. Tatsächlich reichen die Ursprünge der theoretischen Beschäftigung mit Argumentation bis zu Aristoteles zurück, der vor über 2 300 Jahren in seiner „Rhetorik" die ersten Überlegungen zur „überzeugenden Rede" anstellte.

Heute lassen sich bei Google zum Stichwort „Argumentation" über 14 Mio. Treffer finden und bei Google Scholar über 840 000 wissenschaftliche Veröffentlichungen aus den unterschiedlichsten Disziplinen wie Sprach-, Wirtschafts- oder Rechtswissenschaft, Philosophie, Soziologie, Geschichte, Theologie oder Geographie. Es stellen sich die Fragen, woher dieses anhaltende große öffentliche sowie wissenschaftliche Interesse am Thema rührt und welche Bedeutung die schon in der Antike eingesetzte Methode für unsere heutige Gesellschaft und damit insbesondere für den Schulunterricht hat.

1. Gesellschaftliche Bedeutung von Argumentation

1.1 Vermittlung von Orientierungskompetenz, Hilfe bei Entscheidungsfindung und Entscheidungsrechtfertigung

Insbesondere soziologische Arbeiten machen deutlich, dass wir uns nach dem Ende der Industriegesellschaft in einer „Risikogesellschaft" (Beck, 1986) befinden, in welcher der/die Einzelne zunehmend Verantwortung für seinen Lebensweg übernehmen muss. Beruf, Ehepartner, Lebensstil, Bildungsabschluss, Lebensort etc. sind längst nicht mehr durch die Geburt in bestimmte Klassen oder soziale Gegebenheiten (z.B. bildungsnahe oder bildungsferne Umgebung) vorgegeben, sondern müssen von jeder/jedem Einzelnen gewählt werden. Dies bedeutet, dass ständig Entscheidungen getroffen und die eigene Biographie aktiv gestaltet werden muss. „(…) das Individuum der Moderne wird auf vielen Ebenen mit der Aufforderung konfrontiert: du darfst und du kannst, ja du sollst und du musst eine eigenständige Existenz führen jenseits der alten Bindungen von Familie und Sippe, Religion, Herkunft und Stand (…)" (Beck & Beck-Gernsheim, 1994, S. 25). Mit dem exponentiellen Zuwachs an Entscheidungschancen wächst dann auch der Entscheidungsbedarf jedes/jeder Einzelnen (Kopperschmidt, 2000). Die Handlungsalternativen, zwischen denen der/die Einzelne lokal wählen muss, scheinen sich auf globaler Ebene zunehmend zu ähneln. Einige WissenschaftlerInnen diagnostizieren nicht nur, dass wir uns in einem Globalisierungsprozess, sondern schon in einer „Weltgesellschaft" befinden (vgl. Stichweh, 2000). Dies bedeutet, dass sich viele Möglichkeiten und Barrieren, in deren Grenzen menschliches Handeln stattfindet, heute immer weniger als typisch für den jeweiligen Nationalstaat beschreiben lassen. Auch Kommunikation findet zunehmend auf globaler Ebene, zwischen räumlich weit entfernten InteraktionspartnerInnen statt. Die dabei notwendige Orientierungskompetenz wird in unserem postmodernen Zeitalter u.a. durch Argumentation erlangt, da auf diese Weise verschiedene Handlungsoptionen bewertet und abgewogen werden können (Wohlrapp, 2006, S. 33).

Die Pluralisierung von Lebensstilen in der „reflexiven Moderne" (Beck, Giddens & Lash, 1994) verschärft zudem den Druck, die individuell getroffene Wahl von Beruf(en), Wohnort(en), Freund(en), Lebenspartner(n) und Überzeugungen argumentativ zu rechtfertigen. Das Handeln als gesellschaftliches Individuum setzt somit voraus, argumentieren zu können.

1.2 Vermittlung von Handlungsfähigkeit durch die diskursive Aushandlung von Weltbildern und Überzeugungen

Nicht nur Handlungsentscheidungen können mithilfe der Argumentation vorbereitet und gerechtfertigt werden, sondern auch Vorstellungen, Weltbilder und Überzeugungen können durch Argumentationen mit den InteraktionspartnerInnen entwickelt und ausgehandelt werden. Die Argumente helfen dabei verschiedene Optionen gegeneinander abzuwägen, plausible Begründungen auszuprobieren und an den Reaktionen der GesprächspartnerInnen zu testen. Dabei kann natürlich auch auf verschiedene gesellschaftliche Diskurse (Glasze & Mattisek, 2009) Bezug genommen werden, welche ihrerseits ebenfalls auf Argumentationen beruhen. Wer z.B. erwägt, vegan zu leben, kann auf verschiedenste in den Medien und durch die private Kommunikation verbreitete Argumentationsansätze für oder gegen diese Entscheidung zurückgreifen. Die argumentative Aushandlung von Weltbildern und Überzeugungen macht die Menschen erst handlungsfähig. „Praxis braucht Argumentationen, die Ungewissheit durch methodisches Anschließen an geteilte Gewissheiten so weit zu reduzieren vermögen, dass sie ein auf bewährte Plausibilitätsannahmen gestütztes (!) und deshalb verantwortliches Reden und Handeln zulassen" (Kopperschmidt, 2000, S. 20/21).

1.3 Möglichkeit der friedlichen Konfliktlösung

Ausgangspunkt jeder Argumentation ist die Begründungsbedürftigkeit einer bestimmten These. Generell kann man Argumentationen als ein Problemlöseverfahren betrachten, bei dem eine strittige Behauptung durch Begründungen widerlegt oder bestätigt werden soll (u.a. Meyer, 2007; Lueken, 2000; Bayer, 1999; Kopperschmidt, 1995; Kienpointner, 1983). Das Ziel der Argumentation ist es demnach, durch logische Begründung bei den jeweiligen InteraktionspartnerInnen Zustimmung zur eingenommenen Position zu erreichen. Gelingt dieses, löst sich die Strittigkeit auf, es wird Verständnis und Einvernehmen erreicht, was Grundlage für weitergehendes (gemeinsames) Handeln sein kann. Damit ist die Argumentation ein Verfahren, das

Anwendung findet, um Konflikte anzusprechen, die eigene Position zu erläutern und auf der Grundlage des erreichten Konsenses gewaltfreie Lösungen zu erarbeiten. Es wird sowohl im privaten Bereich, z.B. zur Lösung von Ehestreitigkeiten als auch im öffentlichen Bereich eingesetzt, z.B. bei der Streitschlichtung unter SchülerInnen in der Schule oder bei Konflikten zwischen Staaten, die durch diplomatische Konsensfindungen gelöst werden sollen.

1.4 Grundprinzip der Demokratie

Die Demokratie zeichnet sich als System aus, in dem politische Entscheidungen durch Argumentationen vorbereitet werden, durch die nach den besten Lösungen für die anstehenden Probleme gesucht wird. Idealerweise sollten diejenigen Entscheidungen vom politischen System getroffen werden, für die im Diskurs die besten und überzeugendsten Argumente gefallen sind. Auf dieser Grundlage werden dann kollektiv bindende Entscheidungen getroffen. „Die Organisation einer Gesellschaft, die dieses argumentative Verständigungsmodell bzw. ‚Diskursprinzip‘ (Habermas, 1999) für das Findungsverfahren kollektiv bindender Entscheidungen politisch institutionalisiert hat, nennen wir Demokratie" (Kopperschmidt, 2000, S. 26). Grundlage jeder Demokratie ist die Idee der „mündigen BürgerInnen", welche die auf Argumentationen beruhenden Entscheidungen des politischen Systems verstehen und beurteilen können und ihre eigenen Meinungen, Vorstellungen und Interessen u.a. durch Argumentationen äußern und verfolgen. Überzeugend argumentieren zu können wird in diesem Zusammenhang auch zu einer Machtressource, um die eigenen Interessen (politisch) durchzusetzen.

1.5 Mittel wissenschaftlicher Erkenntnis

Wichtigstes Ziel der Wissenschaft ist die Produktion von Wahrheiten auf der Grundlage von Argumentationen. „In diesem Sinne ist das symbolisch generalisierte Kommunikationsmedium Wahrheit Bedingung der, ja Katalysator für die Ausdifferenzierung von Wissenschaft als System" (Luhmann, 1992, S. 273). Der aktuelle Forschungsstand oder, anders gesagt, die aktuell gültigen Wahrheiten werden in Form von Theorien formuliert, die logische Begründungen für die jeweiligen Schlussfolgerungen enthalten. Je nach Disziplin und ihrer jeweiligen wissenschaftstheoretischen Fundierung kann dies in Form der Hypothesentestung auf der Grundlage neuer empirischer Ergebnisse geschehen. Durch Argumentationen werden Interpretationen gestützt, Reichweite und Übertragbarkeit eingeschätzt sowie mit bisherigen Arbeiten in Verbindung gesetzt. Dabei setzt jede Disziplin für sie typische Argumentationsformen ein. Nach der Publikation der wissenschaftlichen Argumentationen werden diese von der jeweiligen wissenschaftlichen Gemeinschaft rezipiert und wieder in Form von fachspezifischen Argumentationen beurteilt. Auf diese Art und Weise können die wichtigsten wissenschaftlichen Fragen der Disziplin, ihre jeweiligen Forschungsmethoden diskutiert und die vorhandenen Belege beurteilt werden. Argumentationen sind demnach ein wichtiges Mittel, um wissenschaftlichen Fortschritt zu gewährleisten.

Die bisherigen Ausführungen haben gezeigt, dass es sich bei der Argumentation um eine wichtige Kulturtechnik handelt, die in verschiedenen gesellschaftlichen Bereichen große Relevanz hat. Jetzt stellt sich die Frage, welche Bedeutung ihr im schulischen Kontext zukommt.

2. Argumentationen im Unterricht

Generell kann man sagen, dass Unterricht ohne Kommunikation nicht möglich ist. Wenn Wissen vermittelt, Bedeutungen ausgetauscht bzw. ausgehandelt oder Ergebnisse präsentiert werden sollen, muss kommuniziert werden. In den letzten Jahren wurde in den Fachdidaktiken verstärkt über die Kommunikationskompetenzen der SchülerInnen diskutiert, welche durch den schulischen Unterricht aufgebaut werden sollen. Ausgangspunkt war das schlechte Abschneiden deutscher SchülerInnen in verschiedenen Schulleistungsstudien wie TIMSS (1995) und PISA (2000, 2003) und die daraus resultierende Forderung der Kultusministerkonferenz, verpflichtende nationale Bildungsstandards in den Naturwissenschaften, Mathematik, Deutsch und den ersten Fremdsprachen Englisch und Französisch bis 2004/05 einzuführen. Ziel war die Definition von Kompetenzen, die SchülerInnen am Ende eines bestimmten Ausbildungsabschnittes erreicht haben sollten. Anstelle der in den Richtlinien bis dahin zu findenden Beschreibungen, was wann gelernt werden solle, wollte man in den Standards definieren, welche Kompetenzen (Weinert, 2001, S. 27) die SchülerInnen sich wann angeeignet haben sollten. War die Vermittlung von sprachlicher Kompetenz und Kommunikationsfähigkeit seit jeher Ziel des Deutschunterrichts und der Fremdsprachen, wurde diese im Zuge der Einführung der nationalen Bildungsstandards auch als wichtiger Bestandteil aller anderen Fächer definiert, da man erkannte, dass das fachliche Wissen durch Kommunikation individuell „in Wert" gesetzt und für die Lösung von Problemen nutzbar gemacht werden kann. Kommunikationskompetenzen sind für die Lernenden von besonderer Bedeutung, da sich ihnen die Fachinhalte im Unterricht in Form von Kommunikationsangeboten darbieten, die sie entschlüsseln, verarbeiten und bewerten können müssen. Dazu schienen neben fachlichen Kenntnissen auch sprachliche von Relevanz. Neben der individuellen Rezeption der fachspezifischen Darstellungen ist auch die Befähigung zur interaktiven Auseinandersetzung über Fachinhalte und die kommunikative Darstellung des Gelernten eine wichtige Fähigkeit, um das inhaltliche Wissen zur tatsächlichen Lösung von Problemen einzusetzen. In diesem Kontext wurde auch die Argumentationskompetenz als wichtiges Ziel des Unterrichts aufgenommen, was sich ebenso aus ihrer schon dargestellten gesellschaftlichen Relevanz ergibt. Sieht man sich z.B. die aktuellen Kernlehrpläne von NRW für die Sekundarstufe I am Gymnasium und an der Realschule an, kann man erkennen, dass Argumentationen in allen Unterrichtsfächern, mit Ausnahme der Fächer Kunst, Musik und textiles Gestalten, vorgesehen sind (MSW NRW, 2013b).

Die Funktionen des Argumentierens für den Unterricht selbst sind unbestritten und umfassen kognitive, soziale und affektive Aspekte. Die kognitiven Aspekte betreffen beispielsweise die Vorbereitung auf das Führen deduktiver Beweise. Im fächerübergreifenden Sinn kann weiterhin die Ausbildung des kritischen Vernunftgebrauchs (Heymann, 2013) als ein wesentliches Ziel allgemeinbildenden Unterrichts angeführt werden. Die eigene Vernunft kritisch zu gebrauchen bedeutet dabei, Tatsachenbehauptungen und Werturteile nicht einfach hinzunehmen, sondern sie – idealerweise ungeachtet eines vermeintlichen Anspruches von Autorität, mit dem sie vertreten werden – zu hinterfragen, sie auf Unstimmigkeiten zu untersuchen und dabei der Kraft der eigenen Urteilsfähigkeit zu vertrauen. Insofern soll das fachliche Argumentieren im Unterricht auf rationale Diskurse außerhalb des Unterrichts vorbereiten (s. Winter, 1975; Lauter, 1991). Damit wird dem Argumentieren in einem jeweiligen Fach eine Bedeutung zugesprochen, die über das Fach hinausgeht. Dies impliziert auch, dass es eine allgemeine, fachunabhängige Argumentationsfähigkeit geben muss. Inwiefern diese Fähigkeit, die unabhängig von den Fachinhalten sein müsste, bei Lernenden ausgeprägt ist, wurde jedoch bisher noch nicht wissenschaftlich analysiert.

Wie die obige Darstellung bereits zeigt, sind affektive Lernziele bei dem unterrichtlichen Einsatz von Argumentationen stark involviert. Die SchülerInnen lernen beim Argumentieren auch, die eigene Sichtweise durch Argumente überzeugend darzustellen. Sie können erleben, dass ihre Argumente verstanden und ernst genommen werden. Die Fähigkeit überzeugend zu argumentieren und mutig eine Gegenposition einzunehmen, kann das Selbstvertrauen stärken.

Unabhängig vom jeweiligen Fachinhalt werden durch Argumentationen auch soziale Lernziele verfolgt. SchülerInnen können andere Perspektiven als ihre eigene auf die Welt kennenlernen. Sie hören anderen Personen zu, prüfen deren Argumente und entwickeln eigene, die auf die Adressaten abgestimmt sind. Sie setzen sich durch Argumentationen mit anderen Sicht- und Begründungsweisen auseinander und bewerten sie. Sie müssen Widersprüche aushalten und Auseinandersetzungen auf friedliche Art und Weise auszutragen lernen. Dabei schulen sie ggf. auch ihre Fähigkeiten zur Kompromiss- und Lösungsfindung. „In keinem anderen Unterrichtszusammenhang haben die Schülerinnen und Schüler derartige Möglichkeiten, sich selbst, ihr Erleben und ihre Positionierung zu thematisieren, Handlungsspielräume im Verhalten und in der Darstellung zu nutzen und ihr individuelles Interaktionshandeln einzubringen" (Spiegel, 2006, S. 34).

Grundsätzlich kann man zwei Arten identifizieren, wie die Bedeutung von Argumentation in den unterschiedlichen Unterrichtsfächern begründet wird: Argumentationskompetenz als Ziel des Unterrichts und Argumentation zum Aufbau anderer Kompetenzen (siehe Abbildung 1).

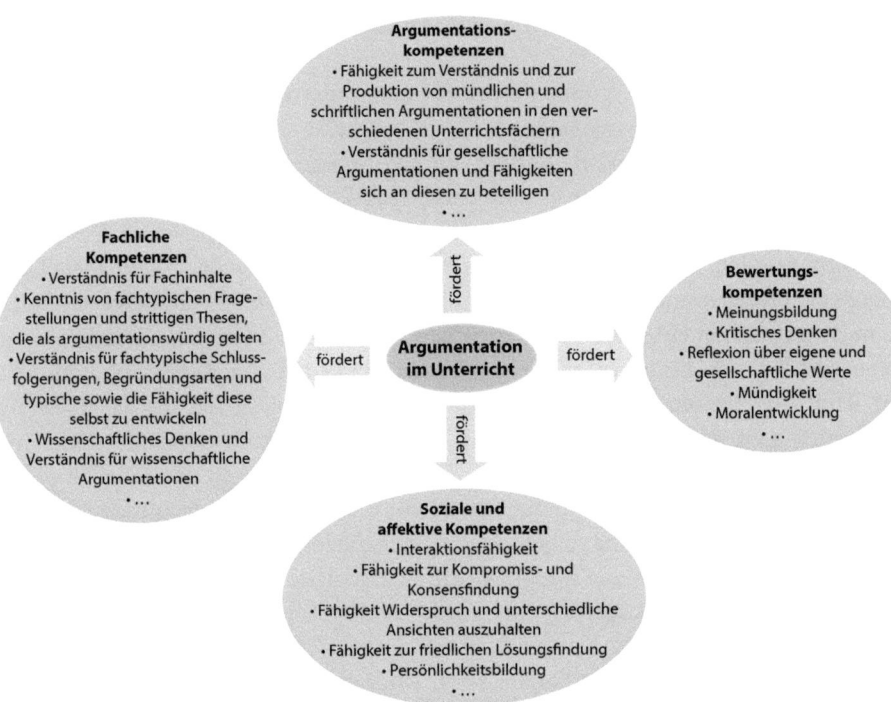

Abb. 1: Bedeutung der Argumentation im Unterricht (eigene Darstellung)

2.1 Argumentationskompetenz

Da Argumentationen, wie schon dargelegt, eine so große gesellschaftliche Bedeutung haben, sollten die Fähigkeiten, diese verstehen und selbst produzieren zu können, natürlich auch im Laufe der Schulzeit erworben werden. Dabei bereiten die Schulfächer die SchülerInnen entsprechend ihrer fachspezifischen Ziele, Gegenstände und Perspektiven auf unterschiedliche Argumentationsarten vor. Während man z.B. im Mathematikunterricht das Verständnis von Argumentationen in Form von Berechnungen erlernt, analysiert man im Deutschunterricht Argumentationen in Zeitungsartikeln und im Geographieunterricht Argumentationen auf der Grundlage kartographischer Darstellungen. In Anlehnung an die allgemeine Kompetenzdefinition von Weinert (2001, S. 27) bedeuten Argumentationskompetenzen im Schulkontext dann, „dass die SchülerInnen über Fähigkeiten und Fertigkeiten verfügen, mündliche und schriftliche Argumentationen in verschiedenen fachlichen Kontexten zu verstehen, eigene Argumentationen zu produzieren und in der Interaktion mit anderen auf Argumentationen angemessen zu reagieren, sowie auch, dass sie die damit verbundenen motivationalen, volitionalen und sozialen Bereitschaften aufweisen, diese Argumentationsfähigkeiten in variablen Situationen erfolgreich und verantwortungsvoll zu nutzen" (Budke, 2013, S. 360).

Aus dem europäischen Referenzrahmen für Sprachen (vgl. Europarat, 2001) können die in dieser Definition genannten Teilbereiche der Argumentationskompetenz abgeleitet werden. Man kann Argumentationsrezeption von -produktion und -interaktion unterscheiden. Diese drei Bereiche finden sich sowohl im Mündlichen als auch im Schriftlichen (vgl. Budke, Schiefele & Uhlenwinkel, 2010). Im rezeptiven Bereich sollen die SchülerInnen lernen, die in den jeweiligen Fächern verwendeten Argumente zu verstehen. Dies bedeutet auch, dass sie Argumente, die in unterschiedlichen, für die Fächer typischen Darstellungsformen und Medien auftreten, zu entschlüsseln lernen sollen. Zudem sollen die SchülerInnen lernen, selbst Argumente zu entwickeln, die nach den Qualitätskriterien der jeweiligen Fächer als hochwertig einzustufen sind. Im Kernlehrplan von NRW für das Fach Deutsch steht z.B: Die SuS können *„zentrale Schreibformen beherrschen und sachgerecht nutzen: informierende (berichten, beschreiben, schildern), argumentierende (erörtern, kommentieren), appellierende, untersuchende (analysieren, interpretieren)"* (MSW NRW, 2013a, S. 16).

Letztlich sollen auch die Argumentationsinteraktionskompetenzen der SchülerInnen entwickelt werden. Diese sind besonders anspruchsvoll, da hier unter Zeitdruck in Anbetracht der jeweiligen AdressatInnen Argumente sowohl rezipiert als auch produziert werden müssen.

2.2 Argumentation zum Aufbau anderer Kompetenzen

Argumentation im Unterricht dient neben den schon genannten Aspekten auch als Mittel zum Aufbau anderer Kompetenzen.

Argumentation und fachliches Lernen
Besonders von den naturwissenschaftlichen Fachdidaktiken und der Mathematik wird die Bedeutung der Argumentation für den Lernerfolg, das Verständnis fachlicher Konzepte und die individuelle Wissenskonstruktion untersucht und belegt (u.a. Aufschnaiter, Erduran, Osborne & Simon, 2008; Clark & Sampson, 2008; Gromadecki, Mikelskis-Seifert & Duit, 2007; Mercer, Dawes, Wegerif & Sams, 2004; Duschl & Osborne, 2002; Driver, Newton & Osborne, 2000). Eine Studie von Wuttke (2005), in der verschiedene Formen der Unterrichtskommunikation in Bezug auf ihren Einfluss auf Wissens- und Verständnisgenerierung bei den Schülern miteinander verglichen wurden, hat ergeben, dass es im Besonderen die Argumentationen sind, bei denen durch den Austausch von unterschiedlichen und begründeten Sichtweisen vielfältige Anbindungsmöglichkeiten an das Vorwissen der Schüler bestehen und diese daher besonders zur Verständnisförderung beitragen. „Daran wird deutlich, dass es nicht ausreicht, wenn Schüler lediglich Redeanteile übernehmen. Wenn in ihrer Kommunikation das klassische Frage-Antwort-Schema, das im lehrerzentrierten Unterricht vorherrscht, einfach kopiert wird, stellen sich auch keine davon abweichenden Resultate ein. Der Aufbau von deklarativem Wissen oder Faktenwissen, das allzu häufig nur als kurzfristiger Besitz in Form von Worthülsen zur Verfügung steht, wird zwar gefördert. Bestehen die Schüleräußerungen jedoch aus qualitativ hochwertigen

Argumentationssequenzen, unterstützen sie die Wissensgenerierung" (Wuttke, 2005, S. 260f.). Diese Ergebnisse lassen sich vermutlich dadurch erklären, dass durch Argumentation die Verknüpfung älterer Wissensbestände mit neuen Erkenntnissen gut möglich ist. Potenziale liegen zudem in der Bewusstmachung der Wege der Wissensbestätigung, -erweiterung und -produktion.

In den jeweilgen Schulfächern lernen die SchülerInnen fachspezifische Fragestellungen und Thesen, welche in den Fächern als argumentationswürdig gelten, kennen. Sie können Verständnis für fachtypische Schlussfolgerungen, Begründungsarten und typische Belege entwickeln sowie die Fähigkeit erwerben, dieses selbst in fachlich angemessenen Argumentationen einzusetzen. Insofern Begriffsbildung zudem als „Sprechen über Rollen in Begründungszusammenhängen" (Brandom, 2001, S. 22) betrachtet werden kann, zeigt sich, dass auch fachliche Begriffsbildungsprozesse hierdurch angeregt werden.

Wie bereits dargelegt, wird das fachliche Wissen in den jeweilgen wissenschaftlichen Bezugsdisziplinen der Unterrichtsfächer vorrangig in Form von Argumentation verfügbar gemacht. Durch die Behandlung dieser fachspezifischen Argumentationsformen können dann auch im Unterricht die unterschiedlichen Perspektiven der Fächer auf die Welt von den SchülerInnen erkannt und eingeübt werden. Diese erfahren dadurch auch, was wissenschaftliches Handeln bedeutet. In diesem Zusammenhang wird in der Fachliteratur auch von „scientific literacy" gesprochen (Jiménez-Aleixandre & Erduran, 2007). Zum Beispiel lassen sich einige Forderungen im Kernlehrplan von NRW für das Fach Mathematik in diesem Sinn interpretieren, insofern es dort z.B. heißt: Die SuS *„nutzen verschiedene Arten des Begründens und Überprüfens (Plausibilität, Beispiele, Argumentationsketten)"* (MSW NRW, 2013b, S. 13).

Argumentation und Bewertung/Meinungsbildung

Zudem können durch Argumentationen die Fähigkeit zur Bewertung fachlicher Inhalte und die Meinungsbildung der SchülerInnen gefördert werden. Auf diesen Aspekt weisen vor allem die Fachdidaktiken der gesellschaftswissenschaftlichen Fächer hin (u.a. Karg, 2007; Petrik, 2007; Hannken-Illjes, 2004; Peters, 2004; Winkler, 2003).

Durch Argumentationen können die SchülerInnen andere Perspektiven als ihre eigene auf die jeweiligen, im Unterricht behandelten Sachverhalte kennenlernen. Sie lernen, auf diese Bezug zu nehmen, sie zu bewerten, Gegenargumente zu formulieren und ggf. einen Konsens zu erarbeiten. Im Kernlehrplan von NRW für das Fach Englisch wird z.B. formuliert: Die SuS können *„die Bedeutung von Ereignissen und Erfahrungen für sich selbst hervorheben und Standpunkte durch relevante Erklärungen und Argumente klar begründen und verteidigen"* (MSW NRW, 2013a, S. 52).

Besonders bei normativen Argumentationen (Kienpointner, 1983, S. 71) werden auch Werte eingebracht, deren Relevanz und Gültigkeit im Unterricht reflektiert werden können. Ziel des Unterrichts kann dann sein, dass die SchülerInnen ihre eigene Meinung bilden und diese differenziert zu begründen lernen. Im Kernlehrplan von NRW für das Fach evangelische Religion steht z.B.: *„Die Schülerinnen und Schü-*

ler erörtern und beurteilen Argumente für und gegen den Glauben an Gott" (MSW NRW, 2013a, S. 34).

Dies trägt auch zur Entwicklung von „mündigen Bürgern" (s.o.) im Rahmen der politischen Bildung und zur Stärkung der Handlungskompetenzen der SchülerInnen bei.

3. Was ist Argumentieren?

In den vorangegangenen Kapiteln wurden u.a. verschiedene Ziele aufgezeigt, die durch das Argumentieren im Unterreicht erreicht werden sollen. Die begriffliche Fassung dessen, was Argumentieren ist, kann entsprechend nicht auf fachliche Aspekte beschränkt sein, sondern muss auch Zwecke des Argumentierens berücksichtigen. Habermas (1999) stellt in diesem Kontext den rationalen Diskurs zwischen verschiedenen Personen in den Fokus seiner Betrachtungen: Wir argumentieren, um eine eigene Position zu vertreten bzw. einen Begründungsbedarf mittels der Angabe rationaler Gründe zu befriedigen. Dies kann unter anderem dazu dienen, ein Gegenüber von der eigenen Position zu überzeugen und um die eigene Position rational zu vertreten (u.a. Kopperschmidt, 1989; Öhlschläger, 1979; Klein, 1980). Hierbei implizieren Argumentationen „idealtypische Bedingungen der Gleichheit der Interaktionspartner und der Offenheit und Verhandelbarkeit von Geltungsansprüchen" (Weingarten & Pansegrau, 1993, S. 131).

Wenn Lernende zeigen sollen, warum z.B. der Winkel im Halbkreis ein rechter ist, so ist nicht notwendigerweise ein diskursiver Aushandlungsprozess gegeben, bei dem die Person ihre eigene Sichtweise vertritt. Vielmehr sind die Lernenden „[...] in der Regel in Interaktionsprozesse eingebunden, die in der Gesamtheit ihrer Handlungen eine Argumentation erzeugen" (Krummheuer & Brand, 2001, S. 18). Demgegenüber stehen auch im Schulunterricht Argumentationsprozesse, in denen die eigene Meinung der SchülerInnen stärker einfließt. Dies geschieht z.B., wenn die Lernenden ihre Einstellung vertreten sollen, um für oder gegen bestimmte Behauptungen (etwa ökonomische oder politische) zu argumentieren – wie es z.B. der Fall wäre, wenn die Einführung der PKW-Maut zum Thema des Unterrichts wird und die SchülerInnen jeweils ihre eigenen Positionen vertreten (sollen). Es lassen sich dementsprechend antagonistische Argumentationsprozesse von kooperativen unterscheiden. Argumente können entsprechend kooperativ in der Gemeinschaft erzeugt und/oder gegenüber anderen Argumenten (idealerweise zur Konsensfindung) vertreten werden. Das Beispiel zur Einführung der PKW-Maut lässt sich jedoch auch so unterrichtlich realisiert denken, dass die Lernenden den Auftrag erhalten, eine bestimmte Position der für die Fragestellung relevanten Akteure zu vertreten. Ebenso wie im Beispiel zum Satz des Thales sind sie dann nicht gehalten, ihre eigene Meinung zu vertreten, sondern fiktiv zu argumentieren: „Wenn ich der Meinung X bin bzw. die Situation des Dreieckes im Halbkreis gegeben ist, dann ...". Das Ziel des Interaktionsprozesses ist dann nicht mehr notwendigerweise das Vertreten einer eigenen Position, sondern vielmehr die Befriedigung eines von der Lehrperson gesetzten, fiktiven Begründungsbedarfs.

Die in solchen Begründungen hervorzubringenden Argumente weisen zudem inhaltliche Unterschiede auf. Ein schulgeometrisch basiertes Argument zum Satz des Thales ist unter Verwendung mathematischer Regeln nur dann angreifbar, wenn diese Regeln falsch angewendet werden. Durch die Schulmathematik wird eine bestimmte faktische Grundlage gesetzt. Demgegenüber lassen sich Argumentationen, vor allem in den gesellschaftswissenschaftlichen Fächern, unterscheiden, die nicht nur auf Fakten, sondern auf (individuellen oder sozialen) Normvorstellungen beruhen. Dies ist z.B. der Fall, wenn auf der Grundlage von Umweltschutz, Nachhaltigkeit oder Gerechtigkeit argumentiert wird.

Die kurzen Beschreibungen deuten bereits an, wie vielfältig Argumentationsprozesse im Unterricht sind bzw. sein können: ob kooperativ oder antagonistisch, ob real oder fiktiv, normativ oder faktisch. Entsprechend kann ein schulspezifischer Argumentationsbegriff, der für alle Fächer angemessen ist, kaum mehr Aspekte als die Befriedigung des Begründungsbedarfes (etwa zur Verdeutlichung der eigenen Position, zur Überzeugung des Gegenübers, …) beinhalten:

„Der im Unterricht stattfindende *soziale Prozess*, bestehend aus dem Anzeigen eines Begründungsbedarfs und dem Versuch, diesen Begründungsbedarf zu befriedigen, wird als *Argumentation* bezeichnet." (Schwarzkopf, 2000, S. 240)

Die vorangehenden Betrachtungen haben gezeigt, dass Argumentationen vom spezifischen Inhalt(sbereich) beeinflusst werden, soziale Komponenten aufweisen und bestimmte Zwecke verfolgen. Die folgenden Betrachtungen zeigen, dass sich trotz der inhaltlichen und äußerlichen Vielfalt des Argumentierens ein gemeinsamer Kern finden lässt.

4. Die Struktur eines Arguments

Die wissenschaftliche Diskussion hinsichtlich der Struktur von Argumenten erfolgte wesentlich in den Bereichen (formale) Logik, Philosophie und Wissenschafts- bzw. Erkenntnistheorie. Der Pragmalinguist Klein (1980) betrachtet das Argumentieren beispielsweise als einen Prozess, bei dem etwas „kollektiv Fragliches" zu etwas „kollektiv Geltendem" wird (ebd., S. 19).

Zur Darstellung der Struktur eines Argumentes wählt Klein einen Baum (s. Abb. 3), dessen Knoten aus Aussagen bestehen. Die Kanten zwischen den Knoten geben dabei legitime Übergänge zwischen den Aussagen an. Der Baum „wächst" von oben nach unten, insofern die „Tiefe" der argumentativ zu vertretenden Antwort von dem abhängt, was (in der jeweiligen Gemeinschaft) zu dem „kollektiv Geltenden" gehört. Falls sich in der Argumentation herausstellt, dass eine Aussage in dem Baum nicht zu dem gemeinsam geteilten Wissensvorrat gezählt werden kann, muss jener nach unten erweitert werden, indem neue Aussagen zur tiefergehenden Begründung herangezogen werden.

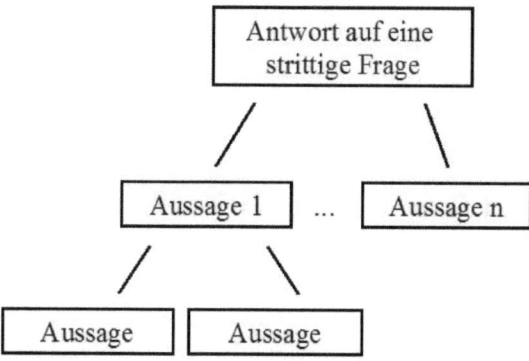

Abb. 2: Eine mögliche Struktur eines Argumentes nach Klein (1980)

Das Schema von Klein zeichnet sich dadurch aus, dass die Struktur eines Argumentes aus legitimen Übergängen und verschiedenen, nicht weiter spezifizierten Aussagen besteht, bei denen jeweils eine soziale Dimension berücksichtigt werden muss, insofern die finalen Aussagen (die „Wurzeln" des Baumes) zum kollektiv Geltenden gehören müssen. Relativ zu dem oben thematisierten Beispiel der PKW-Maut ließe sich somit folgendes Argument rekonstruieren.

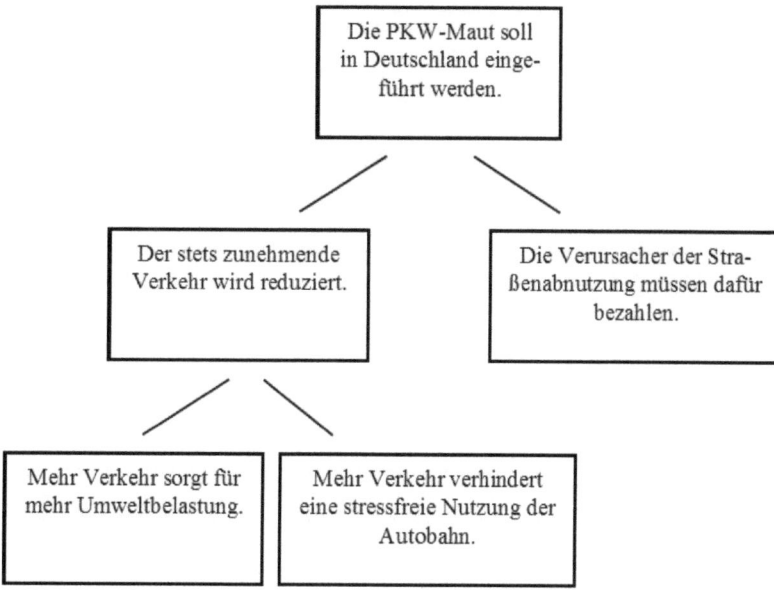

Abb. 3: Beispiel für die Struktur eines Argumentes nach Klein (1980)

In diesem Schema wird die Legitimation eines Überganges zwischen den verschiedenen, miteinander verbundenen Argumentbestandteilen vorausgesetzt. Ob diese Übergänge tatsächlich legitim sind bzw. ob es Ausnahmebedingungen gibt, wird also zunächst nicht weitergehend betrachtet. Insofern in Unterrichtssituationen auch tentative (also versuchsweise) Begründungsangebote möglich wären, besteht hierin die Möglichkeit der Notwendigkeit eines weiteren Begründungsbedarfes.

Ein ähnliches Argumentschema beschreibt der formale Logiker Buth (1996). Ausgehend von den Syllogismen des Aristoteles unterscheidet er zwischen zwei Strukturschemata (s. Abb. 4), wodurch eine zusätzliche, inhaltliche Dimension hinzugezogen wird. Die Schemata unterscheiden sich darin, von welcher Art die Aussage ist, die argumentativ vertreten werden soll. Handelt es sich beispielsweise um eine Behauptung, so liegt eine konkrete Aussage vor, deren Gültigkeit zu prüfen ist. Diese ist mittels der Angabe eines „Grundes" und einer (nicht schematisch berücksichtigten) Regel, die Grund und Behauptung miteinander verbindet, zu belegen. Dieser Prozess der Rechtfertigung von Behauptungen kann sich hinziehen, bis letztlich „Feststellungen" angeführt werden, worunter Buth einen Grund versteht, der „durch unmittelbaren Augenschein belegt wird" (ebd., 1996, S. 146).

Soll statt einer konkreten Aussage jedoch eine allgemeine Regel argumentativ gerechtfertigt werden, so ist der Prozess prinzipiell mit Erstgenanntem vergleichbar. Lediglich müssen dann die „Gründe" (dort die Regeln) ebenfalls allgemeiner Natur sein, um die Regel überhaupt rechtfertigen zu können.

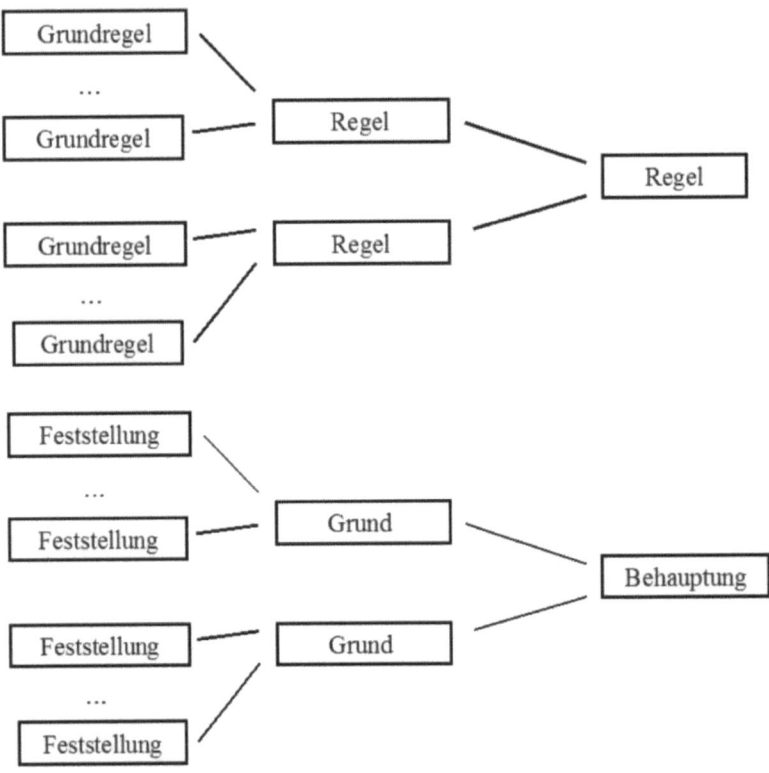

Abb. 4: Zwei Strukturschemata nach Buth (1996, oben: S. 148, unten: S. 155)

Als Beispiel für den Prozess des Argumentierens zur Begründung einer Regel ließe sich das bereits oben mit dem Schema von Klein (1980) rekonstruierte Argument
betrachten (s. Abb. 3). Die dort aufgeführten Bestandteile des Argumentes, die sich
natürlich noch relativ zur spezifischen Situation in Deutschland hätten konkretisie-
ren lassen, besitzen jeweils einen allgemeinen Charakter. Entsprechend ließe sich damit die Frage nach der Einführung der PKW-Maut nicht nur für Deutschland, sondern auch unabhängig von der landesspezifischen Situation begründen. Werden
jedoch landesspezifische Aspekte mit in Betracht gezogen, so würden die Belege ihren Charakter als allgemeine Regeln verlieren und ließen sich nicht mehr zur Rechtfertigung einer allgemeinen Regel (z.B. zur weltweiten Einführung der PKW-Maut)
anwenden. Ein anderes Beispiel wäre die argumentative Rechtfertigung des Kommu-
tativgesetzes der Addition (a+b = b+a), welches vom inhaltlichen Standpunkt nicht
allein mit korrekten Rechenergebnissen der Form 8+3=11 und 3+8=11 möglich ist.

Während also Klein Übergänge zwischen verschiedenen Aussagen bis hin zu allgemein gültigen Aussagen betrachtet, thematisiert Buth auch die Art von Aussagen,
die argumentativ zu rechtfertigen sind und geht dabei nicht nur bis zu geteilten, sondern im Extremfall auch zu offensichtlichen Aussagen (Feststellungen bzw. Grundregeln) zurück. Die soziale Dimension, die beide Autoren berücksichtigen, wird somit durch eine inhaltliche erweitert. Diese inhaltliche Komponente kommt ebenfalls
darin zum Ausdruck, dass die Zusammenhänge zwischen den Aussagen nach Klein
sowie den Gründen (Feststellungen) bzw. Regeln (Grundregeln) nach Buth legitime
Übergänge sein müssen.

Im Vergleich zu den beiden oben genannten Autoren gibt Toulmin (1996) ein de-
tailliertes Strukturschema von Argumenten an (s. Abb. 5).

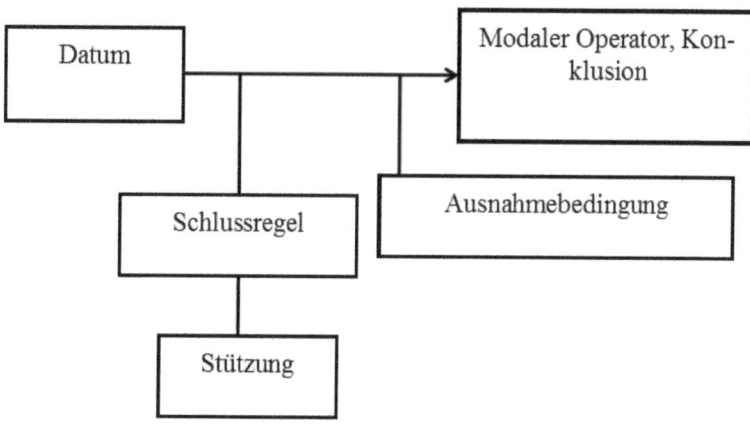

Abb. 5: Strukturschema nach Toulmin (1996, S. 88ff.)

Ebenso wie die zuvor genannten Autoren geht Toulmin von unbezweifelten Tatsachen als „Datum" (ebd., S. 88) aus. Ausgehend von dem Datum wird die „Konklusion" (ebd., S. 88), die vormals fragliche Behauptung begründet. Während in den

zuvor genannten Strukturschemata die Legitimation der Übergänge zwischen den Gründen (Feststellungen, Grundregeln, …) schematisch unberücksichtigt bleibt, führt Toulmin die Regel ein:

„An dieser Stelle braucht man deshalb allgemeine, hypothetische Aussagen, die als Brücken dienen können und diese Art von Schritten erlauben, zu denen uns unsere bestimmte Argumentation verpflichtet. […] Solche Daten wie D berechtigen uns zu solchen Konklusionen oder Behauptungen wie K." (Toulmin, 1996, S. 89)

Ebenso wie bei Buth (1996) sind auch hier Aspekte von Allgemeinheit entscheidend, denn so eine (Schluss-)Regel konkret ist, kann sie nicht die allgemeineren Elemente aus Datum und Konklusion zu verknüpfen helfen. Entsprechend „[…] kann bemerkt werden, daß Schlußregeln [warrants, M.M.] allgemein sind und die Korrektheit *aller* Argumentationen des betreffenden Typs feststellen." (Toulmin, 1996, S. 91)

Schlussregeln können nach Toulmin (1996) ebenso angezweifelt oder als fragwürdig herausgestellt werden wie die Behauptungen. Zur Begründung der Regel kann ein neues Argument mit der Regel als Konklusion oder eine „Stützung" (ebd., S. 93ff.) angeführt werden. Dies kann beispielsweise durch Angabe des Bereiches erfolgen, aus dem die fragliche Regel stammt.

Insbesondere dann, wenn es sich um Alltagsargumente handelt oder solche, bei denen individuelle Normen bzw. Normvorstellungen berücksichtigt werden (müssen), sind die Schlussfolgerungen nicht notwendig immer richtig und können somit nur wahrscheinlich die Konklusion folgern lassen. Beispielsweise könnte jemand behaupten, es sei gerecht, beim Würfelspiel bei einer geraden Augenzahl den doppelten Einsatz zu erhalten, wenn man bei einer ungeraden Augenzahl nichts erhielte. Er begründet die Behauptung damit, dass der Würfel ebenso viele gerade wie ungerade Augenzahlen zeigt und könnte als Regel eine stochastische Aussage aus dem Mathematikunterricht nennen. In der realen Situation kann der Würfel jedoch „ausnahmsweise" auch gezinkt sein. Eine solche Abweichung von der Regel wird als „Ausnahmebedingung" (Toulmin, 1996, S. 92) berücksichtigt. Der Grad an Sicherheit, mit der nun die Konklusion aus dem Datum gefolgert werden kann, wird mit einem „modalen Operator" (ebd.) angegeben. Als einfache Beispiele seien die Terme „vermutlich" oder „wahrscheinlich" genannt. Als weiteres Beispiel behauptet jemand, dass ein Fluss für die Schifffahrt zu begradigen ist, und könnte auf Nachfrage die Möglichkeit eines umfangreicheren Schiffsverkehrs anfügen. Die Schlussregel, mittels der das Datum in die Konklusion überführt wird, kann jedoch nur dann ohne weitere Nachfrage akzeptiert werden, wenn die Berücksichtigung weiterer bedeutender Aspekte wie Umweltschutz bereits zu Beginn der Argumentation ausgeschlossen ist.

Wie die Beispiele zeigen, kommt der Ausnahmebedingung z.B. dann eine große Rolle zu, wenn fachliche Inhalte auf Alltagssituationen angewendet werden oder persönliche Normen eine Rolle spielen. Am Beispiel des Eulerschen Polyedersatzes zeigte Lakatos (1979, S. 8ff.), dass Situationen, in denen Regeln nicht zur Anwendung kommen können, durch die Methode der „Monstersperre" auszuschließen sind: Durch geeignete Hilfskonstruktionen werden „Beispielmonster" fernzuhalten versucht. Dies wäre durch eine Einschränkung des betreffenden Gültigkeitsbereichs möglich, sodass die Ausnahmebedingung quasi im Datum des Arguments berücksichtig wird. Beispielsweise werden bei mathematischen Betrachtungen stets (faire) Laplace-Würfel bei der Anwendung der betreffenden Theorie vorausgesetzt bzw. es wird (so Ungewissheit besteht) eine andere Grundlage zur Wahrscheinlichkeitsrechnung herangezogen. Durch Einschränkung des Gültigkeitsbereiches der Prämissen wird die Notwendigkeit der Schlussfolgerung erzwungen.

Zusammenfassend betrachtet zeigt sich, dass die Struktur eines Argumentes zwar mit unterschiedlichen schematischen Darstellungen rekonstruiert werden kann, jedoch der Kern (die legitime deduktive Folgerung von Prämissen zu einer Konklusion) eines Argumentes aus struktureller Sicht in unterschiedlichen Ansätzen vergleichbar ist. Die Argumente beinhalten dabei insofern eine soziale Dimension, als das, was als allgemeingültig (als „kollektiv geltend) zu betrachten ist, auch durch die soziale Gemeinschaft vorgegeben wird. Die soziale Gemeinschaft kann darüber hinaus auch bestimmen, was als legitime Folgerung gilt, denn nur, wenn der Gesprächspartner die Daten teilt und die Folgerung kennt, wird er sich auf die Argumentation einlassen (können). Die betrachteten Dimensionen werden dabei um die (fachlichen) Inhalte der verschiedenen funktionalen Elemente (Konklusion, Datum, Schlussregel, …) ergänzt. Auch kann der Begründungsbedarf von außen – und somit sozial – bedingt sein. Die (fachlichen) Inhalte geben dabei nicht nur vor, auf welcher Ebene von Allgemeinheit (s. Buth, 1996) zu argumentieren ist, sondern bestimmen beispielsweise auch die Notwendigkeit der Folgerung.

5. Von singulären Betrachtungen zum Vergleich der Argumentation in verschiedenen Unterrichtsfächern

Nachdem deutlich geworden ist, dass Argumentationskompetenzen nach den Bildungsstandards und Curricula in fast allen Unterrichtsfächern aufgebaut werden sollen, erstaunt es nicht, dass aus vielen Fachdidaktiken Studien zur Argumentation vorliegen. Wenn aber die Fähigkeit zu argumentieren vom Fachunterricht auf den Alltag übertragen werden kann bzw. soll (s. z.B. das Bildungsziel des vernunftgebrauchenden Menschen, Heymann, 2013, S. 88ff) und die strukturelle Dimension von Argumenten nicht inhaltsspezifisch ist, dann müssten Argumentationen bzw. die Fähigkeiten der Lernenden hierzu auch fächerübergreifend betrachtet werden können. Untersuchungen zur Betrachtung einer fächerübergreifenden Argumentationskompetenz bzw. zum Nutzen von Argumenten aus einem Fach für die inhaltliche Progression in einem anderen, sind jedoch eher rar.

Eine Ausnahme hiervon bilden hinsichtlich des Mathematikunterrichts die Betrachtungen von Hanna & Jahnke (u.a. 2002), welche die Integration physikalischer Prinzipien für Argumente im Mathematikunterricht fokussieren. Den Ausgangspunkt der Überlegungen der Autoren bildet der Fakt, dass mathematische Objekte nicht real, sondern rein gedanklicher Art sind (zur Unterscheidung vgl. Struve, 1990). Hieraus lässt sich entsprechend folgern (vgl. die Unterscheidung von Buth in

Kapitel 3), dass entsprechend Argumente zur Begründung rein mathematischer Behauptungen ebenso nicht bzw. nicht ausschließlich reale Objekte beinhalten können. Die Integration physikalischer Argumente zur Begründung mathematischer Behauptungen verfolgt das Ziel, durch Nutzung anderer Zugänge mathematische Beweise nachvollziehbarer zu machen, um somit deren Rolle im Unterricht zu stärken. Hierdurch sollen Abwechslung und Anschauung geschaffen sowie verschiedene Interessen angesprochen werden. Die Nutzung von Argumenten aus einem anderen Fach dient in diesem Fall fachspezifischen Zielen.

Untersuchungen, die fächerübergreifende Kompetenzen von Lernenden betrachten (beispielsweise unter der Zielsetzung, ob und wie Argumentationskompetenzen übertragbar seien), sind uns nicht bekannt. Dies scheint jedoch sinnvoll zu sein, um prüfen zu können, inwiefern in den verschiedenen Fachdidaktiken mit ähnlichen theoretischen Konzepten gearbeitet wird, ob es vergleichbare Ergebnisse zu den Schülerkompetenzen oder zu der tatsächlichen Einbettung von Argumentationen in die Unterrichtspraxis gibt. Daher werden zu den folgenden Schwerpunkten dieses Buches jeweils Ansätze aus verschiedenen Fachdidaktiken vorgestellt.

Teil I: Fachspezifische Argumentationen

In dem ersten Kapitel wird die Frage zentral sein, inwiefern die verschiedenen Fachdidaktiken unter Argumentation Ähnliches verstehen. Damit stellt sich auch die Frage, ob es sich bei der durch die Fächer aufzubauenden Argumentationskompetenz wirklich um **eine** Kompetenz handelt, oder ob die Definitionen von Argumentation, die theoretischen Konzepte und Ziele der einzelnen Fächer so unterschiedlich sind, dass in Wirklichkeit völlig verschiedene Kompetenzen bei den SchülerInnen aufgebaut werden sollen. Zudem ist interessant, welche Bedeutung die jeweiligen Fachdidaktiken der Argumentation beimessen und wie genau sie die jeweiligen fachspezifischen Elemente von Argumentationen definieren.

In diesem Teil werden Ansätze aus der Mathematikdidaktik (Schwarzkopf), Geographiedidaktik (Uhlenwinkel) und Philosophiedidaktik (Roeger) und vorgestellt.

Teil II: Aktuelle Bedeutung von Argumentation im Unterricht und Kompetenzen der SchülerInnen

Der zweite Teil des Buches soll einen Einblick in die aktuelle Unterrichtspraxis und die schon vorhandenen Kompetenzen der SchülerInnen in den verschiedenen Unterrichtsfächern geben.

Es stellt sich die Frage, inwiefern die Vorgaben der Bildungsstandards/Curricula zu Argumentation sowie die innovativen Ansätze der Fachdidaktiken tatsächlich in der Praxis umgesetzt werden. Interessant ist auch die Frage, ob die Bedeutung der Argumentation in den Unterrichtsfächern unterschiedlich groß ist. Inwiefern werden Argumentationskompetenzen der SchülerInnen durch den Unterricht in den verschiedenen Fächern aufgebaut? Welche Bedeutung hat Argumentationsförderung in schulischen Medien, wie z.B. im Schulbuch?

Zu diesem Fragen werden vorrangig empirische Arbeiten vorgestellt, welche aus der Fremdsprachendidaktik (Willems), der Geographiedidaktik (Kuckuck) und der Mathematikdidaktik (Tebaartz & Lengnink) stammen.

Teil III: Argumentieren in den Fächern als Teil politischer Bildung

Im dritten Kapitel steht die Funktion der Argumentation im Kontext der politischen Bildung im Fokus. Es wird dargestellt, welche genaue Bedeutung der Argumentation aus der Perspektive unterschiedlicher Fächer im Rahmen der politischen Bildung zugewiesen wird. Es geht dabei insbesondere auch um die Frage, wie fachliche Inhalte Teile von Argumentationen in gesellschaftlichen Urteils- und Entscheidungsfindungsprozessen werden.

Hierzu werden Beiträge aus der Geographiedidaktik (Leder) und der Mathematikdidaktik (Vohns) vorgestellt.

Teil IV: Bewertung durch Argumentation

In diesem Teil des Buches werden Ansätze präsentiert, die sich mit der Bewertung von fachspezifischen Fragen durch Argumentationen im Unterricht befassen. Dabei ist zunächst relevant, mit welchen fachdidaktischen Zielen diese Bewertungen stattfinden sollen und welche Argumentationstypen dabei eingesetzt werden. Zudem wird thematisiert, was die VertreterInnen von verschiedenen Fachdidaktiken unter argumentationsbasierter Bewertungskompetenz verstehen. Es steht die empirische Erfassung von Bewertungskompetenzen der SchülerInnen in den verschiedenen Unterrichtsfächern im Fokus.

Bewertungen durch Argumentationen werden aus Sicht der Religionsdidaktik (Tautz), Physikdidaktik (Sander & Höttecke) und der Biologiedidaktik (Visser & Hößle) behandelt.

Teil V: Förderung von Argumentationskompetenzen

Wenn man die Argumentationskompetenzen der SchülerInnen langfristig verbessern möchte, müssen diese im Unterricht gefördert werden. Daher werden im fünften Kapitel Ansätze zur Förderung von Argumentationskompetenzen in den unterschiedlichen Fächern vorgestellt. Es wird die Frage behandelt, wie man im jeweiligen Fachunterricht die Argumentationskompetenzen der SchülerInnen besonders effektiv aufbauen kann. Gleichzeitig wird klar, welche fächertypischen Argumentationskompetenzen in den unterschiedlichen Fachdidaktiken besonders zentral bei der Ausbildung von Argumentationskompetenzen sind und welche empirischen Methoden und Designs sich zur Erhebung und Auswertung eignen.

Ansätze aus der Mathematikdidaktik (Cramer; London & Mayer), aus der Geschichtsdidaktik (Mierwald & Brauch) und aus der Biologiedidaktik (Böttcher & Meisert) werden hier vorgestellt.

Teil VI: Fächervergleichende Argumentation

Das letzte Kapitel des Buches widmet sich fächervergleichenden Ansätzen. Wichtig ist die Frage, wie man die unterschiedlichen theoretischen Ansätze der verschiedenen Fachdidaktiken, die theoretischen Konzepte, die eingesetzten Modelle und empirischen Methoden vergleichend betrachten kann, um Unterschiede und Gemeinsamkeiten herauszufinden.

Die vergleichenden Betrachtungen betreffen die Fächer Biologie, Geographie und Mathematik (Budke, Creyaufmüller, Kuckuck, Meyer, Schäbitz, Schlüter & Weiss) sowie die Fächer Deutsch und Geschichte (Peters).

Teil VII: Kurzbeiträge

Abschließend werden laufende Arbeiten (Promotionen) zum Thema der Argumentation in verschiedenen Fachdidaktiken vorgestellt. Die Kurzbeiträge stammen aus den Fächern Geographie (Dittrich; Maier), Biologie (Kolbinger & Dittmer), Deutsch, Geschichte und Biologie (Göbert) sowie Politik und Wirtschaft (Gronostay).

Literatur

Aufschnaiter, C. von, Erduran, S., Osborne, J. & Simon, S. (2008). Arguing to learn and learning to argue: Case studies of how students' argumentation relates to their scientific knowledge. *Journal of Research in Science Teaching, 45* (1), 101–131.

Bayer, K. (1999). *Argument und Argumentation. Logische Grundlagen der Argumentationsanalyse.* Opladen: Westdeutscher Verlag.

Beck, U. (1986). *Risikogesellschaft. Auf dem Weg in eine andere Moderne.* Frankfurt am Main: Suhrkamp.

Beck, U. & Beck-Gernsheim, E. (1994). *Riskante Freiheiten.* Frankfurt am Main: Suhrkamp.

Beck, U., Giddens, A. & Lash, S. (1994). *Reflexive modernization.* Cambridge: Polity Press.

Budke, A. (2012). „Ich argumentiere, also verstehe ich." Über die Bedeutung von Kommunikation und Argumentation im Geographieunterricht. In A. Budke (Hrsg.), *Diercke – Kommunikation und Argumentation* (S. 5–18). Braunschweig: Westermann.

Budke, A. (2013). Stärkung von Argumentationskompetenzen im Geographieunterricht – sinnlos, unnötig und zwecklos? In M. Becker-Mrotzek, K. Schramm, E. Thürmann & H. Vollmer (Hrsg.), *Sprache im Fach* (S. 353–364). Münster: Waxmann.

Budke, A., Schiefele, U. & Uhlenwinkel, A. (2010). Entwicklung eines Argumentationskompetenzmodells für den Geographieunterricht. *Geographie und ihre Didaktik / Journal of Geography Education, 38* (3), 180–190.

Budke, A. & Weiss, G. (2014). Sprachsensibler Geographieunterricht. In M. Michalak (Hrsg.), *Sprache als Lernmedium im Fachunterricht. Theorien und Modelle für das sprachbewusste Lehren und Lernen* (S. 113–133). Baltmannsweiler: Schneider Hohengehren.

Buth, M. (1996). *Einführung in die formale Logik unter der besonderen Fragestellung: Was ist die Wahrheit allein aufgrund der Form.* Frankfurt am Main: Lang.

Clark, D. B. & Sampson, V. (2008). Assessing dialogic argumentation in online environments to relate structure, grounds and conceptual quality. *Journal of Research in Science Teaching, 45* (3), 293–321.

Driver, R., Newton, P. & Osborne, J. (2000). Establishing the norms of scientific argumentation in classrooms. *Science Education, 84* (3), 287–312.

Duschl, R. & Osborne, J. (2002). Supporting and promoting argumentation discourses in science education. *Studies in Science Education, 28* (1), 39–72.

Europarat (2001). *Gemeinsamer europäischer Referenzrahmen für Sprachen: Lernen, lehren, beurteilen.* Verfügbar unter: http://www.coe.int/t/dg4/linguistic/source/framework_en.pdf. [15.3.2015].

Freudenthal, H. (1983). *Didactical Phenomenology of Mathematical Structures.* Dodrecht: Reidel.

Glasze, G. & Mattissek, A. (Hrsg.). (2009). *Handbuch Diskurs und Raum. Theorien und Methoden für die Humangeographie sowie die sozial- und kulturwissenschaftliche Raumforschung.* Bielefeld: transcript.

Gromadecki, U., Mikelskis-Seifert, S. & Duit, R. (2007). Naturwissenschaftliches Argumentieren im Anfangsunterricht Physik. In D. Höttecke (Hrsg.), *Naturwissenschaftlicher Unterricht im internationalen Vergleich* (S. 166–168). Berlin: Lit.

Hannah, G. & Jahnke N. H. (2002). Arguments from Physics in Mathematical Proofs: an Educational Perspective. *For the Learning of Mathematics, 22* (3), 38–45.

Hannken-Illjes, K. (2004). *Gute Gründe geben.* Frankfurt am Main: Lang.

Heymann, H. W. (1996). *Allgemeinbildung und Mathematik.* Weinheim: Beltz.

Jiménez-Aleixandre, M. P. & Erduran, S. (2007). *Argumentation in Science Education. Perspectives from Classroom-Based Research.* Berlin: Springer.

Karg, I. (2007). *Diskursfähigkeit als Paradigma schulischen Schreibens. Ein Weg aus dem Dilemma zwischen Aufsatz und Schreiben.* Frankfurt am Main: Lang.

Kienpointner, M. (1983). *Argumentationsanalyse.* Innsbruck: Verlag des Instituts für Sprachwissenschaft.

Klein, W. (1980). Argumentation und Argument. *Zeitschrift für Literaturwissenschaften, 38/39,* 9–57.

Kopperschmidt, J. (1995). Grundfragen einer allgemeinen Argumentationstheorie unter besonderer Berücksichtigung formaler Argumentationsmuster. In H. Wohlrapp (Hrsg.), *Wege der Argumentationsforschung* (S. 50–73). Stuttgart: Frommann-Holzboog.

Kopperschmidt, J. (2000). *Argumentationstheorie.* Hamburg: Junius.

Lakatos, I. (1979). *Beweise und Widerlegungen: Die Logik mathematischer Entdeckungen.* Braunschweig: Vieweg.

Lauter, J. (1991). *Fundamente der Grundschulmathematik.* Donauwörth: Auer.

Lueken, G. (2000). Paradigmen einer Philosophie des Argumentierens. In G. Lueken (Hrsg.), *Formen der Argumentation* (S. 13–51). Leipzig: Univ.-Verlag.

Luhmann, N. (1992). *Die Wissenschaft der Gesellschaft.* Frankfurt am Main: Suhrkamp.

Mercer, N., Dawes, L., Wegerif, R. & Sams, C. (2004). Reasoning as a scientist: ways of helping children to use language to learn science. *British Educational Research Journal, 30* (3), 359–377.

Ministerium für Schule und Weiterbildung des Landes Nordrhein-Westfalen (2013a). *Kernlehrplan für das Gymnasium – Sekundarstufe I in Nordrhein-Westfalen.* Verfügbar unter: http://www.schulentwicklung.nrw.de/lehrplaene/lehrplannavigator-s-i/gymnasium-g8/ [05.03.2015].

Ministerium für Schule und Weiterbildung des Landes Nordrhein-Westfalen (2013b). *Kernlehrplan für die Realschule in Nordrhein-Westfalen.* Verfügbar unter: http://www.schulentwicklung.nrw.de/lehrplaene/lehrplannavigator-s-i/realschule/ [05.03.2015].

Perters, J. (2004). *Schriftliches Argumentieren – Aktualität – Bildungsstandards. Vorschläge zur Didaktik und Praxis des erörternden Schreibens.* Hamburg: Kovač.

Petrik, A. (2007). Kompetenzentwicklung durch Argumentation – ein Modell zur Analyse politischer Lernprozesse. In J. Schattschneider (Hrsg.), *Domänenspezifische Diagnostik. Wissenschaftliche Beiträge für die politische Bildung* (S. 92–117). Schwalbach: Wochenschau-Verlag.

Schwarzkopf, R. (2000). *Argumentationsprozesse im Mathematikunterricht. Theoretische Grundlagen und Fallstudien.* Hildesheim: Franzbecker.

Spiegel, C. (2006). *Unterricht als Interaktion. Gesprächsanalytische Studien zum kommunikativen Spannungsfeld zwischen Lehrern, Schülern und Institution.* Radolfzell: Verlag für Gesprächsforschung.

Stichweh, R. (2000). *Die Weltgesellschaft.* Frankfurt am Main: Suhrkamp.

Struve, H. (1990). *Grundlagen einer Geometriedidaktik.* Mannheim: Bibliographisches Institut.

Toulmin, S. (1996). *Der Gebrauch von Argumenten.* Weinheim: Beltz.

Weinert, F. E. (Hrsg.). (2001). *Leistungsmessungen in Schulen.* Weinheim: Beltz.

Weingarten, R. & Pansegrau, P. (1993). Argumentationsstile im Unterricht. In B. Sandig & U. Püschel (Hrsg.), *Stilistik. Band III: Argumentationsstile* (S. 127–148). Hildesheim: Olms.

Winkler, I. (2006). Argumentierendes Schreiben im Deutschunterricht im Spiegel von Aufgaben für Lern- und Leistungssituationen. In E. Grundler & R. Vogt (Hrsg.), *Argumentieren in Schule und Hochschule* (S. 157–166). Tübingen: Stauffenburg.

Winkler, I. (2003). *Argumentierendes Schreiben im Deutschunterricht. Theorie und Praxis.* Frankfurt am Main: Lang.

Winter, H. (1975). Allgemeine Lernziele für den Mathematikunterricht? *Zentralblatt für Didaktik der Mathematik, 3,* 106–116.

Wohlrapp, H. (2006). Was heißt und zu welchem Ende sollte Argumentationsforschung betrieben werden? In E. Grundler & R. Vogt (Hrsg.), *Argumentieren in Schule und Hochschule* (S. 29–40). Tübingen: Stauffenburg.

Wohlrapp, H. (2008). *Der Begriff des Arguments.* Würzburg: Königshausen & Neumann.

Wuttke, E. (2005). *Unterrichtskommunikation und Wissenserwerb. Zum Einfluss von Kommunikation auf den Prozess der Wissensgenerierung.* Frankfurt am Main: Lang.

Teil I
Fachspezifische Argumentationen

Ralph Schwarzkopf

Argumentationsprozesse im Mathematikunterricht der Grundschule: Ein Einblick

Einleitung: Mathematisches Beweisen und Argumentationen

Die wissenschaftliche Disziplin Mathematik ist untrennbar mit dem mathematischen Beweisen verbunden: Bekanntermaßen wird eine mathematische Aussage nur dann akzeptiert, wenn sie durch einen mathematisch fundierten Beweis gesichert wurde, sodass jeder mathematische Erkenntnisgewinn untrennbar mit einem zugehörigen Beweis verbunden ist. Aus diesem Grunde wird in der Mathematikdidaktik besonderer Wert darauf gelegt, dass die Schülerinnen und Schüler im Unterricht ein gewisses Beweisbedürfnis entwickeln, also von sich aus nach Hintergründen und Vernetzungen der mathematischen Sachverhalte suchen:

> „Wenn wir es […] nicht erreichen, bei einer Mehrheit von Schülern / Studenten ein Bedürfnis nach Begründungen, Erklärungen, „Verursachungen" und damit also nach Einsicht und prinzipiellem Denken zu wecken, so ist kaum erkennbar, welchen Sinn ein Mathematikunterricht, der für alle obligat ist, noch haben könnte." (Winter, 1983, S. 64)

Für den Mathematikunterricht sieht man ein Stück weit von der strengen Auslegung der logischen Stringenz und der formalen Darstellungsweise von Beweisen ab, um im Gegenzug die Schülerinnen und Schüler in die mathematischen Besonderheiten der Wissenssicherung und vor allem auch der inhaltlichen Wissens*vermehrung* und *Vernetzung* einzuführen. Man versucht dieser zentralen Rolle des Beweises und des Beweisens gerecht zu werden, indem die Schülerinnen und Schüler vom Anfangsunterricht an zum *Argumentieren* angehalten werden sollen (vgl. MSW NRW, 2008, S. 57). Dabei versteht man unter dem *Argumentieren* in der *konstruktiven* Mathematikdidaktik i.d.R. eine Vorform des strengen mathematischen Beweisens, die auch mit den begrifflichen und methodischen Mitteln der früheren Klassenstufen realisiert werden kann:

> „Man benutzt diesen Terminus (nämlich „Argumentieren", R. S.) meist im Sinne von „begründen" und will damit zum Ausdruck bringen, daß (sic!) man das Begründen nicht auf die mathematisch eingeengte Form des Beweisens beschränken möchte." (Vollrath, 1980, S. 28)

In diesem Beitrag geht es um solche Argumentationen im Mathematikunterricht der Grundschule.[1] Die große Bedeutung des Argumentierens gleichermaßen für kons-

---

1 Für eine Diskussion des Argumentierens in Bezug auf das Beweisen im Mathematikunterricht der Sekundarstufen s. Reid & Knipping, 2010.

truktive wie für rekonstruktive mathematikdidaktische Forschung macht es trotz dieser Einschränkung unmöglich, an dieser Stelle einen auch nur ansatzweise vollständigen Überblick über die bestehenden Ansätze zu geben. Der Autor wird sich deswegen darauf konzentrieren, einige Erkenntnisse aus der *rekonstruktiven* Mathematikdidaktik zu diskutieren, es stehen also eher deskriptive, aus der empirischen Forschung gewonnene Konzepte von Argumentationen im Fokus. Das tragende theoretische Gerüst der Überlegungen entstammt der interpretativen Unterrichtsforschung der Mathematikdidaktik[2], in der gemäß des qualitativen Forschungsparadigmas videobasierte Fallstudien zur Theoriebildung herangezogen werden. Grundlegende Überzeugung dieser Ansätze ist es, dass das Lehren und Lernen von Mathematik im Unterricht kein Abbild der Prozesse ist, die Experten der Mathematik als wissenschaftlicher Disziplin in ihrer Forschung durchlaufen. Vielmehr muss der Unterricht als ein eigenständiges System verstanden werden, in dem ein spezifisches, mathematisches Wissen erst durch die Interaktion zwischen der Lehrperson und den Schülerinnen und Schülern im Unterricht selbst konstituiert und immer weiter ausdifferenziert wird (Steinbring, 2000; 2005). Hierbei stützt man die theoretischen Überlegungen weniger auf die fachmathematische Disziplin, sondern eher auf diejenigen Bezugsdisziplinen, mit deren Hilfe man dem sozialen Charakter der Lehr- und Lernprozesse im Mathematikunterricht mit seinen Routinen und Zugzwängen Rechnung tragen kann (z.B. Voigt, 1984; Krummheuer, 1992).

So basieren die argumentationstheoretischen Grundlagen des vorliegenden Beitrags auf Erkenntnissen aus der Pragmalinguistik (insbesondere Klein, 1980), wo Argumentationen verbreitet als spezielle sozial-interaktive Prozesse verstanden werden, die dann zustande kommen können, wenn die routinierte Kooperation einer sozialen Gruppe durch das Auftreten einer *Strittigkeit* gestört wird. Eine Gruppe von Kindern beispielsweise, die sich regelmäßig auf einem Sportplatz trifft, um Fußball zu spielen, handelt gleichermaßen kooperativ wie auch routiniert, indem sie etwa zwei gleichgroße Mannschaften bildet (bspw. durch Wahlen oder Losverfahren), und das Spiel beginnt. Wenn die Kinder aber feststellen, dass ihre Gruppe aus einer ungeraden Anzahl von Spielerinnen und Spielern besteht, dann kann dadurch die zunächst routinierte Vorgehensweise gestört und der kooperative Prozess unterbrochen werden: Wie bildet man aus einer ungeraden Anzahl von Spielerinnen und Spielern auf gerechte Weise zwei Mannschaften?

Diese strittige Frage muss zunächst geklärt werden, indem die Beteiligten in kooperativer Weise eine Antwort suchen, die von der gesamten Gruppe akzeptiert werden kann: Vielleicht spielen zwei gleichgroße Mannschaften auf ein Tor, so dass nur ein Torwart gebraucht wird? Oder eines der Kinder fungiert als Schiedsrichter? Vielleicht sollte man ein weiteres Kind zum Mitspielen suchen oder einfach auslosen, welche Mannschaft ein Kind mehr erhält?

Einen derartigen sozialen Prozess, in dem die Beteiligten ihre Vorschläge vorbringen, gegeneinander abwägen und gemeinsam versuchen, im gegenseitigen Ein-

---

2 Verschiedene Ansätze innerhalb dieser Forschungsrichtung finden sich in Maier & Voigt, 1991, Maier & Voigt, 1994 oder in Brandt, Fetzer & Schütter, 2010.

vernehmen den besten der Vorschläge zu konstruieren und sich darauf zu einigen, nennt Klein *kollektive, kooperative Argumentation* (Klein, 1980). Die dabei entwickelten, inhaltlichen Strukturen, die *Argumente*, führen im gelingenden Fall dazu, dass die Kooperation fortgeführt werden kann, im Beispiel könnte also das Fußballspiel beginnen. Liegen aber die Interessen und Meinungen der Beteiligten zu weit auseinander, dann führt die Argumentation nicht zu einem geteilten Argument, d.h. die Strittigkeit kann nicht ausgeräumt werden und die Interaktion zerbricht – im Beispiel würde dieser Zusammenbruch bedeuten, dass die Kinder eben nicht gemeinsam Fußball spielen können, sondern vielleicht in kleineren Gruppen nach Alternativen für die Beschäftigung suchen.

In diesem Beitrag geht es vorrangig darum, welche Bedeutung derartigen Argumentationsprozessen für die mathematischen Lernprozesse der Kinder in der Schule zugeschrieben werden kann. Hierzu wird im kommenden Abschnitt zunächst einmal ein Aufgabenbeispiel vorgestellt, anhand dessen kurz die Spanne möglicher Lernprozesse aus Sicht der epistemologisch orientierten Mathematikdidaktik (Steinbring, 2000) skizziert werden soll. Darauf aufbauend soll die Bedeutung der *kollektiven Argumentation* (Miller, 1986) für die anvisierten, besonders substantiellen Lernprozesse herausgestellt werden, wobei insbesondere das Zustandekommen derartiger Interaktionsprozesse im Fokus steht. Anschließend soll eine spezifische Sichtweise auf die im Argumentationsprozess entwickelten Argumente vorgestellt werden, wodurch der Blick auf die Möglichkeiten gerichtet wird, *substantielle Lernchancen* durch eine argumentativ-funktionale Aufspaltung von Begründungen zu charakterisieren.

Die lerntheoretische Dimension des Argumentierens

Die Aufgabe „Plättchenwerfen" entstammt einem Schulbuch der ersten Klasse (Wittmann & Müller, 2012, S. 27). Die hierbei verwendeten „Wendeplättchen" sind ein zentrales Anschauungsmittel für den Anfangsunterricht, durch das man die Kinder beim Aufbau strukturierter Zahlen- und Operationsvorstellungen unterstützt. Die Plättchen sind auf beiden Seiten unterschiedlich gefärbt, in diesem Beispiel sind sie auf der einen Seite schwarz, auf der anderen Seite weiß.

In der Aufgabe werfen die Kinder eine fest gewählte Anzahl von Wendeplättchen wiederholt auf den Tisch und beobachten, wie viele der Plättchen auf die blaue und wie viele auf die rote Seite fallen. Wie in Abbildung 1 ersichtlich, wird die zum Wurfergebnis passende Zerlegung der Plättchenanzahl in einer vorgegebenen tabellarischen Strichliste vermerkt (wegen des Schwarzweiß-Drucks sind hier die roten Plättchenseiten grau, die blauen weiß gedruckt). Das vorrangige Ziel dieser Übung besteht darin, die Kinder im Aufbau einer strukturierten Vorstellung vom Zahlenraum zu unterstützen, insbesondere wenn sie sich zum Eintrag des Wurfergebnisses an den systematischen Zerlegungen der Zahlen orientieren, die durch die Tabellen gegeben sind (s. Wittmann & Müller, 2012, S. 27).

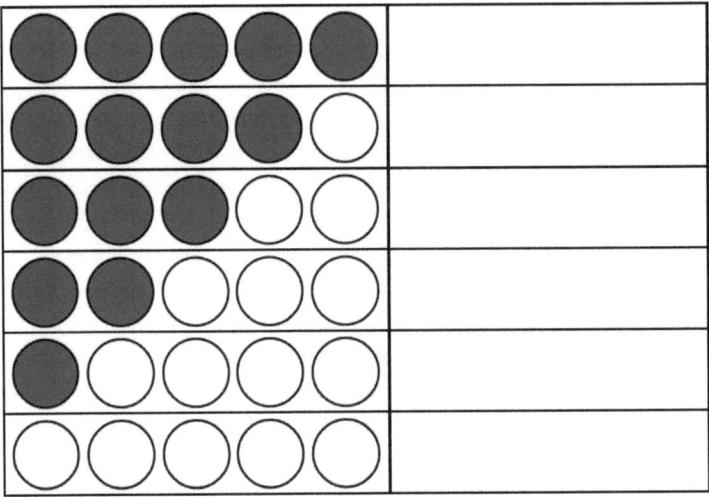

Abb. 1: Strichliste für das Plättchenwerfen

Als „Nebeneffekt" dieser arithmetischen Übung entsteht nach und nach eine Strichliste, die auch aus stochastischer Perspektive interessant erscheint. In diesem Sinne handelt es sich beim Plättchenwerfen um ein vielfach durchgeführtes Zufallsexperiment, in dem als Ereignis beobachtet wird, wie viele Plättchen auf die rote und wie viele auf die blaue Seite fallen. Die Kinder werden nach genügend vielen Würfen entdecken, dass die Ereignisse im mittleren Bereich der Tabelle deutlich öfter eingetreten sind als diejenigen in den äußeren Bereichen.[3]

Inwiefern können die Schülerinnen und Schüler durch diese Beobachtung etwas lernen, also zu neuem mathematischen Wissen gelangen? Nach den epistemologischen Ansätzen von Steinbring (z.B. 2000) entwickelt sich mathematisches Wissen in einer Spanne zwischen zwei Polen: Auf der einen Seite steht die *empirische Situiertheit*, d.h. das Faktenwissen über konkret fassbare Objekte und der handelnde Umgang mit ihnen. Auf der anderen Seite steht die *relationale Allgemeinheit*, in der nur noch Strukturen zwischen den Objekten fokussiert und in Form mathematischer Symbole dargestellt werden. Eine fruchtbare *Lernchance* kann nur dann entstehen, wenn eine *Balance* zwischen diesen beiden Polen der mathematischen Wissensentwicklung hergestellt wird.

Auf das obige Beispiel bezogen helfen zur Klärung der unterschiedlich häufigen Ereignisse die Formeln der Kombinatorik, also ein Zugang entsprechend der relationalen Allgemeinheit, natürlich gar nicht weiter. Sie können zwar zu einer Erklärung

---

3   Das Plättchenwerfen ist ein Beispiel für das stochastisch gleichermaßen elementare wie wichtige mehrstufige Bernoulli-Experiment. Auf den exakten mathematischen Hintergrund kann hier nicht eingegangen werden. Bemerkungen bezogen auf das Plättchenwerfen finden sich bei Wittmann & Müller (2012, S. 17), allgemeine Hintergründe der Binomialverteilung z.B. bei Büchter & Henn (2005, S. 251ff.).

der unterschiedlichen Häufigkeiten führen, sind aber für die Kinder der Grundschule (und der unteren Sekundarstufe) fernab jeglicher Zugänglichkeit.[4]

Allerdings werden die Kinder in der Grundschule auch nicht durch das direkte Hantieren mit den gegebenen Plättchen allein zu substantiell neuen Einsichten kommen, denn die Plättchen selbst enthalten nicht die Mittel, durch die man die unterschiedlichen Häufigkeiten *verstehen* könnte – man kann sie höchstens zur Kenntnis nehmen. Mit den lerntheoretischen Ansätzen des Soziologen Miller (1986) könnte man dabei von *relativem Lernen* sprechen: Das Wissen über die unterschiedlichen Häufigkeiten beim Werfen der fünf Plättchen würde dann im Sinne eines zusätzlichen Faktenwissens dem alten, bereits bestehenden Wissen schlicht hinzugefügt, so als nähme man eine neue Telefonnummer in eine bereits vorhandene Liste auf. Das relative Lernen kann zwar auf recht unkomplizierte Weise erreicht werden und hat an anderen Stellen des Unterrichts auch seine Berechtigung, allerdings muss man sich fragen, welchen Wert ein solches „neues Wissen" im obigen Beispiel oder beim Entdeckenden Lernen generell überhaupt besitzt.

Substantielle Lernchancen können also nicht an den Polen der Wissenskonstruktion im Sinne von Steinbring entstehen. Vielmehr werden Situationen im Mathematikunterricht dann fruchtbar, wenn die Inhalte in einer Balance zwischen der empirischen Situiertheit und der relationalen Allgemeinheit diskutiert werden. Hier kann man, mit Miller (1986) gesprochen, Chancen dafür sehen, dass *fundamentales Lernen* ermöglicht wird, dass also ein substantieller Lernprozess in Gang gesetzt wird, der über die Ergänzung durch neue Fakten hinausgeht und durch ein neuartiges, mathematisches Verstehen gekennzeichnet ist, durch den also bestehende Wissensstrukturen erschüttert und ein Stück weit neu geordnet werden müssen. Derartige Lernprozesse sind ungleich schwieriger zu realisieren – nach Miller (1986, S. 140f.) stellen sie sogar ein lerntheoretisches Paradoxon dar, denn in ihnen muss das neue Wissen das alte systematisch überschreiten, darf aber zugleich nicht davon losgelöst sein.[5]

Auf das obige Beispiel bezogen brauchen die Kinder Angebote, durch die sie ihren Blick auf die konkret sichtbaren Ereignisse um strukturelle Beziehungen *zwischen* den Ereignissen erweitern können, ohne dass sie den Blick auf die einzelnen Plättchen und ihre Eigenschaft, auf die eine oder die anderen Seite zu fallen, aus den Augen verlieren müssen. Dazu kann man etwa die Plättchen von eins bis fünf durchnummerieren und das Experiment erneut mehrfach durchführen. Dabei können die Kinder neben der Tabelle in eine zusätzliche Spalte eintragen, *welche* der Plättchen

---

4 So gibt es verschiedene Möglichkeiten dafür, dass beim Werfen von fünf Plättchen genau drei der Plättchen auf die rote und zwei auf die blaue Seite fallen. Da es für die fünf Plättchen genau verschiedene Möglichkeiten gibt, dass sie auf die eine oder auf die andere Seite fallen (und jedes der Plättchen mit derselben Wahrscheinlichkeit auf die eine wie auf die andere Seite fällt), beträgt die Wahrscheinlichkeit dieses Ereignisses. Es handelt sich also um einen Zugang, der offensichtlich vom Wissensstand der Kinder völlig losgelöst ist und ihnen in dieser Form keine Lernchance eröffnet.

5 Eine ausführliche mathematikdidaktische Diskussion der Beziehungen zwischen neuem und altem Wissen aus epistemologischer Perspektive findet sich in Steinbring, 2005; für weiterführende Überlegungen dazu s. auch Meyer, 2007.

jeweils auf die rote und *welche* auf die blaue Seite gefallen sind. Sie erhalten dadurch die Chance, den Hintergrund für die unterschiedlichen Häufigkeiten in einem qualitativen Sinn zu ergründen: Während für das Ereignis „5 rote Plättchen" jedes der fünf Plättchen auf die rote Seite fallen muss (hier gibt es also nur einen zusätzlichen Eintrag), kommen für das Ereignis „4 rote Plättchen und 1 blaues Plättchen" schon fünf Plättchen in Frage, die nicht auf die rote Seite fallen müssen (hier gibt es also fünf zusätzliche Einträge) – im Sinne einer qualitativen Einschätzung von Wahrscheinlichkeiten eine plausible Erklärung dafür, dass das zweitgenannte Ereignis häufiger vorkommen musste. Mathematisch gesprochen können die Kinder dadurch die zunächst beobachteten fünf verschiedenen Ereignisse auf die zugrunde liegenden 32 Elementarereignisse zurückführen und feststellen, dass je zwei beobachtbare Ereignisse aus unterschiedlich vielen, untereinander gleichartigen Elementarereignissen bestehen und sich deswegen in ihrer Eintrittshäufigkeit unterscheiden können – ein Lernschritt, der im Sinne Millers als fundamentaler Lernprozess auf dem Wege zu einem begrifflichen Verständnis von Wahrscheinlichkeiten verstanden werden kann.[6]

Für die Realisierung fundamentaler Lernprozesse sind nicht nur besonders gute Aufgaben im Kontext von substantiellen Lernumgebungen (Wittmann & Müller, z.B. 2008) zentral. Nach Miller brauchen Kinder in der Grundschule für die Realisierung fundamentaler Lernschritte zudem günstige, *interaktive* Bedingungen, denn ein rein individuelles, autonomes Neustrukturieren ihres Wissens ist ihnen entwicklungsbedingt nicht möglich. Hierin liegt die lerntheoretische Dimension der kollektiven Argumentation, denn:

> „Nur von solchen sozialen bzw. kommunikativen Handlungen, deren primäres Handlungsziel und deren Funktionsweise genau darin besteht, kollektive Lösungen für interindividuelle Koordinationsprobleme zu entwickeln, kann (wenn überhaupt) sinnvollerweise angenommen werden, daß (sic!) durch sie grundlegende Lernprozesse ausgelöst werden können. Nur ein sozialer bzw. kommunikativer Handlungstyp scheint diese Bedingung zu erfüllen, und dies ist der kollektive Diskurs oder, um einen etwas genaueren Terminus zu verwenden, die kollektive Argumentation." (Miller, 1986, S. 23)

So wichtig aber die kollektive Argumentation für fundamentale Lernfortschritte auch sein mag, sie kommt erfahrungsgemäß eher selten zustande, wie auch Miller in seinen empirischen Untersuchungen zur Konstruktion einer soziologischen Lerntheorie feststellt:

> „Das argumentative […] Austragen zwischenmenschlicher Konflikte gleich welcher Art erzeugt für die meisten der daran Beteiligten einen erheblichen Stress, dem sich offenbar niemand ohne wirklich zwingende Gründe unterwerfen mag." (Miller, 1986, S. 152)

---

6   Hier soll nicht behauptet werden, dass diese Aufgabe in der ersten Klasse so tief behandelt werden sollte – es soll nur gezeigt werden, dass der zentrale fundamentale Lernschritt mit Mitteln der Grundschule prinzipiell erreicht werden kann.

Argumentationen im Mathematikunterricht der Grundschule

Diese Beobachtung Millers passt zu empirischen Untersuchungen in der Mathematikdidaktik. Krummheuer (1997) etwa beobachtet Grundschulkinder beim gemeinsamen Aufgabenlösen und stellt fest, dass „auf der kommunikativen Oberfläche derartiger Bearbeitungsprozesse im Grunde nur über Rechnungen gesprochen wird" (Krummheuer, 1997, S. 29), dass also Argumentationen im Sinne der Beilegung einer Strittigkeit zwischen den Kindern gar nicht auftreten.

Insbesondere aufgrund der von Miller herausgestellten lerntheoretischen Bedeutung der Argumentation schlägt Krummheuer daher für die Mathematikdidaktik der Grundschule vor, den strengen diskursiven Argumentationsbegriff im Sinne der Beilegung einer Strittigkeit auszuweiten, denn:

> „Eine Beschränkung auf ein Diskurs-Modell würde zu einer Beschränkung auf metakommunikative Aspekte des unterrichtlichen Handelns führen und zur Unterschätzung der dem Handeln selbst innewohnenden Lerneffekte, einschließlich der argumentativen Komponenten." (Krummheuer, 1997, S. 7)

Stattdessen arbeitet Krummheuer heraus, dass prinzipiell alle Interaktionsprozesse im Mathematikunterricht der Grundschule argumentative Strukturen aufweisen und schlägt einen sehr weiten Argumentationsbegriff vor, der jegliche einvernehmliche Herstellung von Rationalität im Unterrichtsprozess einschließt:

> „In den narrativ gearteten Lösungsprozessen zu vorgegebenen mathematischen Problemaufgaben in Schülergruppen und in den gleichermaßen strukturierten Vorstellungen von Bearbeitungsprozessen durch Schüler im Unterrichtsgespräch spiegelt sich der Anspruch und das Bemühen der Beteiligten wider, die Rationalität der eigenen Lösungsbemühungen zu demonstrieren. Die Argumentation löst sich in den narrativen Darstellungen auf und wird als reflexive Argumentation bezeichnet." (Krummheuer, 1997, S. 11)

In diesen *reflexiven Argumentationen* wird die Rationalität der Interaktionsbeiträge in der Regel von den Beteiligten nicht explizit hinterfragt, sodass Argumente auf der sprachlichen Oberfläche kaum als solche gekennzeichnet bzw. voneinander abgegrenzt würden. Im Ansatz nach Krummheuer wird deswegen die durch die Sequenz der Interaktionsbeiträge implizit mit angezeigte Rationalität als Argument rekonstruiert (s. Krummheuer & Fetzer, 2005, S. 29ff.).

Auch in den empirischen Untersuchungen des Autors zeigte sich, dass Strittigkeiten im Sinne von authentischen interindividuellen Koordinationsproblemen nicht auftraten (Schwarzkopf, 2000; 2001). Wenn man den Eigenarten der Institution Schule Rechnung trägt, dann erscheint diese Beobachtung auch gar nicht verwunderlich: Die Kinder können im Unterricht bei aufkeimenden Unstimmigkeiten stets den Rat eines Experten – entweder den eines leistungsstärkeren Kindes oder der der Lehrperson – einholen, wodurch die „wirklich zwingenden Gründe" im Sinne von Miller (2006) für das argumentative Austragen eines Konflikts prinzipiell nicht vorliegen können. Letztlich können Argumentationen deswegen im Unterricht nicht aus wirklich authentischen Anlässen, also aus dem Auftreten einer anderweitig nicht beizulegenden Störung der Routine entstehen – sie müssen vielmehr *initiiert* werden. Dabei wird eine Strittigkeit von den am Unterricht Beteiligten gewissermaßen simuliert, indem eine Begründung für eine hervorgebrachte mathematische Aussage eingefordert und (i.d.R. von der Lehrperson) signalisiert wird, dass der Unterricht erst weiter geführt werden kann, wenn eine adäquate Begründung für die thematisierte Aussage entwickelt worden ist (Schwarzkopf, 2001). Der Autor spricht deswegen dann von einem *Argumentationsprozess* im Mathematikunterricht, wenn die am Unterricht Beteiligten einen Begründungsbedarf für eine Aussage explizit anzeigen und zu befriedigen versuchen.

Dabei erscheinen diese Interaktionsprozesse in zweierlei Hinsicht künstlich gegenüber dem Argumentationsbegriff nach Klein bzw. Miller: Erstens entstehen die Prozesse nicht „aus der Natur der Sache", sondern sie werden von der Lehrperson initiiert. Zweitens ist es typisch für diese Prozesse, dass eine zu begründende Aussage zu keinem Zeitpunkt des Argumentationsprozesses in ihrer Gültigkeit bezweifelt wird: Bevor die Lehrperson Begründungen für eine Aussage einfordert, sichert sie i.d.R. bereits deren Richtigkeit – die Kinder argumentieren also nicht über eine Aussage, sondern wissen durch die Autorität der Lehrperson bereits zu Beginn des Argumentationsprozesses, dass sie *für* eine Aussage argumentieren müssen. Diesen Tatbestand kann man sehr kritisch sehen wie es etwa Weingarten & Pansegrau (1993, S. 128ff.) tun, die aufgrund der ungleichen Machtverhältnisse im Unterrichtsgeschehen prinzipiell nur „Als-ob-Argumentationen" sehen. Man kann ihn aber auch positiv in dem Sinne interpretieren, dass die Kinder nicht von Beginn an alle Facetten des argumentativen Austauschs entwickeln müssen, sondern zunächst gewissermaßen im geschützten Raum nur Teilprozesse der Argumentation übernehmen, um nach und nach den gesamten Diskurs selbst strukturieren zu lernen.

Umso wichtiger erscheint es, dass die Initiierung der Argumentationen aus fachlicher Sicht authentisch ist und aus Sicht der Kinder als transparenter Anlass zur Entwicklung von Begründungen erscheint. Nur so können sich die Argumentationsprozesse im Laufe des Mathematikunterrichts nach und nach verselbstständigen und dadurch zu immer mehr Eigenständigkeit im Argumentieren und letztlich auch im Lernen führen. Im obigen Beispiel etwa ist fraglich, ob Kinder „von sich aus" einen Argumentationsbedarf sehen können, der zur Aufklärung der unterschiedlichen Eintrittswahrscheinlichkeiten beiträgt. Es ist deswegen wichtig, dass die Schülerinnen und Schüler vor der Initiierung einer Argumentation eine gewisse Erwartungshaltung aufbauen, durch die sie ihre *Beobachtung* als *Phänomen* auffassen können. Wenn etwa die Kinder im Vorfeld des Plättchenwerfens bereits Zufallsexperimente mit einem Plättchen oder mit einem Würfel durchgeführt und diskutiert haben, dann wissen sie, dass hier alle beobachtbaren Ereignisse (also die geworfenen Würfelaugen oder die oben liegende Plättchenseite) mit annähernd gleicher Häufigkeit, also mit derselben Wahrscheinlichkeit auftreten. Erfahrungsgemäß werden sie beim Plättchenwerfen die hier gewonnene Erkenntnis als hypothetische Erwartung an das neue Experiment herantragen und vermuten, dass alle beobachtbaren Ereignisse ungefähr gleich oft auftreten werden. Durch das anschließende Experiment entsteht dann eine *produktive Irritation*, d.h. eine klärungsbedürftige Abweichung von der eingenommenen Erwartung (vgl. Nührenbörger & Schwarzkopf, 2013; eine unterrichtspraktische Umsetzung eines ähnlichen Experiments findet sich in Schwarzkopf, 2012).

Argumente im Mathematikunterricht der Grundschule

In der rekonstruktiven Mathematikdidaktik wird zur Analyse von Argumenten (wie auch in anderen didaktischen Disziplinen) verbreitet ein Schema zur *funktionalen Aufspaltung* von Argumenten nach dem Wissenschaftsphilosophen Toulmin (1975) verwendet. Im Folgenden sollen die zentralen funktionalen Bestandteile eines Arguments (Abb. 2) kurz dem Argumentationsbegriff des Autors folgend und wiederum anhand des obigen Beispiels zum Plättchenwerfen erläutert werden.

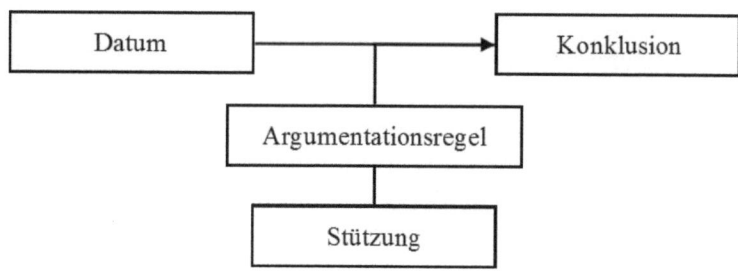

Abb. 2: Funktionen eines Arguments

Eine Argumentation entsteht dann, wenn für eine Aussage ein Begründungsbedarf angezeigt wird. Sofern sich die am Unterricht Beteiligten darauf einlassen, erfüllt diese Aussage im dazu entwickelten Argument die Funktion der *Konklusion*. Im obigen Beispiel könnte etwa die folgende Aussage begründungsbedürftig werden:

> Beim Werfen von fünf Wendeplättchen ist das Ereignis „drei rote und zwei blaue Plättchen" wahrscheinlicher als das Ereignis „fünf rote Plättchen".

Zur Belegung der Gültigkeit einer Konklusion kann man zunächst weitere Aussagen angeben, die in ihrer Gültigkeit selbst unbezweifelt sind. Die argumentative Funktion dieser Aussagen wird von Toulmin *Datum* genannt, im Beispiel wäre die folgende Aussage eine Möglichkeit, die Konklusion zu belegen:

> In meinem Versuch ist das Ereignis „drei rote und zwei blaue Plättchen" deutlich öfter eingetreten als das Ereignis „fünf rote Plättchen".

Nun kann auch bei Aussagen, die in ihrer eigenständigen Gültigkeit nicht bezweifelt werden, durchaus deren Relevanz zur Belegung der Konklusion angezweifelt werden, sodass die Argumentierenden diese noch einmal explizit sichern müssen: Was hat der durchgeführte, konkrete Versuch mit der Wahrscheinlichkeit des Ereignisses zu tun? Hierzu signalisieren sie den argumentativen Zusammenhang der Aussagen in Form einer *Argumentationsregel*[7]. Die Argumentationsregel liefert in der Interpretation des Autors keine zusätzlichen inhaltlichen Aspekte des Arguments, vielmehr signalisiert sie ausschließlich auf formalem Niveau, für welche Aussage man beansprucht, dass sie als Datum für die Konklusion anerkannt wird, etwa die folgende:

> Wenn ein Ereignis A in meinem Versuch deutlich öfter eingetreten ist als ein Ereignis B, dann ist Ereignis A wahrscheinlicher als Ereignis B.[8]

Diese stark formale Funktion der Argumentationsregel innerhalb eines Arguments macht es auch plausibel, dass sie oftmals selbst nicht explizit genannt wird. In der Regel gehen die Beteiligten in einer Argumentation offenbar davon aus, dass gesicherte Aussagen immer angegeben werden, um die Konklusion zu belegen, sodass die Kennzeichnung einer Aussage als Datum durch die Angabe einer Regel nicht notwendig erscheint.

Allerdings geschieht es durchaus, dass die Gültigkeit einer Argumentationsregel hinterfragt wird. Toulmin (1975) betont, dass die Akzeptanz der Gültigkeit derartiger Regeln *bereichsabhängig* ist, d.h., dass durch den institutionellen Kontext der Spielraum für als rational anerkannte Regeln festgelegt ist. So können etwa im Stammtischgespräch in einer Kneipe Aussagen durch Argumentationsregeln als Daten anerkannt werden, die in einer offiziellen Gerichtsverhandlung gar nicht erst vorgebracht würden, weil ihre argumentativ-funktionale Eignung zur Belegung der Konklusion als irrational aberkannt würde – wobei aber der Wahrheitsgehalt der Daten im Sinne eigenständiger Aussagen nicht bestritten werden muss. Die Belegung einer Argumentationsregel zwischen einem Datum und einer Konklusion ist also von einer Rechtfertigung des Wahrheitsgehalts eines Datums zu unterscheiden, ihre Funktion innerhalb des Arguments wird nach Toulmin *Stützung* genannt. Eine entsprechende Stützung in dem oben entwickelten Argument könnte folgendermaßen aussehen:

> Mein Versuch war ein Zufallsexperiment; die beobachtete Verteilung nehme ich als paradigmatisch für das Plättchenwerfen an.

Insgesamt ergäbe sich in diesem Beispiel also ein Argument, dass man wie in Abbildung 3 darstellen kann.

---

7 In der deutschen Übersetzung von Toulmin (1975) wird diese Funktion „Schlussregel" genannt; bei Krummheuer (z.B. 1997) heißt sie „Garant".

8 Da man Argumenten mit dem Schema formal-logisch gesehen einen deduktiven Charakter unterstellt, die argumentative Vorgehensweise beim entdeckenden Lernen aber einem abduktiven Schluss entspricht, schlägt Meyer (2007, 2014) ein alternatives Schema zur Darstellung argumentativer Schlüsse vor, die bei der Neukonstruktion von mathematischem Wissen relevant sind.

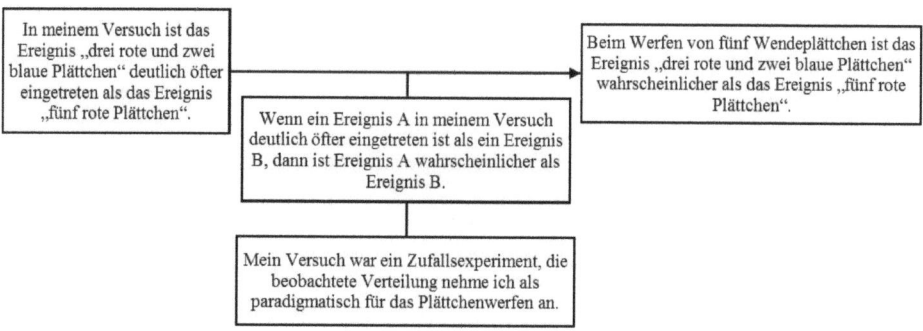

Abb. 3: Ein Argument in einer *empirischen* Rahmung

Die lerntheoretische Dimension der Argumente

Die von Toulmin herangezogene Bereichsabhängigkeit von Argumentationsregeln kann aufgrund ihrer institutionellen Auslegung als *makrosoziologisch* ausgerichtet angesehen werden (vgl. Krummheuer, 1995, S. 250): Nach diesem Ansatz definiert sich die Logik der Interaktion kurz formuliert auch durch den institutionellen Kontext, in dem sie stattfindet. In den hier diskutierten mathematikdidaktischen Ansätzen wird diesem Verständnis dafür, welche Argumentationsregeln anerkannt werden können und welche nicht, eine *mikrosoziologische* Auslegung entgegengestellt (vgl. Voigt, 1984; Krummheuer, 1995): Die am Unterricht Beteiligten stellen durch ihre Interaktion erst das her, was man als Institution Schule bezeichnen kann. Der Anspruch ist dabei, dass durch diese Sichtweise auf den Unterricht Aspekte des Mathematiklernens offengelegt werden können, die durch eine makrosoziologische Perspektive verdeckt blieben (vgl. z.B. Krummheuer, 1992, S, 1ff.). So können insbesondere Lernprozesse im Mathematikunterricht facettenreicher verstanden werden, wenn sie im Kontext des Entstehens zwischen den am Unterricht Beteiligten analysiert und nicht etwa aus den institutionellen Gegebenheiten der Schule abgeleitet werden.

In dieser Zugangsweise geht man also weniger davon aus, dass die Rationalität im Mathematikunterricht institutionell starr vorgegeben ist. Vielmehr wird konstatiert, dass die am Unterricht Beteiligten ihr Bild von Wirklichkeit, insbesondere von dem, was unter Mathematik zu verstehen ist, eigenständig und immer wieder neu interaktiv herstellen müssen. Dieser Prozess der Konstitution einer *als gemeinsam geteilt geltenden Deutung* von einer Situation läuft prinzipiell in jeder Interaktion ab und wird als *Bedeutungsaushandlung* bezeichnet (Krummheuer & Voigt, 1991).

Kurz formuliert bilden die Individuen durch die regelmäßige Teilhabe an Prozessen der Bedeutungsaushandlungen einen relativ stabilen Sinngebungshorizont, der den rationalen Kontext für ein Verstehen der Interaktion bereitstellt. Diesen konstruierten Rationalitätskontext nennt Krummheuer *Rahmung* (s. Krummheuer & Voigt, 1991). Eine Person handelt in einer Interaktion so, wie sie es innerhalb ihrer Rahmung für sinnvoll und schlüssig erachtet. Insbesondere ist die aktuell aktivierte Rahmung für ein Individuum wesentlich dafür, ob eine Aussage als Beleg einer anderen Aussage herangezogen werden kann, d.h., über die Gültigkeit einer Argumentationsregel entscheiden die an der Argumentation Beteiligten innerhalb ihrer Rahmungen – oder kurz formuliert: Stützungen sind *rahmungsabhängig*.

Rahmungen sind gleichermaßen geprägt durch wie auch prägend für den Ablauf eines Interaktionsprozesses:

> „Zum einen stellen sie Möglichkeiten für Handlungsalternativen zur Verfügung und formen dadurch den Ablauf einer Interaktion. Zum anderen werden sie durch Signale in einer Interaktion aktiviert, wenn diese als ähnlich zu Situationen empfunden wird, die bereits in der sozialen Gruppe gemeinsam durchlebt wurden und in denen sich gewisse Regeln für Handlungsalternativen als erfolgreich für ein kooperatives Handeln erwiesen haben." (Schwarzkopf, 2003, S. 219)

Der Rahmungsbegriff ist gut vereinbar mit dem Ansatz des fundamentalen Lernens nach Miller: Den Prozess, durch den ein neuartiges Verstehen eines mathematischen Sachverhalts konstruiert wird, kann man nach Krummheuer als *Rahmungsmodulation* bezeichnen. Die Bezeichnung *Modulation* kennzeichnet genau den Aspekt, dass das alte Verstehen weder vollständig aufgegeben werden muss noch vollständig bestehen bleiben kann – es muss vielmehr ein Stück weit umstrukturiert werden, wenn ein fundamentaler Lernprozess konstatiert werden soll. Derartige Modulationen – so der hier vertretene Ansatz – können gerade dann angeregt werden, wenn Argumente und darin insbesondere kausale Beziehungen zwischen verschiedenen Aussagen explizit ausgehandelt und dabei weiter entwickelt werden.

Im obigen Beispiel etwa scheint das Argument zwar das Wissen um die unterschiedlichen Wahrscheinlichkeiten zu *sichern* – es vermag aber den Unterschied zwischen den Wahrscheinlichkeiten nicht zu *erklären* (vgl. Winter, 1983). Zur Aufklärung über die inhaltlichen Strukturen muss die oben unterstellte experimentell-empirische Rahmung moduliert werden, etwa zu einer Rahmung, in der die Elementarereignisse in der oben vorgeschlagenen Weise zum Tragen kommen. Die damit verbundene Herangehensweise könnte die Argumentierenden in die Lage versetzen, die zunächst beobachteten Ereignisse in unterschiedlich viele, jeweils gleichwahrscheinliche (ggf. gar nicht eigens beobachtete, sondern nur theoretisch unterstellte) Elementarereignisse aufzuschlüsseln und eine stärker strukturelle Rahmung einzunehmen.[9] Unter dieser modulierten Rahmung könnte ein Argument wie in Abbildung 4 entwickelt werden.[10]

---

9 In der Mathematikdidaktik würde man bei der unterstellten, experimentell-empirischen Rahmung von einem frequentistischen Wahrscheinlichkeitsverständnis sprechen. Die Aufspaltung der Ereignisse in Elementarereignisse entspräche dem Versuch, eine Erklärung des Phänomens mithilfe von Laplace-Wahrscheinlichkeiten zu finden (vgl. Büchter & Henn, 2005, S. 133ff.).

10 Zur leichteren Lesbarkeit wurde das Ereignis „alle Plättchen fallen auf die rote Seite" als „Ereignis A" bezeichnet, das Ereignis „genau drei Plättchen fallen auf die rote und genau zwei Plättchen auf die blaue Seite" als „Ereignis B".

Bei diesem Argument wird deutlich, dass die Rahmung des Argumentierenden, also die Sichtweise auf das Experiment, nicht mehr nur von rein empirischem Charakter, sondern schon stärker strukturell geprägt ist. Hauptsächlich lässt sich dieser Lernfortschritt in der Stützung der Argumentationsregel erkennen: Hier wird deutlich, dass nicht mehr nur Beobachtungen für einzelne Ereignisse herangezogen, sondern dass Beziehungen *zwischen* den verschiedenen Ereignissen neu konstruiert werden.

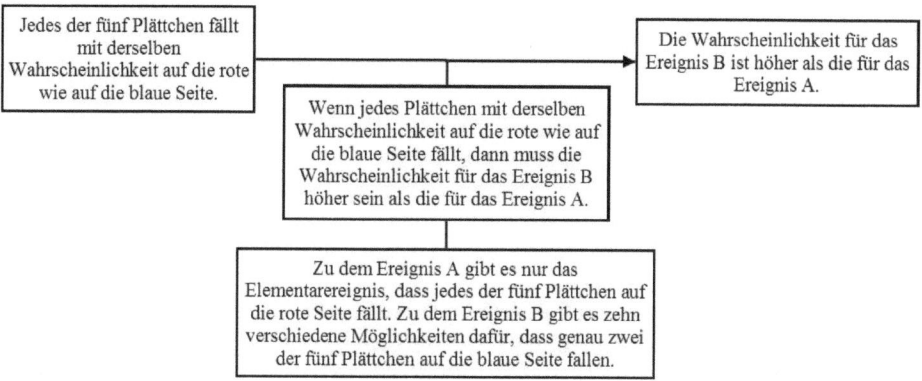

Abb. 4: Ein Argument in einer stärker *strukturellen* Rahmung

In diesem Beitrag wurde versucht, einen kleinen Einblick in mathematikdidaktische Ansätze zu geben, die sich vor allem den lerntheoretischen Aspekten der Argumentationsprozesse im Unterricht widmen. Dabei wurde ohne Anspruch auf Vollständigkeit diskutiert, wie die Wechselwirkungen zwischen den sozialen Gegebenheiten im Unterricht und den mathematischen Lernchancen aus theoretischer Perspektive herausgestellt werden können. Insbesondere, so die These dieses Beitrags, müssen Argumentationen aus fachlich authentischen Anlässen heraus initiiert werden – Beispiele dazu finden sich etwa in den Beiträgen von London & Mayer (in diesem Band) oder in Nührenbörger & Schwarzkopf (i.V.).

Literatur

Brandt, B., Fetzer, M. & Schütte, M. (Hrsg.). (2010). *Auf den Spuren Interpretativer Unterrichtsforschung in der Mathematikdidaktik.* Münster: Waxmann.

Büchter, A. & Henn, W. (2005). *Elementare Stochastik.* Berlin, Heidelberg, New York: Springer.

Krummheuer, G. (1992). *Lernen mit „Format".* Weinheim: Deutscher Studien Verlag.

Krummheuer, G. (1995). The ethnography of argumentation. In P. Cobb & H. Bauersfeld (Hrsg.), *The Emergence of mathematical Meaning: Interaction in Classroom Cultures* (S. 229–270). Hillshale, N.J.: Lawrence Erlbaum.

Krummheuer, G. (1997). *Narrativität und Lernen. Mikrosoziologische Studien zur sozialen Konstitution schulischen Lernens.* Weinheim: Deutscher Studien Verlag.

Krummheuer, G. & Fetzer, M. (2005). *Der Alltag im Mathematikunterricht*. München: Elsevier.

Krummheuer, G. & Voigt, J. (1991). Interaktionsanalysen von Mathematikunterricht – Ein Überblick über einige Bielefelder Arbeiten. In H. Maier & J. Voigt (Hrsg.), *Interpretative Unterrichtsforschung* (S. 13–32). Köln: Aulis.

Maier, H. & Voigt, J. (Hrsg.). (1991). *Interpretative Unterrichtsforschung*. Köln: Aulis.

Maier, H. & Voigt, J. (Hrsg.). (1994). *Verstehen und Verständigung im Mathematikunterricht – Arbeiten zur interpretativen Unterrichtsforschung*. Köln: Aulis.

Meyer, M. (2007). *Entdecken und Begründen im Mathematikunterricht. Von der Abduktion zum Argument*. Dissertation. Hildesheim: Franzbecker.

Meyer, M. (2014). *Vom Satz zum Begriff: Philosophisch-logische Perspektiven auf das Entdecken, Prüfen und Begründen im Mathematikunterricht*. Habilitationsschrift. Berlin: Springer.

Miller, M. (1986). *Kollektive Lernprozesse. Studien zur Grundlegung einer soziologischen Lerntheorie*. Frankfurt am Main: Suhrkamp.

Miller, M. (2006). *Dissens. Zur Theorie diskursiven und systemischen Lernens*. Wetzlar: transcript.

MSW NRW (Hrsg.). (2008). *Richtlinien und Lehrpläne für die Grundschule in Nordrhein-Westfalen*. Frechen: Ritterbach.

Nührenbörger, M. & Schwarzkopf, R. (2010). Diskurse über mathematische Zusammenhänge. In C. Böttinger, K. Bräuning, M. Nührenbörger, R. Schwarzkopf & E. Söbbelke (Hrsg.), *Mathematik im Denken der Kinder* (S. 169–215). Seelze: Friedrich.

Nührenbörger, M. & Schwarzkopf, R. (2013). Gleichungen zwischen „Ausrechnen" und „Umrechnen". In G. Greefrath, F. Käpnick & M. Stein (Hrsg.), *Beiträge zum Mathematikunterricht*, Band 1 (S. 716–719). Münster: WTM.

Nührenbörger, M. & Schwarzkopf, R. (i.V.). Processes of Mathematical Reasoning of Equations in Primary Mathematics Lessons. In *Proceedings of the 9th Congress of the European Society for Research in Mathematics Education in Prague*, 2015.

Reid, D. & Knipping, C. (2010). *Proof in Mathematics Education. Research, Learning and Teaching*. Rotterdam, Boston, Taipei: Sense Publishers.

Schwarzkopf, R. (2000). *Argumentationsprozesse im Mathematikunterricht – Theoretische Grundlagen und Fallstudien*. Dissertation. Hildesheim: Franzbecker.

Schwarzkopf, R. (2001). Argumentationsanalysen im Unterricht der frühen Jahrgangsstufen – eigenständiges Schließen mit Ausnahmen. *Journal für Mathematikdidaktik* 22, 3/4, 253–276.

Schwarzkopf, R. (2003). Begründungen und neues Wissen: Die Spanne zwischen empirischen und strukturellen Argumenten in mathematischen Lernprozessen der Grundschule. *Journal für Mathematikdidaktik* 24, 3/4, 211–234.

Schwarzkopf, R. (2012). Wer gewinnt? – Dem Zufall auf der Spur. In G. Müller, C. Selter & E. C. Wittmann (Hrsg.), *Zahlen, Muster und Strukturen. Spielräume für aktives Lernen und Üben* (S. 183–187). Stuttgart: Ernst Klett.

Steinbring, H. (2000). Mathematische Bedeutung als eine soziale Konstruktion – Grundzüge der epistemologisch orientierten mathematischen Interaktionsforschung. *Journal für Mathematikdidaktik* 21, 1, 28–49.

Steinbring, H. (2005). *The Construction of New Mathematical Knowledge in Classroom Interaction – An Epistemological Perspective*. Mathematics Education Library, vol. 38. Berlin, New York: Springer.

Toulmin, S. E. (1975). *Der Gebrauch von Argumenten*. Kronberg: Scriptor.

Voigt, J. (1984). *Interaktionsmuster und Routinen im Mathematikunterricht. Theoretische Grundlagen und mikroethnographische Falluntersuchungen.* Weinheim: Beltz.

Vollrath, H.-J. (1980). Eine Thematisierung des Argumentierens in der Hauptschule. *Journal für Mathematikdidaktik 1,* 1/2, 28–41.

Weingarten, R. & Pansegrau, P. (1993). Argumentationsstile im Unterricht. In B. Sandig & U. Püschel (Hrsg.), *Stilistik. Band III: Argumentationsstile* (S. 127–148). Hildesheim, New York: Georg Olms.

Winter, H. (1983). Zur Problematik des Beweisbedürfnisses. *Journal für Mathematikdidaktik 4,* 1, 59–95.

Wittmann, E. C. & Müller, G. N. (2008). Muster und Strukturen als fachliches Grundkonzept. In G. Walther, M. van den Heuvel-Panhuizen, D. Granzer & O. Köller (Hrsg.), *Bildungsstandards für die Grundschule: Mathematik konkret* (S. 40–63). Berlin: Cornelsen Scriptor.

Wittmann, E. C. & Müller, G. N. (2012). *Das Zahlenbuch 1.* Begleitband. Stuttgart: Ernst Klett.

Anke Uhlenwinkel

Geographisches Wissen und geographische Argumentation

1. Problemstellung

Die Fähigkeit, argumentieren zu können, gilt seit dem Ende des Zweiten Weltkriegs und der sich daran anschließenden Formulierung und Durchsetzung einer freiheitlich-demokratischen Grundordnung zumindest implizit als ein anzustrebendes Erziehungsziel. Die ihm explizit zugeschriebene Relevanz schwankt allerdings von Bundesland zu Bundesland. Belässt es Nordrhein-Westfalen bei dem sehr vagen Hinweis, dass die Lernenden befähigt werden sollen, „die eigene Meinung zu vertreten" (§ 2 Abs. 5 NRWSchulG), verlangt Niedersachsen bereits die Fähigkeit, „Konflikte vernunftgemäß zu lösen" (§ 2 Abs.1 NSchG). In Hamburg spricht das Schulgesetz sogar von „Urteilsfähigkeit" sowie der „Fähigkeit, verantwortlich Entscheidungen zu treffen" (§ 2 Abs. 2 HmbSG), und in Bayern erwartet man von der Schule, dass sie Lernende „zu selbständigem Urteil und eigenverantwortlichem Handeln" (Art. 2 Abs. 1 BayEUG) befähigt. Alle diese Formulierungen sind allgemein gehalten. Sie sind aus den jeweiligen Landesverfassungen abgeleitet und bildeten die Grundlage für die Erstellung der fachlichen Lehrpläne, deren Zweck es war, die Erreichung der allgemeinen Ziele im konkreten fachlichen Rahmen sicherzustellen.

Nach dem PISA-Schock und der Hinwendung zur Formulierung von Kompetenzanforderungen durch die KMK ist diesem linearen Ableitungsschema mit den Bildungsstandards ein weiteres Element hinzugefügt worden. Anders als die Schulgesetze mit ihren überfachlichen Formulierungen konzentrieren sich die Bildungsstandards auf „Kernbereiche eines Fachs" (KMK, 2005a, S. 9). Trotzdem finden sich in den meisten Bildungsstandards auch Hinweise auf die Argumentationsfähigkeit als einer erwünschten Kompetenz. Sollen die Lernenden im Fach Deutsch noch die vergleichsweise allgemein gehaltene Kompetenz erwerben, „auf Gegenpositionen sachlich und argumentierend eingehen" zu können (KMK, 2004a, S. 10), wird in der Physik bereits erwartet, dass sie „Arbeitsergebnisse und Sachverhalte unter physikalischen Gesichtspunkten [diskutieren]" (KMK, 2005b, S. 12) und in der Mathematik geht man sogar explizit von einer Kompetenz „mathematisch argumentieren" (KMK, 2004b, S. 8) aus. Die Geographie, deren Argumentationskompetenz Gegenstand der folgenden Ausführungen ist und deren Bildungsstandards nicht im Rahmen der Bemühungen der KMK entwickelt wurden (DGfG, 2007, S. 1), formuliert die Anforderung etwas weniger fachlich, wenn sie sagt, dass Schüler und Schülerinnen „im Rahmen geographischer Fragestellungen die logische, fachliche und argumentative Qualität eigener und fremder Mitteilungen kennzeichnen und angemessen reagieren" (ebd., S. 23) können sollen. Nichtsdestotrotz kann die Fähigkeit zur Argumentation in diesem Kontext nicht länger als eine allgemeine, sondern nur als eine fachliche Kompetenz betrachtet werden. Daraus ergibt sich notwendig die Frage, wie die jeweilige fachliche Argumentationskompetenz definiert wird und wie sie sich von einer allgemeinen Argumentationskompetenz unterscheidet.

Im Vergleich zu den traditionellen Lehrplänen zeichnen sich die Bildungsstandards weiterhin dadurch aus, dass sie ihre Vorgaben nicht als Listen von zu unterrichtenden Inhalten verstehen, sondern als Beschreibungen „der erwarteten Lernleistungen" (KMK, 2005a, S. 9). Diese als Output definierten Lernleistungen sollen bundesweit in Testverfahren regelmäßig überprüft werden, wobei die Testergebnisse auch dazu dienen, die Bildungsstandards selbst zu überprüfen sowie mit der Zeit empirisch abgesicherte Kompetenzstufenmodelle zu entwickeln. Sieht man dabei von der bereits von Chomsky (1970) formulierten Feststellung ab, dass jedes Testverfahren lediglich die Performanz, nicht aber die Kompetenz messen kann, ergibt sich insbesondere für die Argumentationskompetenz das Problem, dass die gewünschte Fähigkeit nicht mehr mit ihren eigenen Mitteln, d.h. im Verlauf einer argumentativen Auseinandersetzung bestimmt wird, sondern als Resultat einer quantitativen Messung vorhandener Argumentationsformen und -strategien. Neben der Klärung der Frage nach der Begründbarkeit einer speziellen fachlichen Argumentationskompetenz ist dementsprechend auch zu prüfen, ob und eventuell wie sich eine solche Kompetenz im aktuellen Output von Lernenden wiederfinden lässt.

2. Fachliches Argumentieren

In den Schulfächern ist bisher selten über fachliches Argumentieren, seine Bestimmung und seine Abgrenzung zum allgemeinen Argumentieren nachgedacht worden. Eine deutlich breitere Diskussion über das Fachliche an den Argumenten ist in der Rechtswissenschaft geführt worden. In seiner bis heute immer wieder neu aufgelegten Dissertation von 1978 formuliert Alexy (2012) die Sonderfallthese: Danach zeichnet sich die juristische Argumentation im Vergleich zur allgemeinen normativen Diskussion durch Einschränkungen wie das positive Recht und die Verfahrensregeln aus. Für Goltzberg (2013) sind dieselben Sachverhalte keine Einschränkungen, sondern Merkmale einer spezifisch juristischen Argumentation. Diese Merkmale lassen sich ihrerseits durch zwei Charakteristika beschreiben: den regelmäßig hohen Allgemeinheits- sowie den ebenfalls hohen Formalisierungsgrad ihrer Aussagen. Eine juristische Argumentation im engeren Sinne entsteht dann, wenn ein Bezug zwischen den Aussagen der Rechtsnormen und dem in Frage stehenden Sachverhalt hergestellt wird. Eine solche Argumentation unterscheidet sich der Form nach nicht von allgemeinen Argumentationen. Eine Argumentation im weiteren Sinne schließt die Interpretation der Aussagen der Rechtsnormen ein. Eine solche Interpretation folgt gewissen, für die Rechtswissenschaften typischen Kriterien wie etwa der Widerspruchsfreiheit, der Nichtredundanz oder der Bestimmung des mit der Regel verfolgten Zwecks (Puppe, 2011). Fachliches Argumentieren lässt sich somit nicht vornehmlich an der Form der Argumente festmachen, sondern an der Spezifik der fachlichen Perspektive und an der Interpretation der Aussagen, in denen sich diese Perspektive manifestiert.

Für das Schulfach Geographie wäre demnach zu fragen, welche fachlichen Perspektiven eine geographische Argumentation begründen könnten.

2.1 Geographisches Wissen

Die geographische Wissenschaft wird in der deutschen Schulgeographie weitgehend über den Begriff Raum definiert. Dieser Begriff lässt sich unterschiedlich verstehen (Wardenga, 2002): Zum einen kann er zusammen mit dem Begriff Zeit als eine der grundlegenden Dimensionen menschlichen Daseins verstanden werden (Gebhardt, Glaser, Radtke & Reuber, 2007a). Mit dem Konzept Raum ließen sich dann alle Erscheinungen auf der Erdoberfläche betrachten; der jeweils in Frage stehende Raumausschnitt wäre einzig ein Container, der die in ihm vorhandenen Erscheinungen zusammenhielte (Wardenga, 2002). Zum anderen kann der Raum als mathematischer Raum verstanden werden. Betrachtet würde dann nicht mehr alles, sondern nur noch das, was sich etwa in Distanzen, Dichten oder Verteilungen messen und modellieren lässt (Haggett, 1983). Dieser Raum wird in der deutschen Schulgeographie als „Raum der Raumstrukturforschung" (Wardenga, 2002, S. 9) rezipiert. Beide Verständnisse haben das Fach zu unterschiedlichen Zeiten geprägt. Die Vorstellung vom Raum als grundlegender Dimension des menschlichen Daseins lag insbesondere der Kolonialgeographie mit ihren möglichst umfassenden Beschreibungen fremder Landstriche und der besonders in Deutschland propagierten Vorstellung vom Staat als „organische[r] Einheit" (Gebhardt, Glaser, Radtke & Reuber, 2007b, S. 46) zugrunde. Gerade die letztgenannte Vorstellung ging zudem mit der Idee einher, einen Gesamtzusammenhang herstellen zu können, der idealerweise alles, was sich in einem bestimmten Raumausschnitt befand, erklären konnte. Nach dem Zweiten Weltkrieg war die Vorstellung vom Staat als organische Einheit weitgehend diskreditiert und das staatliche Bedürfnis nach Informationsbeschaffung aus außereuropäischen Regionen ließ sich zunehmend ohne die Exkursionstätigkeit der Geographen befriedigen. Die Geographie als Wissenschaft musste sich somit umorientieren, was sie, durchaus unter Rückgriff auf ältere Modelle wie etwa Christallers Theorie der zentralen Orte, dazu veranlasste zu versuchen, Phänomene auf der Erdoberfläche vornehmlich mittels mathematischer Modelle zu erklären. In diesem Kontext entstanden unter anderem viele richtungsweisende Arbeiten zur räumlichen Diffusion von Innovationen, aber auch von Krankheiten oder Moden (Haggett, 1983).

In den meisten anderen (west-)europäischen Fachsprachen werden die mit diesen beiden recht unterschiedlichen Traditionen verknüpften Vorstellungen nicht in einem Begriff ausgedrückt, sondern in zweien: *place* (frz. *territoire*, span. *espacio*) und *space* (frz. *espace*, span. *territorio*) (Lambert & Morgan, 2010; Deleplace & Niclot, 2005; Souto González, 2011). Beide Konzepte sind im Kontext konstruktivistischer Theorien deutlich fortentwickelt worden und bilden heute zusammen mit dem Konzept des Maßstabs (engl. *scale*, frz. *échelle*), das sich auch in den deutschen Bildungsstandards findet (DGfG, 2007), den Kern der geographischen Perspektive. Alle drei Konzepte sollen hier in der gebotenen Kürze vorgestellt werden (für eine ausführlichere Darstellung der Konzepte und ihrer Bezüge zu den deutschen Raumkonzepten vgl. Uhlenwinkel, 2013). Jedes Konzept wird dabei über eine Anzahl von Komponenten definiert, die untereinander eine große Kohäsion aufweisen und sich regelmäßig eher im Sinne einer Klassifikation, denn als Konstanten definieren lassen (Deleuze & Guattari, 1991).

Das Konzept *place* besteht aus drei Komponenten: der Lage, der Materialität und der Bedeutung des Ortes. Lage und Materialität können real (z.B. London) oder fiktiv (z.B. Tolkiens Mittelerde) sein. Die Bedeutung eines Ortes ist abhängig von der menschlichen Wahrnehmung: Ohne Menschen gibt es keine *places*, da es niemanden gibt, der die Bedeutung produziert. Sobald es Menschen gibt, gibt es aber auch *places*, da Menschen nicht anders können, als sich Vorstellungen von den Orten zu machen, in denen sie oder Andere leben (Cresswell, 2004). Da die zugewiesenen Bedeutungen durchaus unterschiedlich sein können und sie gleichzeitig das Handeln des Einzelnen beeinflussen, unterliegt die Materialität eines Ortes einem dauernden Wandel.

Das Konzept *space* besteht ebenfalls aus drei Komponenten: oftmals materiell schwer fassbarer Vernetzungen, einer Vielzahl sich gleichzeitig in verschiedenen *places* ereignender Geschichten und den Geometrien der Macht, die dazu beitragen, dass sich jeder *space* immer nur als *story-so-far* betrachten lässt (Massey, 2005). Das Konzept *space* kann somit ohne das Konzept *place* nicht gedacht werden, da es die verschiedenen *places* in Relation zueinander setzt und die gegenseitigen Beeinflussungen von *places* zu erfassen versucht. Unter Berücksichtigung der Charakteristika der Bedeutungszuweisung an *places* folgt daraus, dass die Darstellung eines konkreten *space* ständig revidiert werden muss, sei es weil sich der *space* verändert hat, sei es weil wir unabhängig von konkreten Veränderungen unsere Vorstellung von ihm aufgrund neuer Anregungen revidiert haben.

Die Komponenten des Konzepts *scale* werden in der Literatur weniger deutlich benannt, was auch daran liegen mag, dass die Vorstellung des Maßstabs lange Zeit eher technisch geprägt war. Nichtsdestotrotz lassen sich bei einer Betrachtung des Konzepts als Perspektive der Geographie ebenfalls drei Komponenten identifizieren. Mit *place* hat das Konzept *scale* die Komponente der Bedeutung gemeinsam, die in diesem Falle verschiedenen Maßstabsebenen zugewiesen wird: Lokal gilt dabei oft als vertraut, global als mächtig und deswegen wechselweise als entweder bedrohlich oder beruhigend. Die Konstruktion von *scales* ist somit ein politischer Akt. Mit *space* hat das Konzept *scale* die Komponente der Vernetzung gemeinsam. Vernetzt werden nun aber nicht verschiedene *places* auf einer Maßstabsebene, sondern verschiedene *places* und *spaces* auf verschiedenen Maßstabsebenen (Herod, 2009). Entscheidungen auf einer Maßstabsebene können dabei Auswirkungen auf das Leben und die Entscheidungsmöglichkeiten anderer Maßstabsebenen haben, ohne dass auf beiden Ebenen unbedingt dasselbe verhandelt würde. *Scale* ist zudem drittens ein andauernder Prozess, bei dem Akteure auch definieren, auf welchen Maßstabsebenen sie gerade agieren (Lambert & Morgan, 2010).

Neben diesen drei Kernkonzepten wird sowohl in der wissenschaftlichen Geographie als auch in der Schulgeographie eine Reihe von durchaus unterschiedlichen Hilfskonzepten benannt. Dazu gehören für das Schulfach etwa die Konzepte Diversität, Interaktion, Wandel sowie Wahrnehmung und Darstellung (Taylor, 2008).

2.2 Geographisches Argumentieren

Analog zu obigen Ausführungen zur Rechtswissenschaft betrachte würde geographisches Argumentieren sich dadurch auszeichnen, dass das vorstehend beschriebene geographisch-konzeptuelle Wissen in Form einer Prämisse oder einer Geltungsbeziehung in die Struktur einer allgemeinen Argumentation einfließt, um so einen gegebenen Sachverhalt geographisch zu erörtern.

Insbesondere im deutschsprachigen Kontext gibt es allerdings sowohl in der Fachwissenschaft als auch in der Fachdidaktik eine nicht unerhebliche Anzahl von Stimmen, die den Bezug auf fachliche Konzepte in Argumentationen aus sehr unterschiedlichen Gründen eher als Einschränkung denn als Merkmal einer spezifisch geographischen Argumentation verstehen. In der Fachwissenschaft besteht dabei vorwiegend die Sorge, dass der Raum nicht essentialistisch betrachtet werden dürfe (Fuchs & Rolfes, 2013). Diese Kritik bezieht sich vornehmlich auf das ältere Konzept des Raumes als grundlegende Dimension des menschlichen Daseins, bei dem Sachverhalte zu Eigenschaften des Raumes gemacht werden. In der Fachdidaktik beruht die Distanz zur fachlichen Argumentation eher auf einer allgemeinen didaktischen Orientierung auf pädagogische Prozesse, wie etwa das Konzept des „Lernen Lernens" und fachübergreifende Ansätze, die sich stärker an Alltagsfragen orientieren, so wie sie im Future-2-(F2)-Szenario von Young & Muller (2010) dargestellt werden. Das F2-Szenario wird von den Autoren vor allem als grenzenlos charakterisiert: Im Vergleich zur traditionellen Bildung (F1) würden Fächergrenzen ebenso verschwinden wie Grenzen zwischen wissenschaftlichem und alltagsorientiertem Wissen.

In den Bildungsstandards für das Fach Geographie finden sich verschiedene Aspekte des F2-Szenarios. Zum einen werden mit dem Kompetenzbegriff die Grenzen zwischen Fach- und Alltagswissen durchlässig. Zum anderen werden durch die Vorstellungen vom Brücken- und Zentrierungsfach sowie durch die Betonung der Beiträge zum fachübergreifenden Lernen die Fachgrenzen von vielen Seiten her aufgeweicht. Sind diese Grenzen nicht mehr vorhanden, lässt sich allerdings theoretisch auch kaum mehr feststellen, ob und inwiefern eine im Geographieunterricht geäußerte Argumentation tatsächlich geographisch ist oder nicht.

Mit der Aufgabe des durch seine Grenzen definierten Professionswissens und der damit verbundenen Geringschätzung des Inputs sowie der korrespondierenden Aufwertung des Outputs erhalten in Testverfahren ermittelte Erkenntnisse über den Leistungsstand der Lernenden einen definitorischen Charakter nicht nur für die erwünschten, in diesem Falle argumentativen Fähigkeiten der Testpersonen, sondern auch für das Fach selbst. Dementsprechend ist es sinnvoll, tatsächlich vorgebrachte Argumentationen im Geographieunterricht empirisch zu erheben.

3. Allgemeine Argumentationsformen als Grundlage der empirischen Untersuchung

Grundlegend für die Feststellung einer geographischen, wie auch jeder anderen fachlichen Argumentation, ist somit zunächst die Identifizierung der Struktur einer allgemeinen Argumentationsform. Der Erhebung der unterstehenden empirischen Ergebnisse liegen zwei verschiedene Strukturen zugrunde: das Argumentationsmodell von Toulmin (2008) und das *argument diagramming* von Walton (2006). Beide sollen kurz vorgestellt werden.

3.1 Argumentationsmodell nach Toulmin

Toulmins Argumentationsmodell eignet sich besonders zur Analyse isolierter Argumente. Es besteht in seiner Grundform aus den drei Komponenten der strittigen Behauptung, den Belegen (Fakten) und der Schlussregel, die eine Geltungsbeziehung zwischen den Belegen und der strittigen Behauptung formuliert. In seiner erweiterten Form umfasst das Modell zudem einen Operator, der die Wahrscheinlichkeit der Geltungsbeziehung ausdrückt, eine Stützung, mit der die Geltungsbeziehung weiter belegt werden kann, sowie Ausnahmebedingungen, unter denen die strittige Behauptung nicht mehr als richtig gelten kann (Toulmin, 2008).

Selbst angesichts der Tatsache, dass jedes Fach die Welt zweifellos aus seiner jeweils eigenen Perspektive wahrnimmt (Fleck, 1980), wird sich der geographisch-konzeptuelle Gehalt eines Arguments im Kontext von alltagsorientierten Argumentationen, wie sie in der Schule üblich sind, regelmäßig entweder in der Geltungsregel oder in der Stützung finden, da sowohl die Belege als auch die Ausnahmebedingungen Sachverhaltsdarstellungen verlangen und sich die Behauptung in den meisten Fällen auf ein praktisches und nicht auf ein wissenschaftstheoretisches Problem bezieht. Dort, wo eine wissenschaftstheoretische Diskussion geführt wird, also bei der Interpretation der geographischen Konzepte, können sich geographische Konzeptualisierungen in allen fünf Komponenten des Modells finden.

3.2 *argument diagramming*

Das *argument diagramming* eignet sich im Gegensatz zum toulminschen Modell vor allem für die Analyse von argumentativen Texten, in denen mehrere Argumente vorgebracht werden, die für sich genommen jeweils die Struktur des oben beschriebenen Argumentationsmodells aufweisen können. Grundsätzlich werden beim *argument diagramming* Ketten von Prämissen und Konklusionen dargestellt, bei denen jede Konklusion gleichzeitig die Prämisse für die nächste Konklusion ist, bis die Kette zu ihrer endgültigen Schlussfolgerung gelangt. Innerhalb der Ketten können divergierende und konvergierende Strukturen auftauchen. Bei divergierenden Argumenten können zwei Schlussfolgerungen aus einer Prämisse gezogen werden, bei konvergierenden Argumenten dagegen folgt eine Konklusion aus zwei Prämissen. Als eine Sonderform zwischen einem linearen und einem konvergenten Argument kann das gekoppelte Argument angesehen werden, bei dem zwei hinreichende Prämissen zu einer Schlussfolgerung führen. In der Praxis finden sich daneben oft auch isolierte, in keine Struktur eingebundene Prämissen (Walton, 2006).

Beim *argument diagramming* können geographische Inhalte an fast jedem Punkt auftauchen. Lediglich in der letzten Konklusion wird man bei einer alltagsbezogenen Argumentation eher eine nichtgeographische Aussage erwarten, da das zu lösende Problem in diesem Kontext gewöhnlich kein fachliches ist. In einer wissenschaftstheoretischen Argumentation kann sich auch hier eine dezidiert geographische Konzeptualisierung finden.

4. Geographische Argumentationskompetenz – empirisch feststellbarer Output

Um den zu erwartenden Output bei Testmessungen zu ermitteln, wurden drei Quellen herangezogen: Argumentationen von 92 Erstsemestern des Lehramtsstudiengangs Geographie, die mit Hilfe des toulminschen Argumentationsmodells eine Argumentation entwickeln sollten, Texte von 13 Schülerinnen und Schülern einer 7. Klasse, die sich nach der Behandlung eines Themas in der Stunde argumentativ mit ihm auseinandersetzen sollten, und 33 Texte von Studierenden des Lehramtsstudiengangs Geographie, denen dieselbe Aufgabe am Ende ihres Bachelor-Studiums gestellt wurde.

4.1 Argumentationskompetenzen am Übergang zwischen Schule und Hochschule

Den 92 Erstsemestern wurde im Laufe einer Vorlesung das Argumentationsmodell von Toulmin mit Hilfe eines praktischen Beispiels vorgestellt. Sie wurden ebenfalls auf das Analyseschema von Argumentationen aufmerksam gemacht, mit dessen Hilfe die Komplexität, die Relevanz, die Gültigkeit, die Eignung und der Adressatenbezug eines Arguments überprüft werden können (Budke & Uhlenwinkel, 2011). Kurz darauf wurden sie gebeten, auf der Grundlage eines leeren Argumentationsmodells die Frage zu diskutieren, ob es sinnvoll sei, in einem abgelegenen Dorf im Norden Togos ein Windrad zu bauen.

Die eingereichten Argumentationen wurden zunächst mit einem Punkteschema bezüglich ihrer Komplexität bewertet: Für jedes sinnvoll ausgefüllte Element (Behauptung, Beleg, Schlussregel, Stützung und Ausnahmebedingung) wurde ein Punkt vergeben und ein weiterer, wenn eine komplette Argumentation keine Redundanzen aufwies. Die somit höchstmögliche Punktzahl von sechs wurde von keinem der

Studierenden erreicht (Abb. 1). Auch fünf oder vier Punkte, die auf eine über die Grundform der Argumentation hinausgehende Leistung hinweisen, wurden von weniger als 10 % der Studierenden erlangt. Knapp ein Drittel der Studierenden hat dagegen gar keinen Punkt erhalten, obwohl der eine Punkt für die Behauptung „ist sinnvoll" oder „ist nicht sinnvoll" eigentlich recht leicht zu erwerben gewesen wäre.

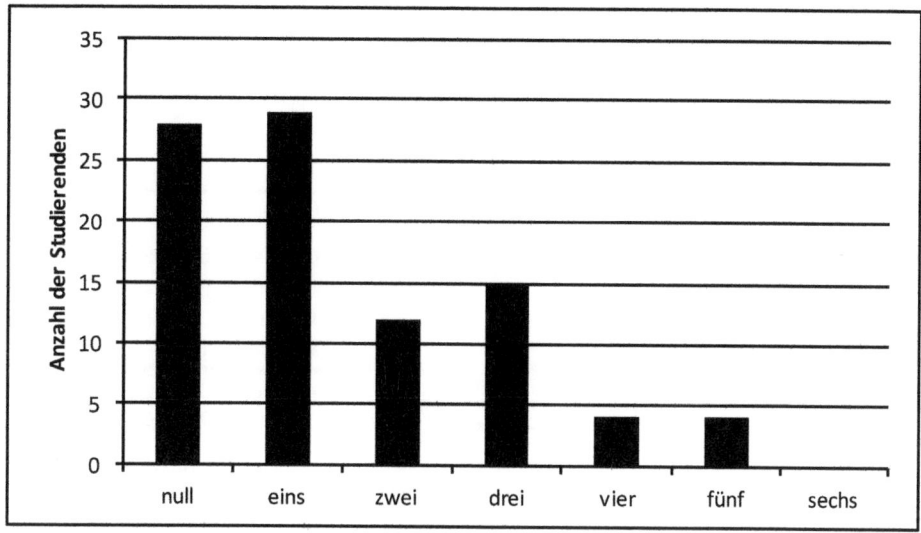

Abb. 1: In der Argumentation erreichte Punktzahl

Damit stellt sich die Frage, wo genau die Schwierigkeiten der Studierenden lagen. Es lassen sich grob drei Problemfelder ausmachen: erstens das Lernen als reine Reproduktion, zweitens das Vorliegen von und der Rückgriff auf *misconceptions* (Dove, 1999), die sich oft auf fehlerhafte Bedeutungszuweisungen zurückführen lassen, und drittens der Mangel an konzeptuellem Fachwissen. Alle drei Problemfelder sollen kurz mit einem Beispiel belegt werden.

Studierende, die Lernen als reine Reproduktion begreifen, haben sich zwar den Aufbau des Argumentationsmodells gemerkt (Abb. 2), aber nicht versucht, die inhaltliche Füllung des Modells nachzuvollziehen und mit neuen Inhalten auszuprobieren. Im vorliegenden Fall etwa betrachtet der Studierende die Frage nicht als Quelle für alternative Behauptungen, sondern als Fakt. Das könnte sie durchaus sein, wenn behauptet worden wäre, dass die Anforderungen der universitären Lehrveranstaltungen zu hoch oder zu niedrig seien. Dann wäre es aber keine geographische Argumentation mehr. Offenkundig ist hier zwar gelernt worden, dass Behauptungen mit Fakten unterlegt werden sollen, der strukturelle Unterschied zwischen einer Behauptung und einem Beleg ist aber nicht erfasst worden, was einen Transfer auf andere Beispiele deutlich erschwert, wenn nicht gar verunmöglicht. Ähnliches lässt sich für das Verständnis der Einschränkung bzw. Ausnahmebedingung sagen. Rein logisch betrachtet wird hier die tatsächlich gemachte Behauptung in den Einschränkungen lediglich negiert, sodass die dargelegte Meinung nur solange gilt, wie ihr nicht widersprochen wird. Argumentativ wäre es aber darum gegangen zu sagen, unter welchen veränderten Bedingungen die aufgestellte Behauptung nicht mehr gültig wäre: Der Bau eines Windrades kann sinnvoll sein, wenn das Dorf nicht an das nationale Stromnetz angeschlossen ist, er kann aber unwirtschaftlich werden, wenn Strom anders billiger erzeugt werden kann, etwa über Photovoltaikanlagen oder über eine effiziente überregionale Stromversorgung. Trotz inhaltlich oftmals sinnvoller Ansätze scheitern Studierende mit solchen Argumentationen an den für das Abitur formulierten Anforderungsbereichen II und III, weil sie es gewohnt sind, Inhalte lediglich zu reproduzieren und nicht selbst zu entwickeln.

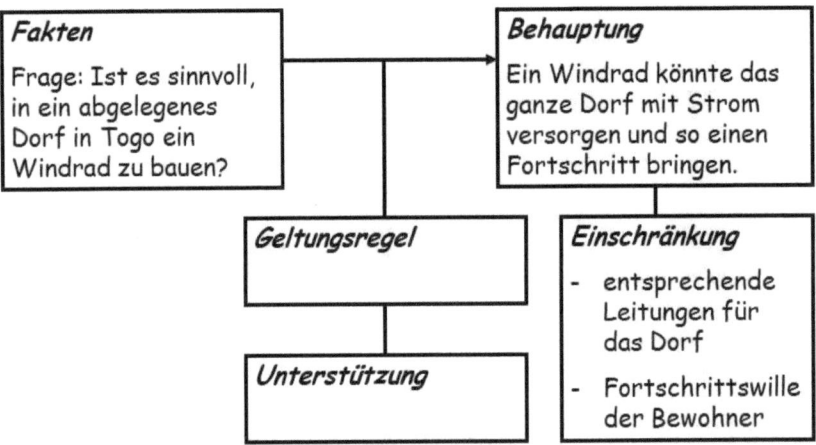

Argumente bestehen aus Behauptungen die mit Fakten unterlegt werden. Diese müssen weiter durch einen Geltungsbereich unterlegt werden u. durch weitere Fakten u. Einschränkungen begrenzt werden. Einschränkungen = formulierte Bedingungen.

Abb. 2: Beispiel 1: Argumentationsproduktion eines Studierenden

Viele Studierende greifen auf Vorstellungen von Togo zurück, die das Land und besonders seine abgelegenen Regionen als rückständig betrachten. Dabei entstehen Argumente wie:

- „Sie brauchen keine elektrische Energie, weil sie zuerst ihr Hungerproblem lösen müssen."
- „Es ist nicht sinnvoll, Windräder zu bauen, weil sie nicht wissen, wie man sie betreibt."
- „Sie brauchen keine Windräder, weil sie keine elektrische Energie haben."
- „Sie leben ein Leben in Einklang mit der Natur, in das Europäer sich nicht einmischen sollten."

Argumente wie diese operieren zumindest implizit mit dem Konzept *place*. Weil es den Studierenden aber nicht gelingt, die Bedeutungszuweisung als solche zu erkennen, zu hinterfragen und gegebenenfalls zu korrigieren, verharren die Studierenden in einem vorfachlichen Alltagswissen und reproduzieren dabei koloniale Stereotype über Afrika.

Misconceptions lassen sich allerdings nicht nur in Bezug auf die Ausführungen zu Wirtschaft, Bildung und Kultur in Togo finden, sondern auch, allerdings seltener, in Bezug auf die Vorstellungen zu den natürlichen Lebensgrundlagen:

- „Windräder können dort nicht betrieben werden, weil es in warmen Regionen keinen Wind gibt."

Wie die Studierenden diese *misconceptions* erworben haben, wird sich nicht mit letzter Sicherheit klären lassen. Leider ist allerdings zu vermuten, dass auch hier die eigenen Unterrichtserfahrungen nicht ganz unschuldig am Ergebnis sind.

Diese Vermutung beruht vor allem darauf, dass insgesamt ein Mangel an konzeptuellem Denken zu beobachten ist: Nur sehr wenige Studierende greifen auf konzeptuelle Ansätze zurück, die zur Klärung der Frage tatsächlich beitragen könnten. In Abb. 2 wird immerhin im Ansatz mit dem Vorhandensein von Leitungen argumentiert. Aber selbst eine Ausführung dieses Ansatzes (Abb. 3) führt nicht zu der Erkenntnis, dass Windräder gerade durch ihre potentielle Dezentralität die Möglichkeit eröffnen, Orte unabhängig von Stromleitungen mit Elektrizität zu versorgen. Problematisch dürfte an abgelegenen Orten eher der Transport der Anlage zum Zielort sein. Beides aber sind Fragen, die konzeptuell über *space* erschlossen werden können und damit auch zu gültigen und geeigneten Argumenten führen würden.

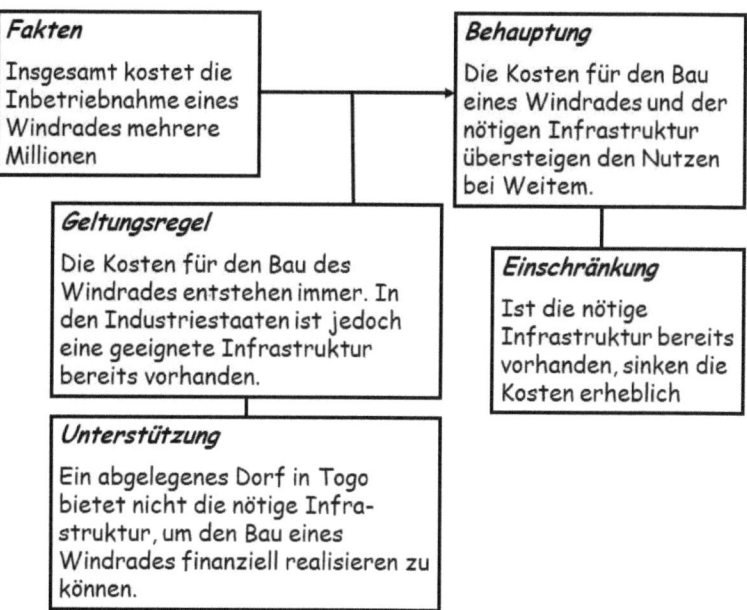

Abb. 3: Beispiel 2: Argumentationsproduktion eines Studierenden

Zusammenfassend lässt sich an dieser Stelle konstatieren, dass die Studierenden am Übergang zwischen Schule und Hochschule in weiten Teilen weder in der Lage waren, die abstrakte Struktur eines Arguments mit einem konkreten Inhalt zweckdienlich zusammenzuführen, noch über ein angemessenes geographisch-konzeptuelles Fachwissen verfügten, um überhaupt fachlich überzeugend argumentieren zu können.

4.2 Progression zwischen Schule und Hochschule

Die im Folgenden betrachteten Texte der Schüler und Schülerinnen der 7. Klasse sind im Anschluss an eine Unterrichtsstunde entstanden, in der sich die Lernenden mithilfe einer Schulbuchdoppelseite und eines in einer fachdidaktischen Zeitschrift publizierten Spiels mit der Ein-Kind-Politik in China beschäftigt hatten. Die Aufgabe lautete, dass sie einen glaubwürdigen Leserbrief für eine chinesische Tageszeitung verfassen sollten, in dem sie Argumente für oder gegen die Ein-Kind-Politik sammeln. Der Text sollte ca. 100 Wörter umfassen. Dieselbe Aufgabe wurde wenig später Studierenden der höheren Bachelor-Semester gestellt, nachdem sie sich ebenfalls mit dem Material beschäftigt hatten. Die Leserbriefe wurden mithilfe des *argument diagramming* analysiert. Die Texte der Schüler und Schülerinnen umfassten im Schnitt 134 Wörter, die der Studierenden 122. In den studentischen Texten fand sich mit elf zu neun eine etwas höhere Zahl an Argumenten als in den Schülertexten. Ähnliches gilt für die Verknüpfungen mit sechs zu fünf. Diese Unterschiede scheinen geradezu marginal, wenn man bedenkt, dass zwischen den beiden getesteten Gruppen eine Lernzeit von sieben bis acht Jahren liegt und die Studierendengruppe sich zu einem Thema aus dem von ihnen selbst gewählten Studienfach äußern sollten, während die Schüler und Schülerinnen mit hoher Wahrscheinlichkeit nicht alle Geographie studieren wollten.

Die im Allgemeinen kaum festzustellende Progression macht sich im Besonderen dadurch bemerkbar, dass sich Texte von einzelnen Lernenden und Studierenden in ihrer Struktur kaum voneinander unterscheiden (Abb. 4 und 5). Im vorliegenden Fall wird die strukturelle Ähnlichkeit der *argument diagramms* noch dadurch pointiert, dass der Siebtklässler geographische Argumente genutzt hat, während der Studierende meinte, auf Argumente aus dem eigenen Fach verzichten zu können.

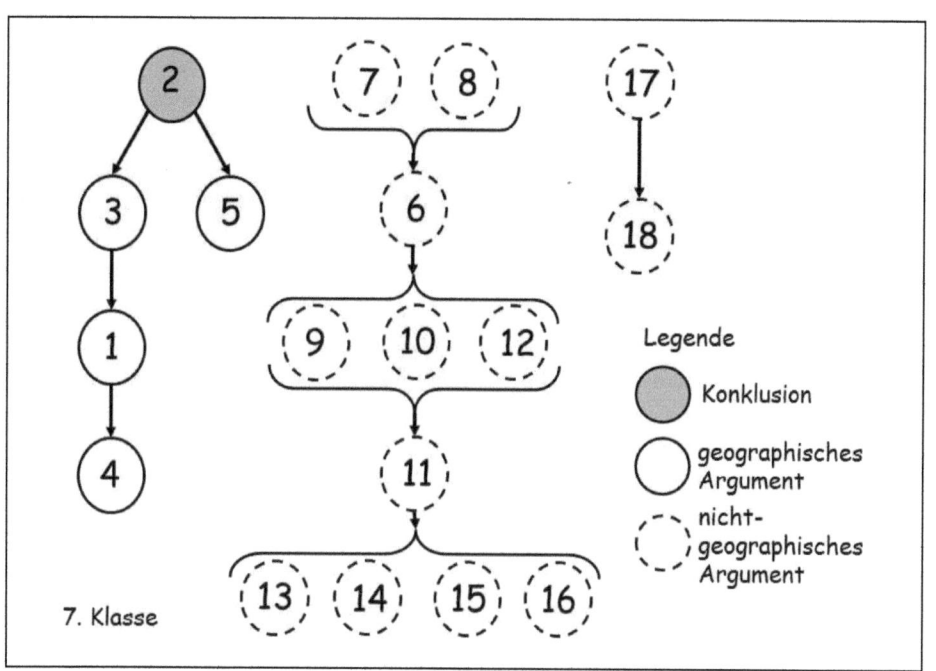

Abb. 4: Beispiel 3: Argumentationsproduktion eines Schülers der 7. Klasse

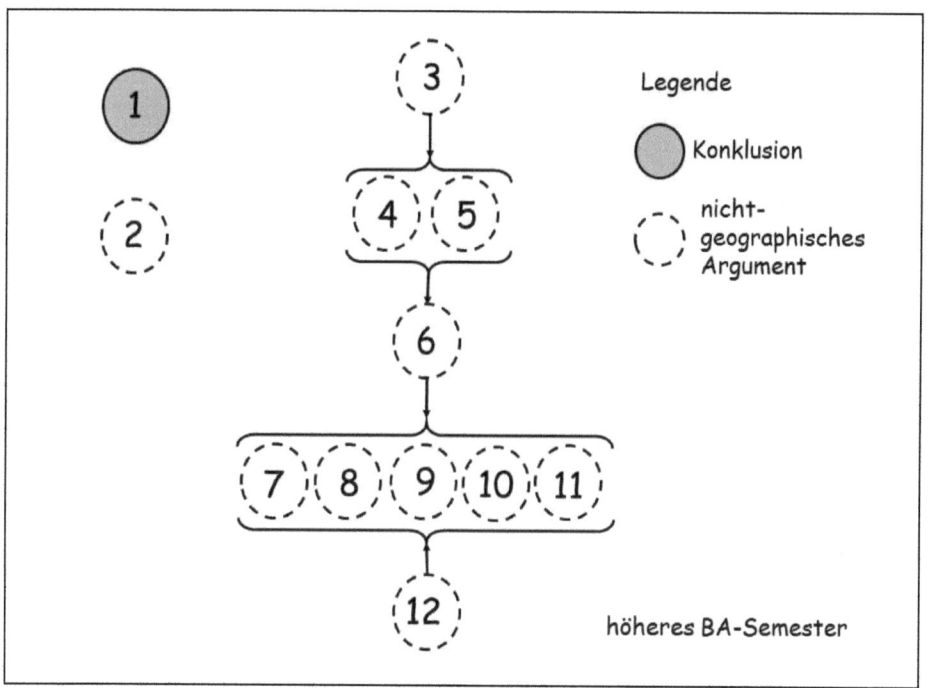

Abb. 5: Beispiel 4: Argumentationsproduktion eines Studenten am Ende des Bachelor-Studiums

Insgesamt werden geographische Argumente von Studierenden tatsächlich etwas häufiger genutzt als von den Schülern und Schülerinnen. Zumindest im Durchschnitt nutzen sie vier geographische Argumente, während sich in den Texten aus der 7. Klasse durchschnittlich lediglich zweieinhalb geographische Argumente pro Text finden. Dabei kommen in der Schülergruppe drei von 13 Texten ganz ohne ein geographisches Argument aus, in der Studentengruppe dagegen nur zwei von 33. Nichtsdestotrotz ist das Verhältnis von geographischen Argumenten zu sonstigen, nichtgeographischen Argumenten (Abb. 6) in beiden Gruppen ernüchternd und das, obwohl die Argumente bei der Auswertung sehr großzügig der Kategorie „geographisch" zugeordnet wurden. Zu den nichtgeographischen Argumenten gehören hier tatsächlich vornehmlich subjektive Alltagsargumente wie „Wenn man selbst das zweite Kind einer chinesischen Familie wäre, würde eine wunderschöne Persönlichkeit fehlen" (7. Klasse) oder „Reicht es nicht, dass man als Familie mit mehr als einem Kind keine Vergünstigungen bekommt? Muss man da noch zusätzlich bestraft werden?" (BA-Studiengang).

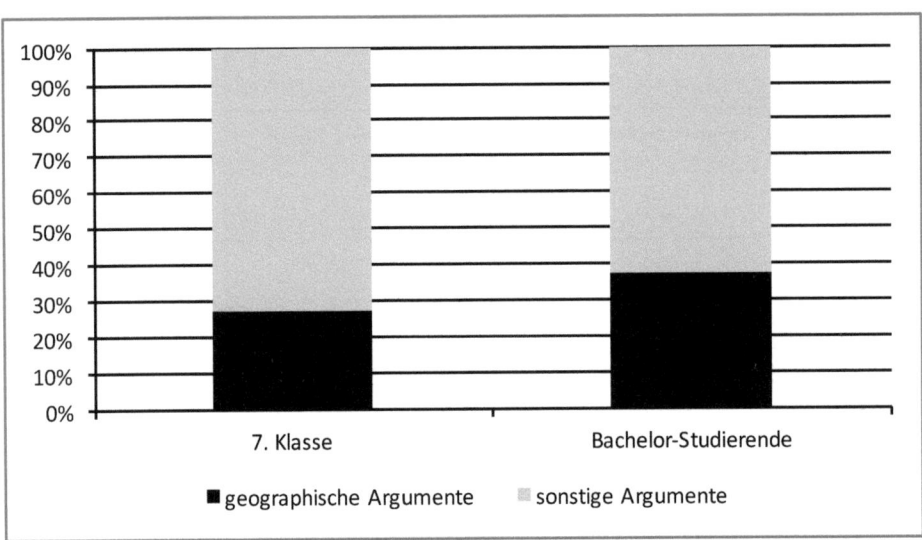

Abb. 6: Anteil geographischer Argumente an allen Argumenten in den Texten

Wollte man zum Thema Ein-Kind-Politik eine spezifisch geographische Argumentation entwickeln, müsste man in einer einfachen Version zumindest den Stadt-Land-Gegensatz thematisieren, denn in vielen ländlichen Regionen sind mehr als ein Kind erlaubt und zudem ist es dort auch deutlich schwerer, die Einhaltung des Ein-Kind-Gebots zu überprüfen. In den Städten ergibt sich dagegen mit der Zeit von alleine der Wunsch nach weniger Kindern, weil der Wohnraum knapp ist, die Kinder dort eher Kosten verursachen und gleichzeitig die Arbeitskraft der Eltern nicht entlasten. Zudem ist die Gesundheitsversorgung besser, sodass mehr Kinder überleben. Mit dem Wirtschaftswachstum im Osten ziehen immer mehr Menschen in die Städte und unterliegen mithin den beschriebenen Bedingungen. Eine Ein-Kind-Politik wird folglich tendenziell obsolet. Eine solche Argumentation findet sich, wenn auch aufgrund der als Lösung vorgestellten neuerlichen Wanderungsbewegungen mehr oder weniger auf den Kopf gestellt, lediglich in einem Text aus der 7. Klasse:

„Man kann mir echt nicht sagen, dass China mit 9.560.799 km² ein Problem hat, dass zu viele Menschen dort leben. Als Grund für all dies sehe ich nur den Wirtschaftswandel. Nur dadurch wurden die Chinesen so in Mengen in den Osten gelockt. Wenn man sich mal die Bevölkerungsverteilung anguckt, ist klar, dass der Osten für so viele Menschen zu klein wird. Also ich bin dafür, dass die Menschen in China besser verteilt werden. Wenn auch das nicht hilft, so könnte man Chinesen, die sich dazu bereit erklären, einfach ins Ausland emigrieren."

Zu dieser Schülerausführung gibt es nur ein halbwegs vergleichbares studentisches Pendant:

„Durch ein schnelles Bevölkerungswachstum würden die Lebensumstände aller Menschen sich weiter verschlechtern. Es würde weiterhin an Arbeitsplätzen mangeln und immer mehr Menschen würden auf der Suche nach eben diesen in die Städte ziehen. Hier würde der Wohnraum noch knapper werden. Aber auch die Hungersituation würde sich verschlechtern. Aufgrund der natürlichen Gegebenheiten und dem technischen Entwicklungsstand ist das Produktionsmaximum der Landwirtschaft bereits erreicht."

Zusammenfassend lässt sich somit feststellen, dass auch bei diesem Thema eine spezifisch geographische Argumentation weitgehend fehlt. Zudem lässt sich eine nur äußerst schwache allgemeine Progression feststellen, die im Vergleich von Einzelfällen durchaus auch negativ ausfallen kann.

5. Fazit

Der in den vorgenannten Beispielen festgestellte Output bezüglich der in den Bildungsstandards geforderten Argumentationskompetenz lässt sich nur als dürftig beschreiben. Dort, wo nicht explizit auf eine Argumentationskompetenz hingearbeitet wurde, lassen sich regelmäßig nur rudimentäre Vorstellungen darüber finden, wie ein überzeugendes Argument strukturiert sein sollte. Dort, wo diese Struktur zum Thema gemacht wurde, wird sie mehrheitlich lediglich reproduziert, nicht aber sinnvoll genutzt. In den allermeisten Fällen fehlt nicht nur das Wissen über einen strittigen Sachverhalt, sondern vor allem auch das konzeptuelle Fachwissen, mit dessen Hilfe dieser Sachverhalt geographisch betrachtet werden könnte.

Würde dieser Output tatsächlich zum Maßstab für die Ermittlung von Kompetenzstufen bezüglich der geographischen Argumentation gemacht, wäre das fatal, da es einen uninformierten Zustand zur Norm erheben würde. Manch einem Geographielehrer oder -didaktiker würde das vermutlich aber gar nicht stören, weil er oder sie eine geographische Betrachtung eher als Einschränkung wahrnimmt denn als Chance auf eine fokussierte Weltbetrachtung, die es Menschen ermöglicht, die Welt, in der sie leben, aus einer bestimmten Perspektive besser zu verstehen. Sie wollen lieber „die Gesamtheit" der erdoberflächlichen Phänomene erfassen. Vieles spricht allerdings dafür, dass der dabei propagierte Ansatz einer fachlich undifferenzierten, alltagsweltlichen Betrachtung Lernende aus bildungsfernen Familien eher benachteiligt als fördert (Young, 2011).

Wollte man Lernenden dagegen die Möglichkeit bieten, durch die Kenntnis dieses Faches ihren Blick auf die Welt zu schärfen, müsste sich das Fach auf verschiedenen Ebenen (Schule, Lehramtsausbildung, Wissenschaft) stärker auf die Merkmale der eigenen Perspektive besinnen. Das schließt sowohl eine Interpretation der eigenen Konzepte als auch eine Argumentation mithilfe dieser Konzepte ein. Erst wenn dieser Input gegeben ist, kann man einen fundierten Output überhaupt erwarten.

Literatur

Alexy, R. (2012). *Theorie der juristischen Argumentation. Die Theorie des rationalen Diskurses als Theorie der juristischen Begründung.* Frankfurt am Main: Suhrkamp.

Budke, A. & Uhlenwinkel, A. (2011). Argumentieren im Geographieunterricht – Theoretische Grundlagen und unterrichtspraktische Umsetzungen. In C. Meyer, R. Henrÿ & G. Stöber (Hrsg.), *Geographische Bildung. Kompetenzen in didaktischer Forschung und Schulpraxis* (S. 114–129). Braunschweig: Westermann.

Chomsky, N. (1970). *Sprache und Geist.* Frankfurt am Main: Suhrkamp.

Cresswell, T. (2004). *Place – a short introduction.* Malden, Oxford, Victoria: Blackwell.

Deleplace, M. & Niclot, D. (2005). *L'apprentissage des concepts en histoire et en géographie. Enquête au collège et au lycée.* Reims: scéren.

Deleuze, G. & Guattari, F. (1991). *Qu'est-ce que la philosophie?* Paris: Les Éditions de Minuit.

DGfG (2007). *Bildungsstandards im Fach Geographie für den Mittleren Schulabschluss – mit Aufgabenbeispielen.* Berlin: Selbstverlag.

Dove, J. (1999). *Immaculate Misconceptions.* Sheffield: The Geographical Association.

Fleck, L. (1980). *Entstehung und Entwicklung einer wissenschaftlichen Tatsache. Einführung in die Lehre vom Denkstil und Denkkollektiv.* Frankfurt am Main: Suhrkamp.

Fuchs, M. & Rolfes, M. (2013). Raum. In M. Rolfes & A. Uhlenwinkel (Hrsg.), *Metzler Handbuch 2.0 Geographieunterricht. Ein Leitfaden für Praxis und Ausbildung* (S. 444–458). Braunschweig: Westermann.

Gebhardt, H., Glaser, R., Radtke, U. & Reuber, P. (2007a). Raum und Zeit. In Dies. (Hrsg.), *Geographie. Physische Geographie und Humangeographie* (S. 31–39). Heidelberg: Elsevier.

Gebhardt, H., Glaser, R., Radtke, U. & Reuber, P. (2007b). Verschiedene Antworten auf die Frage nach der Geographie. In Dies. (Hrsg.), *Geographie. Physische Geographie und Humangeographie* (S. 44–63). Heidelberg: Elsevier.

Goltzberg, S. (2013). *L'argumentation juridique.* Paris: Dalloz.

Haggett, P. (1983). *Geographie. Eine moderne Synthese.* New York: Harper & Row.

Herod, A. (2009). Scale: The Local and the Global. In N. J. Clifford, S. L. Holloway, S. P. Rice & G. Valentine (Hrsg.), *Key Concepts in Geography* (S. 217–235). London, Thousand Oaks, New Delhi, Singapore: Sage.

KMK (2004a). *Bildungsstandards im Fach Deutsch für den Mittleren Schulabschluss.* München: Luchterhand.

KMK (2004b). *Bildungsstandards im Fach Mathematik für den Mittleren Schulabschluss.* München: Luchterhand.

KMK (2005a). *Bildungsstandards der Kultusministerkonferenz. Erläuterungen zur Konzeption und Entwicklung.* München: Luchterhand.

KMK (2005b). *Bildungsstandards im Fach Physik für den Mittleren Schulabschluss.* München: Luchterhand.

Lambert, D. & Morgan, J. (2010). *Teaching Geography 11–18. A Conceptual Approach.* Maidenhead: Open University Press.

Massey, D. (2005). *for space.* London, Thousand Oaks, New Delhi: Sage.

Puppe, I. (2011). *Kleine Schule des juristischen Denkens.* Göttingen: Vandenhoeck & Ruprecht.

Souto González, X. M. (2011). Identidades espaciales y territorios políticos. *Iber, 69*, 55–63.

Taylor, L. (2008). Key concepts and medium term planning. *Teaching Geography, 33*, 50–54.

Toulmin, S. E. (2008). *The Uses of Argument.* New York: Cambridge University Press.

Uhlenwinkel, A. (2013). Geographical Concepts als Strukturierungshilfe für den Geographieunterricht. Ein international erfolgreicher Weg zur Erlangung fachlicher Identität und gesellschaftlicher Relevanz. *Geographie und ihre Didaktik, 41*, 18–43.

Walton, D. (2006). *Fundamentals of Critical Argumentation.* New York: Cambridge University Press.

Wardenga, U. (2002). Alte und neue Raumkonzepte für den Geographieunterricht. *geographie heute, 200*, 8–11.

Young, M. (2011). What Are Schools For? *Educaçao, Sociedade & Culturas 18*, 145–155.

Young, M. & Muller, J. (2010). Three Educational Scenarios for the Future: lessons from the sociology of knowledge. *European Journal of Education, 45*, 11–27.

Carsten Roeger

Philosophisches Argumentieren

Abstract

Man muss gut argumentieren können, um anspruchsvoll zu philosophieren. Aber was unterscheidet philosophisches Argumentieren von Argumentationen im Deutschunterricht oder in den Naturwissenschaften? Ein Ansatz ist der Verweis auf einen fachspezifischen Gegenstand. Dieser Zugang ist aber nicht hinreichend, weil z.B. „Wissen" nicht nur Gegenstand der Philosophie, sondern auch der Pädagogik oder Psychologie ist. Deswegen ist es nötig, hier einen weiteren Ansatz zu wählen und für die Explikation des Besonderen der philosophischen Argumentation den Charakter der Philosophie als Disziplin höherer Ordnung zu berücksichtigen.

1. Philosophisches Argumentieren

PhilosophInnen können besonders gut argumentieren. So lautet ein gängiges Urteil, wenn zur Sprache kommt, dass Philosophie auch außerhalb ihrer disziplinären Grenzen zu etwas nützlich ist. Spätestens nach Lektüre der Beiträge dieses Sammelbandes entsteht der Eindruck, dass auch andere Fächer eine solide Argumentationsfähigkeit schulen. Argumentation ist offensichtlich kein Alleinstellungsmerkmal der Philosophie, da auch andere Disziplinen sie als Mittel zur Erkenntnisgewinnung einsetzten. Klarerweise *nicht philosophische Argumentationen* sind solche, die nicht zur Erkenntnisgewinnung beitragen. Dies ist etwa in der Politik der Fall, wenn es nicht um Wahrheit, sondern um Interesse geht. Argumentieren ist also nicht hinreichend zum Philosophieren. Argumentieren ist aber auch nicht notwendig zum Philosophieren, denn die Inhalte der Prämissen eines philosophischen Arguments können nicht in jedem Fall wieder durch ein Argument gestützt werden, da man sonst in einen infiniten Regress des Argumentierens verfallen würde. Dies wird methodisch durch nichtargumentative Formen des Philosophierens, wie das Gedankenexperiment, verhindert. Gedankenexperimente markieren somit eine Grenze der philosophischen Argumentation auf die ich später eingehen werde. Wenn also Argumentieren in allen Fächern relevant ist, gibt es dann etwas, das philosophische Argumentationen von Argumentationen in anderen Fächern unterscheidet? In meinem Beitrag erkunde ich, was das spezifisch „Philosophische" an philosophischer Argumentation ist. Zu dieser Klärung nehme ich *erstens* eine Verortung dieser Frage im philosophiefachdidaktischen Diskurs vor und zeige exemplarisch, dass die Bestimmung des spezifisch „Philosophischen" einer philosophischen Argumentation ein Defizit im philosophiefachdidaktischen Diskurs ist, welches durch diesen Beitrag behoben werden soll. *Zweitens* erläutere ich den Charakter der Philosophie, um aus diesem in Abgrenzung zu anderen Fächern besondere Merkmale philosophischer Argumentation zu bestimmen. So ergibt sich *drittens* als ein besonderes Merkmal, dass Argumentation selbst Gegenstand der Philosophie ist und somit die Fragen „Was ist ein gutes philosophisches Argument?" und „Was ist eine gute Kritik an philosophischen Argumenten?" selbst Gegenstand des Philosophieunterrichts sein können. *Viertens* werde ich anhand eines besonderen philosophischen Argumenttyps erläutern, dass der Geltungsbereich philosophischer Argumentation weiter ist, als derjenige in anderen Fächern, um schließlich *fünftens* daraus auf einen spezifischen Zweck philosophischen Argumentierens zu schließen.

2. Verortung im philosophiefachdidaktischen Diskurs

Anita Rösch (2011, S. 258) hat zur Diagnose und Entwicklung von Kompetenzen in der Fächergruppe[1] Philosophie die zurzeit in der Philosophiefachdidaktik ausführlichste empirische Studie vorgelegt, auf deren Grundlage sie Kompetenzmodelle entwickelt hat. Argumentation verbindet sie mit Urteilen und definiert:

> Argumentations- und Urteilskompetenz ist „[s]ich mit eigenen und fremden Positionen kritisch auseinandersetzten, widerspruchsfrei und begründet argumentieren und differenziert urteilen."

„Sich mit eigenen und fremden Positionen kritisch auseinandersetzten" bedeutet, dass man nicht nur fähig ist, ein Argument für eine These aufzustellen, sondern auch Einwände für und gegen dieses Argument diskutiert, welche sich aus philosophischen Positionen ergeben. Problematisch an obiger Bestimmung ist allerdings, dass „begründet argumentieren" ein trivialer Ausdruck ist. Offensichtlich kann man nicht unbegründet argumentieren, da ein Argument immer einen Grund für etwas liefert. Ein Argument besteht aus Aussagen, die eine bestimmte Funktion haben: Aussagen, die man Prämissen nennt, sollen eine Aussage, die man als Konklusion bezeichnet, stützen. Wenn diese Funktion erfüllt ist, dann ist das Argument ein Grund für die in der Konklusion stehende These. Ist diese Funktion nicht erfüllt, dann liegt auch kein Argument vor. Ferner soll eine Argumentation in keinem Widerspruch zu weiteren als wahr angenommenen Überzeugungen stehen.

An Röschs rein formaler Definition lassen sich nun keine besonderen Merkmale philosophischer Argumentation erkennen. Vielmehr ist ihre Definition so allgemein, dass sie auch für jedes beliebige andere Fach gelten kann. Dies gilt auch für Röschs weitere Unterteilung der Argumentations- und Urteilskompetenz in Niveaustufen: „… kann eine Stellungnahme mit ersten Begründungsversuchen formulieren", „… kann eine begrenzte Argumentation begründet vertreten", „… kann eine Argumentation aus der Perspektive der eigenen Erfahrung vollziehen", „… kann in einer Argumentation ein gut begründetes Urteil fällen", „… kann die persönliche Stellungnahme mit den Argumenten der gegnerischen Position verbinden und interaktiv

---

[1] Zur Fächergruppe Philosophie gehören: Philosophie, Praktische Philosophie, Ethik, Werte und Normen, Humanistische Lebenskunde, Lebenskunde – Ethik – Religionskunde. Ich beziehe mich hier aus Platzgründen nur auf das Fach Philosophie.

argumentieren", „… kann den Argumentationsprozess reflektieren." (Rösch, 2011, S. 258). Die Differenz zu anderen Wissenschaften sieht Rösch nur auf inhaltlicher Ebene, also bezüglich der Gegenstände der Argumentation (Rösch, 2011, S. 250). Wenn dies stimmt, dann leistet die Philosophie keinen besonderen Beitrag zur Argumentationsfähigkeit. Im Schulfach Philosophie würden die SchülerInnen zwar argumentieren lernen, aber dies würden sie auch in anderen Fächern. Dem widersprechend zeige ich nun, dass der Philosophieunterricht aufgrund besonderer fachspezifischer Merkmale einen eigenen Beitrag zur Argumentationsfähigkeit leistet.[2]

3. Philosophie als Disziplin höherer Ordnung

Um die fachspezifischen Merkmale philosophischer Argumentation herauszuarbeiten, expliziere ich zunächst ein plausibles Verständnis von „Philosophie", um daraus spezifische Merkmale philosophischer Argumentation abzuleiten. Ohne eine vollständige Philosophie der Philosophie hier entfalten zu können oder eine allgemeingültige Definition zu geben, lässt sich „Philosophie" für unser Anliegen folgendermaßen hinreichend genau charakterisieren: Nach Rosenberg (2002, S. 16–22) und Tetens (2004, S. 17–20) lässt sich Philosophieren als eine Tätigkeit höherer Ordnung bestimmen. Klären wir zunächst, was unter „höherer Ordnung" zu verstehen ist. Eine Frage erster Ordnung ist z.B. die Frage „Leben wir in einem gerechten Staat?" oder „Ist Lügen moralisch gut?" Eine Frage höherer Ordnung greift nun einen philosophisch relevanten Begriff aus dieser Frage heraus und nimmt ihn zu ihrem Gegenstand: „Was ist ein gerechter Staat?", „Was ist Gerechtigkeit?" oder „Was sind die Kriterien für eine moralisch gute Handlung?". Eine Praxis höherer Ordnung versucht also die Kriterien zu bestimmen, mit denen wir uns auf ein Element erster Ordnung beziehen: Während man im Alltag fragt: „Weißt du, wie spät es ist?", fragen PhilosophInnen: „Was ist Wissen?", „Was ist Zeit?". Hier wird ein Begriff der Alltagssprache

---

2   Mit Konrad Paul Liessmann lässt sich argumentieren, dass der Grund für das Fehlen der fachspezifischen Merkmale bei Anita Rösch an ihrem gewählten Kompetenzansatz liegt: „Die eigentliche und entscheidende Liquidation der Fachlichkeit der Fächer erfolgt [...] durch die Kompetenzorientierung als generelles Prinzip des Lehrens und Lernens. Da die Kompetenzen, wie immer sie auch formuliert sein mögen, in keinem logisch zwingenden Verhältnis zu Inhalt und Methode einer wissenschaftlichen Disziplin stehen, hört diese auf, ein besonderer Gegenstand der Auseinandersetzung, der Aneignung und des Verstehens zu sein" (Liessmann, 2014, S. 75). Dass durch Kompetenzorientierung die Fachlichkeit der Philosophie unterlaufen wird, habe ich in einer Kritik an dem Lehrplanentwurf Praktische Philosophie Grundschule NRW gezeigt (Roeger, 2014, S. 76–86). Da ferner der oft nach Weinert (Weinert, 2001, S. 27f.) zitierte Kompetenzbegriff Wissen auf nutzbare Anwendungen reduziert (Koch, 2012), Philosophieren aber nach Russell (2011a) seinen Wert nicht durch ihre Nützlichkeit erhält, diese vielmehr oft fehlt, halte ich u.a. deswegen die Kompetenzorientierung als eine nicht adäquate Konzeption für den Philosophieunterricht. Ich werde im Folgenden deswegen nicht Argumentationskompetenz, sondern Argumentationsfähigkeit beschreiben. Unter Fähigkeit verstehe ich als Arbeitsdefinition die Disposition eines Akteurs, durch die es möglich ist, zuverlässig eine beabsichtigte Performanz zu realisieren.

selbst zum Gegenstand der Untersuchung. Da man sich auf einen Begriff erster Ordnung bezieht und diesen untersucht, spricht man von einer Praxis höherer Ordnung.

Unter „philosophisch relevant" verstehe ich erstens, dass sich die Fragen mit den Methoden der Philosophie beantworten lassen. Zweitens lassen sich diese Fragen nach Beckermann (2008, S. 607f.) als zeitunabhängige Sachfragen charakterisieren. Zeitunabhängig bedeutet, dass man etwa nicht wissen möchte, was man im Mittelalter oder in der Antike im Gegensatz zu heute unter „Gerechtigkeit" verstanden hat. Eine Analyse von Gerechtigkeit hat den Anspruch, in allen Epochen wahr zu sein. Sachfrage bedeutet, dass man nicht an dem sprachlichen Ausdruck „Gerechtigkeit" interessiert ist, sondern an Gerechtigkeit selbst.

Welche Konsequenzen ergeben sich nun aus dem Charakter der Philosophie für die philosophische Argumentation? Nehmen wir an, ein Naturwissenschaftler W argumentiert für eine naturwissenschaftliche These T. Daraufhin wirft ihm seine Kollegin W' vor, dass sein Argument wegen der Gründe G1 und G2 nicht gut sei. Philosophisch wird der Streit der beiden KollegInnen erst dann, wenn eine höherstufige Frage gestellt wird: „Was ist ein gutes Argument?" oder „Was ist eine gute Kritik an einem Argument?". Als zeitunabhängige Sachfragen sind diese Fragen unabhängig von Zeit und Kontext, in der das Argument vorgebracht wird, und unterscheiden sich so von der Frage „Wie argumentiert man erfolgreich?", welche zeit- und kontextrelativ ist. Hier erhalten wir also ein erstes Merkmal dessen, was der Philosophieunterricht besonders zur Argumentationsfähigkeit beitragen kann:

In allen Schulfächern wird argumentiert, aber in der Philosophie wird das Argumentieren durch Fragen wie „Was ist ein gutes Argument?" und „Was ist eine gute Kritik an einem Argument?" selbst zum Gegenstand des Faches. Bevor ich auf beide Fragen eingehe, um genauer auszuführen, was unter diesen Fragen zu verstehen ist, muss Folgendes bemerkt werden: Explizites Wissen darüber, was ein Argument ist und wie man Argumente kritisiert, ist weder notwendig noch hinreichend dafür, dass man argumentieren kann. Dennoch sehe ich in diesem expliziten Wissen den Beitrag der Philosophie zur Argumentationsfähigkeit. Deswegen gehe ich nun auf folgende Frage ein: Was gehört zu diesem Wissen höherer Ordnung über Argumente, das ein besonderer Beitrag des Philosophieunterrichts zur Argumentationsfähigkeit sein kann?

4. Was ist ein gutes Argument?

Argumente haben eine Form und einen Inhalt. Die entsprechenden Fragen höherer Ordnung sind hier: Was sind die Kriterien, nach denen die Form und nach denen der Inhalt eines Arguments gut sind? Die Form eines Arguments kann gültig oder ungültig sein. Gültigkeit bedeutet: Wenn die Prämissen wahr sind, dann ist die Konklusion wahr. Um die Gültigkeit eines Arguments beurteilen zu können, sind Grundkenntnisse in formaler Logik nötig: In der Aussagenlogik hängt der Wahrheitswert von wahrheitsfunktionalen Partikeln wie „und", „oder", „wenn … , dann" oder „nicht" ab, in der Prädikatenlogik kommen die Quantoren „alle", „es gibt" hinzu und in der Modallogik die Operatoren „notwendig", „möglich". Kenntnisse in formaler Logik erlauben es, die Güte eines Arguments rein aus formalen Gründen zu bewerten.[3]

Neben der Form eines Arguments ist der Inhalt eines Arguments relevant, der mit dem Begriff Schlüssigkeit in den Blick genommen wird. Ein Argument ist genau dann schlüssig, wenn das Argument gültig ist und alle Prämissen auch tatsächlich wahr sind. Mit den Kategorien Gültigkeit und Schlüssigkeit ist aber noch nicht angegeben, was ein gutes Argument ist, weil es gute Argumente gibt, die ungültig sind. Nur deduktive Argumente sind gültig, aber sowohl in der Alltagssprache wie auch in der Wissenschaft werden auch induktive Argumente und Schlüsse auf die beste Erklärung (Abduktion) verwendet. Während bei einem gültigen Argument keine neuen Informationen in der Konklusion vorkommen dürfen, welche nicht schon in den Prämissen explizit genannt worden sind, argumentiert Herbert Schnädelbach (1994, S. 696) dafür, gute Argumentation nicht auf analytische, d.i. deduktive Argumente zu beschränken:

> „In den allermeisten Fällen von Argumentation – außer in den rein formalen Ableitungen der Logik und Mathematik – haben wir es mit substantiellen Argumentationen zu tun, und dies gilt für die Wissenschaft wie für die Philosophie. Fast immer sind wir genötigt, unsere Behauptungen durch Gründe zu stützen, die sich von ihnen substantiell unterscheiden. Dies ist immer dann der Fall, wenn die Informationen, die unsere Gründe stützen, verschieden sind von denen, die aufgrund dieser Gründe argumentativ begründet werden sollen."

In substantiellen Argumentationen lässt sich die Konklusion also nicht vollständig durch die Prämissen stützen. Dies ist bei den Argumentationstypen der Induktion und Abduktion der Fall. Ein Beispiel für eine Abduktion ist folgendes Argument:

> *Der gerade beobachtete Stoß der Billardkugeln führt zu einer Bewegungsänderung. Die Geltung der Impulserhaltung und die Übertragung des Impulses von der einen auf die andere Kugel erklärt am besten die Bewegungsänderung beim Stoß der Billardkugeln. Also resultiert die Bewegungsänderung aus der Weitergabe des Impulses von der einen auf die andere Kugel gemäß der Impulserhaltung.*

Das Argument ist nicht gültig, weil etwas nicht wahr sein muss, nur weil es durch etwas anderes am besten erklärt wird. Dass man hier eine beste Erklärung zuschreibt, kann z.B. darauf beruhen, dass man den trickreichen Mechanismus im Billardtisch

---

3   Zu einer ausführlichen Erörterung von Gültigkeit, Schlüssigkeit, Aussagenlogik, Prädikatenlogik, Modallogik ließen sich eine Reihe guter Einführungen in die Formale Logik angeben. Exemplarisch nenne ich hier die Lehrwerke, mit denen ich als Student selbst gut lernen konnte: Barwise & Etchemendy (2005) und Girle (2000). Prinzipiell kann auch die Gültigkeit dieser *klassischen* Logiken innerhalb einer Praxis höherer Ordnung zur Disposition gestellt werden. Dies geschieht etwa durch nichtklassische Logiken, in denen es z.B. wahre Widersprüche gibt, vgl. diesbezüglich zur Einführung Priest (2008).

nicht entdeckt, der verhindert, dass die Kugeln einen Impuls aufeinander übertragen können, und es gleichzeitig so aussehen lässt, als ob hier eine Stoßbewegung vorläge. Dennoch funktionieren Schlüsse auf die beste Erklärung im Alltag und in den Einzelwissenschaften in der Regel gut und dienen als Heuristiken, um vorläufige Erkenntnisse zu gewinnen. Deswegen kann man Schlüsse auf die beste Erklärung als gute Argumente bezeichnen. Ähnliches gilt auch für den Fall der Induktion. Im streng formalen Sinn sind induktive Schlüsse ungültig, da sich immer ein mögliches Gegenbeispiel formulieren lässt, wie im folgenden Fall:

Alle Menschen, die ich gekannt habe, sind irgendwann gestorben. Also sind alle Menschen sterblich. Hierzu kann man folgendes Gegenbeispiel angeben: *Ich könnte durch eine mir unbekannte Mutation der erste unsterbliche Mensch sein.*

Dennoch ist Induktion gerade in den Naturwissenschaften eine zuverlässige Methode der Erkenntnisgewinnung und induktive Argumente können deswegen als gute Argumente klassifiziert werden. Zu thematisieren wäre nun im Sinne einer Praxis höherer Ordnung, warum Abduktion und Induktion als gute Argumentationstypen gelten, obwohl sie die Wahrheit ihrer Konklusion nicht garantieren können. Hiermit thematisiert man schließlich auch den Anspruch, den wir als Menschen an unsere Erkenntnis haben können, wenn man sich beispielsweise mit der Plausibilität oder dem Erklärungswert einer Abduktion zufrieden gibt und auf Letztbegründungen durch ein deduktives Argument verzichtet.[4]

5. Was ist eine gute Kritik an einem Argument?

Da Argumente formalen und inhaltlichen Kriterien genügen müssen, ergeben sich folglich genau zwei Arten, wie man Argumente kritisieren kann, nämlich hinsichtlich Form und Inhalt. Hier findet sich ein weiterer Unterschied zu anderen Disziplinen. Kritische Prämissen eines philosophischen Arguments sind aber nicht notwendig empirisch gestützt. In empirischen Wissenschaften kann man eine Prämisse kritisieren, indem man auf abweichende Daten verweist oder die experimentelle Methode kritisiert, wie die Daten zustande gekommen sind. Da die Philosophie nach unserer Charakterisierung aber weder eine rein formale noch eine empirische Disziplin ist, sind für die philosophische Argumentation besondere Arten von Fehlschlüssen relevant. Wenn man Philosophie als eine Disziplin höherer Ordnung versteht, dann genügt es aber nicht, diese Fehlschlüsse zu kennen, zu vermeiden und als Kritik anführen zu können. Vielmehr muss verstanden werden, warum diese Fehlschlüsse schlecht sind. Positiv gewendet bedeutet dies, die Kriterien höherer Ordnung einzusehen, die eine rationale Argumentation ausweisen. Rosenberg (2002, S. 89) spricht hier von „Regeln vernünftigen Denkens".

---

4 Vgl. hierzu die Diskussion des Induktionsproblems nach Hume (1993, S. 35–51) und Russel (2011b, S. 54–72) als mögliche Konsequenz des Verzichts einer Letztbegründung nach Hume (1993, S. 52–69).

Wir erhalten hier einen weiteren spezifischen Beitrag des Philosophierens zur Argumentation: Einsicht in die Bedingungen, nach denen man rational einer Argumentation zustimmen kann. Diese Bedingungen liefern gleichzeitig eine Vorlage dafür, wie man Argumente kritisieren kann. Was sind die Bedingungen, unter denen man rational ein Argument kritisieren kann? Ich gebe im Folgenden je ein Beispiel für einen Fehlschluss bezüglich der Form und bezüglich des Inhalts.[5]

Wir haben bereits gesagt, dass ein deduktives Argument eine gültige Form haben muss, ein besonderer Fehlschluss ist die *Äquivokation*, die eine gültige Form lediglich vortäuscht. Eine Äquivokation liegt dann vor, wenn derselbe sprachliche Ausdruck innerhalb eines Arguments mit unterschiedlichen Bedeutungen verwendet wird:

> *Die Gendertheorie ist genau das, eine Theorie! Theorien sind aber nichts anderes als Spekulationen. Spekulationen sollten nicht in der Schule verbindlich gelehrt werden. Also sollte die Gendertheorie nicht in der Schule unterrichtet werden.*

Während in der ersten Prämisse Theorie als wissenschaftliche Theorie verstanden wird, so ist in der zweiten Prämisse ein alltagssprachliches Verständnis von Theorie als Spekulation angenommen worden. Mit dieser Unterscheidung wird das Argument ungültig, da man „Theorie" in der ersten Prämisse durch „wissenschaftliche Theorie" ersetzen kann, nicht aber in der zweiten Prämisse, ohne dass diese falsch würde. Ersetzt man stattdessen „Theorie" in der zweiten Prämisse durch „Alltagstheorie", so folgt die Konklusion nicht mehr aus den Prämissen. Hieraus lässt sich folgende Bedingung rationaler Argumentation ableiten: *Die Bedeutung eines Ausdrucks muss innerhalb des gesamten Arguments konstant gehalten werden.*

Neben der Form kann man den Inhalt eines Arguments kritisieren. Auch hierfür gebe ich zur Klärung ein Beispiel: Die Aussagen, mit denen man eine These stützt, haben oft nicht nur diese zu einer Konsequenz, sondern auch noch weitere. Mit einer *Reductio ad absurdum* zeigt man, dass aus einer Prämisse Konsequenzen folgen, die der oder die Argumentierende nicht widerspruchsfrei vertreten kann.

> *Ein guter Staat sollte die Sicherheit seiner BürgerInnen garantieren können. Die vollständige Überwachung aller BürgerInnen ist notwendig, um die Sicherheit aller BürgerInnen zu garantieren. Also sollte ein guter Staat alle BürgerInnen vollständig überwachen.*

Nehmen wir an, dass derjenige, der dieses Argument vorbringt, unter einem guten Staat auch versteht, dass in diesem der Wert der Privatsphäre anerkannt wird. Die Garantie der Sicherheit durch Überwachung impliziert aber die Aufgabe der Privatsphäre. Dies widerspricht aber der Überzeugung, dass ein guter Staat die Privatsphäre achten muss. Also folgt aus der ersten Prämisse eine Konsequenz, die einer anderen Überzeugung widerspricht. Wenn sich zwei Überzeugungen widersprechen,

---

5   Für einen weiteren Überblick siehe Rosenberg (2002, S. 88–117).

dann ist eine von diesen falsch. Wenn man den Wert der Privatsphäre nicht für das Konzept des guten Staates aufgeben kann, dann muss die erste Prämisse zurückgewiesen werden. Als eine Regel des vernünftigen Denkens kann man hier festhalten: *Die impliziten Konsequenzen der aufgestellten Prämissen müssen mit allen wahren Überzeugungen konsistent sein.*

Durch die Diskussion der Kriterien, mit denen man Argumente kritisieren kann, diskutiert man Rationalitätskriterien des Argumentierens und bezieht sich somit auf die bereits genannte Frage höherer Ordnung: „Was sind die Bedingungen, unter denen man rational ein Argument kritisieren kann?"

6. Was ist der Geltungsbereich philosophischer Argumentation?

Als Disziplin höherer Ordnung kann die Philosophie auch die Geltung aktuell gültiger Gesetzmäßigkeiten zur Disposition stellen und ist dabei nicht an die fachlichen Grenzen anderer Disziplinen gebunden. Hier ist ein besonderer Typ von philosophischen Argumenten relevant, auf den ich nun eingehe.

„Ist die Welt notwendig so, wie sie ist, oder wäre es auch möglich, dass sie anders beschaffen sein könnte?" Diese typisch philosophische Frage bezieht sich auf Notwendigkeiten und Möglichkeiten. Modale Aussagen darüber, ob etwas möglich oder notwendig ist, sind Gegenstand spezifischer philosophischer Argumente, sogenannte *Mögliche-Welten-Argumente*. Diese Argumente kennzeichnen einen Geltungsbereich von Argumentation, der weiter ist als in anderen Fächern. Ich bezeichne diesen als einen *maximalen, rationalen Geltungsbereich* und werde dies im Folgenden ausführen.

Unter dem Konzept der möglichen Welt[6] kann man eine Menge von konsistenten Aussagen darüber verstehen, wie die Welt sein kann. Es ist dabei unerheblich, ob die Welt tatsächlich so ist, wie sie beschrieben wurde. Mögliche Welten, die sich von der aktuellen Welt unterscheiden, beinhalten in ihrer Beschreibung mindestens eine Aussage, die in der aktuellen Welt falsch ist. Mit diesem Konzept kann man bewerten, ob etwas möglich oder notwendig ist. Etwas ist genau dann notwendig, wenn es in allen möglichen Welten der Fall ist. Etwas ist genau dann möglich, wenn es mindestens eine Welt gibt, in der es der Fall ist.

Betrachten wir zur Erläuterung ein Beispiel: In der aktuellen Welt schreibe ich gerade an einem Aufsatz. Es ist also möglich, dass ich einen Aufsatz schreibe. Es ist aber nicht notwendig, dass ich einen Aufsatz schreibe, da es ebenso vorstellbar ist, dass ich nicht gerade an einem Aufsatz schreibe, sondern im Himalaya wandere. Ferner ist vorstellbar, dass ich im Himalaya wandere und dass der Energieerhaltungssatz für mich nicht gilt. Die vorgestellte Tatsache, dass der Energieerhaltungssatz verletzt werden kann, ist in allen Welten, in denen die bekannten Naturgesetze gelten, notwendig falsch. Dennoch sind Welten mit anderen Naturgesetzen vorstellbar. An letzterer Aussage wird deutlich, dass auch Naturgesetze der aktuellen Welt in einer von

---

6   Für eine ausführliche Diskussion des Konzepts der möglichen Welt vgl. Girle (2003).

dieser entfernten möglichen Welt nicht gelten müssen. Insbesondere in der theoretischen Philosophie hat man den Anspruch, dass philosophische Argumente in allen möglichen Welten gelten müssen. Damit haben philosophische Argumente einen weiteren Geltungsanspruch als Argumente anderer Disziplinen. Man kann philosophische Argumente nicht dadurch zurückweisen, indem man behauptet, dass es die Welt, für die sie gelten, nicht faktisch gibt, sondern nur vorgestellt ist:

> *Prämisse 1: Wenn Wissen eine wahre, gerechtfertigte Meinung ist, dann ist es nicht möglich, dass jemand eine wahre, gerechtfertigte Meinung hat und kein Wissen.*

> *Prämisse 2: Es ist aber möglich, dass man eine wahre, gerechtfertigte Meinung hat und kein Wissen.*

> *Konklusion: Also ist Wissen keine wahre, gerechtfertigte Meinung.*

Es ist nun unerheblich, ob es jemals tatsächlich eine Situation geben wird, in der jemand eine wahre, gerechtfertigte Meinung hat und kein Wissen. Um die zweite Prämisse zu stützen, reicht es aus, wenn es möglich ist, dass jemand eine wahre, gerechtfertigte Meinung hat und kein Wissen. Aber ist es möglich? Diese Frage führt uns zu den spezifischen Grenzen philosophischer Argumentation, welche sich mit philosophischen Gedankenexperimenten und Intuitionen angeben lässt.

7. Gibt es besondere Grenzen philosophischer Argumentation?

Während reale Experimente die Grenzen naturwissenschaftlicher Argumente kennzeichnen, kommt Gedankenexperimenten eine vergleichbare Rolle in der Philosophie zu. Manchmal versteht man unter einem Gedankenexperiment auch eine Illustration, Analogie oder reine Spekulation; diese Verwendungsweisen sind hier nicht gemeint. Gedankenexperimente sind Teil der Methodik der Wissenschaften, z.B. Newtons Eimerexperiment oder Schrödingers Katze.[7] Gedankenexperimente sind imaginierte konkrete Beschreibungen von Situationen, in denen sich eine Intuition einstellt. Eine rationale Intuition ist eine spontane Neigung zu einem bestimmten Urteil, die auf unserem begrifflichen Verständnis basiert und nicht abgeleitet worden ist (Sosa, 2007, S. 62). Intuitionen sind also kein diffuses Bauchgefühl. Wenn Sie folgenden Aussagen spontan zustimmen, dann haben Sie eine rationale Intuition: „Jeder ist mit sich selbst identisch." „Ein Körper kann nicht zur selben Zeit vollständig grün und blau sein." Sie haben sich hier vielleicht eine Zeitlang einen farbigen Körper vorgestellt und anschließend verspürten sie die Neigung, dieser Aussage zuzustimmen. Diese Einsichten stellen sich ein, ohne dass man dafür argumentieren müsste. Auch hat man ein phänomenales Erlebnis: Eine Intuition zu haben fühlt sich auf eine bestimmte Art und Weise an, etwa in Form einer Neigung. Auch Gedan-

---

7   Für eine ausführliche Diskussion der Methode des Gedankenexperiments in der Philosophie vgl. Cohnitz (2005).

kenexperimente haben nicht die Form eines Arguments und auch hier stellen sich Intuitionen als ein Erlebnis ein.

Wenn man nun behauptet, dass es möglich ist, eine wahre gerechtfertigte Meinung haben zu können und kein Wissen, so kann diese These durch eine Intuition gestützt werden, die sich durch folgendes von Edmund Gettier (1963, S. 122, Übersetzung: CR) konstruiertes Gedankenexperiment einstellt:

Nehmen wir an, dass Smith und Jones sich um denselben Job beworben haben. Und nehmen wir an, dass Smith gute Gründe für folgende Aussage hat:

(A) Jones wird den Job bekommen und Jones hat zehn Münzen in seiner Brieftasche.

Smiths Gründe für seine Überzeugung sind, dass der Chef des Unternehmens ihm versichert hat, dass am Ende Jones ausgewählt wird und dass Smith vor zehn Minuten die Münzen in Jones' Brieftasche gezählt hat. Smith kommt also zu dem Schluss:

(B) Der Mann, der den Job bekommt, hat zehn Münzen in seiner Brieftasche.

Weil Smith gute Gründe hat (A) für wahr zu halten, er (B) aus (A) logisch gefolgert hat, ist er durch die logische Folgerung auch in seiner Überzeugung gerechtfertigt, dass (B) wahr ist. Nehmen wir aber nun weiterhin an, dass Smith nicht wissen kann, dass tatsächlich er und nicht Jones den Job bekommen wird. Vielleicht hat der Chef des Unternehmens die Namen verwechselt oder zum ersten Mal in seinem Leben gelogen. Smith weiß auch nicht, dass er selbst ebenfalls zehn Münzen in seiner Brieftasche hat. Die Aussage (B) ist also wahr, obwohl sie aus der falschen Annahme (A) abgeleitet worden ist. Dennoch ist (B) durch die Deduktion aus (A) gerechtfertigt. Smith hat also die wahre, gerechtfertigte Meinung, dass derjenige der den Job bekommt, zehn Münzen in seiner Tasche hat. Aber weiß er es auch?

Die Mehrheit der PhilosophInnen teilen hier die Intuition, dass Smith nicht weiß, dass derjenige den Job bekommt, der zehn Münzen in seiner Geldbörse hat (Brendel, 2013, S. 39). Damit ist die Standarddefinition „Wissen ist wahre, gerechtfertigte Meinung" kraft der Intuition als falsch ausgewiesen. Intuitionen sind zwar in der Philosophie methodisch nicht unumstritten und auch nicht infallibel, aber ihnen wird unter guten Bedingungen Rechtfertigungskraft zugesprochen.[8] Das vorgestellte Gedankenexperiment ist nun kein Argument: Es werden hier keine Prämissen für die These aufgestellt, dass Wissen keine wahre, gerechtfertigte Meinung ist. Zwar kann man den Inhalt von Gedankenexperimenten in einem Argument rekon-

---

8   Für eine Diskussion der Methode der Intuition gerade durch ihre Herausforderung seitens der experimentellen Philosophie siehe Horvath & Grundmann (2012).

struieren, aber dies macht das Gedankenexperiment selbst nicht zum Argument.[9] Bei einer formalen argumentativen Rekonstruktion von Gedankenexperimenten verliert man drei besondere Eigenschaften: Gedankenexperimente handeln also *erstens* nicht von allgemeinen Aussagen über die Welt, sondern von einer konkreten Situation. Eine unproblematische konkrete Situation kann ein Gegenbeispiel zu einer problematischen allgemeinen Prämisse sein. Die argumentative Rekonstruktion eines Gedankenexperiments müsste aber wieder eine allgemeine und möglicherweise problematische Prämisse enthalten. *Zweitens* haben Gedankenexperimente durch die sich einstellende Intuition einen phänomenologischen Erlebnischarakter, der bei einem Argument nicht gegeben wäre. *Drittens* kann die sich im Gedankenexperiment einstellende Intuition als eine nicht diskursive Rechtfertigung einen argumentativen infiniten Regress verhindern, in den man verfällt, wenn man zur Rechtfertigung immer wieder ein Argument benötigt. Hier zeigt sich also eine Grenze philosophischer Argumentation.

Aus der Bedeutung der Modalität für philosophische Aussagen ergibt sich nun ein spezifischer Zweck philosophischer Argumentation: Philosophie gehört zu den Fächern, in denen Argumentation ein Mittel zum Erkenntnisgewinn ist. Innerhalb dieser Fächergruppe unterscheidet sich Philosophie durch eine spezifische Art der Erkenntnis: *Die höherstufigen, modal robusten Erkenntnisse über die Welt sind Zweck philosophischer Argumentation.* Es reicht nicht aus, dafür zu argumentieren, dass ein philosophisches Konzept X mit einem anderen Konzept Y in einigen Fällen unvereinbar ist, sondern dass sie in allen rational vorstellbaren Fällen unvereinbar sind, z.B.: Schließen sich Determinismus und Willensfreiheit notwendig aus?

8. Fazit

Der Philosophieunterricht kann nun seinen spezifischen Beitrag zur Argumentationsfähigkeit dadurch leisten, dass er *erstens* aufgrund des Charakters der Philosophie als Praxis höherer Ordnung Argumente und die Kritik an Argumenten bezüglich ihrer Rationalitätskriterien selbst zum Gegenstand des Unterrichts macht. *Zweitens* zeichnen sich philosophische Argumente durch einen maximalen, rationalen Geltungsbereich aus, wie er in Mögliche-Welten-Argumenten explizit zum Ausdruck kommt. Hieraus ergibt sich *drittens* der spezifische Zweck philosophischer Argumentation als modal robuste Erkenntnis. Schließlich zeichnet sich philosophische Argumentation *viertens* über spezifische Grenzen aus, die sich mittels philosophischer Gedankenexperimente und rationaler Intuitionen angeben lassen. Diese spezifischen Merkmale philosophischer Argumentation sind der spezifisch philosophische

---

9   Hier widerspreche ich dem Ansatz von Timothy Williamson (2007), nach dem Gedankenexperimente Argumente sind und man auf Intuitionen in der Philosophie verzichten kann. Da es aber nicht meine Absicht ist, mit diesem Aufsatz den methodischen Ansatz des Gedankenexperiments zu diskutieren, genügt hier der Verweis auf Einwände gegen eine ansonsten anerkannte philosophische Methode.

Beitrag der im Philosophieunterricht zur Argumentationsfähigkeit geleistet werden kann.

Aus den angestellten Überlegungen ergeben sich folgende Konsequenzen für weitere philosophiefachdidaktische Forschung: Die explizierten spezifischen Merkmale philosophischer Argumentation sollten in Kompetenzmodelle eingearbeitet werden, um so auch die geforderte Fachspezifität von Kompetenzen systematisch einzuholen (Klieme, 2009, S. 22), um so auch der Kritik Liessmanns (Abschnitt 2) zu begegnen. Alsdann benötigt es empirische Wirksamkeitsstudien zu konkreten Unterrichtsvorhaben zur Förderung philosophischer Argumentation.[10] In diesem Kontext wäre auch die Frage nach der Relevanz formaler Logik für die Argumentationsfähigkeit zu untersuchen oder ob es hinreichend ist, nach Tetens (2004) spezifische Argumentationsmuster einzuüben. Ferner müsste geprüft werden, unter welchen Bedingungen genau Argumentationsfähigkeiten überhaupt transferierbar sind. Eckhard Klieme (2004, S. 12) widerspricht einer beliebigen Transferierbarkeit von Kompetenzen. Könnten überhaupt an ethischer Argumentation geschulte SchülerInnen auch ein metaphysisches Argument diskutieren? Analog wäre zu untersuchen, ob sich durch eine Verbesserung der spezifisch philosophischen Argumentationsfähigkeit auch die Argumentationsfähigkeit in anderen Fächern verbessert.

Literatur

Barwise, J. & Etchemendy, J. (2005). *Sprache, Beweis und Logik*. Paderborn: Mentis.

Beckermann, A. (2008). Analytische Philosophie. Peter Bieris Frage nach der richtigen Art, Philosophie zu betreiben. *Deutsche Zeitschrift für Philosophie, 56* (4), 599–633.

Brendel, E. (2013). *Wissen*. Berlin [u.a.]: de Gruyter.

Cohnitz, D. (2005). *Gedankenexperimente in der Philosophie* (1. Aufl.). Paderborn: Mentis.

Gettier, E. L. (1963). Is Justified True Belief Knowledge? *Analysis, 23* (6), pp. 121–123.

Girle, R. (2000). *Modal logics and philosophy*. Montreal: McGill-Queen's Univ. Press.

Girle, R. (2003). *Possible Worlds*. Chesham: Acumen.

Haase, V. (2011). Schriftliches Argumentieren in der Oberstufe: Curricularer Kompetenzaufbau und outputorientierte Bewertung. *Zeitschrift für Didaktik der Philosophie und Ethik, 33* (2), 114–123.

Horvath, J. & Grundmann, T. (Hrsg.). (2012). *Experimental Philosophy and its Critics* (1. publ. Aufl.). London [u.a.]: Routledge.

Hume, D. (1993): *Eine Untersuchung über den menschlichen Verstand*. Hamburg: Meiner.

Klieme, E. (2004). Was sind Kompetenzen und wie lassen sie sich messen? *Pädagogik, 6*, 10–13.

Klieme, E. (2009). *Zur Entwicklung nationaler Bildungsstandards: eine Expertise*. Bonn, Berlin: Bundesministerium für Bildung und Forschung.

Koch, L. (2012). Wissen und Kompetenz. *Vierteljahrsschrift für wissenschaftliche Pädagogik, 3* (88), 454–463.

Liessmann, K. P. (2014). *Geisterstunde: Die Praxis der Unbildung eine Streitschrift*. Wien: Paul Zsolnay.

---

10 Für solche Unterrichtsvorhaben vgl. Haase (2011) und Meyer (2003).

Meyer, K. (2003). „Beweise mir mit Worten, dass es Gott in Wirklichkeit gibt". *ZDPE, 1* (3), 36–41.

Priest, G. (2008). *Einführung in die nicht-klassische Logik.* Paderborn: Mentis.

Roeger, C. (2014). Kritischer Kommentar des Lehrplanentwurfs Praktische Philosophie Grundschule in subversiver Absicht. In A. Goebels & T. Nisters (Hrsg.), *Philosophie – ein Kinderspiel? Zugänge zur Philosophie in der Primarstufe. Tagungsband zur Fachtagung am 07. Dezember 2013 in Köln* (S. 76–86). Dipf. Zugriff auf urn:nbn: de:0111-pedocs-99943

Rösch, A. (2011). *Kompetenzorientierung im Philosophie- und Ethikunterricht: Entwicklung eines Kompetenzmodells für die Fächergruppe Philosophie, Praktische Philosophie, Ethik, Werte und Normen, LER* (2. Aufl.). Münster: LIT.

Rosenberg, J. F. (2002). *Philosophieren. Ein Handbuch für Anfänger.* Frankfurt am Main: Klostermann.

Russell, B. (2011a). Der Wert der Philosophie. In B. Russell, *Probleme der Philosophie* (S. 135–142). Frankfurt am Main: Suhrkamp.

Russell, B. (2011b). Über Induktion. In B. Russell, *Probleme der Philosophie* (S. 54–72). Frankfurt am Main: Suhrkamp.

Schnädelbach, H. (1994). Philosophisches Argumentieren. In E. Martens & H. Schnädelbach (Hrsg.), *Philosophie. Ein Grundkurs* (Bd. 2) (S. 683–697). Hamburg: Rowohlt.

Sosa, E. (2007). *A Virtue Epistemology: Apt Belief and Reflective Knowledge*, Volume I. Oxford: Oxford University Press.

Tetens, H. (2004). *Philosophisches argumentieren.* München: Beck.

Weinert, F. E. (2001). Vergleichende Leistungsmessung in Schulen – eine umstrittene Selbstverständlichkeit. In F. E. Weinert (Hrsg.), *Leistungsmessungen in Schulen*, (S. 17–31). Weinheim: Beltz.

Williamson, T. (2007). *The Philosophy of Philosophy.* Malden, MA [u.a.]: Blackwell.

Teil II
Aktuelle Bedeutung von Argumentation im Unterricht und Kompetenzen der SchülerInnen

Miriam Kuckuck

Argumentationsrezeptionskompetenzen von SchülerInnen – Bewertungskriterien im Fach Geographie

1. Einleitung

Argumentieren ist eine wesentliche Kulturtechnik in unserer modernen Gesellschaft und damit auch für den Geographieunterricht eine wesentliche zu erlernende Kompetenz für SchülerInnen. Argumentationen sind die Grundlage vieler politischer, demokratischer und familiärer Entscheidungsprozesse (Wohlrapp, 2006). Argumentationen können im Geographieunterricht zu einem tieferen Verständnis von fachlichen Konzepten verhelfen. Ferner bietet die Förderung der Argumentationskompetenz einen Beitrag zur individuellen Wissensbildung in Form einer Wissensbestätigung, -erweiterung und -produktion. „Dabei ist es dann (…) nicht Ziel ein bestimmtes Bild der Welt in die Köpfe der Schüler zu vermitteln, sondern ihnen den Prozess der argumentativen Erzeugung, Bestätigung und Infragestellung von verschiedenen Weltbildern bewusst zu machen" (BUDKE 2011, S. 553). Damit kann auch der Perspektivenwechsel gefördert werden. Zudem sind Argumentationen notwendig für die Meinungsbildung und die Werteorientierung. Dies ist besonders im Fach Geographie wichtig, da viele aktuelle, gesellschaftlich relevante Themen behandelt werden, zu denen die SchülerInnen begründet Stellung nehmen sollen. Goll fragt daher aus gutem Grund, was ist, „[w]enn der reale Bürger jedoch gar nicht in ausreichendem Maß über die Kompetenz verfügt, das Wort einzusetzen, fällt dann der [politischen, hier geographischen] Bildung nicht die Aufgabe zu, diese kommunikative Kompetenz zu fördern?" (2012, S. 204f.). Ein wichtiger Bereich dieser „kommunikativen Kompetenz" ist sicherlich die Argumentation. Aber nicht nur die Fähigkeit, eigene Argumentationen zu verfassen, sondern auch jene von anderen zu verstehen und zu bewerten, um am Diskurs partizipieren zu können, ist für den Geographieunterricht wesentlich. Der vorliegende Beitrag stellt die bisherigen Ergebnisse der Argumentationsforschung innerhalb der Geographiedidaktik kurz dar, um dann im zweiten Schritt aufzuzeigen, welche Kriterien SchülerInnen überhaupt heranziehen, um Argumentationen im Geographieunterricht zu bewerten. Dazu wurden Argumentationen in einem Erhebungsbogen zu einem raumbezogenen Konflikt konstruiert. Diese sollten die SchülerInnen mit Hilfe der Methode „Lautes Denken" bewerten.

2. Argumentationskompetenz im Fach Geographie

Die Argumentationskompetenz gilt als eine Teilkompetenz der Kommunikationskompetenz in den Nationalen Bildungsstandards Geographie für den Mittleren Schulabschluss (DGfG, 2007). Neben der Kommunikationskompetenz weisen die Standards noch weitere fünf Kompetenzbereiche aus: Räumliche Orientierung, Fachwissen, Erkenntnisgewinnung/Methoden, Beurteilen/Bewerten und Handlung (DGfG, 2007). Zum Kompetenzbereich Kommunikation heißt es in den Bildungsstandards: Die SchülerInnen und Schüler sollen

- im Rahmen geographischer Fragestellungen die logische, fachliche und argumentative Qualität eigener und fremder Mitteilungen kennzeichnen und angemessen reagieren können,
- an ausgewählten Beispielen fachliche Aussagen und Bewertungen abwägen und in einer Diskussion zu einer begründeten Meinung und/oder zu einem Kompromiss kommen (DGfG, 2007, S. 23).

Neben den sechs Kompetenzbereichen formulieren die Bildungsstandards des Faches Geographie drei Anforderungsbereiche für Aufgabenstellungen. In den Anforderungsbereich I fallen deskriptive Operatoren wie beschreiben, nennen oder fachspezifisch lokalisieren. Für die Argumentationskompetenz sind jedoch die Anforderungsbereiche II und III wesentlich. Zum Anforderungsbereich II heißt es in den Bildungsstandards, dass SchülerInnen befähigt werden sollen, „logisch, fachliche und argumentative Qualität von Aussagen analysieren und vergleichen" zu können, sowie im Anforderungsbereich III, „fachliche Aussagen in einer Diskussion begründend und zielorientiert formulieren" und „fachlich relevante Sachverhalte/Argumente kriteriengestützt beurteilen, Wertmaßstäbe reflektieren" zu können (DGfG, 2007, S. 31).

In einem Interview stellte Rhode-Jüchtern (2007) dar, dass dem Kompetenzbereich „Kommunikation" im Fach Geographie drei wesentliche Funktionen zukommen: (1) Kommunikation wird verstanden als das Produkt zwischen Sender und Empfänger und dessen Interaktion (Interaktion), (2) der Kommunikation wird die Aufgabe zuteil, dass SchülerInnen befähigt werden, an gesellschaftlichen Entscheidungen zu partizipieren und eine eigene Meinung verständlich zu äußern (Produktion), (3) Gesellschaften kommunizieren, Diskurse werden ausgetragen und diese gilt es zu erkennen, zu verstehen und zu bewerten (Rezeption) (Dimensionale Ebene) (Abb. 1) (Praxis Geographie, 2007, S. 8). Diese drei Teilkompetenzen decken sich mit jenen, die im europäischen Referenzrahmen für Sprachen definiert wurden: Sprachrezeption, Sprachproduktion, sprachliche Interaktion und Sprachmittlung (Europarat, 2001, S. 62–91).[1] Nach Wohlrapp (2006) ist das Argumentieren das Umgehen mit bestimmten sprachlichen Gegenständen, den Argumenten. Argumente sind demnach sprachliche Einheiten, die gefunden und identifiziert sowie analysiert werden können. Bei dieser Analyse sind folgende Elemente relevant (Abb. 1): Neben der dimensionalen Ebene hat die strukturelle Ebene für den Aufbau von Argumentationen auch im Geographieunterricht und in der geographiedidaktischen Forschung eine wesentliche Bedeutung. Hier wird auf die grundlegende Argumentationsstruktur nach Toulmin (1996) zurückgegriffen. Eine Argumentation besteht demnach aus einer Behauptung, die mit Belegen begründet wird, und zwischen diesen beiden be-

---

1 Die Sprachmittlung, also vor allem die Übersetzung, ist für den Geographieunterricht in dieser Form nicht von Interesse und wird daher nicht weiter berücksichtigt.

steht eine Geltungsbeziehung. Die Argumentationen werden dabei in einem geographischen Kommunikationszusammenhang gebildet. Als weitere Ebene kann für Argumentationen im Geographieunterricht die paradigmatische Ebene herangezogen werden (Kopperschmidt, 2000), da die Argumentationen in einem bestimmten Kontext eingebettet sein müssen, um als diskussionswürdig betrachtet zu werden (Relevanz). Neben der Relevanz sind der Adressatenbezug, die Gültigkeit und für geographische Argumentationen der Raumbezug weitere wichtige Aspekte. Auf der Darstellungsebene nach Kienpointner (1983) kann bei Argumentationen zwischen faktischen und normativen Argumentationen unterschieden werden. Diese Differenzierung ist insbesondere für den Geographieunterricht interessant, da hier sowohl faktische als auch normative Argumentationen vorkommen. Faktische Argumentationen treten eher bei Themenbereichen der Physischen Geographie, normative bei Inhaltsfeldern der Humangeographie auf. Bei faktischen Argumentationen geht es um den Beleg von Thesen durch Tatsachen, bei normativen Argumentationen werden Werturteile diskutiert (Kienpointner, 1983, S. 76; Budke, Schiefele & Uhlenwinkel, 2010, S. 185). Die fünfte Stufe des Ebenenmodells beschreibt die bislang theoretisch hergeleiteten Kompetenzmodelle. Budke et al. (2010) haben zu den Bereichen der Rezeption und Produktion Kompetenzstufenmodelle erstellt. Das Rezeptionsmodell konnte von Kuckuck (2014) bestätigt und erweitert werden.

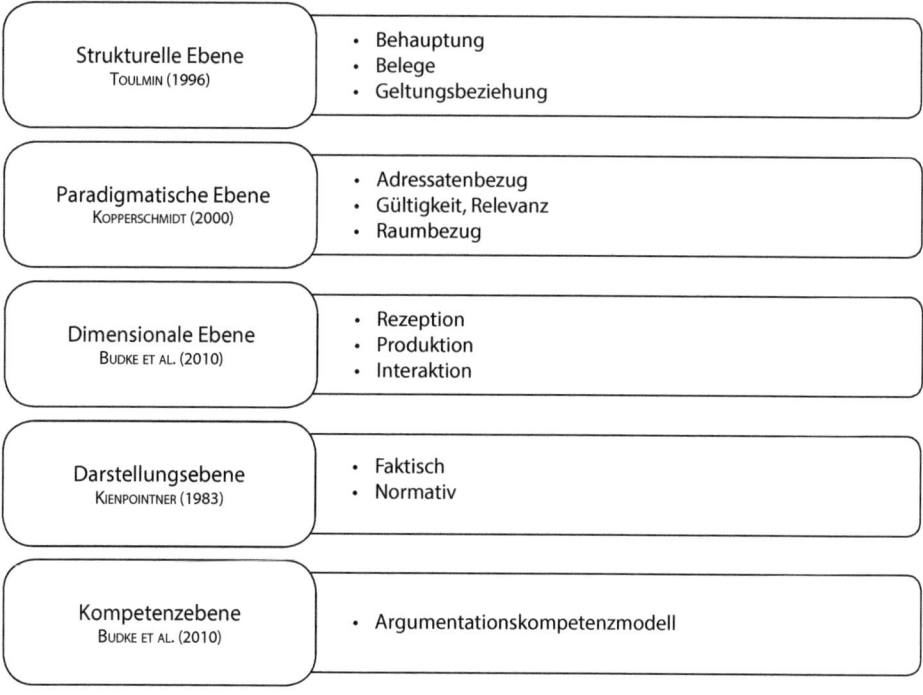

Abb. 1: Ebenen von Argumentationen (Quelle: Kuckuck 2014)

Bisherige Studien zeigen auf, welche Bedeutung Argumentationen im Fach Geographie überhaupt haben und inwiefern Argumentationen eingesetzt werden. Dazu wurden unter anderem von Studierenden der Universität Potsdam im Rahmen ihres Praxissemesters 1 414 Geographiestunden an Brandenburger und Berliner Schulen beobachtet. Die statistische Auswertung der Unterrichtsbeobachtungen ergab, dass in 91,6 % der beobachteten Stunden keine Argumentationen stattfanden (Budke, 2012, S. 26). Daraus lässt sich folgern, dass Argumentationen im Geographieunterricht äußerst selten stattfinden. Ferner haben die Ergebnisse gezeigt, dass es erhebliche Unterschiede in der Häufigkeit zwischen der Sekundarstufe I und II gibt. Während in 12,2 % der beobachteten Stunden in der Sek II argumentiert wurde, waren es in der Sek I 5,5 % der Stunden (Budke, 2012, S. 26). Ferner hat eine Analyse von 18 Geographieschulbüchern der Bundesländer Brandenburg/Berlin und Nordrhein-Westfalen ergeben, dass von den insgesamt 5 784 untersuchten Aufgaben lediglich 361 Argumentationsaufgaben waren (6,7 %) (Budke, 2011, S. 257). Dabei konnte herausgestellt werden, dass in den Schulklassen 9 und 10 etwa 9 % der Aufgaben Argumentationsaufgaben sind, wohingegen in den Jahrgängen 7 und 8 nur rund 6,3 % und den Klassen 5 und 6 nur 4,8 % der Aufgaben die Argumentation fördern (Budke, 2011, S. 257). Eine weitere Untersuchung der vorgefundenen Operatoren hat ergeben, dass 80 % der Aufgaben mit sieben Operatoren formuliert wurden (diskutiert/führt eine Diskussion, begründe deine Meinung, bewerte, beurteile, nimm Stellung, erörtert und führt ein Rollenspiel durch) (Budke, 2011, S. 259). Ein Großteil der Aufgaben verweist dabei auf mündliche Argumentationen in den Bereichen der Produktion und Interaktion. Es wurde des Weiteren herausgefunden, dass die verschiedenen Fachbereiche der Geographie sehr unterschiedliche Argumentationsaufgaben verwenden. In den Bereich der Physischen Geographie entfallen etwa 3,6 % der Argumentationsaufgaben, ein Großteil der Aufgaben (ca. 60 %) werden bei humangeographischen Themengebieten angewendet. 32 % der Argumentationsaufgaben werden bei Mensch-Umwelt-Themen formuliert (Budke, 2011, S. 259f.).

Die bisherigen Ergebnisse der Argumentationsforschung im Geographieunterricht konnten aufzeigen, dass Argumentieren zwar eine zu fördernde Kompetenz ist, die aber im alltäglichen Unterricht nur selten bedacht und entwickelt wird. Des Weiteren zeigen die Ergebnisse, dass die Rezeptionsfähigkeit bei argumentativen Texten kaum unterstützt wird.

3. Methodisches Vorgehen

Da bisher nicht erhoben wurde, über welche Fähigkeiten zur Rezeption geographischer Argumente SchülerInnen verfügen, wurde hierzu eine Untersuchung durchgeführt. Diese war Teil einer Dissertation, in der als Grundlage der Untersuchung Argumentationen zu einem raumbezogenen Konflikt standen (Kuckuck, 2014). Es wurden u.a. folgende Fragen geklärt:

- Welche Kriterien wenden SchülerInnen bei der Bewertung von Argumentationen zu raumbezogenen Konflikten an?
- Welche Defizite und Kompetenzen weisen die Versuchspersonen bei der Bewertung auf?

Zur Datenerhebung wurden quantitative und qualitative Verfahren eingesetzt. Die Triangulation von Methoden wurde herangezogen, um ein vielperspektivisches Ergebnis zu erlangen. Dies hilft wiederum häufig bei der Beantwortung der Forschungsfragen. Für die Erforschung der Rezeptionsfähigkeiten von SchülerInnen bei argumentativen Texten im Fach Geographie sollte daher ein Methodenmix angewendet werden. Dies erfolgte basierend auf der Methode des „Lauten Denkens". Mithilfe der Methode „Lautes Denken" können die internen Denkprozesse verbalisiert, laut ausgesprochen und damit für die ForscherInnen erkenntlich werden. Die Versuchspersonen erhalten eine Primäraufgabe, die es zu lösen gilt. Während die ProbandInnen die Aufgaben lösen, sprechen sie all ihre Gedanken, Ideen und Empfindungen laut aus. In einer Vielzahl an Studien anderer Fächer und Disziplinen wurde diese Methode bereits eingesetzt (u.a. Weidle & Wagner, 1994; Würffel, 2001; Huber & Mandl, 1982; Völzke, 2012; Buber, 2007; Konrad, 2010; Göpferich, 2007; Heine & Schramm, 2007; Bise, 2008; Sandmann, 2014). „Lautes Denken"-Protokolle können das Lösen und das Darstellen des inneren Sprechens gegenüber anderen Erhebungsmethoden am besten aufzeigen, da sie Gedankengänge, unbewusste Überlegungen, Emotionen und Probleme verdeutlichen und aufdecken. Daher kann mithilfe dieser Methode aufgezeigt werden, wie und mit welchen Kriterien die SchülerInnen Argumentationen bewerten. Wie Ericsson & Simon (1993) festgestellt haben, besteht die engste Verbindung zwischen Denken und der Verbalisierung, wenn die Versuchspersonen ihre Gedanken unmittelbar im Zuge der Aufgabenbearbeitung in Worte fassen. Daher ist hier die Introspektion, die augenblickliche Verbalisierung der Gedankengänge und Einstellungen, genutzt worden.

Die Methode des „Lauten Denkens" versucht, kognitive Prozesse aufzudecken. Die verbalisierten Daten sind aber nicht mit dem inneren Sprechen gleichzusetzen. Das innere Sprechen ist phonetisch, semantisch und syntaktisch stark reduziert. Die Externalisierung der Gedanken kann nicht in dieser verkürzten Form geschehen, wodurch die Sprache automatisch eine Steuerungsfunktion erhält (Huber & Mandl, 1982, S. 77). Denken und Sprechen (und Handeln) beeinflussen sich gegenseitig. Die erhobenen Verbaldaten sind demnach kein Ausdruck der inneren Sprache, können jedoch als Indiz für das innere Sprechen aufgefasst und interpretiert werden. Die anschließende Analyse der Daten erlaubt dann Rückschlüsse auf die Denkprozesse der SchülerInnen beim Lösen der Aufgaben. Damit können dann Aussagen darüber getroffen werden, nach welchen Kriterien sie die Güte von vorgelegten schriftlichen Argumentationen beurteilen. Das „Laute Denken" fordert aus seinem Verständnis heraus, dass eine Primäraufgabe gelöst wird, währenddessen die Gedanken laut ausgesprochen werden. In dieser Untersuchung wurde als Primäraufgabe ein standardisierter Erhebungsbogen entworfen. Die SchülerInnen nutzen diesen Bogen aktiv, indem sie ihre Beurteilungen eintrugen. Für den Erhebungsbogen wurden insgesamt je

18 Argumentationen von (fiktiven) Akteuren[2] in jeweils zwei Erhebungsphasen gebildet (insgesamt somit 36 Argumentationen). Als Grundlage dienten das Kompetenzmodell der Argumentationsrezeption (Budke et al., 2010, erweitert durch Kuckuck, 2014) sowie die Gütekriterien nach Kopperschmidt (2000). Zu jeder der fünf Kompetenzstufen wurden mehrere Argumentationen gebildet.

Exemplarisch werden im Folgenden zwei Sätze vorgestellt und analysiert:

Kompetenzstufe 1
Franka S.: *„Der Brüsseler Platz ist auch nur ein Platz in Köln. Ich finde diese ganze Aufregung darüber völlig übertrieben. Ständig muss man in den Zeitungen davon lesen. Sogar das Fernsehen greift das Thema schon auf".*

Das Toulminsche Schema beschreibt, dass eine Argumentation im Wesentlichen aus drei Faktoren besteht (Toulmin, 1996): strittige Behauptung, Belege und die Geltungsbeziehung zwischen den Belegen und der Behauptung. In dem obigen Beispielsatz wird lediglich eine Behauptung aufgestellt, diese wird aber nicht weiter begründet, sodass auch keine Geltungsbeziehung oder Ausnahmebedingungen entstehen können. Daher ist diese Argumentation unvollständig und keine Argumentation. Neben der strukturellen Ebene zeigen auch die anderen Ebenen der Argumentation Defizite auf. Da nur eine Meinung geäußert wird, fehlen die paradigmatischen Elemente wie Adressatenbezug, Gültigkeit, Eignung und Relevanz sowie Komplexität. Dieser Satz entspricht der ersten Stufe des Kompetenzmodells (Budke et al., 2010).

Kompetenzstufe 5
Sybille A.: *„Ich wohne gerne am Brüsseler Platz, da ich hier alles habe: Einkaufsmöglichkeiten, eine super Anbindung an den ÖPNV und hier ist immer was los. Auch die anderen jungen Leute brauchen doch öffentliche Plätze, auf denen sie sich treffen können. Davon gibt es einfach zu wenige in Köln. Daher ist es für mich persönlich völlig in Ordnung, dass der Platz als Treffpunkt dient. Allerdings kann ich auch meine Nachbarn gut verstehen. Viele finden es hier einfach zu laut: Meine Nachbarn können nicht schlafen und der Müll ist ihnen auch ein Dorn im Auge, da der Müll oft morgens noch herumliegt und das nicht schön ist für die Kinder auf dem Spielplatz. Ich finde, es sollte ein Kompromiss gefunden werden, der es allen recht macht und alle Interessen berücksichtigt".*

Argumentationen zur fünften Kompetenzstufe (Budke et al., 2010; Kuckuck, 2014) erfüllen die strukturelle Ebene ebenso wie die paradigmatische. Die Gültigkeit der Belege, die Eignung der Geltungsbeziehung und Relevanz der Argumentation ist

---

2   Die Argumentationen der Akteur/Innen erfolgten zu einem raumbezogenen lokalen Konflikt. Es wurden Akteur/Innen verschiedener Akteursgruppen gewählt, sodass eine Mehrperspektivität gewährleistet werden konnte. Bei den Konflikten handelte es sich zum einen um die Nutzung von Grünflächen und zum anderen um einen Nutzungskonflikt eines öffentlichen Raumes im Kölner Stadtgebiet.

demnach genauso gegeben wie die Komplexität. Zudem wird hier eine metaperspektivische Betrachtung vorgenommen, indem die eigene Position zum raumbezogenen Konflikt reflektiert wird.

Die gebildeten Sätze wurden durch eine Versuchsklasse sowie durch ExpertInnen validiert und konnten dadurch modifiziert werden, bevor sie den eigentlichen Versuchsklassen vorgelegt wurden.

Die Untersuchung erfolgte an zwei verschiedenen Schulen im Kölner Stadtgebiet. Zum einen wurde ein Leistungskurs (Kl. 12) Geographie einer Gesamtschule und zum anderen zwei Einführungskurse (Kl. 10) eines Gymnasiums herangezogen. Nach Bereinigung der Daten konnten damit insgesamt die Daten von 44 SchülerInnen für die Datenauswertung genutzt werden. Das ergab insgesamt 1584 SchülerInnenbewertungen zu den Argumentationen, was wiederum 20 Stunden „Lautes Denken"-Protokolle erbrachte.

Die Datenauswertung der „Lautes Denken"-Protokolle sowie der Erhebungsbögen erfolgte aufgrund der verschiedenen Daten zum einen durch qualitative Verfahren und zum anderen mithilfe quantitativer Analysetechniken. Da im Folgenden nur die Ergebnisse aus der qualitativen Untersuchung vorgestellt werden, wird an dieser Stelle lediglich deren Auswertung skizziert. Die Protokolle des „Lauten Denkens" wurden mithilfe der qualitativen Inhaltsanalyse nach Mayring (2007) analysiert. In Anlehnung an die geographiedidaktische Auseinandersetzung mit Argumentationen sowie die fachwissenschaftliche zum Thema raumbezogene Konflikte konnten vor der Analyse deduktive Kategorien gebildet werden, die dann durch induktiv aus dem Material heraus gebildete erweitert wurden (Kuckuck, 2014, S. 120). Beide wurden im Sinne der qualitativen Inhaltsanalyse wiederholt geprüft und der Prozess der Auswertung wurde zirkulär immer wieder begonnen.

4. Forschungsergebnisse

Eine der wesentlichen Forschungsfragen dieser Untersuchung war es herauszufinden, welche Kriterien SchülerInnen im Geographieunterricht bei der Bewertung von schriftlichen Argumentationen zu raumbezogenen Konflikten anwenden. Die SchülerInnen nutzen bei der Bewertung von Argumentationen verschiedene Kriterien. Sie können in fünf Hauptkategorien zusammengefasst werden, welche sich dann wiederum in Unterkategorien aufteilen lassen: (1) Inhalt, (2) Raumbezug, (3) Struktur, (4) Perspektivität und (5) Sprache.

Das Kriterium (1) Inhalt hat bei der Bewertung der Argumentationen einen hohen Stellenwert bei den SchülerInnen. Die Oberkategorie Inhalt kann weiter in die Unterkategorien Normen, Lösungsvorschlag, Nachvollziehbarkeit und Korrektheit unterteilt werden. Häufig werden die Argumentationen auf der Grundlage der inhaltlichen Ebene bewertet, sodass die anderen Kriterien letztendlich weniger bedacht werden. Normative Argumentationen sind insbesondere für Themen der Humangeographie wie in diesen gewählten Beispielen von großer Bedeutung, da Argumentationen häufig auf gesellschaftlichen Regeln und Traditionen sowie gesetzlichen Normen beruhen und damit in die Argumentation selbst und in deren Bewertung einfließen (s. Zitat). Die Sozialisation und die Biographie der AkteurInnen, die argumentieren, sowie die der SchülerInnen, die bewerten, sind daher unter diesem Aspekt wichtig zu beachten und zu reflektieren. Diese Reflexion ist eine komplexe Kompetenz. Die Bedeutung des aussagenden Akteurs für den Diskurs findet sich nur an einer Stelle der „Lautes Denken"-Protokolle wieder, wenn die Versuchsperson feststellt, wer die Argumentation geäußert hat. „[...] Außerdem ist hier zugleich auch ein Autoritätsargument vertreten, da Sybille F. eine Beamtin der Stadt Köln ist" (Versuchsperson 47V zu Satz V3). Die Versuchsperson spricht hier von einem „Autoritätsargument", da die Akteurin eine Beamtin ist. Dieser wird eine relevantere Aussagekraft zugeschrieben. Das Nennen gesetzlicher Vorschriften wird von den SchülerInnen als positiv bewertet. „Satz vier würde ich eine zwei geben, da sie genau sagt, wie die Gesetze sind, und sagt, was man machen kann und was nicht" (Versuchsperson 58 zu Satz V4). Ebenso stößt das Anbringen von allgemeinen gesellschaftlichen Regeln bei den Versuchspersonen auf Zuspruch. „[...] Aber wenn man auch grillt, sollte man auch sein [sic] Unrat, sein [sic] Müll, was man produziert hat, auch beseitigen" (Versuchsperson 2V zu Satz 17V). Die Unterkategorie Lösungsvorschlag konnte induktiv aus den Protokollen erhoben werden. Die SchülerInnen bewerten Argumentationen, die einen Kompromiss oder Lösungsvorschlag beinhalten, als besonders gut. „Argument zehn ist sehr gut, weil da es [sic] ein Lösungsvorschlag gibt, dass ein Kompromiss gefunden werden muss" [Versuchsperson 51V zu Satz V10). Werden keine Lösungsmöglichkeiten benannt, bewerten die SchülerInnen dies als schlecht. „[...] Aber am Ende schlägt sie nicht vor, was man daran ändern könnte" (Versuchsperson 55V zu Satz V14). Die Nachvollziehbarkeit der Aussagen sowie die Übereinstimmung zwischen der eigenen Meinung und derjenigen des Aussagensprechers sind für die SchülerInnen ein wesentliches Kriterium für eine positive Bewertung. „Das Argument kann ich gut nachvollziehen" (Versuchsperson 2V zu Satz V9), „da ich das genauso sehe" (Versuchsperson 26N zu Satz N10). Die Abstraktion von der eigenen Meinung fällt den SchülerInnen äußerst schwer: Neben dem Abwägen der Akteursmeinung mit der eigenen ist der Abgleich mit dem Vorwissen und damit die Bewertung der Korrektheit der Aussage ebenfalls ein wichtiges Kriterium, das von SchülerInnen herangezogen wird. „Satz fünfzehn, ich habe die fünf angekreuzt, da ich das Argument für vollkommen absurd halte" (Versuchsperson 38V zu Satz V15).

Die zweite Oberkategorie bei der Bewertung durch die SchülerInnen ist der (2) Raumbezug. Der Bezug zum Raum stellt für die Geographie einen wesentlichen Aspekt dar, wodurch die Perspektive des Faches deutlich gemacht werden kann. In den Argumentationen dieser Erhebung wird der öffentliche Raum thematisiert. Dies hat für die Bewertung der Argumentationen und des Diskurses eine wesentliche Bedeutung. Allerdings haben die Protokolle des „Lauten Denkens" aufzeigen können, dass die SchülerInnen selten bei ihren Bewertungen den Raumbezug als Qualitätskriterium für die Beurteilung der Argumentationen heranziehen. Wenn sie den öffentlichen Raum thematisieren, sehen sie es als Stärke an, wenn sich die Akteure in ihren Argumentationen auf den öffentlichen Raum beziehen. „Und Satz sechs, das ist gut *argumentiert, da gut erklärt wird, dass die Flächen der Stadt der Öffentlichkeit gehören. Also ich würde eine eins geben"* (Versuchsperson 49V zu Satz 6V). Zum anderen bemängeln einige SchülerInnen den Bezug zum öffentlichen Raum und sehen diesen Beleg als nicht aussagekräftig an. *„Deswegen sehr egoistisch gedacht, nur weil es öffentlich ist, dass man alles machen könnte, also die Argumentation finde ich schwach, deshalb eine fünf"* (Versuchsperson 1N zu Satz 16N).

Die (3) Struktur von Argumentationen ist ein weiteres Kriterium, das bei der Bewertung durch die SchülerInnen genutzt wird. Sie verfügen damit über strukturelles Wissen von und zu Argumentationen, das sie bei der Bewertung heranziehen können. Die Struktur von Argumentationen, also die logische Verbindung zwischen These/strittiger Behauptung, Beleg und Schlussfolgerung, ist ihnen größtenteils bekannt. Die Protokolle haben sehr deutlich aufzeigen können, dass die SchülerInnen zwischen gut und schlecht belegten Argumentationen sowie keinen Argumentationen unterscheiden können. Aussagen, die inhaltlich zwar richtig sind, aber nicht den strukturellen Vorgaben entsprechen, werden negativ beurteilt. *„Was soll ich dazu sagen? Da sehe ich keine Argumentation, das sind einfach Fakten"* (Versuchsperson 52V zu Satz V5). *„Aussage Nummer zehn habe ich mit einer fünf bewertet, weil ich finde, dass eigentlich fast gar keine Argumente genannt worden und nicht durch Beispiele gestützt worden sind"* (Versuchsperson 59N zu Satz N10). Argumentationen gelten als gut, wenn die Meinung mit relevanten Belegen gestützt wird. *„Der vierte Satz ist auch gut argumentiert, da gute Gründe genannt werden"* (Versuchsperson 49V zu Satz V4).

Die (4) Perspektivität ist bei geographischen Argumentationen ein wesentlicher Aspekt, sodass hier bereits im Argumentationskompetenzmodell darauf hingewiesen wird. In Anbetracht des bestehenden Kompetenzmodells nach Budke et al. (2010) sowie der Erweiterung dessen nach Kuckuck (2014) wurde davon ausgegangen, dass die SchülerInnen die Argumentationen zwischen Mono- und Multiperspektivität unterscheiden können. Die „Lautes Denken"-Protokolle konnten diese Hypothese belegen. Die SchülerInnen können Argumentationen differenzieren, die aus einer Sicht oder aus verschiedenen Perspektiven dargestellt sind. Es konnte zudem herausgefunden werden, dass die SchülerInnen dabei genau unterscheiden, ob eine Meinungsäußerung aus einer, aus zwei oder aus mehreren Perspektiven vorgebracht wird. Insbesondere das Vorhandensein von zwei Perspektiven – Biperspektivität – bewerten die SchülerInnen als sehr gut. Ebenso werden Argumentationen aus mehr als zwei verschiedenen Perspektiven – Multiperspektivität – tendenziell als gut bewertet. *„Bei fünf kreuze ich drei an, da für die eigene Sicht gut argumentiert wird, allerdings achtet diese Person nur auf sich selbst [sic], und argumentiert so, dass nur die Argumente für sich sind und nicht gegen die anderen werden dann [keine] Argumente verwendet"* (Versuchsperson 37V zu Satz V5).

Die (5) Sprache oder Wortwahl werden ebenfalls als Kriterien für die Bewertung der Argumentationen durch die SchülerInnen herangezogen. *„Satz elf finde ich nicht besonders gut argumentiert, er bleibt sehr umgangssprachlich, geht nicht ins Detail, bleibt oberflächig immer noch. Kommt nicht wirklich ernst zu nehmen rüber, sondern so wie ein kleiner Junge, der sich beschwert"* (Versuchsperson 43V zu Satz V11). Dabei ist nicht nur die Sprachlichkeit, also die Verwendung von Umgangssprache und Fach- oder Bildungssprache relevant, sondern auch die Betrachtungsebene: Wenn die Argumentation eher subjektiv statt objektiv formuliert ist, dann wird dies als Schwäche bewertet. *„Satz elf von Viktor K. finde ich nicht so gut, [...] er drückt es halt nicht allgemein aus"* (Versuchsperson 55V zu Satz V11). Des Weiteren achten die Versuchspersonen auf die Wortwahl bei den Argumentationen. Meinungsäußerungen, die verschiedene Satzanfänge oder Konjunktionen nutzen, werden als hochwertiger beurteilt. *„[...] Nur ich-Perspektive, schlechte Konjunktionen, schlecht, einfach schlecht"* (Versuchsperson 49N zu Satz N3).

5. Schlussbetrachtung und Ausblick

Die Forschungsergebnisse zeigen eine Fülle an neuen Erkenntnissen für die geographiedidaktische Forschung auf. Die Versuchspersonen dieser Untersuchung verfügen über Wissen zu Argumentationen und können dieses bei geographischen Argumentationen abrufen und anwenden. Das Themenbeispiel diente als Exempel, die erhobenen Kriterien können zum größten Teil aber auf andere Themenfelder übertragen werden. Die SchülerInnen besitzen sprachliche Fähigkeiten, um die Argumentationen zu bewerten. Ein wesentlicher Aspekt ist, dass die Verknüpfung von Fachwissen und Argumentation ausschlaggebend für die Bewertung von Argumentationen und damit für die Partizipation an Diskursen ist. Nur wenn SchülerInnen über genügend Fachwissen verfügen, können sie Belege und Schlussfolgerungen bewerten. Nur so können sie sich neues Wissen verschaffen und für eigene Argumentationen nutzen. Besonders der Bezug zum Raum ist für geographische Argumentationen wichtig. Es konnte gezeigt werden, dass der Raum bei der Bewertung der SchülerInnen selten bedacht wird. Dies kann darin begründet sein, dass Argumentationen selten im Geographieunterricht stattfinden, und damit der Bezug zum Raum bei geographischen Argumentationen von den SchülerInnen nicht als wichtig empfunden wird. Hier sollte der Geographieunterricht ansetzen und vermehrt Argumentationen nutzen.

Ferner haben die Ergebnisse gezeigt, dass die Reflexion der eigenen Betrachtungsebene sowie der des Akteurs den SchülerInnen nicht gelingt. Die Metaperspektive sollte aber im Unterricht in die Betrachtung geographischer Themen einfließen, denn nur so können andere Perspektiven und der tolerante Umgang mit diesen gefördert werden. Es zeigt sich zudem, dass Multiperspektivität nicht besser als Biperspektivität betrachtet wird. Dies mag darin begründet sein, dass der Unterricht häufig von zwei Sichtweisen ausgeht, Pro und Contra, sodass die SchülerInnen im Umgang mit zwei Perspektiven geschult sind, mehrere aber nicht erkennen oder nicht bewerten können. Die Defizite und Kompetenzen der SchülerInnen zeigen ein vielfältiges Spektrum an Möglichkeiten für den Geographieunterricht auf. Es konnte gezeigt werden, dass die Rezeption von Argumentationen zwar selten im Geographieunterricht gefördert wird, die SchülerInnen jedoch über Bewertungskompetenzen verfügen, die sie dazu anwenden. Der Unterricht könnte hier ansetzen, indem er vermehrt auf Argumentationen und deren Bewertung eingeht. Im Sinne eines modernen Geographieunterrichts sollte daher die Argumentationskompetenz vermehrt Eingang in den unterrichtlichen Alltag finden sowie in die universitäre Ausbildung von angehenden LehrerInnen. Denn unsere Gesellschaft ist geprägt von multimedialen Berichterstattungen, für dessen Rezeption die Argumentationskompetenz unerlässlich ist.

Literatur

Bise, V. (2008). *Problemlösen im Dialog mit sich selbst*. Marburg: Tectum.

Buber, R. (2007). Denke-Laut-Protokolle. In R. Buber & H. H. Holzmüller (Hrsg.), *Qualitative Marktforschung. Konzepte – Methoden – Analysen* (S. 557–568). Wiesbaden: Gabler.

Budke, A. (2011). Förderung von Argumentationskompetenzen in aktuellen Geographieschulbüchern. In E. Matthes & C. Heinze (Hrsg.), *Aufgaben im Schulbuch* (S. 253–263). Bad Heilbrunn: Klinkhardt.

Budke, A. (2012). Argumentationen im Geographieunterricht. *Geographie und ihre Didaktik, 1*, 23–34.

Budke, A., Schiefele, U. & Uhlenwinkel, A. (2010). Entwicklung eines Argumentationskompetenzmodells für den Geographieunterricht. *Geographie und ihre Didaktik, 3*, 180–190.

Deffner, G. (1984). *Lautes Denken – Untersuchung zur Qualität eines Datenerhebungsverfahrens*. Europäische Hochschulschriften (Band 125). Frankfurt am Main: Lang.

Deutsche Gesellschaft für Geographie (Hrsg.). (2007). *Bildungsstandards im Fach Geographie für den Mittleren Schulabschluss – mit Aufgabenbeispielen*. Berlin.

Ericsson, K. A. & Simon, H. A. (1980). Verbal Reports as Data. *Psychological Review, 87*, 215–251.

Ericsson, K. A. & Simon, H. A. (1993). *Protocol analysis: Verbal reports as data*. Cambridge: MIT.

Europarat (2001). *Gemeinsamer Europäischer Referenzrahmen für Sprachen: Lernen, lehren, beurteilen*. Verfügbar unter: http://www.goethe.de/z/50/commeuro/deindex.htm [25.11.2014].

Flick, U. (2004). *Triangulation. Eine Einführung*. Wiesbaden: Verlag für Sozialwissenschaften.

Flick, U. (2007). *Qualitative Sozialforschung*. Reinbek/Hamburg: Rowohlt.

Flick, U. (2010). Triangulation. In G. Mey & K. Mruck (Hrsg.), *Handbuch Qualitative Forschung in der Psychologie* (S. 278–289). Wiesbaden: Verlag für Sozialwissenschaften.

Goll, T. (2012). Sprachhandeln: Verhandeln, Argumentieren, Überzeugen – eine vernachlässigte Kompetenz des Politikunterrichts? In G. Weißeno & H. Buchstein (Hrsg.), *Politisch Handeln – Modelle, Möglichkeiten, Kompetenzen* (S. 193–209). Bonn: Bundeszentrale für politische Bildung.

Göpferich, S. (2007). *Praktische Handreichungen für Studien mit lautem Denken und Translog (2000 und 2006)*. Verfügbar unter: http://www.susanne-goepferich.de/Handreichung.pdf [26.03.2013].

Heine, L. & Schramm, K. (2007). Lautes Denken in der Fremdsprachenforschung: Eine Handreichung für die empirische Praxis. In H. J. Vollmer (Hrsg.), *Synergieeffekte in der Fremdsprachenforschung. Empirische Zugänge, Probleme, Ergebnisse* (S. 167–206). Frankfurt am Main: Lang.

Huber, G. L. & Mandl, H. (1982). *Verbale Daten: Eine Einführung in die Grundlagen und Methoden der Erhebung und Auswertung.* Weinheim: Beltz.

Hussy, W. (1978). Die differentielle Abbildung von Lerntesteffekten mit Hilfe der Maße „Lösungsmenge" und „Lösungsgüte". *Zeitschrift für experimentelle und angewandte Psychologie, 25,* 575–593.

Kienpointner, M. (1983). *Argumentationsanalyse.* Innsbruck: Institut für Sprachwissenschaft der Universität Innsbruck.

Konrad, K. (2010). Lautes Denken. In G. Mey & K. Mruck (Hrsg.), *Handbuch Qualitative Forschung in der Psychologie* (S. 476–490). Wiesbaden: Verlag für Sozialwissenschaften.

Kopperschmidt, J. (2000). *Argumentationstheorie.* Hamburg: Junius.

Kuckuck, M. (2014). *Konflikte im Raum – Verständnis von gesellschaftlichen Diskursen durch Argumentation im Geographieunterricht.* Geographiedidaktische Forschungen (Band 54). Münster: Monsenstein und Vannerdat.

Mayring, P. (2007). *Qualitative Inhaltsanalyse. Grundlagen und Technik.* Weinheim: Beltz.

Merz, F. (1969). *Der Einfluß des Verbalisierens auf die Leistung bei Intelligenzaufgaben.* Berichte aus dem Institut für Psychologie der Philipps-Universität in Marburg-Lahn (Band 14). Marburg.

Bildungshaus Schulbuchverlage (Hrsg.). (2007). Bildungsstandards: Kommunikation. Die PG fragt Tilman Rhode-Jüchtern. *Praxis Geographie, 7–8,* 6–7.

Reimann, H. & Kluwe, R. (1983). *Effekte des Verbalisierens auf die Problemlöseleistung beim Umgang mit komplexen Systemen.* (Manuskript zum Vortrag gehalten auf der 25. Tagung experimentell arbeitender Psychologen in Hamburg.) (Zitiert nach Bise, 2008).

Sandmann, A. (2014). Lautes Denken – die Analyse von Denk-, Lern- und Problemlöseprozessen. In D. Krüger, I. Parchmann & H. Schecker (Hrsg.), *Methoden in der naturwissenschaftsdidaktischen Forschung* (S. 179–188). Heidelberg, Berlin: Springer Spektrum.

Toulmin, S. (1996). *Der Gebrauch von Argumenten.* Weinheim: Beltz.

Völzke, K. (2012). *Lautes Denken bei kompetenzorientierten Diagnoseaufgaben zur naturwissenschaftlichen Erkenntnisgewinnung.* Studium und Forschung (Heft 20). Kassel: Univ. Press.

Weidle, R. & Wagner, A. C. (1994). Die Methode des Lauten Denkens. In G. L. Huber & H. Mandl (Hrsg.), *Verbale Daten. Eine Einführung in die Grundlagen und Methoden der Erhebung und Auswertung* (S. 81–103). Weinheim: Beltz.

Wohlrapp, H. (2006). Was heißt und zu welchem Ende sollte Argumentationsforschung betrieben werden? In E. Grundler & R. Vogt (Hrsg.), *Argumentieren in Schule und Hochschule. Interdisziplinäre Studien* (S. 29–40). Tübingen: Stauffenburg.

Würffel, N. (2001). Protokolle Lauten Denkens als Grundlage für die Erforschung von hypertextgeleiteten Lernprozessen im Fremdsprachenunterricht. In A. Müller-Hartmann & M. Schocker-von-Ditfurth (Hrsg.), *Qualitative Forschung im Bereich Fremdsprachen* (S. 163–186). Tübingen: Narr.

Aline Willems

Fachlich argumentieren lernen im Unterricht der modernen Fremdsprachen – eine Bestandsaufnahme

1. Einleitung

Nicht zuletzt durch das in den letzten Jahren von Seiten der Lehrenden, Lernenden und der Bildungspolitik geforderte Primat der Mündlichkeit im Fremdsprachenunterricht (im Folgenden: FSU) (vgl. bspw. Thaler, 2012, S. 181) rückt die Untersuchung kommunikativer Teilkompetenzen immer stärker in den Fokus der Forschung. Sei es, um ihre Bestandteile aus sprachwissenschaftlicher Perspektive zu untersuchen und Fragestellungen der Pragmalinguistik oder Diskursanalyse nachzugehen, um ihre Umsetzung im Schulunterricht zu beobachten und auszuwerten oder um Unterrichtsmaterialien näher zu betrachten.

Argumentationskompetenz stellt einen Teilbereich der kommunikativen Kompetenz dar und verkörpert eine Grundfertigkeit des/der mündigen Bürgers/Bürgerin in den westlichen demokratischen Gesellschaften. Von der simplen Alltagsargumentation im Berufs- oder Privatleben über die Rezeption (und Bewertung) argumentativer Diskurse in Presse und Öffentlichkeit bis hin zur Erschließung neuer Wissens- sowie Moralbereiche prägt sie das Leben und kann zum Gelingen zahlreicher Situationen beitragen. Der im Wandel von der Lernziel- zur Kompetenzorientierung begriffene Schulunterricht muss sich demnach immer stärker der Forderung stellen, eben diese Argumentationskompetenz möglichst umfangreich zu fördern, um die *soft skills* der SchülerInnen zu stärken und ihnen einen erfolgreichen Start in das Studien- und/ oder Berufsleben zu ermöglichen. Der mathematisch-naturwissenschaftliche Unterricht hat die neuen Herausforderungen, die sich durch die Aufnahme der Kommunikationskompetenz in die nationalen Bildungsstandards ergeben (vgl. bspw. Budke, 2012), bereits klar erkannt (vgl. bspw. Mittelsten Scheid, 2010a; 2010b; 2010c).

In der Fremdsprachendidaktik stellen Forschungsfragen zum Thema Argumentationskompetenz eher ein Desiderat dar. Mit Ausnahme einer kleinen Anzahl von Untersuchungen aus dem Bereich *Deutsch als Fremd-/Zweitsprache*, wie z.B. Grundler (2010), konzentrieren sich andere – jedoch ebenfalls wenige – ForscherInnen eher auf die *Gesprächsfähigkeit* (vgl. bspw. Bose & Schwarze, 2007) bzw. *Pragmatik* im FSU (vgl. bspw. Krause, 2007). Aber zu Themen wie *Argumentation, Rhetorik* oder *Diskursstrategien* lassen sich momentan noch keine gesonderten Publikationen im deutschsprachigen Raum finden. Aus diesem Grund versucht der vorliegende Beitrag eine Bestandsaufnahme der Situation der Argumentationskompetenz im FSU abzubilden, also darzustellen, inwieweit diese gezielt im fremdsprachlichen Schulunterricht Beachtung findet, gefördert und ggf. auch überprüft wird. Dazu muss jedoch eine Beschränkung auf gedruckte Quellen vorgenommen werden, ohne konkrete empirische Unterrichtsforschung am Lernort Schule zu betreiben.

Zu diesem Zweck wird zunächst ein Überblick über die zahlreichen Definitionsansätze der Argumentationskompetenz i.A. mit dem Ziel skizziert, die Thematik des *fachlichen Argumentierens* für den FSU genau zu verorten. Anschließend soll betrachtet werden, auf welche Arten und Weisen die Argumentationskompetenz momentan Berücksichtigung im FSU findet.

2. Definition: *Fachlich Argumentieren im FSU*

Auf der Suche nach einer greifbaren Definition liegt dem/der Philologen/Philologin der Blick in ein Wörterbuch nahe. So ist festzustellen, dass sich das Substantiv *Argument* auf das lateinische Etymon *argumentum*, „was der Erhellung und Veranschaulichung dient", bzw. das entsprechende Verb auf lat. *arguere*, „deutlich zu erkennen geben, klarmachen, erhellen, beweisen, charakterisieren, des Irrtums zeihen oder überführen, bezichtigen, bloßstellen" (Kluge, 2002, s.v. Argument), zurückführen lässt. In diesen inhaltlichen Beschreibungen finden sich bereits zwei Grundkonzepte des Argumentierens der Antike wieder: Während die griechischen Sophisten eine Diskussionsmethode entwickelten, „die darauf abziel[e], jedweden Gegner matt zu setzen, indem er [i.e. der Redner] die von diesem gemachten Zugeständnisse als Ausgangshypothese benutzt[e]" (Marrou & Harder, 1957, S. 82) und damit den Gegner „des Irrtums zeihen" bzw. „bloßstellen" wollten (Kluge, 2002, s.v. Argument), hatte sich die Rhetorik des Aristoteles eher dem Erkenntnisgewinn sowie dem Erhalt epistemischen[1] und doxatischen[2] Wissens verschrieben (vgl. bspw. Grundler 2011, S. 13)[3]. Diese beiden grundlegenden Ausrichtungen des Argumentierens lassen sich bis heute – durchaus auch im Schulunterricht – erkennen: Während der mäeutisch[4] orientierte Unterrichtsdialog der „Erhellung und Veranschaulichung" (Kluge, 2002, s.v. Argument) und somit der Hervorbringung neuen Wissens dienen soll, erfordert bspw. das klassische Aufsatzgenus der Erörterung die geschickte Darbietung von Gründen, um den eigenen Standpunkt zu untermauern und bestenfalls das Gegenüber ebenfalls davon zu überzeugen.

Gleichzeitig weist die Forschung in den Definitionsansätzen eine weitere Dichotomie auf: Die Argumentation kann in eine faktische und eine normative untergliedert werden. Dabei greift erstere auf Tatsachen zurück, während sich die zweite mit Wertvorstellungen und moralischen Fragestellungen auseinander setzt (vgl. Budke, 2012, S. 12). Diesen vier Argumentationsformen ist jedoch gemein, dass der Argumentierende in drei Bereichen über ausreichendes Wissen bzw. die entsprechenden Kompetenzen verfügen muss, worauf bereits Cicero in *De Oratore* hinwies: Sachwis-

---

1 Gr. ἐπιστήμη, Wissenschaft; demnach wissenschaftlich fundierte, belegte, bewiesene Erkenntnisse.
2 Gr. δόξα, Glaube; demnach Wissen, das auf bloßen Annahmen beruht.
3 Grundler (2011, S. 7–48) liefert einen ausführlichen Überblick der diversen Definitionen und Theorien des Argumentierens von der griechischen Antike bis ins 21. Jahrhundert.
4 Gr. μαιευτική, Hebammenkunst; didaktisches Vorgehen, das i.A. Sokrates zugeschrieben wird; meint, einer Person zur Erkenntnis zu verhelfen, indem man ihr geschickte Fragen stellt, damit sie die neuen Einsichten selbst gebiert.

sen, Textkompetenz/sprachliche Kompetenz und Performanzkompetenz, also bspw. das angemessene Auftreten während des mündlichen Vortrags. Damit liefern schon die Ansätze der Antike grundlegende Anhaltspunkte, um die Argumentation im FSU zu definieren.

Ihre Weiterentwicklungen bspw. durch Toulmin (1996/[1]1958]), Habermas (1972 & 1981) oder Klein (1980 & 1981) sollen an dieser Stelle nicht vertieft werden, sondern lediglich in einzelnen Komponenten zu einer Ausweitung beitragen[5]: Von Toulmin (bspw. 1996, S. 37–39) soll hier der Bereichsbegriff in die Betrachtung mit aufgenommen werden, denn es existieren sowohl auf dem Gebiet des metasprachlichen Argumentierens als auch im pragmalinguistischen Feld der einzelnen Ziellandkulturen des FSU eigenständige Systeme und Regeln, die es zu beachten gilt.[6] Klein (1980, S. 9) erinnert daran, dass es sich bei Argumentationen um komplexe Sprachhandlungen handelt, d.h. bei der Betrachtung nicht nur linguistische sondern auch pragmatische Aspekte zu berücksichtigen sind. Außerdem unterscheidet er zwischen kollektiven und individuellen Argumentationen, je nachdem, ob für die Erstellung/ Entwicklung mehrere DiskursteilnehmerInnen oder nur ein/e AutorIn verantwortlich war/en (vgl. Klein, 1980, S. 13).

Damit ergibt sich ein dreidimensionales Schema – je nach Zusammenwirken der verschiedenen gegensätzlichen Begriffspaare –, um mögliche Argumentationsweisen im FSU zu fordern und zu fördern:

- Wissensgenerierung vs. Überzeugung/-redung eines/einer Diskurspartners/-partnerin,
- faktische vs. normative Argumentation sowie
- kollektive vs. individuelle Argumentation.

In einem zweiten Definitionsschritt bleibt nun noch die Ausweitung des Terminus um das Adjektiv *fachlich*: Während dieses in mathematisch-naturwissenschaftlichen und sozialwissenschaftlichen Fächern vergleichsweise einfacher festlegbar erscheint, bleibt dem FSU das Dilemma, dass die Fremdsprache an sich bereits den Inhalt des Unterrichts darstellt bzw. die Unterrichtsinhalte zudem auf literarische, kulturelle und/oder landeskundliche Bereiche der Zielsprache ausgeweitet werden. Somit kann *fachlich Argumentieren* im FSU einerseits metalinguistische Fakten betreffen und damit neues Wissen generiert werden, als auch, wenn das Wissen rund um das Zielsprachenland und dessen Kultur mit einbezogen wird, alle anderen Argumentati-

---

5 Für eine vertiefende Auseinandersetzung vgl. bspw. Grundler (2011, S. 18–31).
6 Diese Unterschiede beginnen bereits *im Kleinen*, wenn es um den Grad der sprachlichen Höflichkeit geht, die dem/der GesprächspartnerIn entgegengebracht wird. Dabei können bspw. die deutschen Anredepronomina *du* und *Sie* nicht 1:1 in die Fremdsprache übersetzt werden, denn jede Zielkultur verfügt über ihre eigenen Regeln des Duzens bzw. Siezens. Gesteigert wird dieses auf den ersten Blick vielleicht eher kleine Problem dadurch, dass mit der erlernten Zielfremdsprache u.U. eine Vielzahl sog. Zielkulturen verbunden werden kann – wiederum jede mit eigenen Regeln, die dann auch noch sprachlich-kulturellem Wandel unterliegen (vgl. bspw. Sinner, 2010; 2011). Je komplexer die Aussage, desto komplexer werden ebenfalls die Höflichkeitsregeln des/der Zielsprachensprechers/-sprecherin – man bedenke nur die aus deutscher Perspektive kompliziert erscheinenden Formulierungen in höflichen englischsprachigen Bitten und Nachfragen (vgl. bspw. Aijmer, 1996, S. 124–180).

onsformen bedienen. Im zweiten Fall ist eine klare fachspezifische Definition jedoch kaum zu generieren, denn zahlreiche Fragestellungen könnten diesbezüglich sowohl im FSU als auch in anderen Unterrichtsfächern diskutiert werden: Gehört die Russische Revolution zu Beginn des 20. Jahrhunderts in den Russischunterricht oder als exemplarische Veranschaulichung der Prozesse in Europa in den Geschichtsunterricht? Sind die immer wiederkehrenden Aufstände in den Pariser Vorstädten im Sozialkunde-/Politikunterricht oder mit dem/der Französischlehrenden zu thematisieren? Wird der US-amerikanische *cornbelt* im Geographie- oder Englischunterricht betrachtet? Während sich mit diesen willkürlichen Beispielfragen sicher mannigfaltige Ansätze für fächerübergreifenden Unterricht finden lassen, zeigen sie hingegen an dieser Stelle die diffusen Grenzen der Fachlichkeit des FSU auf. Gemessen am praktischen Arbeitsalltag der Fremdsprachenlehrenden soll im Folgenden von einer weiten Definition des Adjektivs *fachlich* ausgegangen werden, d.h. sämtliche inhaltliche Möglichkeiten bzgl. des Zielsprachenlandes bzw. der Zielsprachenkultur/en zugelassen werden, anstatt diese in andere Schulfächer auszulagern.[7]

Um im FSU fachlich argumentieren zu können, wird demnach in Anlehnung an Ciceros Forderungen Folgendes benötigt:

- Sach-/Faktenwissen rund um Zielland und Zielkultur/en sowie linguistisches Wissen, z.B. in Form von Grammatikregeln und metasprachlichen Fachtermini,
- sprachliche Kompetenzen in Form von
  - lexikalischen Kompetenzen,
  - grammatischen Kompetenzen,
  - Grundfertigkeiten: Schreiben, Sprechen, Hören & Lesen (je nach Aufgabenstellung mit Schwerpunktsetzung),
  - Kompetenzen der Textanalyse, -interpretation und -gestaltung und
  - Diskurskompetenzen im Sinne von Gesprächsregeln etc. sowie
- Performanzkompetenzen (in Überschneidung mit dem vorherigen Unterpunkt):
  - pragmalinguistische Kompetenzen und
  - interkulturelle Kompetenzen.

Bei der Betrachtung dieser Teilkompetenzen wird deutlich, dass, um die Argumentationskompetenz zu fördern, alle Kompetenzbereiche vonnöten sind, die der *Gemeinsame europäische Referenzrahmen für Sprachen* (im Folgenden: GeR; GeR, 2001) ohnehin für den FSU definiert (vgl. Abs. 3.1.1). Das Problem ist allerdings, dass bei der Argumentation viele der Kompetenzen ineinandergreifen müssen und ein Defizit in einer der Teilkompetenzen bereits zum Scheitern der Argumentation an sich führen kann.

Darum soll nachfolgend betrachtet werden, inwieweit die Argumentationskompetenz im fremdsprachlichen Schulunterricht zum Tragen kommt.

---

7 Selbstverständlich sei an dieser Stelle angemerkt, dass aufgrund der zeitlichen Begrenzung eines jeden FSU niemals alle Aspekte des Zielsprachenlandes/der Zielsprachenkultur/en in der Schule thematisiert werden können und es somit der Realität entspricht, dass manche neuen Fakten diesbezüglich dann eher in einem anderen Unterrichtsfach erworben werden (müssen).

3. Die Argumentationskompetenz im fremdsprachlichen Schulunterricht

3.1 Curriculare Vorgaben

Wenngleich die Lehrbücher für den FSU v.a. in der Sekundarstufe I gerne als „heimlicher Lehrplan" betrachtet werden (vgl. bspw. Fäcke, 2011, S. 210), existieren von staatlicher und überstaatlicher Seite Richtlinien zu den Zielen und Inhalten des FSU, die es auf ihre Berücksichtigung der Argumentationskompetenz hin zu betrachten gilt.

3.1.1 Der Gemeinsame europäische Referenzrahmen für Sprachen

An erster Stelle sei darum auf den GeR hingewiesen, der als vom Europarat initiierter Leitfaden das Ziel verfolgt, den Sprachunterricht und die erreichten Sprachniveaus zwischen den Ländern der Europäischen Union vergleichbarer zu machen, um bspw. die berufliche Mobilität der BürgerInnen zu unterstützen (vgl. GeR, 2001, Kap. 1). Der Bereich der *Kommunikativen Kompetenz* wird hier in linguistische, soziolinguistische sowie pragmatische Kompetenzen[8] (GeR, 2001, Kap. 2.1.2) unterteilt und deckt damit alle Teilbereiche ab, die auch in der Argumentationskompetenz ihren Niederschlag finden (s.o.). In Kapitel 5 des GeR, das sich umfassend mit den „Kompetenzen des Sprachverwenders und des Sprachenlernenden" auseinandersetzt, werden dazu zunächst die allgemeinen Kompetenzen in Anlehnung an Byram (1997) in die vier Teilbereiche *savoir, savoir-faire, savoir-être* sowie *savoir-apprendre*[9] aufgespalten und anschließend die kommunikativen Kompetenzen in den bereits beschriebenen drei Untergruppen definiert. Dabei erfolgt keine explizite Auseinandersetzung mit der Argumentation bzw. Argumentationskompetenz (GeR, 2001, Kap. 5). Der/die LeserIn, bspw. ein/e Lehrende/r, der/die nach der Rechtfertigung zur Förderung jener Fertigkeit im FSU sucht, kann lediglich die Einzelteile nach Belieben zusam-

---

8   Als *linguistische Kompetenzen* gelten z.B. lexikalische, phonologische und syntaktische Kenntnisse sowie Fertigkeiten und betreffen dabei das deklarative Wissen des Sprachverwenders/ der Sprachverwenderin, seine/ihre Fähigkeiten der Performanz als auch die kognitive Strukturierung und Speicherung dieses Wissens; unter *soziolinguistischen Kompetenzen* wird sowohl das deklarative Wissen als auch die Fähigkeit zur Anwendung desselben im Bereich gesellschaftlicher Konventionen, wie bspw. Höflichkeitsregeln oder Normen, die die Beziehungen zwischen den Generationen, Geschlechtern, sozialen Schichten und Gruppen regeln, verstanden; während „*[p]ragmatische Kompetenzen* [...] den funktionalen Gebrauch sprachlicher Ressourcen (Ausdruck von Sprachfunktionen, Sprechakte) [regeln], indem sie auf interaktionelle Szenarien und Skripts zurückgreifen" (GeR, 2001, Kap. 2.1.2).

9   *Savoir* (wissen) meint dabei das deklarative Wissen über ein Land, dessen Bewohner, Kulturen etc.; *savoir-faire* (interkulturelle Handlungsfähigkeit) steht für das prozedurale Wissen über einen rücksichtsvollen Umgang mit Angehörigen anderer Kulturen als Mediator in interkulturellen Situationen, die u.U. interkulturelle Konflikte bergen können; *savoir-être* (interkulturelles Bewusstsein) umfasst die persönlichkeitsbezogenen Kompetenzen in Bezug auf Einstellungen, Wertvorstellungen, Empathie etc.; *savoir-apprendre* (lernen können) definiert die Fähigkeit zu lebenslangem, interkulturellem Lernen.

menfügen, um durch das Zusammenwirken ebendieser eine Legitimationsgrundlage zu gewinnen. Dieser Eindruck setzt sich bei der weiteren Durchsicht des GeR fort. Einzig in Kapitel 4, welches Kriterien der Niveauzuordnung der SprecherInnen gemessen an der tatsächlichen Sprachverwendung auflistet, wird ein konkreter Bezug zum Thema Argumentation ausgewiesen.

Grundsätzlich lässt der GeR die Zuordnung zu sechs Niveaustufen zu, wobei für eine sinnvolle Einordnung der Lernenden stets die verschiedenen Kompetenzen wie bspw. Sprechen, Schreiben, Lesen und/oder Hören getrennt voneinander betrachtet werden:

Tab. 1: Die sechs Niveaustufen des GeR in Anlehnung an Trim (1987) (zit. n. GeR, 2001, Kap. 3.2)

A Elementare Sprachverwendung		B Selbstständige Sprachverwendung		C Kompetente Sprachverwendung	
A1 (Breakthrough)	**A2** (Waystage)	**B1** (Threshold)	**B2** (Vantage)	**C1** (Effective Operational Profociency)	**C2** (Mastery)

Im Bereich der Sprachproduktion, konkret im Teilbereich „zusammenhängendes monologisches Sprechen: Argumentieren (z.B. in einer Diskussion)", schlägt der GeR folgende Deskriptoren zur Kategorisierung vor:

Tab. 2: Produktive mündliche Aktivitäten: zusammenhängendes monologisches Sprechen: Argumentieren (z.B. in einer Diskussion) (GeR, 2001, Kap. 4.4.1.1)

C2	Keine Deskriptoren verfügbar
C1	Keine Deskriptoren verfügbar
B2	Kann etwas systematisch erörtern und dabei entscheidende Punkte in angemessener Weise hervorheben und stützende Einzelheiten anführen. Kann etwas klar erörtern, indem er/sie die eigenen Standpunkte ausführlich darstellt und durch Unterpunkte oder geeignete Beispiele stützt. Kann seine/ihre Argumentation logisch aufbauen und verbinden. Kann den Standpunkt zu einem Problem erklären und die Vor- und Nachteile verschiedener Alternativen angeben.
B1	Kann eine Argumentation gut genug ausführen, um die meiste Zeit ohne Schwierigkeiten verstanden zu werden. Kann für Ansichten, Pläne oder Handlungen kurze Begründungen oder Erklärungen geben.
A2	Keine Deskriptoren verfügbar
A1	Keine Deskriptoren verfügbar

Zwei Dinge mögen bei der Betrachtung verwundern: Wenn es keine Deskriptoren für die Niveaustufen A1 und A2 gibt, wie gelangt der/die Sprachlernende dann zu den Fertigkeiten, die in B1 und B2 beschrieben werden? Da die Argumentation eine sehr komplexe Sprachhandlung darstellt, ist es noch nachvollziehbar, dass sich keine Deskriptoren für die elementare Sprachverwendung (i.e. A1 & A2) finden lassen, will man keine Teilkompetenzen aufführen, die zum Aufbau einer Argumentationskompetenz nötig sind – schließlich werden eben jene Teilkompetenzen bereits in anderen Rubriken berücksichtigt. Hingegen stellt sich die Frage, warum Deskriptoren für die kompetente Sprachverwendung (i.e. C1 & C2) ausgelassen wurden. Davon ausgehend, dass es sich bei dieser Ebene um die Beschreibung einer *near-nativeness* handelt, wäre eine mögliche Schlussfolgerung, dass auch MuttersprachlerInnen im Bereich der Argumentation lediglich auf B1/B2-Fertigkeiten zurückgreifen, was wiederum der Definition von Argumentationen als komplexe Sprachhandlungen (vgl. Klein, 1980, S. 9) widerspräche.

Noch mehr verwundert das Fehlen der Deskriptoren für Argumentieren auf dem C-Niveau, wenn der Bereich der „Mündlichen Interaktion" ins Blickfeld rückt (GeR, 2001, Kap. 4.4.3.1), denn hier finden sich klare Beschreibungen der Argumentationsfertigkeiten ab B2 aufwärts:

Tab. 3: Formelle Diskussion und Besprechungen (GeR, 2001, Kap. 4.4.3.1)

C2	Kann sich in formellen Diskussionen komplexer Themen behaupten, indem er/sie klar und überzeugend argumentiert, ohne gegenüber Muttersprachlern im Nachteil zu sein.
C1	Kann in einer lebhaften Diskussion mithalten und Pro- und Kontra-Argumente klar erkennen. Kann seine/ihre Gedanken und Meinungen präzise ausdrücken, überzeugend argumentieren und auf komplexe Argumentationen anderer reagieren.
B2	Kann in einer lebhaften Diskussion mithalten und Pro- und Kontra-Argumente klar erkennen. Kann seine/ihre Gedanken und Meinungen präzise ausdrücken, überzeugend argumentieren und auf komplexe Argumentationen anderer reagieren.

Von drei weiteren minimalen Bezügen abgesehen[10] setzt sich der GeR nicht vertiefend mit der Argumentationskompetenz auseinander. Gleichzeitig wird der Eindruck erweckt, dass sich die Kompetenzerwartungen bzgl. des Argumentierens nicht auf ein fremdsprachenspezifisches Konzept des Argumentierens zu gründen scheinen, sondern v.a. normative Argumentationen mit dem Ziel, ein Gegenüber zu überzeugen bzw. zu überreden, Berücksichtigung finden (siehe Formulierungen wie erläutern, Standpunkt erklären, verstanden werden, sich behaupten) – quasi analog zum Deutschunterricht. Das Argumentieren zur Generierung neuen Wissens, das sich insbesondere im Zuge sprachstruktureller Betrachtungen und Kognitivierungsversuche vorteilhaft einsetzen ließe und damit die vom Europarat stets geforderten Konzepte der individuellen Mehrsprachigkeit[11] sowie des lebenslangen (Sprachen-)Lernens unterstützen würde, wird nicht explizit erwähnt.

Mit diesem Vorgehen wird aber auch gleichzeitig der Grundstein für die Behandlung der Thematik in den Bildungsstandards für den FSU gelegt, da sich die Kultus-

---

10 Es lassen sich noch Hinweise auf Argumentationskompetenzen in den Teilbereichen „Hörverstehen allgemein" (GeR, 2001, 4.4.2.1) und „Mündliche Interaktion allgemein" sowie „Mündliche Interaktion Informationsaustausch" (GeR, 2001, 4.4.3.1) finden, allerdings immer nur in der Niveaustufe B2.

11 Wenn im Verlauf des sprachstrukturellen Unterrichts neues Wissen mittels Argumentieren gewonnen werden kann, also bspw. im Rahmen des induktiven Grammatikunterrichts die Regeln zur Bildung eines Tempus aus vorgegebenen Beispielen von den SchülerInnen extrahiert, vorgeschlagen und begründet werden, festigen sich gleichzeitig die kognitiven Strukturen, welche das Sprachsystem repräsentieren. Diese lassen sich anschließend wiederum als Grundlage zum Erkennen/Herausarbeiten grammatikalischer und/oder syntaktischer Strukturen in einer anderen (Fremd-)Sprache nutzen. Gleichfalls lassen sich die so aufgebauten kognitiven Strukturen ‚ein Leben lang' zur Analyse jedweder Sprache einsetzen.

ministerkonferenz bei deren Erarbeitung an den europäischen Richtlinien orientiert hat.

3.1.2 Die Bildungsstandards für die Fremdsprache

Seit langem liegen die sich am GeR orientierenden *Bildungsstandards für die erste Fremdsprache (Englisch/Französisch) für den Hauptschulabschluss* (vgl. auch im Folgenden KMK, 2004), also am Ende der neunten Jahrgangsstufe, vor. Da diese das Zielniveau der Lernenden im Bereich A2 (i.e. obere Stufe der elementaren Sprachverwendung; vgl. auch Abb. 1) ansiedeln und der GeR unterhalb von B1 (i.e. untere Stufe der selbständigen Sprachverwendung) keine Bezüge zur Argumentationskompetenz herstellt, lassen sich auch in diesen Bildungsstandards keine entsprechenden Verweise finden.[12]

Die Richtlinien für den nächsthöheren Schulabschluss im Anschluss an die Jahrgangsstufe 10 (vgl. auch im Folgenden KMK, 2003) zielen auf das Erreichen der Niveaustufe B1 bzw. B1+ ab und führen demzufolge bereits einfachere Anforderungen im Bereich der Argumentationskompetenzen auf: Im Teilbereich ,Leseverstehen' sollten die SchülerInnen bspw. „in klar geschriebenen argumentativen Texten zu vertrauten Themen die wesentlichen Schlussfolgerungen erkennen, z. B. in Zeitungsartikeln (B1/B1+)", können (KMK, 2003, S. 12). Jedoch ist dies auch die einzige Anforderungsbeschreibung im engeren Sinne. Die weiteren lassen sich nur durch die Lektüre der Beispielaufgaben auffinden, denn im Rahmen von deren Beschreibung werden z.B. Erwartungen formuliert wie: „Diese Aufgabe illustriert die Fähigkeit, in klar geschriebenen argumentativen Texten zu vertrauten Themen die wesentlichen Schlussfolgerungen zu erkennen" (KMK, 2003, S. 33) oder „[d]ie Schülerinnen und Schüler tauschen zu Bildimpulsen einige wichtige Informationen, Argumente und Meinungen aus. Sie sind ansatzweise in der Lage, auf die Äußerungen des Gesprächspartners einzugehen. Sie können Zustimmung und Ablehnung ausdrücken und das Gespräch auch bei auftretenden Schwierigkeiten in Gang halten" (KMK, 2003, S. 38). Den Vorgaben des GeR folgend wird demnach auch von den SchülerInnen, die den Mittleren Schulabschluss erworben und im Idealfall das Sprachniveau B1 bzw. B1+ erreicht haben, kaum Argumentationskompetenz in der Fremdsprache gefordert.

Erst die *Bildungsstandards für die fortgeführte Fremdsprache (Englisch/Französisch) für die Allgemeine Hochschulreife* (vgl. auch im Folgenden KMK, 2012) fordern umfassendere Kompetenzen im Bereich der Argumentation, so bspw. für das

---

12 Der Vollständigkeit wegen sei angemerkt, dass sich im Anhang ein Abdruck der Kompetenzniveaubeschreibungen des GeR findet, der alle Niveaustufen berücksichtigt, wodurch sich im Dokument die selben Aussagen finden lassen, auf die oben bereits verwiesen wurde (vgl. KMK, 2004). Diese Abdrucke sind auch in den anderen beiden hier betrachteten Bildungsstandards jeweils im Anhang enthalten (vgl. KMK, 2003 & KMK, 2012).

Grundlegende Niveau[13] im Kompetenzfeld *Schreiben*: „Die Schülerinnen und Schüler können […] sich argumentativ mit unterschiedlichen Positionen auseinandersetzen" (KMK, 2012, S. 14). Es muss an dieser Stelle eingeräumt werden, dass auch dies die einzige Anforderungsbeschreibung der während der Sekundarstufe zu erwerbenden Kompetenzen im Bereich der Argumentationsfertigkeit darstellt. Allerdings finden sich als Gegengewicht zahlreiche Hinweise in den Beispielaufgaben und Prüfungshinweisen. So soll die schriftliche Abiturarbeit bspw. folgenden inhaltlichen Kriterien genügen:

> „Deutung, Kommentierung und Wertung von Standpunkten sowie Einordnung in größere Zusammenhänge, ggf. unter Nutzung von erworbenem Fach- und soziokulturellem Orientierungswissen
> - Erfassen und Einordnen von Argumenten sowie selbstständige Auseinandersetzung mit Werten, Haltungen und Einstellungen
> - textsortenspezifische, adressaten- und situationsgerechte Umsetzung der thematischen Vorgaben
> - Schlüssigkeit, Verständlichkeit und Kohärenz der Darstellung; Differenziertheit der Argumentation"
> (KMK, 2012, S. 28).

Des Weiteren heißt es in Bezug auf eine mündliche Prüfung:

> „Die Prüflinge sollen diesen Prüfungsteil mitgestalten, indem sie unter Einbringung von Sachkenntnissen zielsprachlich eigene Meinungen äußern, Positionen argumentierend vertreten und auf Fragen und Äußerungen von Gesprächspartnern eingehen." (KMK, 2012, S. 29)

Bei der Bewertung sind folgende Kriterien zu berücksichtigen:

> „Für die Bewertung beider Prüfungsteile sind grundsätzlich dieselben Bewertungskriterien wie für die schriftliche Abiturprüfung anzuwenden und durch folgende spezifische Kriterien zu ergänzen:
> - phonetische Richtigkeit und prosodische Angemessenheit
> - Strategien der Verständnissicherung
> - interaktive Diskursfähigkeit unter Beachtung verbaler und nicht-verbaler Gesprächskonventionen"
> (KMK, 2012, S. 29).

Das bedeutet, dass mit der Ablegung der Abiturprüfung in einer modernen Fremdsprache diejenigen Fertigkeiten gefordert werden, die bereits als Basiskriterien des Argumentierens beschrieben wurden: Die SchülerInnen müssen über das nötige

---

13 Da in der Sekundarstufe II eine Gewichtung der Schulfächer in Grund- und Leistungskurse, bzw. je nach Bundesland auch als *Kurse mit/auf grundlegendem Anforderungsniveau* (gA) und *Kurse mit/auf erhöhtem Anforderungsniveau* (eA) bezeichnet u.a., vorgenommen werden kann, geben die Bildungsstandards für diese Jahrgangsstufen auch stets zwei Leistungsniveaus an (vgl. KMK, 2012).

Sachwissen verfügen, eine umfangreiche sprachliche Kompetenz mitbringen und unter Rückgriff auf das erworbene „soziokulturelle Orientierungswissen" (KMK, 2012, S. 28) bzw. durch die „Beachtung verbaler und nonverbaler Gesprächskonventionen" (KMK, 2012, S. 29) ihre Performanzkompetenz unter Beweis stellen. Gleichzeitig wird aber auch an dieser Stelle deutlich, dass unter dem Schlagwort Argumentieren auch in den Bildungsstandards v.a. die überzeugende Argumentation verstanden wird, während die Argumentation zur Erkenntnisgewinnung bzw. -sicherung wie schon im GeR keine gesonderte Berücksichtigung findet. Da die Bildungsstandards im Gegensatz zu älteren Lehrplänen oder Curricula im Zuge der Kompetenzausrichtung keine fachlichen Inhalte anführen, kann keine konkrete Aussage gemacht werden, inwieweit im Rahmen der verlangten Diskurse ziellandspezifische Themen und Fragestellungen berücksichtigt werden oder ob sich diese vorwiegend auf die Lebenswelt der SchülerInnen konzentrieren.

Nun stellt sich im nächsten Schritt die Frage, wie die hier dargestellten Anforderungen im FSU zu erreichen sind. Dazu bietet es sich an, einen Blick in exemplarische fremdsprachliche Lehrwerke (v.a. zur Fremdsprache Englisch) zu werfen und sich auf die Suche nach Zusatzmaterialien zu begeben, die die LehrerInnen bei Bedarf im Unterricht zur Förderung der Argumentationskompetenz einsetzen können.

3.2   Lehr- und Lernmaterialien

Das Englischlehrwerk für die Sekundarstufe I und II an Gymnasien des Klett Verlags, *Green Line*, ist für alle 16 Bundesländer zugelassen und in der Mittelstufe kommen auch dieselben Bände ortsunabhängig zum Einsatz (vgl. auch im Folgenden Klett, 2015). Für die Oberstufe existieren bundeslandspezifische Ausgaben, da seit der Einführung des G8-Systems die Diversifizierung der Sekundarstufe II zwischen den Bundesländern stark zugenommen hat. Im Gegensatz zur Mittelstufentradition ‚ein Lehrwerkband pro Jahrgangsstufe‘ wird der FSU in der Oberstufe ohnehin häufig ohne festes Lehrbuch gestaltet. Darum soll an dieser Stelle zunächst ein exemplarischer Blick in die Bände 2 bis 5 von *Green Line* (vgl. Weisshaar, 2006–2009) geworfen werden, die in den Klassen 6 bis 9 eingesetzt werden können:[14] Im zweiten Lernjahr ist der erste Schritt, mit dem die SchülerInnen an die Herausbildung einer Argumentationskompetenz herangeführt werden, die Aufforderung zum Erstellen einer Pro-Contra-Liste (vgl. Weisshaar, 2006, S. 61). Allerdings ist dies auch die einzige Aufgabe im gesamten Lehrbuch, die in diesen Kompetenzbereich fällt. Im dritten Band bietet jede Lektion eine Seite unter dem Schlagwort *Talkwise* an, in der die SchülerInnen sprachliche Mittel an die Hand bekommen und anschließend entsprechende Gesprächssituationen trainieren sollen, um Zustimmung bzw. Ablehnung auszudrücken, Vorschläge zu unterbreiten, Diskussionen über diese Vorschläge vorzubereiten und durchzuführen, Kompromisse zu schließen, Hilfe und Entschul-

---

14 Auf Band 1 wird verzichtet, da dieser nur zum Erreichen der GeR-Niveaustufe A1 führen soll, in der, wie bereits gezeigt, der Argumentationskompetenz noch kein Platz eingeräumt wird.

digungen anzubieten, Vor- sowie Nachteile zu beschreiben und zu diskutieren sowie Ratschläge zu erteilen (vgl. Weisshaar, 2007). Neben dem Einüben der „useful phrases"[15] erarbeiten sich die SchülerInnen dabei auch Textkompetenzen, i.e. die Fähigkeit situationsangemessene Aussagestrukturen einzusetzen, und Performanzkompetenzen[16], denn der Diskurs zwischen den Lernenden steht beim Einüben an erster Stelle. Etwas problematisch wird es nun beim Wechsel zu *Green Line 4* (vgl. auch im Folgenden Weisshaar, 2008) in der 8. Jahrgangsstufe, denn die Kategorie *Talkwise* wird hier zwar fortgeführt, allerdings mit anderen Inhalten als im Vorgängerband. So lernen die SchülerInnen in dieser Rubrik nun Ausdrucksmittel, um über Gefühle zu sprechen, welche Small-Talk-Konventionen in den USA gelten oder was sprachliche Register sind. Teilkompetenzen, die die Argumentationsfertigkeit stärken können, werden an dieser Stelle nicht mehr thematisiert, sondern jetzt unter einer anderen Kategorie mit Namen *Speaking Skills* behandelt. Im Grunde leistet diese aber nun das, was in Band 3 die Rubrik *Talkwise* lieferte: Es wird zum Beispiel eingeübt, wie man eigene Standpunkte und Argumente geschickt darstellen kann, und gleichzeitig werden den SchülerInnen wiederum nützliche Phrasen[17] zur Verfügung gestellt, die – als Chunks gelernt und eingesetzt – zu einer ökonomischen Sprachverwendung beitragen können. In *Green Line 5* (Weisshaar, 2009) wandert die Förderung der Argumentationskompetenz wiederum in eine neue Rubrik, nämlich *Language*, während in *Talkwise* bspw. geübt wird, Vorstellungsgespräche zu führen, allerdings auch Toleranz und Respekt auszudrücken – *pragmatic skills*, die einer zielführenden Argumentation durchaus dienlich sind. In *Language* werden die so erworbenen Fertigkeiten schließlich zusammengeführt und z.B. trainiert, Stellung zu beziehen und höflich zu argumentieren (Weisshaar, 2009, S. 55).

Zusammenfassend lässt sich also feststellen, dass die Bände 2 bis 5 von *Green Line* durchaus Schritt für Schritt zur Herausbildung von Argumentationsfertigkeiten in der Fremdsprache beitragen können (sofern von den LehrerInnen entsprechend umgesetzt), wenn auch eine einheitliche Rubrik gewiss förderlich wäre, um die Lernziele transparenter zu machen. Allerdings verstehen auch die AutorInnen dieses Lehrwerks unter Argumentation wohl v.a. die Kunst der Darstellung eines eigenen Standpunktes sowie dessen Verteidigung (sowohl individuell als auch kollektiv) und weniger das Herstellen neuer Wissensbezüge. Doch mit diesen Bänden lässt sich nur bis zur 9. Klasse arbeiten.

Während in traditionellen G9-Schulen die 10. Jahrgangsstufe noch der Mittelstufe zugerechnet wird, stellt sie in G8-Schulen eine Scharnierstelle zwischen Mittel- und Oberstufe dar, die bereits vielerorts als Orientierungsphase der Oberstufe betrachtet

---

15 Diese können bspw. lauten: „How about a trip to …"; „I suggest we go by bus/train …", „I think we ought to…" etc. (Weisshaar, 2007, S. 29).

16 Auf spezifische anglophone Pragmatikkompetenzen bzw. auf die an englischen Zielsprachenländern ausgerichteten interkulturellen Kompetenzen wird jedoch verzichtet. Es wird erst einmal das soziologische Umfeld der Schulklasse ausprobiert. Aufgrund der zunehmenden Heterogenität der Klassen können durchaus fremdkulturelle Pragmatik sowie interkulturelle Kompetenzen i.A. gefordert sein bzw. gefördert werden.

17 Beispiele für diese Chunks sind: „I see what you mean, but …"; „I'd like to make another point"; „Yes, but don't forget that …" (Weisshaar, 2008, S. 36).

wird. *The New Pathway to Summit* (Edelbrock, 2010) bietet hier die Möglichkeit, auf den Übergang in die Sekundarstufe II vorzubereiten, wie schon im Untertitel deutlich wird: *Lese- und Arbeitsbuch Englisch zur Einführung in die gymnasiale Oberstufe (G8)*. Und eben jene Aufgabe erfüllt das Werk auch in Bezug auf das Thema der Argumentation. Die SchülerInnen werden im Großen und Ganzen auf die Aufgaben vorbereitet, denen sie ein paar Jahre später in den Abiturprüfungen begegnen können (vgl. KMK, 2012): In einer eigenen Rubrik *Focus on Skills* werden Textkompetenzen wie „writing a comment and a review" (Edelbrock, 2010, S. 33) bzw. Präsentationsfertigkeiten (vgl. bspw. Edelbrock, 2010, S. 197) explizit ausgebaut. Zusätzlich findet sich ein reichhaltiger Fundus an Aufgaben, die zur normativen Diskussion auffordern, wie z.B. „How involved should your parents be in your sexual education/life?" (Edelbrock, 2010, S. 26) oder „organize a panel discussion on the topic of teenage pregnancy" (Edelbrock, 2010, S. 31). Wie die ausgewählten Beispiele verdeutlichen, sind dies keinesfalls Themen, die eine umfangreiche Kenntnis eines Zielsprachenlandes bzw. dessen Kultur erfordern, sondern, da sie v.a. adressatengerecht kontroverse Fragen aufwerfen, könnten ebenso in einer beliebigen anderen Sprache, bspw. der Muttersprache, in einem anderen Unterrichtsfach diskutiert werden.

Natürlich muss eingeräumt werden, dass die hier vorgestellten Englischlehrwerke nur eine nahezu willkürlich wirkende Auswahl des potentiell zur Verfügung stehenden Materials darstellen, aber eine Durchsicht anderer Lehrwerke, bspw. *Découvertes* 1 bis 5 (Bruckmayer, Darras, Koesten, Mühlmann, Nieweler & Prudent, 2004; Alamargot, Bruckmayer, Darras, Koesten, Kunert, Mühlmann, Nieweler & Prudent, 2005–2008) und *À plus!* 1 bis 5 (Blume, Gregor, Jorißen & Mann-Grabowski, 2012–2014; Gregor & Jorißen, 2007; 2008) für den Französischunterricht sowie *¡Apúntate!* 1 bis 5 (Balser, Grimm, Jorißen, Kolacki & Lützen, 2008; Calderón Villarino, Balser, Elices Macías, Grimm & Kolacki, 2009; Balser, Calderón Villarino, Elices Macías, Grimm & Kolacki, 2010; Balser, Calderón Villarino, Elices Macías, Kolacki & Vila Baleato, 2011–2012) für den Spanischunterricht am Gymnasium lässt vergleichbare Schlüsse zu.

Es bleibt demnach weitestgehend der Lehrkraft selbst überlassen, in welchem Maße sie die Argumentationskompetenz der SchülerInnen fördert, insbesondere wenn es um den Bereich Argumentation zum Zwecke des Kenntnisgewinns geht, der einerseits die Kognitivierung bei der Auseinandersetzung mit grammatikalischen bzw. morphologischen und syntaktischen Strukturen, wie bspw. im induktiven Grammatikunterricht, unterstützen könnte sowie andererseits als Grundlage des wissenschaftlichen Diskurses betrachtet werden kann, an dem zahlreiche SchülerInnen von Gymnasien als zukünftige Studierende teilnehmen werden.

Ein Blick in das Angebot an vorgefertigten Zusatzmaterialien macht hingegen deutlich, dass den LehrerInnen dieses Vorhaben nicht unbedingt erleichtert wird: Die *traditionellen* Fremdsprachenschulbuchverlage, wie bspw. Klett (vgl. Klett, 2015) oder Cornelsen (vgl. Cornelsen, 2015), bieten zwar umfangreiche Materialien zum Kauf an, die als Begleitmaterial zu den jeweiligen Schülerbüchern eingesetzt werden können, um Wortschatz und/oder Grammatik bzw. spezifische sprachliche Kompetenzen zu fördern, aber Hilfestellungen für den Bereich der Argumentation sucht man vergebens. Das gleiche Ergebnis zeigt sich bei der Betrachtung des Produktkatalogs derjenigen Verlage, die für ihre Selbstlernwerke und -hilfen im Fremdsprachenbereich bekannt sind (vgl. Hueber, 2015; Langenscheidt, 2015; Pons, 2015). Ein möglicher Ausweg – neben der sehr zeitaufwändigen Eigenherstellung von Materialien – wäre ein Rückgriff auf didaktisches Material des jeweiligen Zielsprachenlandes, in dem Handreichungen zur Förderung der Argumentationskompetenz im Rahmen der Programme *X als Fremd-/Zweitsprache* angeboten werden. Dann müsste allerdings noch einmal ggf. eine Anpassung an die *deutsche* Schülerschaft bzw. das jeweilige Lernalter erfolgen.

4. Fazit und Ausblick

Die Problematik der Definition des *fachlichen Argumentierens* im Fremdsprachenunterricht, die in Abschnitt 2 thematisiert wurde, prägt das gesamte Bild der unterrichtlichen Situation: In den modernen Fremdsprachen existiert zum momentanen Zeitpunkt (noch) kein Bewusstsein für fachliches Argumentieren im eigentlichen Sinne. Es ist dabei unumstritten, dass die Argumentationskompetenz als solche gefördert wird und gefördert werden sollte, um nach welchem Schulabschluss auch immer mündige BürgerInnen ins Leben zu entlassen. Aber wenn dies im FSU geschieht, dann in Anlehnung an die auch im Deutschunterricht genutzten Verfahren: argumentieren, um den eigenen Standpunkt zu verdeutlichen, zu verteidigen oder sich ggf. davon zu distanzieren. Dem wird dann mittels der Verwendung sprachlicher Mittel der Zielsprache (Wortschatz, Grammatik, evtl. Pragmatik) die Legitimation erteilt, im FSU stattzufinden. Eine Koppelung an Themen, die ein mögliches, jeweiliges Zielsprachenland und/oder dessen Kultur betreffen oder gar repräsentieren könnten, erfolgt nur, wenn die Lehrkraft dies bewusst initiiert und ggf. Materialien sowie nötiges Sachwissen bereitstellt (vgl. bspw. auch Decke-Cornill & Küster, 2010, S. 14). Gleiches gilt, wenn die Argumentation dem Erkenntnisgewinn oder der Erkenntnissicherung dienen soll, obwohl sich ähnliche Lehrmethoden schon mindestens seit Sokrates für manche Lernbereiche bewährt haben und das heute immer wieder geforderte *entdeckende* bzw. *forschende Lernen* provozieren können. Zudem zeigen zahlreiche lernpsychologische Untersuchungen, wie wichtig eine gezielte Schulung der Argumentationskompetenz für deren Entwicklung bei den SchülerInnen ist, bzw. es liegen umfangreiche Daten vor, welche Arten von Förderung zielführend sind (vgl. z.B. Astleitner & Brünken, 2004; Bührig & Spiegel, 2013).[18] Gleichzeitig sollte dabei aber auch nicht vergessen werden, dass zielsprachliche Kommunikation im Klassenraum stets einem Faktor der *Künstlichkeit* unterworfen ist (vgl. Sarter, 2006, S. 89), da mit relativ hoher Wahrscheinlichkeit die Inhalte der Ar-

---

18 Auch wenn diese Untersuchungen v.a. im Bereich des Argumentierens in der L1 durchgeführt wurden, so lassen sich gerade lernpsychologische Ergebnisse auch auf den FSU übertragen (vgl. bspw. Astleitner & Brünken, 2004). Insbesondere Resultate aus der DaZ/DaF-Forschung lassen sich noch einfacher auf die FSU-Situation spiegeln (vgl. bspw. Grundler, 2010).

gumentation unter geringerem Kraftaufwand in einer anderen der Lerngemeinschaft zur Verfügung stehenden Sprache – z.B. Deutsch – verhandelt werden könnten.

Die große Zahl der Desiderate in Forschung und Lern-/Lehrmaterialien zur Frage des *fachlichen Argumentierens* weist zudem darauf hin, dass auf diesem Gebiet noch viel Platz für Entwicklung gegeben ist.

Literatur

Aijmer, K. (1996). *Conversational Routines in English: Convention and Creativity.* London: Pearson.

Alamargot, G. Bruckmayer, B., Darras, I., Koesten, L., Kunert, D., Mühlmann, I., Nieweler, A. & Prudent, S. (2005–2007). *Découvertes 2–4 – für den schulischen Französischunterricht.* Stuttgart: Klett.

Alamargot, G., Bruckmayer, B., Darras, I., Koesten, L., Kunert, D., Mühlmann, I., Nieweler, A. & Prudent, S. (2008). *Découvertes 5 Passerelle – für den schulischen Französischunterricht.* Stuttgart: Klett.

Astleitner, H. & Brünken, R. (2004). Unterricht im Argumentieren. Bedingungen des Argumentieren Lernens. *Empirische Pädagogik, 18* (3), 350–375.

Balser, J., Grimm, A., Jorißen, C., Kolacki, H. & Lützen U. (2008). *¡Apúntate! 2. Fremdsprache – allgemeine Ausgabe, Band 1 – Schülerbuch.* Berlin: Cornelsen.

Balser, J., Calderón Villarino, I., Elices Macías, A., Grimm, A. & Kolacki, H. (2010). *¡Apúntate! 2. Fremdsprache – allgemeine Ausgabe, Band 3 – Schülerbuch.* Berlin: Cornelsen.

Balser, J., Calderón Villarino, I., Elices Macías, A., Kolacki, H. & Vila Baleato, L. (2011). *¡Apúntate! 2. Fremdsprache – allgemeine Ausgabe, Band 4 – Schülerbuch.* Berlin: Cornelsen.

Balser, J., Calderón Villarino, I., Elices Macías, A., Kolacki, H. & Vila Baleato, L. (2012). *¡Apúntate! – Paso al bachillerato: 2. Fremdsprache – allgemeine Ausgabe – Schülerbuch.* Berlin: Cornelsen.

Blume, O.-M., Gregor, G., Jorißen, C. & Mann-Grabowski, C. (2012–2014). *À plus! 1–3 – nouvelle édition: Französisch für Gymnasien.* Berlin: Cornelsen.

Bose, I. & Schwarze, C. (2007). Lernziel Gesprächsfähigkeit im Fremdsprachenunterricht Deutsch. *Zeitschrift für Interkulturellen Fremdsprachenunterricht, 12* (2). Verfügbar unter: https://zif.spz.tu-darmstadt.de/jg-12-2/docs/Bose_Schwarze.pdf [03.09.2014].

Bruckmayer, B., Darras, I., Koesten, L., Mühlmann, I., Nieweler, A. & Prudent, S. (2004). *Découvertes 1 – für den schulischen Französischunterricht.* Stuttgart: Klett.

Budke, A. (2012). „Ich argumentiere, also verstehe ich." – Über die Bedeutung von Kommunikation und Argumentation für den Geographieunterricht. In A. Budke (Hrsg.), *Dierke: Kommunikation und Argumentation* (S. 5–18). Braunschweig: Westermann.

Bührig, K. & Spiegel, C. (2013). Zu einigen Untiefen des Argumentierens im Unterricht. *Gruppendynamik & Organisationsberatung, 44,* 323–337.

Byram, M. (1997). *Teaching and Assessing Intercultural Communicative Competence.* Clevedon: Multilingual Matters.

Calderón Villarino, I., Balser, J., Elices Macías, A., Grimm, A. & Kolacki, H. (2009). *¡Apúntate! 2. Fremdsprache – allgemeine Ausgabe, Band 2 – Schülerbuch.* Berlin: Cornelsen.

Cornelsen = Cornelsen Schulbuchverlage (Hrsg.). (2015). *Cornelsen: Willkommen in der Welt des Lernens.* Verfügbar unter http://www.cornelsen.de [11.02.2015].

Decke-Cornill, H. & Küster, L. (2010). *Fremdsprachendidaktik: eine Einführung.* Tübingen: Narr.

Edelbrock, I. (2010). *The New Pathway to Summit: Lese- und Arbeitsbuch Englisch zur Einführung in die gymnasiale Oberstufe (G8).* Braunschweig et al.: Schöningh.

Fäcke, C. (2011). *Fachdidaktik Spanisch: eine Einführung.* Tübingen: Narr.

GeR = Sheils, J., Trim, J., North, B. & Coste, D. (Hrsg.). (2001). *Gemeinsamer europäischer Referenzrahmen für Sprachen: lernen, lehren, beurteilen.* München: Langenscheidt. Verfügbar unter: http://www.goethe.de/z/50/commeuro/deindex.htm [11.02.2015].

Gregor, G. & Jorißen, C. (2007). *À plus! Ausgabe 2004: Band 4 (cycle court).* Berlin: Cornelsen.

Gregor, G. & Jorißen, C. (2008). *À plus! Ausgabe 2004: Band 5 (cycle long).* Berlin: Cornelsen.

Grundler, E. (2010). Argumentieren in der Zweitsprache. In B. Ahrenholz (Hrsg.), *Fachunterricht und Deutsch als Zweitsprache* (S. 55–68). Tübingen: Narr.

Grundler, E. (2011). *Kompetent argumentieren: Ein gesprächsanalytisch fundiertes Modell.* Tübingen: Stauffenburg.

Habermas, J. (1972). Wahrheitstheorien. In J. Habermas (1984), *Vorstudien und Ergänzungen zur Theorie des kommunikativen Handelns* (S. 127–187). Frankfurt am Main: Suhrkamp.

Habermas, J. (1981). *Theorie des kommunikativen Handelns. Bd. 1: Handlungsrationalität und gesellschaftliche Rationalisierung.* Frankfurt am Main: Suhrkamp.

Hueber = Hueber Verlag (2015). *Hueber – Freude an Sprachen.* Verfügbar unter http://www.hueber.de/ [11.02.2015].

Klein, W. (1980). Argumentation und Argument. *Zeitschrift für Literaturwissenschaft und Linguistik, 38/39,* 9–57.

Klein, W. (1981). Logik der Argumentation. In P. Schröder & H. Steger (Hrsg.), *Dialogforschung* (S. 226–264). Düsseldorf: Schwann.

Klett = Ernst Klett Verlag (Hrsg.). (2015). *Green Line.* Verfügbar unter http://www.klett.de/alias/1037762 [11.02.2015].

Kluge, F. (2002). *Etymologisches Wörterbuch der deutschen Sprache* (24. Auflage). Berlin et al.: de Gruyter.

KMK, 2003 = Sekretariat der Ständigen Konferenz der Kultusminister der Länder in der Bundesrepublik Deutschland (Hrsg.). (2004). *Bildungsstandards für die erste Fremdsprache (Englisch/Französisch) für den Mittleren Schulabschluss – Beschluss vom 4.12.2003.* München: Wolters Kluwer. Verfügbar unter http://www.kmk.org/filead min/veroeffentlichungen_beschluesse/2003/2003_12_04-BS-erste-Fredmsprache.pdf [03.09.2014].

KMK, 2004 = Sekretariat der Ständigen Konferenz der Kultusminister der Länder in der Bundesrepublik Deutschland (Hrsg.). (2005). *Bildungsstandards für die erste Fremdsprache (Englisch/Französisch) für den Hauptschulabschluss – Beschluss vom 15.10.2004.* München: Wolters Kluwer. Verfügbar unter http://www.kmk.org/filead min/veroeffentlichungen_beschluesse/2004/2004_10_15-Bildungsstandards-ersteFS-Haupt.pdf [03.09.2014].

KMK, 2012 = Sekretariat der Ständigen Konferenz der Kultusminister der Länder in der Bundesrepublik Deutschland (Hrsg.). (2014). *Bildungsstandards für die fortgeführte Fremdsprache (Englisch/Französisch) für die Allgemeine Hochschulrei-*

fe (Beschluss der Kultusministerkonferenz vom 18.10.2012). München: Wolters Kluwer. Verfügbar unter: http://www.kmk.org/fileadmin/veroeffentlichungen_be schluesse/2012/2012_10_18-Bildungsstandards-Fortgef-FS-Abi.pdf [03.09.2014].

Krause, W.-D. (2007). Pragmatische Linguistik und Fremdsprachenunterricht. In K. Adamzik & W.-D. Krause (Hrsg.), *Text-Arbeiten: Textsorten im fremd- und muttersprachlichen Unterricht an Schule und Hochschule* (S. 1–30). Tübingen: Narr.

Langenscheidt = Langenscheidt Verlag (2015). *Langenscheidt.* Verfügbar unter http://www.langenscheidt.de [11.02.2015].

Marrou, H.-I. & Harder, R. (1957). *Geschichte der Erziehung im klassischen Altertum.* Freiburg: Alber.

Mittelsten Scheid, N. (2010a). Argumentation aus metakognitiver Perspektive: 1. Ein Leitfaden zur Förderung des Professionswissens naturwissenschaftlicher Lehrkräfte. *Der mathematische und naturwissenschaftliche Unterricht, 63* (2), 68–72.

Mittelsten Scheid, N. (2010b). Argumentation aus metakognitiver Perspektive: 2. Die nicht-moralische und die moralische Argumentation. *Der mathematische und naturwissenschaftliche Unterricht, 63* (4), 138–143.

Mittelsten Scheid, N. (2010c). Argumentation aus metakognitiver Perspektive: 3. Niveaus von Argumentation. *Der mathematische und naturwissenschaftliche Unterricht, 63* (4), 240–243.

Pons = Pons Verlag (2015). *Pons – Hallo Welt: Produkte und Shop.* Verfügbar unter http://de.pons.com/shop/ [11.02.2015].

Sarter, H. (2006). *Einführung in die Fremdsprachendidaktik.* Darmstadt: WBG.

Sinner, C. (2010). ¿Cómo te hablé, de vos o de tú? Uso y acomodación de las formas de tratamiento por emigrantes y turistas argentinos en España y Alemania. In M. Hummel, B. Kluge & M. E. Vázquez Laslop (Hrsg.), *Formas y fórmulas de tratamiento en el mundo hispánico* (S. 829–855). México D.F.: El Colegio de México.

Sinner, C. (2011). Relaciones sociales en la traducción de la oralidad fingida: formas y fórmulas de tratamiento como dificultad y problema en la traducción. In S. Roiss, C. Fortea Gil, A. Recio Ariza, B. Santana López, P. Zimmermann & I. Holl (Hrsg.), *En las vertientes de la traducción e interpretación del/al alemán* (S. 223–243). Berlin: Frank & Timme.

Thaler, E. (2012). *Englisch unterrichten: Grundlagen, Kompetenzen, Methoden.* Berlin: Cornelsen.

Toulmin, S. (1996). *Der Gebrauch von Argumenten* (2. Auflage). Weinheim: Beltz.

Weisshaar, H. (2006–2009). *Green Line 2–5.* Stuttgart: Klett.

Petra C. Tebaartz & Katja Lengnink

Was heißt „mathematischer Beweis"? – Realisierungen in Schülerdokumenten

Argumentieren und Widersprechen ist eine Grundlage jeder wissenschaftlichen Tätigkeit. Argumente dienen u.a. dazu, andere Menschen von der Gültigkeit einer Aussage oder von deren Angemessenheit zu überzeugen. In der Mathematik ist das Mittel zum Nachweis der Richtigkeit einer Behauptung der Beweis. Beweise sollen der wissenschaftlichen Auffassung nach „das Herz der Mathematik" (Ziegler, 2008, S. 409) darstellen, dennoch führen sie im Schulunterricht oft ein Schattendasein. Angesichts dieser Diskrepanz ist es wenig überraschend, dass zumindest viele AnfängerInnen aller Mathematiklehramtsstudiengänge und des Bachelorstudiengangs Mathematik insbesondere beim aktiven Beweisen Schwierigkeiten haben (Frischemeier, Panse & Pecher, 2013). In verschiedenen Projekten werden derzeit die Probleme von StudienanfängerInnen erforscht und u.a. Module zur Einführung in mathematisches Problemlösen und Beweisen entwickelt (z.B. Grieser, 2012; Herrmann, 2013). In Ergänzung zu diesen Maßnahmen erscheint es als sinnvoll, Lernende, die potentiell ein Studium im mathematisch-naturwissenschaftlichen Bereich anstreben, frühzeitig und kontinuierlich zu fördern. Zu dieser Zielgruppe gehören die TeilnehmerInnen der Mathematik-Olympiade. Im Schuljahr 2013/14 haben über 220 000 SchülerInnen den Wettbewerb bestritten (Mathematik-Olympiaden e.V., 2014). Forschungsergebnisse zu deren Beweiskompetenzen, die eine Voraussetzung für eine gezielte Förderung darstellen, gibt es bisher noch nicht.

In der vorliegenden Studie wurde daher untersucht, welche Beweiskompetenzen TeilnehmerInnen der Mathematik-Olympiade mitbringen. Aus ihr wird ein Auszug der schriftlichen Befragung vorgestellt, in der 216 WettbewerbsteilnehmerInnen in den Klassenstufen 5 bis 13 zum Beweisen aufgefordert wurden. Ziel ist es, Merkmale der Schülerproduktionen sowie wesentliche Schwierigkeiten der Lernenden in verschiedenen Klassenstufen herauszuarbeiten.

Grundlegend ist dabei, was unter dem Begriff „mathematischer Beweis" verstanden wird. Deshalb wird im Folgenden zunächst das Beweisverständnis in der Wissenschaft Mathematik skizziert und ein Einblick in mathematikdidaktische Ansätze sowie entsprechende curriculare Vorgaben gegeben. Außerdem werden Ergebnisse empirischer Studien zur Beweiskompetenz von SchülerInnen und deren Schwierigkeiten beim Beweisen zusammengetragen. Aufbauend auf diesen theoretischen Ausführungen werden die Schülerproduktionen der WettbewerbsteilnehmerInnen auf Grundlage eines entwickelten Modells ausgewertet sowie die Ergebnisse diskutiert.

1. Beweise in der Wissenschaft Mathematik

Beweise sind in der Mathematik von zentraler Bedeutung. Trotzdem gibt es keine eindeutige und allgemein akzeptierte Beschreibung dafür, was ein Beweis ist und wann ein Beweis als solcher akzeptiert wird (Hanna & Jahnke, 1996). Einen Einblick in diese Problematik liefert ein Gespräch zwischen einem „idealen" Mathematiker und einem Philosophiestudenten, das von den Mathematikern Philip J. Davis und Reuben Hersh (1986, S. 35ff.) verfasst wurde. In dem Gespräch fordert der Student den Mathematiker auf, den Beweisbegriff zu definieren und bekommt folgende Antwort:

> [...] Also man geht folgendermaßen vor: man schreibt die Axiome seiner Theorie in einer formalen Sprache mit Hilfe einer Reihe von Symbolen oder einem Alphabet nieder. Dann schreibt man die Voraussetzungen des Satzes in denselben Symbolen auf. Dann zeigt man, daß [sic!] sich diese Voraussetzung Schritt um Schritt nach den Regeln der Logik umwandeln läßt [sic!], bis man bei der Schlußfolgerung [sic!] ankommt. Das ist ein Beweis. (Davis & Hersh, 1986, S. 36)

Kurz danach räumt der „ideale" Mathematiker ein, dass dies natürlich keiner täte, es würde ja ewig dauern (ebd.). In Einklang mit diesen Überlegungen formuliert Meyer (2007, S. 21) folgende Definition, die den nachfolgenden Ausführungen zugrunde gelegt wird:

> Unter dem Begriff „Beweis" wird im mathematischen Sinn gemeinhin ein Vorgang verstanden, bei dem eine Behauptung in gültiger Weise Schritt für Schritt formal deduktiv aus als bekannt vorausgesetzten Sätzen und Definitionen gefolgert wird. Hierbei wird stillschweigend angenommen, dass dieser Vorgang bis zu den Grundlagen der betreffenden Theorie (etwa den Axiomen) zurückgeführt werden könnte, um somit letztlich die Richtigkeit einer Behauptung zu sichern.

Ein Beweis ist also eine Kette von Deduktionen, in der jedes Resultat notwendig aus den vorhergehenden Deduktionen gegebenenfalls unter Hinzunahme weiterer mathematischer Informationen folgt. Inwiefern eine solche Kette vollständig ist, hängt u.a. von den Vorkenntnissen des Lesers ab. Eine Rückführung bis zu den Grundlagen der betreffenden Theorie ist schwer möglich, wenig verständnisfördernd und fehleranfällig (Hersh, 1993). Weiterhin werden Beweise häufig in einer präzisen Fachsprache verfasst und weisen eine formale Struktur auf, wodurch eine größtmögliche Exaktheit und Eindeutigkeit erreicht werden soll (Davis & Hersh, 1986; Hußmann, 2003).

Diese klare, logisch einwandfreie und prinzipiell intersubjektiv nachvollziehbare Struktur der fertigen Mathematik steht in irritierendem Gegensatz zum Prozess des mathematischen Schaffens. So handelt es sich bei der Entwicklung eines Beweises um eine kreative Tätigkeit. Einen sicheren Weg, der zu einem Beweis führt, gibt es nicht (Davis & Hersh, 1986, S. 153). Beweisprozesse verlaufen deshalb häufig sprunghaft, mit Rückschlägen einerseits und plötzlichen Erfolgen andererseits (Wittmann, 2009, S. 39). Dabei spielen inhaltlich-anschauliche Überlegungen sowie der Einsatz von Heurismen eine wichtige Rolle. Anhand eines „fertigen" Beweises sind diese Überlegungen i.d.R. nicht mehr nachvollziehbar.[1]

2. Beweise im Mathematikunterricht in den Sekundarstufen

2.1 Curriculare Vorgaben und mathematikdidaktische Sichtweisen zum Beweisen

Das Beweisen wurde unter dem Oberbegriff „Mathematisch argumentieren" (KMK, 2004, S. 13; KMK, 2012, S. 15) als prozessbezogene Kompetenz in die Bildungsstandards aufgenommen. Alleine diese Tatsache zeigt, dass Beweise wichtig sind und im Unterricht von Bedeutung sein sollten. Hinsichtlich des Beweisverständnisses lassen die Vorgaben dabei Spielraum, der von einfachen Plausibilitätsüberlegungen (Sek. I) bis hin zu formalen Beweisen (Sek. II) reicht (ebd.). Dies steht in Einklang mit der mathematikdidaktischen Diskussion, nach der Beweise und die Tätigkeit des Beweisens im Schulunterricht wichtig sind. Mit ihnen soll das Lernen durch Verstehen gefördert und eine Ordnung, Vernetzung und Vertiefung mathematischen Wissens unterstützt werden (Fischer & Malle, 1985). U.a. da durch einen formal strengen Beweis nicht unbedingt inhaltliches Verständnis über den Sachverhalt erzeugt werden muss, erscheint es aus didaktischer Perspektive sinnvoll, die formalsprachliche Darstellung nicht primär ins Zentrum zu stellen (Hanna, 1989). Neben diesem grundlegenden Konsens gibt es unterschiedliche Ansätze dazu, was im Mathematikunterricht als Beweis gelten soll (siehe z.B. Fischer & Malle, 1985; Ufer, Heinze, Kuntze & Rudolph-Albert, 2009; Wittmann & Müller, 1988). Ein Ansatz, der sich wegen der ihm innewohnenden Prozessorientierung des Beweisverständnisses besonders für die Analyse von Schülerproduktionen eignet, ist das Konzept der Argumentationsbasis von Fischer und Malle (1985). Ein Beweis beruht danach auf einer Wissensbasis und einer Schlussweise. Unter der Wissensbasis verstehen die Autoren alle im Beweis als bekannt vorausgesetzten Sätze und Methoden, die für die Stützung der Argumentation herangezogen werden. Unter der Schlussweise verstehen Fischer und Malle (1985) die in einem vorliegenden Beweis als gültig angenommenen logischen Elemente. Dies können z.B. Deduktionen sein, es kann aber auch vorkommen, dass ein/eine Lernender/Lernende Beispiele zur Plausibilisierung anführt oder sich auf eine Autorität (etwa die Lehrkraft) beruft. Dieser Ansatz wird die Grundlage eines Modells zur Analyse von Schülerproduktionen zu Beweisaufgaben bilden (siehe Abschnitt 3.2).

---

1 Für weiterführende Informationen zum Prozess der Beweisfindung siehe z.B. Holland (2007).

2.2 Einblicke in den nationalen Forschungsstand

Es wurden zahlreiche Studien zum Beweisen durchgeführt. Dabei liegt ein Fokus auf der Frage, inwiefern Lernenden Beweise mathematischer Aussagen gelingen. Nach Julian Krumsdorf (2009; 2011) gelingt es einigen GrundschülerInnen und Lernenden in der Sek. I, beispielgebundene Beweise zu generieren, während andere induktive Prüfungen als ausreichend ansehen. In einem beispielgebundenen Beweis wird die Richtigkeit einer Aussage durch deduktive Schlüsse bestätigt, die allerdings an Beispielen vollzogen wurden, wobei den Lernenden die Unabhängigkeit von den konkreten Eigenschaften des Beispiels und damit die Verallgemeinerbarkeit ihrer Deduktionen bewusst ist (Krumsdorf, 2009). Elke Goldberg (1988) stellte fest, dass bereits SechstklässlerInnen einfache, deduktive Beweise im Bereich der Geometrie selbstständig führen können, wenn sie ihre Gedanken dabei frei formulieren dürfen.

In der Schule wird i.d.R. in der siebten Klassenstufe anhand der Kongruenzgeometrie in das Beweisen eingeführt und auch im weiteren Verlauf der Mittelstufe werden Beweise primär im Zusammenhang mit Elementargeometrie behandelt. Studien zufolge ist die Fähigkeit, elementargeometrische Aussagen zu beweisen, bei vielen GymnasiastInnen in den Klassenstufen sieben bis dreizehn schwach ausgeprägt (Heinze & Reiss, 2004; Kuntze, 2006; Reiss, Heinze & Klieme, 2001; Reiss, Heinze, Kuntze, Kessler, Rudolph-Albert & Renkl, 2006). Als typische Fehler zeigen sich weitgehend unabhängig vom Alter der Lernenden z.B. induktive Argumentationen, Zirkelschlüsse und die Verwendung von aus der Anschauung entnommenen Prämissen (Reiss et al., 2006). Ursachen für die Schwierigkeiten scheinen weniger mangelndes Faktenwissen zu sein als ein unzureichendes Wissen darüber, was einen mathematischen Beweis ausmacht, und Probleme beim Aufbau einer Beweisidee sowie der Verknüpfung relevanter Argumente zu einer Argumentkette (Heinze, 2004; Reiss & Thomas, 2000).

Betrachtet man die Leistungen und Schwierigkeiten innerhalb einzelner Klassenstufen, so werden große Unterschiede zwischen den GymnasiastInnen sichtbar (Reiss et al., 2006). Einer Studie mit AchtklässlerInnen zufolge können besonders leistungsschwache Lernende kaum Aufgaben zu einfachem, begrifflichem Wissen und seiner Anwendung in einem rechnerischen Kontext lösen, während einzelne SchülerInnen zumindest auf Hinweise oder durch Hilfe komplexe Beweisaufgaben korrekt bearbeiten (Heinze, 2004; Reiss et al., 2006). Weiterhin zeigt eine Längsschnittstudie mit GymnasiastInnen in siebten bis neunten Klassen die Tendenz, dass der relative Anteil an Lernenden, die mehrschrittige Beweisaufgaben lösen können, im Verlauf der Sekundarstufe I steigt, was allerdings mehr auf eine Entwicklung des Basiswissens als auf eine qualitative Entwicklung der Beweisleistung zurückzuführen zu sein scheint (Ufer, 2008).

Die dargestellten Erkenntnisse sind den Autoren zufolge primär durch den erlebten Schulunterricht zu erklären. Beispielsweise wurde durch Videoanalysen nachgewiesen, dass Beweise überwiegend von LehrerInnen präsentiert werden. Die Lernenden müssen dem Präsentierten in einem fragend-entwickelnden Unterricht Schritt für Schritt folgen, sodass der Beweisprozess als linear erscheint und die Beweisfähigkeit kaum zu entwickeln ist (Brunner, 2013; Heinze & Reiss, 2004). Untersuchungen zeigen, dass SchülerInnen im Rahmen geeigneter Lernumgebungen durchaus Fortschritte im eigenständigen Beweisen machen können (z.B. Kuntze, 2009; Reiss et al., 2006).

3. Beweise von TeilnehmerInnen der Mathematik-Olympiade in den Sekundarstufen

Den vorhergehenden, theoretischen Ausführungen sollen nun Realisierungen in Schülerdokumenten gegenübergestellt werden. Dazu werden erste Ergebnisse einer Studie zur Beweiskompetenz von TeilnehmerInnen der Mathematik-Olympiade in den Sekundarstufen vorgestellt (siehe Tebaartz, 2013). In Einklang mit den Ausführungen in den Abschnitten 1 und 2.1 werden die Fragestellungen fokussiert, welche Schlussweisen in Bearbeitungen von Beweisaufgaben erkennbar sind und ob die gewählten Begründungen korrekt sowie vollständig sind. Außerdem werden Einblicke in die Art der Unvollständigkeiten und Fehler gegeben. Dabei werden insbesondere auch Unterschiede in den Bearbeitungen von Lernenden verschiedener Klassenstufen herausgearbeitet.

3.1 Design und Durchführung der Studie

An der Studie haben 216 TeilnehmerInnen der Mathematik-Olympiade aus Nordrhein-Westfalen teilgenommen. 151 (70 %) davon hatten sich im Schuljahr 2012/13 für die dritte Stufe qualifiziert. Die Ergebnisse spiegeln so primär das Profil der LandesrundenteilnehmerInnen wider, ermöglichen zugleich aber auch Einblicke in die Kompetenzen mathematisch interessierter Lernender, die sich nicht durch herausragenden Wettbewerbserfolg als besonders leistungsstark erwiesen haben. Alle ProbandInnen haben auf der mathematischen Sommerakademie 2013 des Landesverbands Mathematikwettbewerbe NRW e.V. u.a. folgende Beweisaufgaben zur elementaren Zahlentheorie und Geometrie bearbeitet:

> Aufgabe 1: Teilbarkeit
> Zeige: *Die Summe von drei aufeinanderfolgenden natürlichen Zahlen ist durch drei teilbar.*
> Aufgabe 2: Geometrie
> Zeige: *Eine Raute mit einem rechten Winkel ist ein Quadrat.*

Zusätzlich wurden die Klassenstufe, das Geschlecht, der Erfolg im Wettbewerb und die außerunterrichtliche Beschäftigung mit Mathematik erhoben. Für die Bearbeitung standen insgesamt 90 Minuten Zeit zur Verfügung.

3.2 Modell zur Analyse von Schülerproduktionen

Um die Schülerproduktionen in Bezug auf die verwendeten Schlussweisen sowie deren Korrektheit und Vollständigkeit zu untersuchen, wurde unter Bezug auf die fachdidaktische Literatur ein Modell entwickelt, das im Folgenden vorgestellt und zur besseren Verständlichkeit durch fünf fiktive Schülerproduktionen veranschaulicht wird (siehe Abb.1).

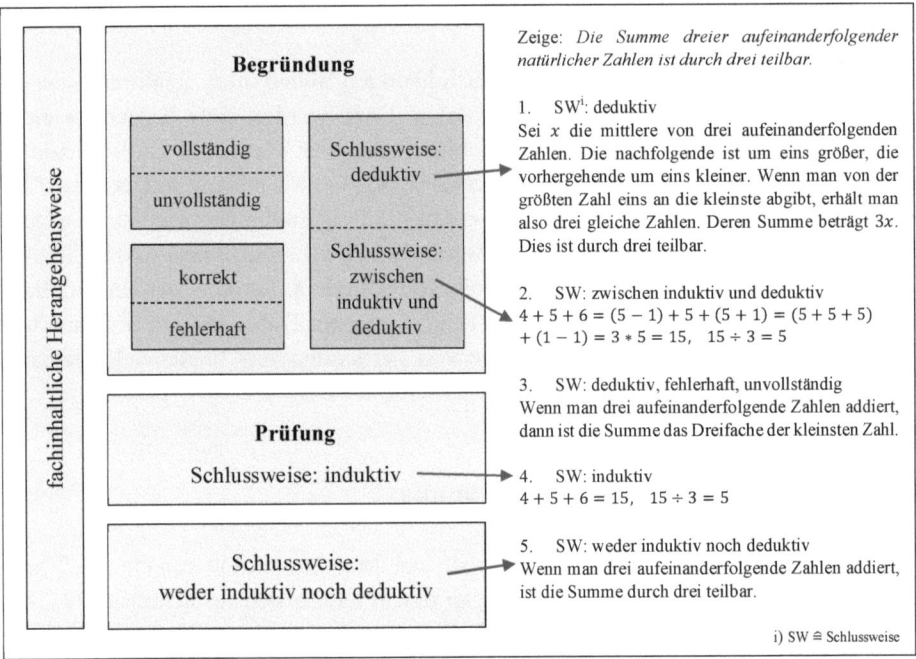

Abb. 1: Ausschnitt eines Modells zur Beschreibung von Schülerproduktionen zu Beweisaufgaben

Im Modell wird unterschieden, ob ein begründender oder ein prüfender Ansatz bei der Bearbeitung einer Beweisaufgabe gewählt wurde. Während der Begriff „Beweis" tendenziell mit einer formal dargestellten, fehlerfreien und lückenlosen Kette von Deduktionen assoziiert wird, soll durch den Ausdruck „Begründung" hervorgehoben werden, dass der Grad an formalsprachlicher Darstellung in dieser Arbeit bei der Analyse von Schülerproduktionen nicht berücksichtigt wird und zudem neben strengen Beweisen auch andere Begründungsformen mitgedacht sind. In einer Begründung kann die Schlussweise sowohl deduktiv sein als auch zwischen induktiv und deduktiv liegen. Mit dem Begriff „Deduktion" werden gemeinhin solche Schlüsse bezeichnet, bei denen von einem Fall und einem gegebenen Gesetz auf ein Resultat geschlossen wird (Meyer, 2007, S. 33). Wenn Fall und Gesetz korrekt sind und richtig angewendet werden, führt eine Deduktion zu einem sicheren bzw. denknotwendigen Resultat (siehe Bearbeitung 1 in Abb. 1). Diese wahrheitsübertragende Schlussweise ist ein Charakteristikum mathematischer Beweise – ein Beweis kann in der Regel als endliche Kette von Deduktionen dargestellt werden, deren letztes Resultat die zu zeigende Aussage bildet (siehe Abschnitt 1). Falls mindestens eine Deduktion einer solchen Kette an einem Spezialfall vollzogen wird, liegt die Schlussweise „zwischen induktiv und deduktiv". So sind in Bearbeitung 2 die Deduktionen der Bearbeitung 1 erkennbar, sie wurden allerdings an einem Beispiel durchgeführt. Über die Differenzierung der Schlussweisen hinaus können sich Begründungen hinsichtlich ihrer Korrektheit und Vollständigkeit unterscheiden. So fehlt in Bearbeitung 3 u.a. ein Gesetz, das den Schluss auf das Resultat („Die Summe ist gleich dem Dreifachen der kleinsten Zahl") legitimiert. Zudem ist das angegebene Resultat sachlich nicht korrekt, was innerhalb der Logik unmöglich ist. Wie diese Überlegungen andeuten, müssen zur Beschreibung der Korrektheit und Vollständigkeit von Begründungen neben der Struktur derselben auch inhaltlich-mathematische Aspekte berücksichtigt und die mögliche Qualität der Elemente einer Deduktion erweitert werden. Dazu eignet sich das in der Mathematikdidaktik etablierte Schema des amerikanischen Philosophen Steven Toulmin (1996). Demnach setzt sich ein Argument aus verschiedenen Bestandteilen zusammen, wovon im Folgenden die drei zentralen Elemente, das „Datum" (Toulmin, 1996, S. 88), die „Konklusion" (ebd.) und die „Schlussregel" (ebd.), relevant sind. Eingeschränkt auf diese Elemente kann die obige Definition einer Deduktion mit dem Schema von Toulmin beschrieben werden: Ausgehend von einem Fall (Datum) wird mit einem Gesetz (Schlussregel) auf ein Resultat (Konklusion) geschlossen (Meyer, 2007, S. 91). Darauf aufbauend ist es möglich, eine Begründung einer mathematischen Allaussage als eine „Argumentkette" zu rekonstruieren. In einer solchen Argumentkette sind mehrere Argumente verknüpft, indem z.B. die Konklusion eines Arguments das Datum des Nachfolgenden bildet.

Während bei den Bearbeitungen 1 bis 3 eine entsprechende Rekonstruktion möglich wäre, ist in Bearbeitung 4 keine Deduktion erkennbar. Die Schlussweise ist hier induktiv. Unter dem Begriff „Induktion" wird gemeinhin der Schluss von gegebenen Fällen und Resultaten auf ein neues Gesetz verstanden (ebd., S. 35).[2] Da das Gesetz nicht notwendigerweise aus den gegebenen Fällen und Resultaten folgt, können Allaussagen durch Induktionen nur geprüft werden. Diese Schlussweise kommt deshalb in „fertigen" Beweisen von Allaussagen nicht vor, sie kann aber u.a. bei der Beweisfindung von zentraler Bedeutung sein, wie bereits der Mathematiker George Pólya (1962) betont hat. SchülerInnen kann die Betrachtung von Spezialfällen zu einer zu zeigenden Aussage dabei helfen, diese Aussage zu verstehen, Vertrauen in deren Gültigkeit zu gewinnen und eine Idee für eine Begründung zu generieren (Lengnink & Leuders, 2008; Meyer & Voigt, 2009). Zudem kann in einer vordergründig induktiven Prüfung bereits eine deduktive Argumentkette strukturell angelegt werden, wenn das Resultat unabhängig von den Merkmalen des speziellen Falls mittels mathematischer Sätze oder Definitionen bestimmt wird. Die Schlussweise wird entsprechend

---

2 Genauer betrachtet geht jeder induktiven Prüfung eine Deduktion voraus, bei der die zu zeigende Aussage als Gesetz verwendet wird, und auch die Feststellung des Resultats impliziert eine Deduktion (Meyer & Voigt, 2009). Diese Verzahnung der Schlussweisen bleibt bei der Analyse der Schülerproduktionen unberücksichtigt.

den vorhergehenden Ausführungen dann als „zwischen induktiv und deduktiv" bezeichnet.

Schließlich kann es u.a. vorkommen, dass Lernende eine Beweisaufgabe nicht bearbeiten oder wie in Bearbeitung 5 nur die zu zeigende Aussage wiedergeben. Die Schlussweise ist in diesen Fällen „weder induktiv noch deduktiv".

3.3 Auswertung der Schülerproduktionen

Das vorgestellte Modell wurde als Kategorisierungsschema für die schriftlichen Schülerdokumente mit dem Verfahren der qualitativen Inhaltsanalyse nach Mayring (2010) deduktiv-induktiv entwickelt und für die folgende Auswertung herangezogen. Um die Struktur der Begründungen zu erfassen und sie damit im Sinne der Codierung möglichst korrekt und eindeutig einordnen zu können, wurden die Argumentketten der ProbandInnen zunächst mithilfe des Schemas von Toulmin rekonstruiert und auf Grundlage der verwendeten Wissensbasen zu verschiedenen fachinhaltlichen Herangehensweisen gruppiert. Für jede dieser Herangehensweisen wurde anschließend festgelegt (definiert), welche Argumente (Daten, Schlussregeln und Konklusionen) für eine korrekte und vollständige Begründung erwartet werden. Abb. 2 zeigt exemplarisch die Definition für eine fachinhaltliche Herangehensweise bei Aufgabe 1 sowie eine dazugehörige Begründung. In der Definition stehen die verwende-

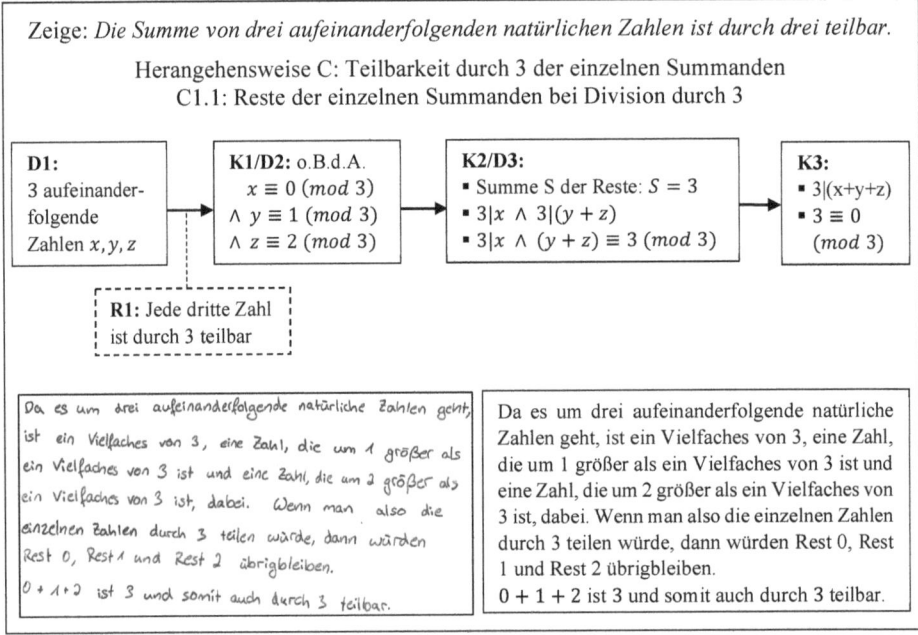

Abb. 2: Aufgabe 1, Definition einer korrekten und vollständigen Begründung bei fachinhaltlicher Herangehensweise C1.1 (oben), Bearbeitung einer Achtklässlerin und Transkript derselben (unten)

ten Abkürzungen D, R und K nacheinander für die Begriffe „Datum", „Schlussregel" und „Konklusion" (siehe Abschnitt 3.2). Die Elemente, die mit gestrichelten Linien gekennzeichnet sind, müssen für eine korrekte und vollständige Begründung nicht explizit erkennbar sein. Wenn bei einem Datum oder einer Konklusion mehrere Unterpunkte angegeben sind, muss einer davon aus der Bearbeitung hervorgehen. Aufbauend auf den Definitionen wurden alle Unterkategorien ausdifferenziert und für beide Aufgaben ein entsprechender Codierleitfaden erstellt, der anschließend auf das Material angewendet wurde.

Auswertung der Bearbeitungen von Aufgabe 1

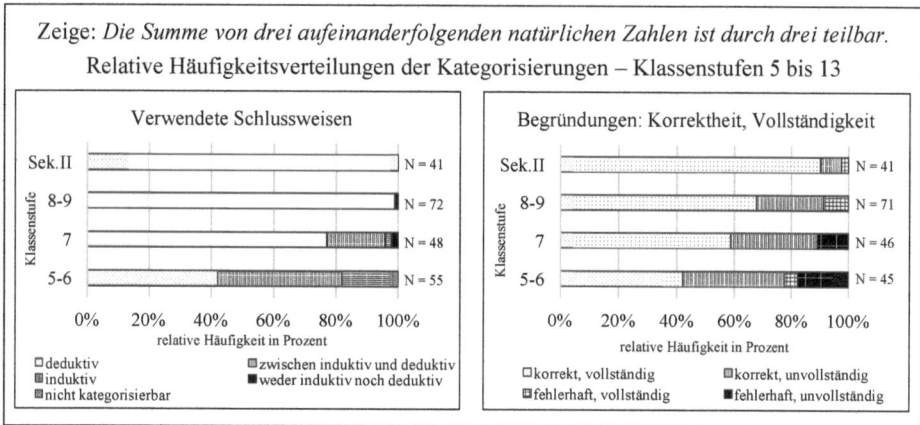

Abb. 3: Aufgabe 1, relative Häufigkeitsverteilungen der Kategorisierungen differenziert nach Klassenstufen

In der ersten Aufgabe sollten die 216 ProbandInnen beweisen, dass die Summe dreier aufeinanderfolgender natürlicher Zahlen durch drei teilbar ist. Abb. 3 zeigt die relativen Häufigkeitsverteilungen der Kategorisierungen der Bearbeitungen dieser Aufgabe in Abhängigkeit der verschiedenen Klassenstufen. Insgesamt betrachtet ist von der Klassenstufe fünf bis zum Abitur eine Tendenz weg vom induktiven Schließen hin zum Formulieren deduktiver sowie zunehmend korrekter und vollständiger Begründungen zu erkennen. Bei den Fünft- und SechstklässlerInnen scheint induktives Schließen mit rund 20 % der Kategorisierungen ein relevanter Bestandteil der Argumentationsstrategien zu sein. Weitere 40 % (N=22) versuchen an Beispielen die gegebene Aussage zu begründen. In 17 (77 %) dieser Bearbeitungen sind allenfalls minimale Unvollständigkeiten oder Fehler, weniger inhaltliche Verständnisschwierigkeiten erkennbar, in 15 Dokumenten (68 %) deuten die Ausführungen der Lernenden die Verallgemeinerbarkeit derselben an. Diese Methode, an Beispielen verallgemeinerbare Begründungen zu formulieren, scheint demnach für Fünft- und SechstklässlerInnen durchaus eine sinnvolle Möglichkeit zu sein, ihr inhaltliches Verständnis eines zahlentheoretischen Sachverhalts zu verbalisieren. Die verbleibenden gut 40 % der Fünft- und SechstklässlerInnen haben eine deduktive Begründung formuliert. In der siebten Klassenstufe beträgt dieser Anteil deduktiver Begründungen knapp 80 % und bis auf eine Schülerproduktion ist in allen höheren Jahrgängen Deduktion die einzige verwendete Schlussweise. Dieser wachsende Anteil des Deduktiven kann primär auf die zunehmende Vertrautheit mit Variablen als mächtigem Werkzeug zurückgeführt werden. Damit gehen mehrfach Fehler in der symbolsprachlichen Darstellung einher. So enthalten 10 der 12 (83 %) Begründungen von Lernenden ab der siebten Klassenstufe, die in die Kategorie „fehlerhaft" fallen, ausschließlich Unzulänglichkeiten in diesem Bereich (siehe Abb. 4). Inhaltliche Schwierigkeiten hingegen sind ab der achten Klassenstufe auch in den unvollständigen Begründungen kaum noch erkennbar, sodass die Bearbeitungen insgesamt eine weitgehend homogene Qualität aufweisen. Von den unvollständigen Begründungen der Fünft- und SechstklässlerInnen deuten mehrere auf Probleme beim Generieren, Erkennen und Ausführen einer tragfähigen Beweisidee hin. Hinzu kommen unvollständige Fallunterscheidungen, inhaltliche Lücken und verschiedene kleinere Mängel in der Ausformulierung der Überlegungen. Die fehlerhaften Begründungen umfassen inhaltliche Probleme beim Verstehen des Sachverhalts, nicht vollständig korrekte Interpretation des Ausdrucks „aufeinanderfolgende Zahlen" und Unzulänglichkeiten in der ikonischen, numerischen oder symbolischen Darstellung. Insgesamt reicht die Spannbreite in den Klassenstufen fünf bis sieben jeweils von induktiven Prüfungen über eine Vielfalt weiterer Schwierigkeiten bis hin zu korrekten und vollständigen, deduktiven Begründungen.[3]

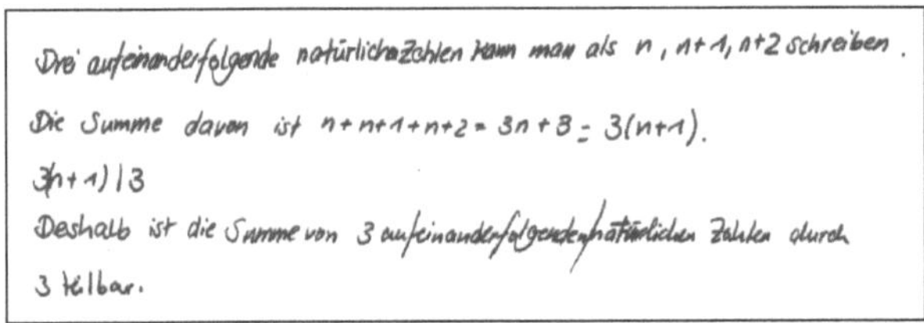	Drei aufeinanderfolgende natürliche Zahlen kann man als n, n+1, n+2 schreiben. Die Summe davon ist $n + n + 1 + n + 2 = 3n + 3 = 3(n + 1)$. $3(n + 1) \mid 3$ Deshalb ist die Summe von 3 aufeinanderfolgenden natürlichen Zahlen durch 3 teilbar.

Abb. 4: Aufgabe 1, Bearbeitung einer Neuntklässlerin (links) und Transkript (rechts)

---

3 Diese heterogene Qualität der Bearbeitungen von Fünft- bis SiebtklässlerInnen wird in Tebaartz (2015) anhand konkreter Schülerproduktionen weiter ausgeführt und diskutiert.

Auswertung der Bearbeitungen von Aufgabe 2

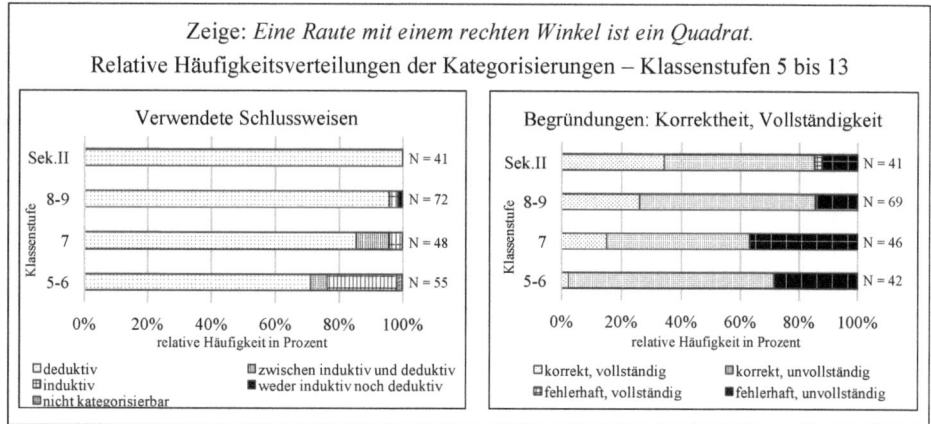

Abb. 5: Aufgabe 2, relative Häufigkeitsverteilungen der Kategorisierungen differenziert nach Klassenstufen

In Aufgabe 2 war die Aussage zu zeigen, dass eine Raute mit einem rechten Winkel ein Quadrat ist. In den Klassenstufen fünf und sechs haben fast alle ProbandInnen, die in Aufgabe 1 die Aussage ausschließlich geprüft haben, auch bei dieser Aufgabe induktiv geschlossen. Diesen ProbandInnen scheint die Unzulänglichkeit von Induktionen als Beweis von Allaussagen noch nicht bewusst zu sein. Alternativ könnten sie keine Beweisidee gefunden haben. Im Vergleich mit Aufgabe 1 fällt weiterhin auf, dass der Gesamtanteil an induktiven Prüfungen höher ausfällt und dass nur einem/ einer Probanden/Probandin in den unteren beiden Klassenstufen eine korrekte und vollständige Begründung gelungen ist (siehe Abb. 5). Dies kann auf eine mangelnde Wissensbasis der Lernenden zurückgeführt werden, denn mathematische Gesetze wie der Innenwinkelsatz und Winkelsätze an geschnittenen Parallelen werden im Schulunterricht frühestens in der sechsten Klassenstufe behandelt. Manche SechstklässlerInnen verwenden diese Aussagen bereits, die Mehrheit der Begründungen basiert aber auf anschaulichen Überlegungen wie in der Bearbeitung in Abb. 6 oder ausschließlich auf einem Vergleich der Definitionen einer Raute und eines Quadrats. Dabei wird zum Teil die Umkehrung der gegebenen Aussage betrachtet.

Auch in den höheren Klassenstufen zeigt sich ein gemischtes Bild, das von Bearbeitungen ähnlich denen der Fünft- und SechstklässlerInnen bis hin zu korrekten und vollständigen, deduktiven Begründungen reicht. Die konkreten Schwierigkeiten der ProbandInnen sind ebenfalls vielfältig und kommen weitgehend unabhängig vom Alter der Lernenden vor. Besonders häufig ist die Argumentkette unvollständig (97 % aller Begründungen von SiebtklässlerInnen, 63 % in der Sek. II, siehe Abb. 5). Beispielsweise werden Voraussetzungen wie die Parallelität gegenüberliegender Seiten einer Raute bei der Verwendung von Winkelsätzen an geschnittenen Geraden nicht angeführt, Schlussregeln nicht expliziert und die Eigenschaften einer Raute zu Beginn der Bearbeitung genannt, jedoch nicht mit den einzelnen Argumenten ver-

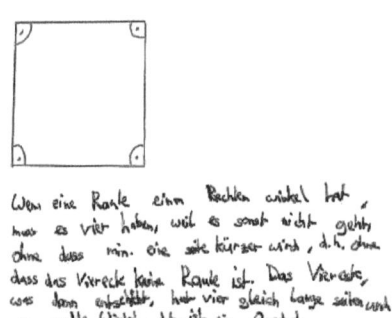

Wen eine Raute einm Rechten winkel hat, mus es vier haben, weil es sonst nicht geht, ohne dass min. oie seite kürzer wird, d.h. ohne dass das Viereck kein Raute ist. Das Viereck, was dann entsteht, hat vier gleich lange seiten und vier rechte Winkel, d.h. ist ein Quadrat.	Wenn eine Raute einen Rechten winkel hat, muss es vier haben, weil es sonst nicht geht, ohne dass min. eine seite kürzer wird, d.h. ohne dass das Viereck keine Raute ist. Das Viereck, was dann entschteht, hat vier gleich lange seiten und vier rechte Winkel, d.h. ist ein Quadrat.

Abb. 6: Aufgabe 2, Bearbeitung eines Fünftklässlers (links) und Transkript (rechts)

knüpft. Dabei bleibt auf Grundlage der schriftlichen Schülerdokumente weitgehend offen, inwiefern es sich z.B. um Nachlässigkeiten in der Formulierung, unzureichendes Wissen darüber, was einen mathematischen Beweis ausmacht, oder um fachliche Unsicherheiten handelt. Zusätzlich zu Unvollständigkeiten sind Unsicherheiten im Faktenwissen vorhanden, die sich z.B. an der Verwendung falscher Definitionen der Begriffe „Raute", „Rechteck", „Quadrat" und „Wechselwinkelsatz" zeigen (siehe Abb. 7). Hinzu kommen u.a. Zirkelschlüsse und vereinzelte Fehler in der symbolsprachlichen Darstellung. Insgesamt ist auch in der Sekundarstufe II nur rund einem Drittel der ProbandInnen eine korrekte und vollständige Begründung gelungen. Trotz alledem ist dieses Bild zu relativieren, da es sich zum einen um vergleichsweise geringfügige Schwierigkeiten handelt, zum anderen im Vergleich zu bisherigen Ergebnissen nationaler Studien zum geometrischen Beweisen in diesen Klassenstufen (siehe Abschnitt 2.2).

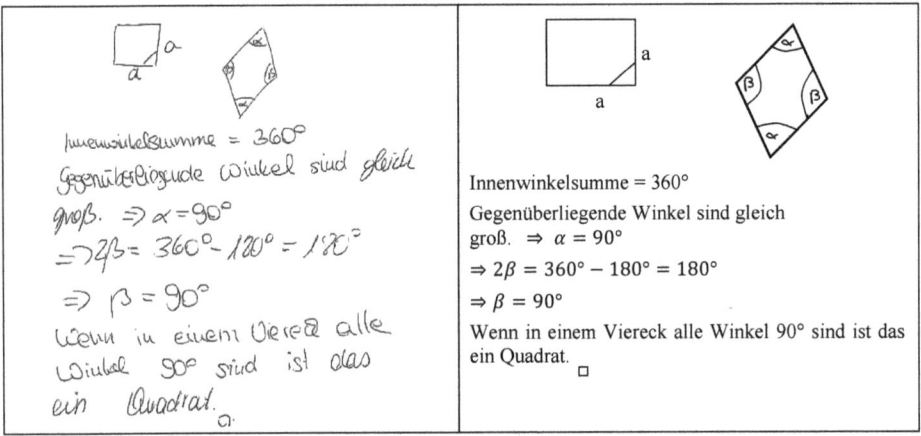

Innenwinkelsumme = 360° Gegenüberliegende Winkel sind gleich groß. $\Rightarrow \alpha = 90°$ $\Rightarrow 2\beta = 360° - 120° = 120°$ $\Rightarrow \beta = 90°$ Wenn in einem Viereck alle Winkel 90° sind ist das ein Quadrat.	Innenwinkelsumme = 360° Gegenüberliegende Winkel sind gleich groß. $\Rightarrow \alpha = 90°$ $\Rightarrow 2\beta = 360° - 180° = 180°$ $\Rightarrow \beta = 90°$ Wenn in einem Viereck alle Winkel 90° sind ist das ein Quadrat. □

Abb. 7: Aufgabe 1, Bearbeitung einer Schülerin in der Sekundarstufe II (links) und Transkript (rechts)

4. Zusammenfassung und Diskussion

Im Rahmen dieses Artikels wurden Bearbeitungen von Beweisaufgaben von TeilnehmerInnen der Mathematik-Olympiade analysiert. Ziel war es, Merkmale sowie die hauptsächlichen Schülerschwierigkeiten aus den Schülerproduktionen herauszufinden und auch die Bearbeitungen von Lernenden verschiedener Klassenstufen diesbezüglich zu vergleichen. In beiden Aufgaben wird mit fortschreitender Klassenstufe eine Tendenz weg vom induktiven hin zum deduktiven Schließen und der Formulierung zunehmend korrekter und vollständiger Begründungen deutlich. Dies steht in Einklang mit den Vorgaben in den Bildungsstandards und der Idee eines kumulativen Lernprozesses. Da es sich um eine Querschnitts- und nicht um eine Längsschnittstudie handelt, ist allerdings beim Vergleich zwischen verschiedenen Klassenstufen sprachliche Vorsicht geboten. Die Ergebnisse zeigen de facto keine „Entwicklung", sondern „Unterschiede" auf. In der fünften und sechsten Klassenstufe scheint induktives Schließen ein relevanter Bestandteil der Argumentationsstrategien zu sein, was nach dem Kernlehrplan (G8) NRW am Ende der sechsten Klassenstufe mit der Durchführung von Plausibilitätsüberlegungen und der Angabe von Beispielen als Anforderungsniveau in Einklang steht (MSW, 2007). Die Kompetenzen der hier betrachteten Fünft- und SechstklässlerInnen gehen meist über diese Anforderungen hinaus. Auch in den Klassenstufen acht bis zum Abitur ist diese Tendenz erkennbar, wie oben ausgeführt wurde.

In den bisherigen Untersuchungen zur geometrischen Beweiskompetenz sind insbesondere auch große Leistungsunterschiede zwischen GymnasiastInnen innerhalb der gleichen Klassenstufe festgestellt worden (siehe Abschnitt 2.2). Diese zeigen sich auch in der untersuchten Population an interessierten und mathematisch leistungsstarken Lernenden und zwar in allen Jahrgangsstufen. Das kann u.a. mit der Teilnahme eines großen Teils der ProbandInnen an verschiedenen außerunterrichtlichen Fördermaßnahmen zusammenhängen, denn die Forschungsergebnisse (siehe Abschnitt 2.2) zeigen, dass im Rahmen geeigneter Lernumgebungen die Förderung der Beweiskompetenz erfolgreich möglich ist. Diesbezüglich und auch in Bezug auf den Erfolg im Wettbewerb wurden von allen ProbandInnen Daten erhoben, sodass die weitere Auswertung genauere Einblicke in dieses Themenfeld geben wird. Eine Binnendifferenzierung der Ergebnisse in diese Richtung kann mit Blick auf die Entwicklung von Fördermaßnahmen von großem Interesse sein, da diese schließlich gerade auch für mathematisch interessierte Lernende, die sich noch nicht durch herausragenden Wettbewerbserfolg ausgezeichnet haben, geeignet sein sollen.

Interpretiert man die bisherigen Ergebnisse in Hinblick auf Ansatzpunkte zur Förderung von Wettbewerbsteilnehmenden, so folgt aus den heterogenen Leistungen, dass die Förderung sehr individuell ansetzen muss. Zudem ergeben sich erste Hinweise auf Förderschwerpunkte, z.B. in Hinblick auf die fachliche Wissensbasis, die logische Struktur, die Formulierung vollständiger Argumentketten und deren formale Darstellung, die jedoch weiter untersucht werden müssen, um gezielt Förderbausteine entwickeln zu können.

Literatur

Brunner, E. (2013). *Innermathematisches Beweisen und Argumentieren in der Sekundarstufe I. Mögliche Erklärungen für systematische Bearbeitungsunterschiede und leistungsförderliche Aspekte.* Münster: Waxmann.

Davis, P. J. & Hersh, R. (1986). *Erfahrung Mathematik.* Basel/Boston/Stuttgart: Birkenhäuser.

Fischer, R. & Malle, G. (1985). *Mensch und Mathematik: Eine Einführung in didaktisches Denken und Handeln.* Mannheim/Wien/Zürich: BI Wissenschaftsverlag.

Frischemeier, D., Panse, A. & Pecher, T. (2013). Schwierigkeiten von Studienanfängern bei der Bearbeitung mathematischer Übungsaufgaben – Erfahrungen aus den Mathematik-Lernzentren der Universität Paderborn. In A. Hoppenbrock, S. Schreiber, R. Göller, R. Biehler, B. Büchler, R. Hochmuth & H. Rück (Hrsg.), *Mathematik im Übergang Schule/Hochschule und im ersten Studienjahr. Extended Abstracts zur 2. khdm-Arbeitstagung 20.02. – 23.02.2013* (S. 57–58). Verfügbar unter: https://kobra.bibliothek.uni-kassel.de/handle/urn:nbn:de:hebis:34-2012050741193 [28.12.2014].

Goldberg, E. (1988). Dürfen Schüler beim Beweisen im Mathematikunterricht so reden, »wie ihnen der Schnabel gewachsen ist«? *Mathematik in der Schule, 16* (9), 593–600.

Grieser, D. (2012). *Mathematisches Problemlösen und Beweisen – ein neuer Akzent in der Studieneingangsphase.* Verfügbar unter: http://www.staff.uni-oldenburg.de/daniel.grieser/wwwpapers/Artikel-mpb.pdf [28.12.2014].

Hanna, G. (1989). More than a formal Proof. *Learning Mathematics, 9* (2), 20–23.

Hanna, G. & Jahnke, H. N. (1996). Proof and Proving. In A. Bishop, K. Clements, C. Keitel, J. Kilpatrick & C. Laborde (Hrsg.), *International Handbook of Mathematics Education* (S. 877–908). Dordrecht: Kluwer Academic Publishers.

Heinze, A. (2004). Schülerprobleme beim Lösen von geometrischen Beweisaufgaben – eine Interviewstudie. *Zentralblatt für Didaktik der Mathematik, 36* (5), 150–161.

Heinze, A. & Reiss, K. (2004). Mathematikleistung und Mathematikinteresse in differentieller Perspektive. In J. Doll & M. Prenzel (Hrsg.), *Bildungsqualität von Schule: Lehrerprofessionalisierung, Unterrichtsentwicklung und Schülerförderung als Strategien der Qualitätsverbesserung* (S. 234–249). Münster: Waxmann.

Herrmann, A. (2013). Beweisaufgaben in der Linearen Algebra – Strategien und Schwierigkeiten von Studierenden. In A. Hoppenbrock, S. Schreiber, R. Göller, R. Biehler, B. Büchler, R. Hochmuth & H. Rück (Hrsg.), *Mathematik im Übergang Schule/ Hochschule und im ersten Studienjahr. Extended Abstracts zur 2. khdm-Arbeitstagung 20.02. – 23.02.2013* (S. 85–86). Verfügbar unter: https://kobra.bibliothek.uni-kassel.de/handle/urn:nbn:de:hebis:34-2012050741193 [28.12.2014].

Hersh, R. (1993). Proving is Convincing and Explaining. *Educational Studies in Mathematics, 24,* 389–399.

Holland, G. (2007). *Geometrie in der Sekundarstufe. Entdecken – Konstruieren – Deduzieren.* Hildesheim & Berlin: Franzbecker.

Hußmann, S. (2003). Umgangssprache – Fachsprache. In T. Leuders (Hrsg.), *Mathematik-Didaktik: Praxishandbuch für die Sekundarstufe I und II* (S. 60–75). Berlin: Kohlhammer.

Krumsdorf, J. (2009). Beispielgebundenes Beweisen. In M. Neubrand (Hrsg.), *Beiträge zum Mathematikunterricht 2009* (S. 711–714). Münster: WTM.

Krumsdorf, J. (2011). Sprachliche Aspekte beispielgebundenen Beweisens. In R. Haug & L. Holzäpfel (Hrsg.), *Beiträge zum Mathematikunterricht 2011* (S. 499–502). Münster: WTM.

Kultusministerkonferenz (Hrsg.). (2004). *Bildungsstandards im Fach Mathematik für den Mittleren Schulabschluss.* Verfügbar unter: http://www.kmk.org/fileadmin/veroeffent lichungen_beschluesse/2003/2003_12_04-Bildungsstandards-Mathe-Mittleren-SA.pdf [28.12.2014].

Kultusministerkonferenz (Hrsg.). (2012). *Bildungsstandards im Fach Mathematik für die Allgemeine Hochschulreife.* Verfügbar unter: http://www.kmk.org/fileadmin/ver oeffentlichungen_beschluesse/2012/2012_10_18-Bildungsstandards-Mathe-Abi.pdf [28.12.2014].

Kuntze, S. (2006). *Themenstudienarbeit – Konzeption einer Lernumgebung für den gymnasialen Mathematikunterricht und Evaluation einer Themenstudienarbeit zum mathematischen Beweisen und Argumentieren.* München: Dr. Hut.

Kuntze, S. (2009). Geometrische Beweiskompetenz fördern durch Reflexions- und Schreibanlässe zu beweisbezogenem Metawissen. In M. Ludwig, R. Oldenburg & J. Roth (Hrsg.), *Argumentieren, Beweisen und Standards im Geometrieunterricht – AK Geometrie 2007/08* (S. 219–237). Hildesheim & Berlin: Franzbecker.

Lengnink, K. & Leuders, T. (2008). Probier's doch mal! Mit Beispielen experimentieren. *Praxis der Mathematik in der Schule, 50* (23), 1–6.

Mathematik-Olympiaden e.V. (Hrsg.). (2014). *Die 53. Mathematik-Olympiade 2013/14. Aufgaben und Lösungen.* Hamburg: Hereus.

Mayring, P. (2010). *Qualitative Inhaltsanalyse: Grundlagen und Techniken.* Weinheim: Beltz.

Meyer, M. (2007). *Entdecken und Begründen im Mathematikunterricht. Von der Abduktion zum Argument.* Hildesheim: Franzbecker.

Meyer, M. & Voigt, J. (2009). Entdecken, Prüfen und Begründen. Gestaltung von Aufgaben zur Erarbeitung mathematischer Sätze. *mathematica didactica, 32,* 31–66.

Ministerium für Schule und Weiterbildung des Landes Nordrhein-Westfalen (Hrsg.). (2007). *Kernlehrplan für das Gymnasium – Sekundarstufe I (G8) in Nordrhein-Westfalen.* Verfügbar unter: http://www.standardsicherung.schulministerium.nrw.de/lehrplaene/upload/lehrplaene_download/gymnasium_g8/gym8_mathematik.pdf [28.12.2014].

Polya, G. (1962). *Mathematik und Plausibles Schliessen. Band 1. Induktion und Analogie in der Mathematik.* Basel: Birkhäuser.

Reiss, K. & Thomas, J. (2000). Wissenschaftliches Denken beim Beweisen in der Geometrie. Ergebnisse einer Studie mit Schülerinnen und Schülern der gymnasialen Oberstufe. *Mathematica didactica, 23* (1), 96–112.

Reiss, K., Heinze, A. & Klieme, E. (2001). *Argumentation, proof and the understanding of proof.* Verfügbar unter: http://webdoc.sub.gwdg.de/ebook/e/gdm/2000/reiss_hein ze_2000.pdf [28.12.2014].

Reiss, K., Heinze, A., Kuntze, S., Kessler, S., Rudolph-Albert, F. & Renkl, A. (2006). Mathematiklernen mit heuristischen Lösungsbeispielen. In M. Prenzel & L. Allolio-Näcke (Hrsg.), *Untersuchungen zur Bildungsqualität von Schule. Abschlussbericht des DFG-Schwerpunktprogramms* (S. 194–208). Münster: Waxmann.

Tebaartz, P. C. (2013). *Beweiskompetenz von Teilnehmerinnen und Teilnehmern der Mathematik-Olympiade – eine Studie.* Unveröffentlichte wissenschaftliche Hausarbeit, Justus-Liebig-Universität Gießen.

Tebaartz, P. C. (im Druck). Eigenproduktionen zu Beweisaufgaben von Teilnehmerinnen und Teilnehmern der Mathematik-Olympiade. In F. Caluori, H. Linneweber-Lammerskitten & C. Streit (Hrsg.), *Beiträge zum Mathematikunterricht 2015.* Münster: WTM.

Toulmin, S. E. (1996). *Der Gebrauch von Argumenten*. Weinheim: Beltz.

Ufer, S. (2008). Entwicklung geometrischer Beweiskompetenz in der Sekundarstufe I. In E. Vásárhelyi (Hrsg.), *Beiträge zum Mathematikunterricht 2008* (S. 771–774). Münster: WTM.

Ufer, S., Heinze, A., Kuntze, S. & Rudolph-Albert, F. (2009). Beweisen und Begründen im Mathematikunterricht. Die Rolle von Methodenwissen für das Beweisen in der Geometrie. *Journal für Mathematik-Didaktik, 30* (1), 30–54.

Wittmann, E. (2009). Beweisen und Argumentieren. In H.-G. Weigand, A. Filler, R. Hölzl, S. Kuntze, M. Ludwig, J. Roth, B. Schmidt-Thieme & G. Wittmann (Hrsg.), *Didaktik der Mathematik in der Sekundarstufe I* (S. 35–54). Heidelberg: Spektrum.

Wittmann, E. & Müller, G. (1988). Wann ist ein Beweis ein Beweis? In P. Bender (Hrsg.), *Mathematikdidaktik: Theorie und Praxis. Festschrift für Heinrich Winter* (S. 237–257). Berlin: Cornelsen.

Ziegler, G. (2008). Über das Buch der Beweise. Was ist Mathematik? – Versuch einer Antwort in vier Thesen. *Der mathematische und naturwissenschaftliche Unterricht, 61* (7), 407–413.

Teil III
Argumentieren in den Fächern
als Teil politischer Bildung

Andreas Vohns

Argumentationen in der Mathematik – Mathematik in Argumentationen: Ein bildsames Spannungsverhältnis?[1]

Der womöglich etwas sperrige Titel dieses Beitrags greift in leichter Abwandlung eine wohlbekannte „falsche Dichotomie" (Steiner, 1987, S. 48) auf: diejenige zwischen Reiner Mathematik und Angewandter Mathematik bzw. stärker didaktisch gewendet: diejenige zwischen Struktur- und Anwendungsorientierung des Mathematikunterrichts (vgl. etwa Krauthausen & Scherer, 2007, S. 299ff.).

Über Argumentationen in der (nicht nur, aber gerade Reinen) Mathematik kann man kaum reden, ohne sich mit dem „Beweisen" zu beschäftigen. Diese besondere soziale Praxis der Argumentation innerhalb der Wissenschaftsdisziplin Mathematik gilt etwa der Wissenssoziologin Heintz wenigstens für den „context of justification" als so wesentlich, dass sie bei ihrer Studie zur „Innenwelt der Mathematik" im Untertitel von Mathematik als „beweisender Disziplin" (Heintz, 2000) spricht, Beweisen also zu einem Spezifikum bzw. Charakteristikum dieser Wissenschaftsdisziplin erklärt.

Insofern man für Mathematikunterricht eine (dann noch näher zu bestimmende) Wissenschaftsorientierung für wünschenswert hält, kommt man nicht umhin, sich mit der Bedeutung mathematischer Beweise für das Argumentieren in Mathematik und Unterricht auseinanderzusetzen. Dabei steht man u.a. vor dem Dilemma, dass die etablierte Unterrichtspraxis einerseits dem Argumentieren als solchem (zu) wenig Raum gibt, andererseits eine (zu) starke Fokussierung auf ein enges, an einem bestimmten fachwissenschaftlichen Verständnis von Beweisen orientiertes Beweisverständnis (im Folgenden kurz als „formal strenger mathematischer Beweis" bezeichnet) didaktisch ohnehin problematisch erscheint (vgl. exemplarisch Meyer & Prediger, 2009, S. 1). Diesem Problemfeld, hier abkürzend als „Argumentationen in der Mathematik" bezeichnet, ist der erste Abschnitt dieses Beitrags gewidmet.

Im Rahmen des Kapitels, in dem sich dieser Beitrag befindet, soll es nun generell um die Bedeutung fachlicher Argumentation(skultur)en als Teil Politischer Bildung gehen. Es geht demnach auch und gerade um die Frage, wie Mathematik Teil von Argumentationen in gesellschaftlichen Urteils- und Entscheidungsfindungsprozessen wird, oder anders: wie und warum Mathematik im politischen Raum wirksam wird – ich spreche abkürzend von „Mathematik in Argumentationen". Im zweiten Abschnitt umreiße ich ein auf Überlegungen von Fischer (2001; 2012) zurückgehendes Verständnis von allgemeinbildendem Mathematikunterricht, welches ein reflektiertes Verständnis von „Mathematik in Argumentationen" zu einer wesentlichen Aufgabe des Mathematikunterrichts erklärt und erläutere kurz, inwiefern damit auch der *politische Bildungsauftrag* des Faches angesprochen ist.

---

1 Für hilfreiche Hinweise zum Manuskript habe ich Michael Meyer, Werner Peschek und Günther Weiss zu danken.

Wenigstens in einem ersten Zugriff (Abschnitt 3) geht es bei „Mathematik in Argumentationen" vor allem um Angewandte Mathematik bzw. Anwendungen von Mathematik auf außermathematische Phänomene und Prozesse, vor allem jene, die in irgendeiner Art und Weise Gegenstand gesellschaftlicher Urteils- und Entscheidungsfindungsprozesse werden.

Die fachdidaktische Diskussion um außermathematische Anwendung von Mathematik fokussiert seit über dreißig Jahren eine andere, für die Wissenschaftsdisziplin Mathematik ebenfalls charakteristische Praxis, nämlich die der „mathematischen Modellierung" (vgl. Schupp, 1994; Greefrath, Kaiser, Blum & Borromeo Ferri, 2013). Im vierten Abschnitt soll auch diese Praxis in ihrer Bedeutung für das Ziel politischer Bildung durch Mathematikunterricht erörtert werden.

Anders als die fachdidaktische Diskussion um die wissenschaftliche Praxis des „mathematischen Beweisens" spielt die fachdidaktische Diskussion um „mathematische Modellierung" für die didaktische Rahmung der Frage des *Argumentierens im Mathematikunterricht* eine untergeordnete Rolle. Die jeweiligen Diskurse verlaufen weitgehend disjunkt und verdoppeln damit in gewissem Sinne die „falsche Dichotomie" zwischen Reiner und Angewandter Mathematik. Im letzten Abschnitt argumentiere ich, dass für die Frage, wie und warum Mathematik in Argumentationen als Teil politischer Urteils- und Entscheidungsprozesse wirkt, prinzipiell beide Praktiken aufeinander bezogen werden müssen – und was daraus für den Mathematikunterricht folgen könnte.

1. Argumentationen in der Mathematik

Die Frage, was ein Beweis ist, lässt sich schon für die Wissenschaftsdisziplin Mathematik nicht absolut, überzeitlich gültig oder unabhängig von der mathematik-philosophischen Grundhaltung der Forschenden (bzw. der diese Beforschenden) festlegen. Im Folgenden charakterisiere ich *idealtypisch* charakteristische Aspekte jener sozialen Praxis, die ich abkürzend als „formal strenges mathematisches Beweisen" bezeichne. Idealtypisch meint nicht, dass die hier beschriebene Praxis eine „ideale" im Sinne von wünschenswerte, bewusst von bestimmten Individuen oder Kollektiven angestrebte Form mathematischen Beweisens darstellt. Ich arbeite vielmehr einen *Idealtypus* heraus (im Sinne von Weber, 1922/1985; mathematikdidaktisch bei Bikner-Asbahs, 2003). Ich nehme eine bewusst zugespitzte, „scharfe" Begriffsbestimmung vor, die der deutlich facettenreicheren, unschärferen realen Praxis mathematischen Beweisens (erst recht: Argumentierens) als „Grenzbegriff" gegenübersteht. Die dabei gewonnenen charakteristischen Merkmale werden anschließend genutzt, um deutlich zu machen, wo man fachdidaktisch „mathematisches Beweisen, Begründen und Argumentieren" mit Blick auf den Unterricht abweichend auffasst. Für einen derartigen Idealtypus „formal strenges, mathematisches Beweisen" erscheinen mir vier Aspekte zentral:

1. Es sind (in letzter Konsequenz) ausschließlich deduktive Schlüsse zugelassen, denn nur diese sind denknotwendig und wahrheitsübertragend in dem Sinn, dass das, was gezeigt werden soll, mindestens so wahr ist wie das, aus dem gefolgert wird. Im Idealfall kann „jeder Beweis als eine endliche Kette von Deduktionen angesehen werden" (Meyer, 2015, S. 20).

2. Gewissheit, die mathematischen Aussagen zugesprochen wird, wird durch Beweise immer nur *relativ zu anderen Aussagen* hergestellt. Deduktives Schließen setzt einen Grundstock an unbewiesenen Aussagen (Axiomen) voraus. Man versucht, diesen möglichst minimal zu halten, kann aber prinzipiell nicht ohne ihn auskommen. Nach Peirce beschäftigt sich Mathematik insofern ausschließlich mit *hypothetischen Zuständen von Dingen* (vgl. Peirce, 1902, S. 227): Wenn Axiome als hypothetisch zulässig unterstellt werden, dann ist es denknotwendig, bestimmte andere Aussagen gleichsam automatisch auch als wahr anzusehen. Die Wahrheit der Axiome ist aber selbst nicht Gegenstand mathematischer Erörterung. Sie kann es letztlich gar nicht sein, weil eine Kette von Rückführungen auf andere Aussagen niemals „an einem Punkt anlangt, der als letzter Grund fungieren könnte" (Heintz, 2010, S. 173).

3. „Gerade weil man in der Mathematik hypothetische Gedankengebäude errichtet, stellt das mathematische Schließen besondere *Anforderungen der Strenge*" (Jahnke, 2009, S. 27). Das bezieht sich insbesondere auf die *Darstellung eines Beweises*: Mathematisch strenges Beweisen ist *formales Beweisen*. Im Idealfall kann ein mathematischer Beweis vollständig als Kette von Zeichen(ketten) dargestellt werden, die im Prozess der Beweisführung regelgeleitet erstellt und manipuliert werden (praktisch ist das allerdings selten der Fall, vgl. Heintz, 2000, S. 47ff.).

4. Das angedeutete Verständnis strenger mathematischer Beweise hat Rückwirkungen auf die Natur der betrachteten Objekte, also auf ontologische Fragen. Für Hilbert sind die Gegenstände der Mathematik die Zeichen selbst „und nicht mehr irgendwelche Objekte, auf die die Zeichen stellvertretend verweisen. [...] Die Grundkategorien der Mathematik – z.B. Zahl oder Raum – werden in der formalen Mathematik nicht mehr außermathematisch begründet [...] sondern sind ausschließlich innermathematisch definiert. Was eine Zahl oder eine Gerade ‚ist‘, steht nicht mehr zur Diskussion. Entscheidend ist nur noch, nach welchen Regeln mit ihnen umgegangen werden kann" (Heintz, 2010, S. 173).

Der durch diese vier Aspekte charakterisierte *Idealtypus* ist nun als „Grenzfall" realer Praxis notwendig „wirklichkeitsfremd": Jede mathematische Beweisaktivität wird mehr oder minder große Abweichungen in den vier benannten Aspekten zeigen. Einzelne Aspekte bzw. deren spezielle Ausformulierung stellen wissenschaftshistorisch jüngere Ausprägungen dar (Anfang des 20. Jh., „Grundlagenkrise der Mathematik"), andere weisen bis weit in die Antike zurück (vgl. Jahnke, 2010). Idealtypisch und insofern wirklichkeitsfremd ist das hier zugespitzte Beweisverständnis auch insofern, als es für die praktische Arbeit eines/r heutzutage in der Mathematik wissenschaftlich Forschenden nicht in all seinen Facetten unmittelbar bedeutsam werden muss.

Insbesondere wird niemand auf die Idee kommen, ein solches Beweisverständnis unmittelbar auf die Praxis des Mathematikunterrichts übertragen zu wollen. Folgende Abweichungen vom oben beschriebenen Idealtypus betrachte ich als fachdidaktisch weitgehend geteilten Konsens:

1. Deduktives Schließen klärt nicht die Herkunft mathematischer Aussagen. Durch Deduktionen lässt sich „kein neues Wissen bzw. nur relativ neues Wissen" (Meyer, 2015, S. 20) erzeugen. Prozesse der Entdeckung und Beweisfindung sind bereits rein logisch auf weitere Schlussweisen angewiesen (ebd.). Insofern mag „formal strenges mathematisches Beweisen" im obigen Sinne charakteristisch für mathematisches Arbeiten sein, aber mathematische Forschung geht nicht im Beweisen auf, die wissenschaftliche Praxis mathematischen Argumentierens und Begründens nicht im deduktiven Schließen (vgl. Meyer & Prediger, 2009, S. 2). Wenn man nun wie Winter Beweisen im Mathematikunterricht wesentlich in der Erfahrung begründet sieht, dass ebendieses „Beweisen eine *autonome Rekonstruktion mathematischer Tatsachen*" (Winter, 1982, S. 88) darstellt, mittels welcher man „selbst den Gegenstand noch einmal neu" erschaffe und dadurch dessen „Richtigkeit [...] jedermann gegenüber aus der Sache heraus vertreten könne" (ebd.), so kann eine solche Rekonstruktion nicht alleine auf deduktive Schlüsse zurückgreifen. Die soziale Praxis des Argumentierens und Begründens im Mathematikunterricht wird aus fachdidaktischer Sicht immer auch (für die Praxis mathematischer Forschung nicht minder relevante) Formen plausiblen Schließens (induktiv und abduktiv) umfassen müssen, insbesondere wenn sie an einer aktiv-entdeckenden, genetischen Organisation von Lernprozessen interessiert ist (vgl. Meyer, 2015, S. 11ff.).

2. Axiomatische Fundierung, also die explizite Benennung eines möglichst kleinen Grundstocks an in ihrem Wahrheitsgehalt nicht problematisierten Basisaussagen innerhalb eines größeren mathematischen Teilgebiets mit dem Zweck der *globalen Herstellung von (relativer) Gewissheit* aller anderen in diesem Teilgebiet getroffenen Aussagen, wird im schulmathematischen Rahmen als weder praktisch durchführbar noch als unbedingt erstrebenswert angesehen (vgl. Winter, 1982). Zudem kann eingebracht werden, dass begründende und beweisende Aktivitäten im Mathematikunterricht nur schwer durch das Ziel der Herstellung von Gewissheit motivierbar sind (die Richtigkeit getroffener Aussagen ist für Lernende häufig gar nicht zweifelhaft, vgl. ebd.), sondern der Fokus im Lernprozess eher auf der lokalen Herstellung von Einsicht liegen müsste: Beweise sollen nicht nur zeigen, *dass* eine Aussage richtig ist, sondern es soll erkannt werden, *warum* es vernünftig ist, eine Aussage als richtig anzusehen, was faktisch bedeutet, jedenfalls lokal Ordnung zu stiften, d.h. Zusammenhänge und Abhängigkeiten verschiedener Aussagen zu explorieren (vgl. Hanna, 1997).

3. Zu große formale Strenge kann für solche Explorationen durchaus hinderlich sein. *Verstehensorientierte Aktivitäten* zum Argumentieren und Begründen werden daher „Anschaulichkeit und Strenge" als komplementäres bzw. dialektisch verbundenes Paar betrachten und erst im fortschreitenden Lernprozess zuneh-

mende Schritte der formalen Exaktifizierung anstreben (vgl. etwa Vollrath, 1993, S. 47ff.).

Auch hinsichtlich der Verwendung von alltagssprachlichen und fachsprachlichen Elementen in Argumentationen wird in der Regel betont, dass Mathematikunterricht hier tendenziell eher Gefahr laufe, die Rolle der „natürlichen Sprache" (Borneleit, Danckwerts, Henn & Weigand, 2001, S. 75) zu unter- und jene der Fachsprache zu überschätzen.

4. Diejenige mathematisch-philosophische Grundhaltung, die Mathematik als ein regelgeleitetes Manipulieren von Symbolen betrachtet und die Frage möglichst weit ausblenden möchte, ob und auf welche außerhalb von ihr liegenden Gegenstände mit den Symbolen verwiesen wird, gilt als (exklusiver) Orientierungspunkt für einen allgemeinbildenden Mathematikunterricht als problematisch.

Im Mathematikunterricht käme man nicht umhin, Mathematik immer in ihrer Dualität als *formales* und *referentielles* System aufzufassen und erfahrbar werden zu lassen (vgl. Fischer, 2006, S. 16ff.; Heymann, 1996, S. 219ff.). Griesel, Burscheid und Struve ziehen sogar den Schluss, dass die betrachteten Objekte im Unterricht niemals nur die Zeichen selbst sein könnten, sondern Schulmathematik immer „empirische Theorie der Lebenswirklichkeit" (vgl. Griesel, 2013; Burscheid & Struve, 2011) sein müsse und eine Trennung von Zeichen und Bezeichnetem nicht in letzter Konsequenz und allenfalls phasenweise vollziehen könne.

Für den Mathematikunterricht bildet „formal strenges, mathematisches Beweisen" insgesamt also einen ambivalenten Bezugspunkt. Das ist insofern auch nicht weiter verwunderlich, als es sich beim Mathematikunterricht und der Klassengemeinschaft einerseits sowie der Wissenschaftsdisziplin Mathematik und der Gemeinschaft der mathematisch Forschenden andererseits jeweils um unterschiedliche soziale (Sub-) Systeme bzw. unterschiedliche Kulturen handelt und nicht zu erwarten ist, dass das, was den Erwerb, die Absicherung und die Weitergabe von Wissen in einem System kennzeichnet und dort auch funktional und „vernünftig" erscheint, dies automatisch auch im jeweils anderen System ist (vgl. Steinbring, 2011). Einige der Eigenarten des Idealtypus einer wissenschaftlichen Praxis „formal strenger, mathematischer Beweis" ergeben sich aber aus bestimmten inneren und äußeren Bedingungen und Notwendigkeiten dieser Praxis, die sich im Mathematikunterricht mit seinen ganz eigenen Bedingungen und Notwendigkeiten nicht (zwingend im selben Maße) ebenso ergeben.

Heintz argumentiert etwa, dass insbesondere Prozesse der *Formalisierung* des Beweisverständnisses eng mit dem enormen Anwachsen des mathematischen Wissens und der Anzahl der mathematisch Forschenden im 19. Jh. zusammenhängen. Formalisierung ist dabei auch eine „technology of trust" (vgl. Porter, 1995), deren Einsatz erst dort notwendig wird, wo direktes Vertrauen auf Basis von Face-to-face-Beziehungen nicht mehr gegeben ist (vgl. Heintz, 2000, S. 259ff.). Über Formalisierung, also die feste Verabredung von Spielregeln, nach denen mathematische Erkenntnisse als „gültig" klassifiziert werden können, weil man sich an die vereinbarten Spielregeln gehalten hat,[2] wird (nötigenfalls) Konsens über das als gesichert anzusehende Wissen *formal* erzeugt.

Heintz betont, dass sich bei einem derartigen Konsens die Akzeptanz „nicht so sehr auf ‚Verständnis' sondern auf ‚Einverständnis' (im Weberschen Sinne)" (Heintz, 2010, S. 172) stützt. Vom Prinzip, dass jeder alles in allen Details verstehen und jeder jeden anderen kennen muss, um die wissenschaftliche Dignität seiner Aussagen zu beurteilen, muss mit Anwachsen der Wissensbestände und Forschungsgemeinschaft Abstand genommen werden.

Es leuchtet nun einerseits ein, dass sich derartige soziale Zwänge in Unterrichtsprozessen *nicht* (im selben Maße) ergeben. Daraus schon abzuleiten, die idealtypischen Züge der Praxis „formal strenger, mathematischer Beweis" seien für den Mathematikunterricht irrelevant, erscheint mir insofern problematisch, als aus der Nicht-Adäquatheit gewisser Aspekte der Praxis des „formal strengen, mathematisches Beweisens" als Vorbild für die Gestaltung mathematischer Lernprozesse noch nicht die Nicht-Adäquatheit *im größeren gesellschaftlichen Kontext* folgt. Wenn Mathematikdidaktik auch die oben benannten „Eigenarten" mathematischer Argumentation für potentiell gesellschaftlich relevant hielte (und das kann heißen: angemessen oder unangemessen für bestimmte gesellschaftliche Zwecke), so wäre je nach Bildungsverständnis zu fragen, inwiefern der Mathematikunterricht nicht auch gegenüber diesen, für den Lernprozess selbst weniger relevanten Aspekten einem aufklärenden Anspruch zu folgen hätte.

2. (Politische) Bildung zur reflektierten Entscheidungsfähigkeit als Orientierungsrahmen für Fachunterricht

Einem aufklärenden Anspruch grundsätzlich verpflichtet ist die im (2012 abgeschlossenen) Projekt „Fächerkonzepte und Bildung/Domänen fächerorientierter Allgemeinbildung" (Fischer, Greiner & Bastel, 2012) entwickelte Allgemeinbildungsvorstellung, die sich am Bildungsideal *reflektiert urteils- und entscheidungsfähiger Laiinnen und Laien* orientiert. Das Konzept höherer Allgemeinbildung von Fischer (2001) aufgreifend standen charakteristische Merkmale unserer heutigen Gesellschaft, die sich grob mit dem Begriff „demokratisch verfasste, arbeitsteilig organisierte Entscheidungsgesellschaft" umschreiben lassen, im Zentrum unserer[3] Überlegungen. Heute ist es dem Individuum möglich und für das Funktionieren der Arbeitsteilung konstitutiv, dass nicht jede und jeder alles selbst tun muss, was getan werden muss, um einem ein qualitätsvolles Leben zu ermöglichen. „Wir delegieren an Fachleute oder lassen uns zumindest beraten, bevor wir selbst tun" (Fi-

---

2 Und gerade nicht, weil man denjenigen kennt, der sie erzeugt hat oder weil jede/r Forschende die Argumentation jeder/s anderen Forschenden in ihrem/seinem Gebiet in all ihren Details sicher überblicken kann.

3 Ich selbst war als Vertreter der Fachdidaktik Mathematik beteiligt, insgesamt waren etwa 20 VertreterInnen der Fachdidaktiken der Fächer Deutsch, Physik, Biologie, Englisch, Kunst, Katholische Religionslehre, Geographie, Geschichte und Politische Bildung sowie Philosophie beteiligt.

scher, 2012, S. 10). Jedes Gesellschaftsmitglied ist nun in fast allen Bereichen Laie bzw. Laiin, in sehr wenigen selbst Expertin bzw. Experte. In der ExpertInnen-LaiInnen-Kommunikation sind Information und Verantwortung typischerweise asymmetrisch verteilt: Der Experte bzw. die Expertin verfügt in einer Entscheidungssituation, in der wir seine bzw. ihre Expertise einholen, immer über ein *höheres spezifisches Wissen und Können.* Trotzdem liegen Entscheidungsgewalt und -verantwortung über einen Problemlösungsvorschlag typischerweise auf Seite derer, die die Expertise einholen (also der Laien und Laiinnen).

Das sich ergebende Bildungsproblem ist nun, wie man den Fachunterricht auf solche, für den individuellen Alltag im Kleinen wie die Organisation gesellschaftlicher Entscheidungsprozesse im Großen typische Konstellation *gezielt* vorbereiten kann, d.h. inwiefern Fachunterricht eine überzeugende Antwort auf die Frage findet, „was man wissen und tun können muss, also lernen sollte, um gut delegieren zu können und sich beraten zu lassen" (ebd., S. 11). Fischer betrachtet für diese Frage die im Unterricht der Mathematik und Naturwissenschaften s. E. weit verbreitete Tendenz zur bloßen Imitation von ExpertInnen-Handeln (also eine möglichst bruchlose Orientierung am Handeln in den Wissenschaftsdisziplinen) als problematisch, denn dabei werde ausgeblendet, dass viele, vor allem fachlich elaboriertere Tätigkeiten im eher operativ-ausführenden Bereich im Alltag dann typischerweise gerade nicht mehr von Laiinnen und Laien selbst ausgeführt würden, daher relativ schnell verlernt und das betroffene Wissen vergessen werde. Soweit es dabei „um den Lernprozess und um das Prinzipielle" gehe, müsse man feststellen, dass gerade die Einsicht in das Prinzipielle – „etwa die naturwissenschaftliche Denkweise – nicht zustande kommt, unter Umständen gerade wegen des sich Verlierens in Tätigkeiten, die in der Praxis von SpezialistInnen durchgeführt werden" (Fischer, 2012, S. 12).

Bezogen auf Argumentationen ist festzuhalten, dass Argumentationen als solche ein Kernelement politischen Handelns darstellen. Folgt man etwa Alemanns Politik-Definition, so hat man darunter den „öffentliche[n] Konflikt von Interessen unter den Bedingungen von Machtgebrauch und Konsensbedarf" (Alemann, 1999, S. 80) zu verstehen. Argumentation ist ein fester Bestandteil der mit diesem Konflikt verbundenen gesellschaftlichen Urteils- und Entscheidungsfindungsprozesse. Das Problem der ExpertInnen-LaiInnen-Kommunikation findet sich hier dann zunächst auf der Ebene der Kommunikation bzw. Argumentation zwischen Politik[4] und Politikberatung im Sinne des Einholens von (wissenschaftlicher) Expertise wieder, in der Folge auch in der Kommunikation zwischen (am politischen Prozess aktiv teilnehmenden) Bürgerinnen und Bürgern, der Politik bzw. den diese beratenden Expertinnen und Experten. Auch hier sind Expertise und Verantwortung asymmetrisch verteilt: Expertinnen und Experten können die Politik *beraten*, es ist aber die ureigene Funktion der Politik, die Entscheidungen zu fällen und zu *tragen*.

---

4   Hier: im Sinne der legislativ, exekutiv und jurisdikativ handelnden Personen.

3. Mathematik in (gesellschaftlichen) Argumentationen

Weniger offensichtlich ist vielleicht, dass und wie *Mathematik* bzw. *mathematische Argumentation* im politischen Konflikt involviert ist. Fischer hat darauf hingewiesen, dass Mathematik in außermathematischen Entscheidungssituationen per se tendenziell eher indirekt wirkt: Allein „die Tatsache, dass zwei mal zwei vier ist, oder dass der pythagoreische Lehrsatz gilt, hat keine unmittelbaren Auswirkungen auf unser Handeln. Erst wenn sich herausstellt, dass mit einem Produkt kein Gewinn zu machen ist, oder wenn der Pythagoras zur Berechnung von Kräften bei einem Brückenbau gebraucht wird, hat die Mathematik einen Einfluss auf Entscheidungen" (Fischer, 2006, S. 41). Mathematik, die Teil eines gesellschaftlichen Aushandlungs- und Argumentationsprozesses ist, tritt bisweilen auch gar nicht offen zu Tage. Hier käme dem Mathematikunterricht dann zunächst einmal die Aufgabe zu, „mathematische Archäologie" (Skovsmose, 1998) zu betreiben, also die implizit verwendeten mathematischen Teile einer Argumentation als solche herauszuarbeiten.

Tatsächlich kann Mathematik prinzipiell in allen drei von der Politikwissenschaft unterschiedenen Dimensionen von Politik – Form (*polity*), Inhalt (*policy*) und Prozess (*politics*) (vgl. Alemann, 1999) – relevant werden.

Inhalte politischer Entscheidungen (*policy*) können einerseits auf sozialstatistischem Datenmaterial und darauf aufbauenden Modellrechnungen und Prognosen beruhen; eingeholte wissenschaftliche Expertise wird andererseits vielfach auf Ergebnissen und Erkenntnissen etwa aus dem wirtschaftswissenschaftlichen, aber auch aus dem naturwissenschaftlichen und technischen Bereich beruhen, die ihrerseits häufig auf Basis mathematischer und/oder statistischer Verfahren gewonnen wurden. Politische Entscheidungsfindung wird ihrer Form nach durch Regeln und Abstimmungsverfahren (*polity*) bestimmt, deren Konstruktionsprinzipien essentiell mathematisch sind, man denke etwa an das gar nicht unkomplexe Problem des Ausgleichs von Überhangmandaten. Auch politische Prozesse (*politics*) können ihrer Struktur nach etwa mit Methoden der Social-Choice-Theory[5] und der Spieltheorie analysiert werden.[6]

Als Problem (politischer) Bildung betrachtet stellt sich nun die Frage, wie Mathematikunterricht gegenüber der Verwendung von Mathematik in Argumentationen als Teil gesellschaftlicher Urteils- und Entscheidungsprozesse so wirken kann, dass er dem oben genannten Bildungsideal „reflektiert entscheidungsfähiger Laien und Laiinnen" gerecht wird. Offensichtlich reicht es wegen des Eingebunden-Seins in außermathematische Argumentationskontexte und Konfliktsituationen nicht aus, sich dabei auf die Argumentation innerhalb der (Wissenschaftsdisziplin) Mathematik zu beschränken. Es ist zu konstatieren, dass Mathematik in (gesellschaftlichen) Argumentationen weit überwiegend angewandte Mathematik ist, jedenfalls die Kontexte ihrer Anwendung mitbedacht werden müssen.

---

5   Mathematikdidaktisch diskutiert etwa bei Jahnke, 2013.
6   Das bekannteste Beispiel aus der Spieltheorie ist wohl das Gefangenendilemma, etwa als Erklärungsmodell für das Phänomen des Wettrüstens mathematikdidaktisch diskutiert bei Picher, 2013.

Man wird sich auch dem Problem stellen müssen, dass eine vollständige Rekonstruktion der mathematischen Teile einer Argumentation im alltäglichen, gesellschaftlichen Kontext regelmäßig scheitern müsste, weil der weit überwiegende Teil der Bevölkerung weder über das mathematische Wissen noch über die nötige Zeit verfügt, eine solche vorzunehmen. Das ist strukturell eine andere Situation als diejenige, in der sich die Anwender der Mathematik selbst, die Angewandte Mathematik und auch ein Mathematikunterricht befindet, der außermathematischen Anwendungen gemäß deren didaktischer Rahmung als aktive „mathematische Modellierung" einbinden will.

4. Mathematisches Modellieren als Argumentationswerkzeug

Seit wenigstens Mitte der 1980er Jahre werden realitätsbezogene oder anwendungsorientierte Aufgabenstellungen in der Mathematikdidaktik zunehmend unter eben diesem Begriff des „mathematischen Modellierens" diskutiert. Eine dem ersten Abschnitt analoge, idealtypische Beschreibung der gesellschaftlichen Praxis „mathematische Modellierung" bzw. allgemeiner des „Argumentierens mit Mathematik" bzw. noch allgemeiner „mathematikhaltiger Argumentation" (in außermathematischen Kontexten) ist insofern schwierig, als die jeweiligen Anwendungskontexte durchaus unterschiedliche Aspekte der Verwendung von Mathematik zur Stützung außermathematischer Argumentationen ansprechen und der idealtypische Grenzfall hier je nach Kontextbereich also unterschiedlich aussehen würde.

Einen Versuch, die Rolle von mathematischen Modellen für gesellschaftliche Entscheidungsprozesse kontextübergreifend vorzunehmen, hat Fischer unternommen, der ihren Wert vor allem in der *Materialisierung des Abstrakten* sieht, bzw. Mathematik sogar ausdrücklich als „die materielle, symbolhafte Darstellung abstrakter, den Sinnen nicht direkt zugänglicher Sachverhalte, mit der Möglichkeit der regelhaften Umgestaltung dieser Darstellung" (Fischer, 2006, S. 67) definiert. Angewandt wird Mathematik in diesem Sinne sowohl „zur Beschreibung der Natur" (zunehmend auch der wirtschaftlichen, sozialen und kulturellen Gegebenheiten) als auch „zur Regelung der zwischenmenschlichen (Besitz)Verhältnisse" (ebd., S. 54). Hiermit greift Fischer einerseits die zwei historischen Ursprungsgebiete der Entwicklung von Mathematik (Naturwissenschaften und „wirtschaftliche Berechnungen", ebd., S. 52) auf, andererseits die zwischen diesen beiden Bereichen traditionell bestehenden Unterschiede zwischen einer tendenziell eher deskriptiv-beschreibenden Verwendung mathematischer Modelle in den Naturwissenschaften und einer normativ-vorscheibenden Verwendung in wirtschaftspraktischen Anwendungen wie Handel, Geld-, Steuer- und Zinswesen.

Die Rolle naturwissenschaftlicher Argumente in gesellschaftlichen Entscheidungsprozessen sieht Fischer darin, dass „naturwissenschaftliche Berechnungen vielfach [...] die *Rahmenbedingungen* für unsere Entscheidungen" (ebd., S. 52) lieferten, „indem etwa die Dimensionierung technischer Anlagen im Hinblick auf die Sicherheit, die Ausbreitung einer Epidemie usw. ermittelt werden" (ebd.). Typischerweise lieferten solche Berechnungen „die sogenannten *Sachzwänge*. Ihnen wird der höchste Grad an Verlässlichkeit zugeschrieben" (ebd.).

In der Begründung dieser Sachzwänge wirkt die Mathematik wie schon erwähnt indirekt, vermittelt über eine naturwissenschaftliche Argumentation. Es ist also weiter zu fragen, welche Rolle die Mathematik in der Begründung naturwissenschaftlicher Erkenntnisse spielt, die dann ihrerseits als (gemäß Fischer sehr zwingendes) Argument in politische Prozesse eingehen können. Stark gerafft würde ich mathematischen Modellen in naturwissenschaftlicher, insbesondere physikalischer, Argumentation eine wichtige Mittlerrolle zwischen Theorie und Experiment zuweisen. Naturwissenschaftliche Theorien der Neuzeit beschäftigen sich ganz wesentlich mit abstrakten, mit den Sinnen nicht direkt wahrnehmbaren Zusammenhängen. Sie formulieren mathematisch sogenannte *Naturgesetze* aus, in denen diese nicht direkt beobachtbaren Zusammenhänge zu *Beobachtungssätzen* zwischen kontrolliert, quantitativ beobachtbaren Phänomenen ausformuliert werden. Die mathematischen Modelle treffen Vorhersagen, die sich in Experimenten reproduzierbar zu bewähren haben. In diesem Verständnis naturwissenschaftlicher Argumentation besteht die Rolle des Experiments „in der Überprüfung von Theorien und nur in ihr" (vgl. Heidelberger, 1997, S. 1). Mathematische Modelle dienen einerseits dazu, aus „der in Frage stehenden Theorie […] Beobachtungsaussagen" zu folgern. Sie ermöglichen es dann umgekehrt erst, experimentell Bedingungen zu realisieren, „unter denen die beobachtete Tatsache gemäß der Theorie einzutreten hat" (ebd.). Experimente sind also theoriegeleitete, kontrollierte Beobachtung, in einer mathematisch bereits „zugerichteten" Realität. Das Experiment ist „Laborexperiment"(vgl. ebd.), also dadurch charakterisiert, „einen Ausschnitt der Wirklichkeit im Labor an die mathematischen Idealbedingungen anzupassen, diese also herzustellen und Abweichungen von ihnen (so genannte Störfaktoren) weitestgehend auszuschalten" (Ortlieb, 2008, S. 4; ähnlich Heidelberger, 1997). Mathematische Modelle wirken hier, indem sie ein generelles Hilfsmittel zur „Darstellung abstrakter, den Sinnen nicht direkt zugänglicher Sachverhalte" (Fischer, 2006, S. 67) sind, die typischerweise die Gegenstände naturwissenschaftlicher Theorien und Gesetze sind. Mit den symbolischen Darstellungen der Mathematik kann zum Zweiten durch regelgeleitete Manipulation („Rechnen" i. w. S.) hypothetisch vorweggenommen werden, wie sich die Realität verhalten müsste, wenn die Theorie die Wirklichkeit hinreichend erfasste (vgl. Ortlieb, 2008, S. 10ff.). Die Mathematik hilft schließlich zum Dritten, die theoretisch postulierten Zusammenhänge im Experiment dadurch beobachtbar zu machen, dass sie diese Zusammenhänge als (numerische) Relationen zwischen quantitativ erfassbaren Messgrößen zum gut intersubjektiv kontrollierbaren Beobachtungsgegenstand macht.

Für das 19. und beginnende 20. Jh. sind nun insgesamt drei Entwicklungen entscheidend, die zu einer wesentlichen Erweiterung und Veränderung der für gesellschaftlichen Entscheidungsprozesse relevanten Anwendung von Mathematik führen:
1. Mathematik emanzipiert sich zunehmend von der Physik (u.a. beeinflusst von der durch die Entdeckung nichteuklidischer Geometrien hervorgerufenen Grundla-

genkrise, vgl. Ortlieb, 2008, S. 9). Sie wird immer deutlicher zu ebenjener Lehre von den „Symbolen selbst", die oben mit Blick auf Hilbert bereits erwähnt wurde.

2. Nahezu parallel etabliert sich im Wechselspiel von Naturwissenschaft, Staatswissenschaft und Mathematik das Gebiet der Stochastik. Das Entstehen amtlicher Sozialstatistik und die Entwicklung von Methoden der beschreibenden und beurteilenden Statistik bedingen sich dabei wechselseitig und führen dazu, dass der Gebrauch von Mathematik in gesellschaftlichen und wirtschaftlichen Zusammenhängen nicht mehr auf die Regelung der Besitzverhältnisse beschränkt ist, sondern in ihm zunehmend ein dem naturwissenschaftlichen Gebrauch vergleichbares Mittel zur Beschreibung der zwischenmenschlichen Verhältnisse gesehen wird (vgl. Desrosiéres, 2005).

3. Diese Entwicklung verstärkt sich in den Sozial- und Humanwissenschaften nochmals dadurch, dass die hochgradig mathematisierte „naturwissenschaftliche Methode" ein Verfahren der Absicherung von Erkenntnissen darstellt, dem im hohen Maße Objektivität (im Sinne intersubjektiver Kommunizierbarkeit) beigemessen wird. Porter argumentiert, dass die Mathematisierung wissenschaftlicher Argumentation dort fortschreitet, wo ein Wissenschaftsbereich einem übergeordneten System (der Universität, dem Staat, der Gesellschaft) gegenüber rechenschaftspflichtig gemacht und ein Kommunikationsmedium gefunden werden muss, dem im Gesamtsystem vertraut wird (vgl. Porter, 1995).

Was bedeutet das oben Dargestellte nun für die Beurteilung der Rolle von Mathematik in gesellschaftlichen Argumentationen? Porter (1995), Heintz (2010), Ortlieb (2008) und Fischer (2006) sind sich weitgehend einig, dass beschreibende mathematische Modelle der zwischenmenschlichen Verhältnisse jedenfalls auch durch ihre *soziale Funktionalität* als „technology of trust" motiviert sind. Erkenntnisse in diesem Bereich sollen in gleichem Maße wie Erkenntnisse der Naturwissenschaften als „Sachzwänge" kommuniziert werden. Dies gelingt dadurch, dass man die „sozialen Tatbestände wie Dinge" (Durkheim, 1894/1984) behandelt, und durch Herstellung „mechanischer Objektivität" (Porter, 1995, S. 5), also durch Erzeugung von Erkenntnissen gemäß hochgradig transparenter und reproduzierbarer Erzeugungsregeln.

Porter, Heintz, Ortlieb und Fischer unterscheiden sich insofern, als sie eine solche Entwicklung in der neuzeitlichen Gesellschaft unterschiedlich bewerten: als Tatsache historischer Emergenz (Porter, 1995), als Notwendigkeit der sozialen Entwicklung zur modernen, funktional ausdifferenzierten Massengesellschaft (Heintz, 2010; Fischer, 2006) bzw. als gesellschafts- und wissenschaftspolitisch zu bearbeitendes Missverständnis der grenzenlosen Übertragbarkeit mathematischer Methoden auf nicht naturwissenschaftliche Bereiche (Ortlieb, 2008). Ortlieb sieht das Laborexperiment als wesentliche Bewährungsprobe des „zwingenden Charakters" mathematikhaltiger Argumentationen. Dort, wo nicht oder nicht in demselben Maße wie in den klassischen physikalischen Modellen eine Überprüfung in einer gemäß den mathematischen Idealbedingungen zugerichteten (Labor-)Realität erfolgen kann, stellt Ortlieb mathematische Modelle tendenziell unter Ideologieverdacht. Wo es nicht möglich ist, betrachtete Systeme versuchsweise mathematischen Idealbedingungen anzupassen, sei der Zusammenhang von Modell und Realität prinzipiell ein anderer. Jedenfalls sei zu bedenken, dass die „Stichhaltigkeit" von mathematischen Modellen als Grundlage der Argumentation maßgeblich durch den Wissensbereich bestimmt wird, in dem diese angewandt werden (vgl. Ortlieb, 2008, S. 11; ähnlich bereits Lenné, 1969, S. 130f.).

Fischer betrachtet die Tendenz zur Mathematisierung als notwendiges Element der funktionalen Differenzierung und der Entwicklung zur *Massengesellschaft*. Wo Massen mit- und übereinander kommunizierten, sei eine gewisse Oberflächlichkeit, „eine Fokussierung der Aufmerksamkeit auf Abstraktes" (Fischer, 2006, S. 52), unabdingbar. Die durch Mathematik bereitgestellten Darstellungen und Modelle geben diesen Abstrakta „Stabilität. Die damit verbundene Reduktion erleichtert Entscheidungen" (ebd.). Das Vertrauen auf mathematische Modelle, diejenige Stabilität, die ihre Darstellungen vermitteln, sieht Fischer ganz wesentlich in der Systemhaftigkeit der Mathematik, als einem in sich konsistenten, widersprüchliche Aussagen ausschließenden Gedankengebäude begründet.

Heintz sieht die gesellschaftliche Tendenz zur Zunahme quantitativer Vergleiche vor allem als soziales Phänomen, welches sich Zahlen als spezifischem Kommunikationsmedium zur Herstellung „numerischer Differenz" bediene. Luhmann (1997) folgend betrachtet Heintz Zahlen als „Erfolgsmedium", das die gesellschaftlichen Teilsysteme übergreifende Kommunikation, aber auch Machtgebrauch und Einflussnahme erst ermöglicht (vgl. Heintz, 2010, S. 170–172). Sie grenzt Zahlen als Mittel interner Wissenschaftskommunikation davon ab, weil hier typischerweise „die Verfahren ihrer Herstellung transparent sind und die Ressourcen zur Verfügung stehen, um alternative Zahlen zu produzieren" (ebd., S. 172). Für teilsystemübergreifende, öffentliche Kommunikation sei dies regelmäßig nicht gegeben: „Entweder sind die Daten, die die Grundlage für publizierte Statistiken bilden, öffentlich nicht zugänglich […] oder es besteht ein Datenmonopol, wie im Falle von nationalen statistischen Ämtern oder privaten bibliometrischen Datenbanken. Alternative Zahlen können unter diesen Umständen nur mit Schwierigkeiten und großem Aufwand produziert werden. Hinzu kommt, dass die statistischen Verfahren […] teilweise so komplex sind, dass sie von den Adressaten nicht rekonstruiert werden können" (ebd.). Es stelle sich dann aber die Frage, ob dort, wo „Datenproduzenten und Datenrezipienten" nicht über dieselbe Qualifikation verfügten, überhaupt anders als mit „Fundamentalopposition" (ebd.). reagiert werden könne.

5. Mathematische Argumentation als dialektisches Verhältnis von Beweisen und Modellieren – auch im Mathematikunterricht?

In der Einführung habe ich es als problematisch bezeichnet, dass mathematikdidaktisch der Themenbereich „Argumentieren" vornehmlich unter dem Blickwinkel des „mathematischen Beweisens" betrachtet wird und „mathematische Modellierung" als davon abgetrennte wissenschaftliche Praxis. Wie in Abschnitt 1 dargelegt, wird

„mathematisches Beweisen" so gerahmt, dass es vornehmlich um die Frage geht, wie man „mathematisches Beweisen" so interpretieren kann, dass es einem aktiv entdeckenden Lernprozess gerecht wird und gleichzeitig ein zulässiges Bild der Argumentationskultur innerhalb der Wissenschaft gezeichnet wird. Hier gelten dann vor allem jene Züge des „mathematischen Beweisens" als ambivalent, die man mit Begriffen wie „Strenge" und „Formalisierung" erfasst. Es sind aber nicht zuletzt diese Züge, die für die Außenwahrnehmung von Mathematik eine ganz entscheidende Rolle spielen und ihr erst zu ihrer sozialen Funktion der Stabilisierung und (mechanischen) Objektivierung von Argumentationen im gesellschaftlichen Kontext mittels „mathematischer Modellierung" verhelfen.

Auf die aktuelle didaktische Diskussion um „mathematische Modellierung" wurde in diesem Beitrag nicht näher eingegangen. Kurz zusammengefasst besteht hier eine ähnliche Schwierigkeit wie beim „mathematischen Beweisen": Didaktischen Entwürfen zur „mathematischen Modellierung" geht es ganz wesentlich um eine praktisch orientierte, aktiv-entdeckende Einübung in die Praxis der Anwendung von Mathematik auf außermathematische Kontexte. Mathematische Modellierung wird als Mittel der aktiven Problemlösungen in außermathematischen Bereichen gelehrt, „Modellierungskompetenz" zum Ziel an sich (vgl. ausführlicher Vohns, 2013). Das verkennt nun aber gerade jene oben beschriebene für gesellschaftliche Beurteilungs- und Entscheidungsfindungsprozesse typische ExpertInnen-LaiInnen-Kommunikation, es blendet die Frage aus, wie man sich gezielt darauf vorbereitet, etwas nicht selbst zu tun, sondern sich beraten zu lassen und über die Problembewältigungsvorschläge anderer zu entscheiden.

Nun wird man wohl die Frage stellen, wo das Konstruktive bleibe, was Unterricht also zu tun habe, um hier auch politisch bildend wirksam zu werden. Darauf eine überzeugende Antwort zu finden, halte ich in der Tat für ein noch in weiten Teilen ungelöstes Problem, ich will aber abschließend wenigstens drei Desiderata benennen:

1. Mathematisches Beweisen und mathematisches Modellieren sind voneinander abgrenzbare soziale Praktiken, in die der Mathematikunterricht prinzipiell praktisch einführen kann und soll, durchaus getrennt und durchaus mit den gegenüber der Wissenschaftspraxis in Kauf zu nehmenden Modifikationen.

2. „Mathematisches Beweisen und mathematisches Modellieren Lernen" ist als Ziel an sich zu kurz gegriffen. Wenn man das Bildungsideal „reflektierte Entscheidungsfähigkeit" in einer arbeitsteiligen Gesellschaft annimmt, dann müssen prinzipiell auch Reflektieren und Entscheiden gelernt werden. Für jede maßgebliche Phase der Einführung in ein Stück mathematischer Praxis „Beweisen" und „Modellieren" sollten auch der anschließende kritisch-distanzierende Blick zurück darauf, was diese Praxis mit uns und den Dingen, die dort betrachtet wurden, eigentlich gemacht hat, und die Frage, ob und warum ich als Individuum bzw. man als Gesellschaft das eigentlich will, ebenso selbstverständliche Unterrichtsinhalte werden (vgl. Vohns, 2013, S. 327f.).

3. Mathematisches Modellieren und mathematisches Beweisen als außerhalb von Mathematikunterricht dialektisch aufeinander bezogene, den (vermeintlich)

zwingenden Charakter von mathematikhaltigen Argumentationen erst herstellende und je nach Anwendungsbereich sehr differenziert zu betrachtende Zuschreibung im Mathematikunterricht selbst direkt in den Blick zu nehmen, scheint mir didaktisch die größte, bislang weitgehend ungelöste Herausforderung.

Literatur

Alemann, U. von (1999). Politikbegriffe. In W. W. Mickels (Hrsg.), *Handbuch zur politischen Bildung* (S. 79–82). Bonn: Bundeszentrale für Politische Bildung.

Bikner-Ahsbahs, A. (2003). Empirisch begründete Idealtypenbildung. *ZDM – The International Journal on Mathematics Education, 35* (5), 208–223.

Borneleit, P., Danckwerts, R., Henn, H.-W. & Weigand, H.-G. (2001). Expertise zum Mathematikunterricht in der gymnasialen Oberstufe. *Journal für Mathematik-Didaktik, 22* (1), 73–90.

Burscheid, H.-J. & Struve, H. (2011). Die ontologische Bindung spezieller Größen. *Mitteilungen der GDM, 91*, 14–16.

Desrosiéres, A. (2005). *Die Politik der großen Zahlen: Eine Geschichte der statistischen Denkweise.* Berlin u.a.: Springer.

Durkheim, E. (1984). *Die Regeln der soziologischen Methode.* Frankfurt am Main: Suhrkamp (1. Frz. Ausgabe: *Les Règles de la méthode sociologique.* Paris, 1894).

Fischer, R. (2001). Höhere Allgemeinbildung. In A. Fischer-Buck, K.-H. Schäfer & D. Zöllner (Hrsg.), *Situation – Ursprung der Bildung. Franz-Fischer-Jahrbuch für Philosophie und Pädagogik 6* (S. 151–161). Leipzig: Universitätsverlag.

Fischer, R. (2006). *Materialisierung und Organisation.* München u.a.: Profil Verlag.

Fischer, R. (2012). Fächerorientierte Allgemeinbildung. In R. Fischer, U. Greiner & H. Bastel (Hrsg.), *Domänen fächerorientierter Allgemeinbildung* (S. 9–17). Linz: Trauner Verlag.

Fischer, R., Greiner, U. & Bastel, H. (Hrsg.). (2012). *Domänen fächerorientierter Allgemeinbildung.* Linz: Trauner Verlag.

Greefrath, G., Kaiser, G., Blum, W. & Borromeo Ferri, R. (2013). Mathematisches Modellieren. In R. Borromeo Ferri, G. Greefrath & R. Kaiser (Hrsg.), *Mathematisches Modellieren für Schule und Hochschule* (S. 11–38). Wiesbaden: Springer Spektrum.

Griesel, H. (2013). Elementarmathematik als empirische Theorie der Lebenswirklichkeit. In M. Rathgeb, M. Helmerich, R. Krömer, K. Lengnink & G. Nickel (Hrsg.), *Mathematik im Prozess* (S. 305–318). Wiesbaden: Springer Spektrum.

Hanna, G. (1997). The ongoing value of proof. *Journal für Mathematik-Didaktik, 18* (2/3), 171–185.

Heidelberger, M. (1997). *Die Erweiterung der Wirklichkeit im Experiment. ZiF-Mitteilungen (2/1997).* Verfügbar unter: https://www.uni-bielefeld.de/ZIF/Publikationen/Mitteilungen/Aufsaetze/1997-2-Heidelberger.pdf [19.03.2015].

Heintz, B. (2000). *Die Innenwelt der Mathematik. Zur Kultur und Praxis einer beweisenden Disziplin.* Wien, New York: Springer.

Heintz, B. (2010). Numerische Differenz. Überlegungen zu einer Soziologie des (quantitativen) Vergleichs. *Zeitschrift für Soziologie, 39* (3), 162–181.

Heymann, H.-W. (1996). *Allgemeinbildung und Mathematik.* Weinheim u. Basel: Beltz.

Jahnke, H.-N. (2009). Hypothesen und ihre Konsequenzen. *PM – Praxis der Mathematik in der Schule, 30* (51), 26–30.

Jahnke, H.-N. (2010). Zur Genese des Beweisens. In A. Lindmeier & S. Ufer (Hrsg.), *Beiträge zum Mathematikunterricht – Vorträge auf der 44. Tagung für Didaktik der Mathematik* (S. 51–58). Münster: WTM.

Jahnke, T. (2013). Mathematik der Partizipation – Präferenzwahlen. *Der Mathematikunterricht, 59* (4), 8–18.

Krauthausen, G. & Scherer, P. (2007). *Einführung in die Mathematikdidaktik* (3. Auflage). München: Elsevier.

Lenné, H. (1969). *Analyse der Mathematikdidaktik in Deutschland.* Stuttgart: Klett.

Luhmann, N. (1997). *Die Gesellschaft der Gesellschaft.* Frankfurt am Main: Suhrkamp.

Meyer, M. (2015). *Vom Satz zum Begriff.* Wiesbaden: Springer Spektrum.

Meyer, M. & Prediger, S. (2009). Warum? Argumentieren, Begründen, Beweisen. *PM – Praxis der Mathematik in der Schule, 30* (51), 1–7.

Ortlieb, C.-P. (2008). *Heinrich Hertz und das Konzept des Mathematischen Modells.* Verfügbar unter: http://www.math.uni-hamburg.de/home/ortlieb/OrtliebHertzModell.pdf [19.03.2015].

Peirce, C. S. (1902). The essence of mathematics. In C. Hartshorne & P. Weiss (Eds.), *Collected Papers of Charles Sanders Peirce, Vol. IV* (pp. 227–244). Cambridge: Havard University Press.

Picher, F. (2013). Das Gefangenendilemma. *Der Mathematikunterricht, 59* (4), 32–40.

Porter, T. M. (1995). *Trust in Numbers.* Princeton: Princeton University Press.

Schupp, H. (1994). Anwendungsorientierter Mathematikunterricht in der Sekundarstufe I zwischen Tradition und neuen Impulsen. In W. Blum, H.-W. Henn, M. Kilka & J. Maaß (Hrsg.), *Materialien für einen realitätsbezogenen Mathematikunterricht. Bd. 1* (S. 1–11). München: Franzbecker.

Skovsmose, O. (1998). Linking Mathematics Education and Democracy. *ZDM – Zentralblatt für Didaktik der Mathematik, 30* (6), 195–203.

Steinbring, H. (2011). Changed views on mathematical knowledge in the course of didactical theory development. In T. Rowland & K. Ruthven (Eds.), *Mathematical knowledge in teaching* (pp. 43–64). New York: Springer.

Steiner, H.-G. (1987). A Systems Approach to Mathematics Education. *Journal for Research in Mathematics Education, 18* (1), 46–52.

Vohns, A. (2012). Regelhafte Darstellung und Verarbeitung. In R. Fischer, U. Greiner & H. Bastel (Hrsg.), *Domänen fächerorientierter Allgemeinbildung* (S. 367–375). Linz: Trauner Verlag.

Vohns, A. (2013). Zur Bedeutung mathematischer Handlungen im Bildungsprozess und als Bildungsprodukte. In M. Rathgeb, M. Helmerich, R. Krömer, K. Lengnink & G. Nickel (Hrsg.), *Mathematik im Prozess* (S. 73–88). Wiesbaden: Springer Spektrum.

Vollrath, H.-J. (1993). Paradoxien des Verstehens von Mathematik. *Journal für Mathematik-Didaktik, 14* (1), 35–58.

Weber, M. (1985). *Wissenschaftslehre. Gesammelte Aufsätze* (5. Auflage; 1. Auflage 1922). Tübingen: J. C. B. Mohr.

Winter, H. (1982). Zur Problematik des Beweisbedürfnisses. *Journal für Mathematik-Didaktik, 4* (1), 59–95.

Stephanie Leder

Bildung für nachhaltige Entwicklung durch Argumentation im Geographieunterricht

Einleitung

Bildung für nachhaltige Entwicklung (BNE) ist ein transnationales Bildungsziel, welches einen umweltschonenden und kritischen Umgang mit den natürlichen Ressourcen durch Bildung fordert. Ökonomische und ökologische Prozesse sollen mit einer sozialen Dimension integriert betrachtet und unter der Norm der Nachhaltigkeit behandelt werden (UNESCO, 2011). Der didaktische Ansatz der Argumentation fördert das von BNE geforderte vernetzte und kritische Denken sowie Schülerorientierung und Partizipation. Daher kann die Verknüpfung von BNE und Argumentation ein didaktisches Rahmenkonzept für die Implementierung von BNE in den Schulunterricht bilden. Obwohl BNE in jedes Schulfach integriert werden kann, eignet sich das Fach Geographie besonders, da Themen zur Mensch-Umwelt-Beziehungen und Ressourcenverteilung und -nutzung dem Geographieunterricht immanent sind. Die Humangeographie sowie die physische Geographie und insbesondere deren Überschneidungen bieten viele Inhalte, um aktuelle Entwicklungsprozesse und -politiken auf lokaler, regionaler, nationaler oder globaler Ebene kritisch in Bezug auf eine nachhaltige Entwicklung zu hinterfragen (s. Abb. 1).

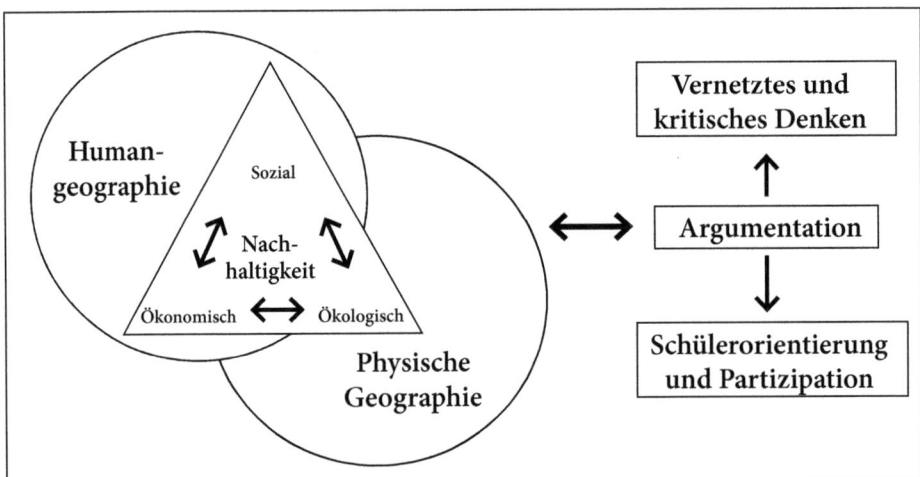

Abb. 1: BNE durch Argumentation im Fach Geographie (Quelle: eigener Entwurf)

BNE wird seit mehr als 20 Jahren auf verschiedenen politischen Ebenen gefordert. Da es ein politisches Ziel ist und nicht theoretisch oder empirisch aus Untersuchungen aus der Umweltbildung abgeleitet wurde, fehlen konzeptionelle Fundierungen für eine fachdidaktische Implementierung einer BNE in das formale Bildungssystem.

Die starke Rhetorik der UN formuliert normative Zielvorstellungen wie soziale Partizipation und Handlungsorientierung für einen kritischen Umgang mit den natürlichen Ressourcen, jedoch sind noch zu wenige lokal-spezifische Implementierungsansätze vorhanden (vgl. Mulà & Tilbury, 2009). Zudem fehlt BNE eine theoretische Fundierung, welche den Prozess der Implementierung in den Unterricht leitet. Zwar erklärt BNE, *was* erreicht werden soll, bietet aber nicht genügend Anleitung, *wie* diese Ziele durch die fachdidaktische Forschung erreicht und untersucht werden können (vgl. Leder, 2014a). Damit ergibt sich die Aufgabe, die Zielformulierungen der UN für BNE theoretisch und für empirische Unterrichtsuntersuchungen zu fundieren.

Dieser Beitrag zeigt auf, wie die normativen Prinzipien von BNE und der didaktische Ansatz der Argumentation (Budke, Schiefele & Uhlenwinkel, 2010; Budke & Uhlenwinkel, 2011; Budke, 2012) integriert und Grundlage für eine Implementierung in den Geographieunterricht werden können. Zudem wird mithilfe der Prinzipien der beschreibend-analytischen *Soziologischen Theorie der Pädagogik* von Basil Bernstein (1975; 1990) und dem Konzept des *kritischen Bewusstseins* von Paolo Freire (1970) die Verbindung von BNE und dem didaktischen Argumentationsansatz begründet.

Zunächst wird die Entwicklung des politischen Bildungsziels BNE vorgestellt sowie auf den didaktischen Ansatz der Argumentation eingegangen. Dann werden ausgewählte Konzepte Bernsteins und Freires zur theoretischen Fundierung kurz skizziert und mit den Leitideen von BNE und Argumentation verknüpft. Es werden Konsequenzen für die pädagogische Praxis und Forschungsansätze abgeleitet sowie der Nutzen von Argumentation für die Implementierung des transnationalen Bildungsleitziels BNE im Geographieunterricht an einem Beispiel aufgezeigt und diskutiert.

1. BNE als politisches Bildungsziel

BNE entwickelte sich aus dem internationalen politischen Anliegen, die Ausbeutung der natürlichen Ressourcen und die Umweltverschmutzung zu verringern. Seit der UN-Konferenz für Umwelt und Entwicklung in Rio de Janeiro 1992 wird Bildung als wichtige Säule für nachhaltige Entwicklung angesehen und wurde als solche in der Agenda 21 festgelegt. Nachhaltige Lebensstile und ein verantwortlicher Umgang mit den Ressourcen soll für heutige und zukünftige Generationen Ressourcenerhalt gewähren. Weltweit sollen Regierungen Wissen, Werte und Fähigkeiten zur Nachhaltigkeit als Ziele in den nationalen Schulcurricula etablieren:

> "A thorough review of curricula should be undertaken to ensure a multidisciplinary approach, with environment and development issues and their sociocultural and demographic aspects and linkages" (UNCED, 1992, Agenda 21, 36.5b).

Auf dem UN-Gipfel in Johannesburg 2002 wurde die Einführung von BNE mit dem *Johannesburg Plan der Implementierung* gefordert. Die UNESCO formuliert im Rahmen der von den Vereinten Nationen dort beschlossenen Weltdekade „Bildung für nachhaltige Entwicklung" (BNE) von 2005 bis 2014 das Ziel von BNE wie folgt:

"Everyone has the opportunity to benefit from quality education and learn the values, behaviour and lifestyles required for a sustainable future and for positive societal transformation" (UNESCO, 2005, S. 6).

In der internationalen Debatte um BNE geht es also nicht nur um den Zugang zu Bildung, wie auf der Jomtien-Konferenz 1990 durch das Ziel „Bildung für alle" festgelegt wurde, sondern auch um die qualitative Ausrichtung der Bildung, denn es sollen Werte und Verhaltensweisen erlernt werden, die zu einer nachhaltigen Entwicklung beitragen.

Durch Argumentation kann das von BNE geforderte systemische und kritische Denken sowie Handlungs- und Kommunikationsfähigkeit im Umgang mit den Ressourcen bei den SchülerInnen gefördert werden, um deren Partizipation an gesellschaftlichen Entscheidungsprozessen zu ermöglichen. Über Ressourcenkonflikte von lokaler bis globaler Bedeutung soll unter Berücksichtigung der ökonomischen, ökologischen und sozialen Aspekte der Nachhaltigkeit argumentiert werden, sodass Umweltbildung mit entwicklungspolitischer Bildung verzahnt wird.

BNE stellt offensichtlich eine Herausforderung für nationale und regionale Bildungskontexte und deren institutionelle, strukturelle und soziokulturelle Rahmenbedingungen dar. Um BNE als normativen Orientierungsrahmen zur Ausrichtung des Geographieunterrichts zu nutzen, müssen auch die epistemologischen, semantischen und ethischen Schwierigkeiten von BNE adressiert werden (vgl. Bonnet, 1999). Der inflationäre Wortgebrauch macht BNE zum Containerbegriff, welchem eine genaue Definition fehlt. Obwohl es eine Reihe von Best Practice-Beispielen gibt, z.B. für die Lehrerausbildung (Steiner, 2011), die Primarstufe (Künzli David, 2007) oder auch im internationalen Kontext (vgl. Tilbury, 2007; Mulà & Tilbury, 2009), ist BNE insbesondere für die Sekundarstufen noch unzureichend erforscht und es besteht wenig Evidenz in Bezug auf mögliche Prinzipien und Indikatoren von BNE im Unterricht (UNESCO, 2011).

BNE muss zudem für jeden soziokulturellen Kontext auf nationaler, regionaler und lokaler Ebene neu interpretiert werden (vgl. Manteaw, 2012) und mit den bestehenden Bildungsstrukturen, der Lehrerausbildung und den pädagogischen Praktiken sowie den Inhalten und Methoden in den Curricula und Lehrplänen verknüpft werden (vgl. Abb. 2).

Daher muss BNE als ein Konzept gesehen werden, welches an bestehende Bildungsstrukturen anknüpft. Das transnationale Bildungsziel BNE muss für den Geographieunterricht, in welchem Themen wie Ressourcenkonflikte, Klimawandel etc. immanent sind, durch Bildungsakteure auf der lokalen, regionalen und nationalen Ebene *übersetzt* werden (vgl. Merry, 2006; Mukhopadhyay & Sriprakash, 2011, S. 323). Ausgehend von der Annahme, dass Pädagogik eine moralische und politi-

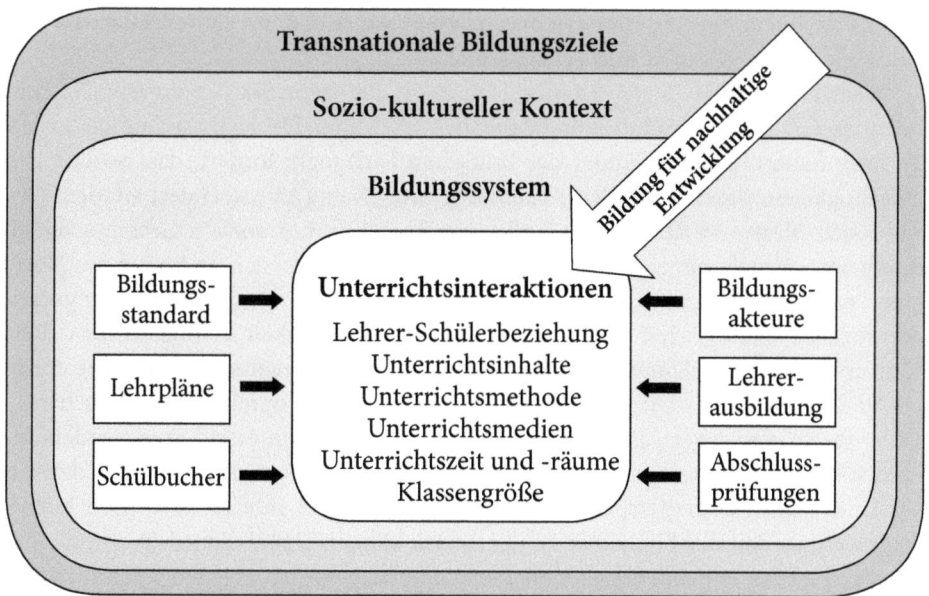

Abb. 2: Integration von Bildung für nachhaltige Entwicklung in den Unterricht (Quelle: eigener Entwurf)

sche Praxis ist, in welcher Machtbeziehungen eine Rolle spielen (vgl. Giroux, 2004, S. 33), steht in diesem Beitrag die Rolle der Argumentation für BNE im Fokus.

2. Theoretische Einbettung von BNE

Politische Forderungen nach Partizipation und Demokratisierung der formalen Bildung für eine nachhaltige Entwicklung betreffen grundlegende Veränderungen der bestehenden Unterrichtsstrukturen und Interaktionen zwischen den Lehrenden und SchülerInnen. Hier wird davon ausgegangen, dass durch Argumentation das Potential des transnationalen Bildungsziels BNE für die pädagogische Praxis im Geographieunterricht genutzt werden kann.

Die *Soziologische Theorie der Pädagogik* des britischen Strukturalisten Basil Bernstein (1924–2000) und die *Kritische Pädagogik* des Brasilianers Paolo Freires (1921–1997) können BNE theoretisch fundieren. Das Verständnis für die Entwicklung, die Vermittlung und den Erwerb pädagogischer Praktiken und Diskurse hat nach Bernstein (1975; 1990) zentrale Bedeutung. Ausgehend von der Annahme, dass BNE eine Transformation ökologischer, sozialer und wirtschaftlicher Prozesse fordert, die sich an dem Leitbild der nachhaltigen Entwicklung orientiert, muss sich auch die bestehende Unterrichtspraxis zu Mensch-Umwelt-Thematiken anpassen. Dazu ist der Zugang von Bernstein hilfreich, der pädagogische Praktiken und Diskurse als soziokulturelle Reproduktion bestehender Machtstrukturen in der Gesellschaft versteht (Bernstein, 1990, S. 168). Dafür können Curricula, Lehrpläne und Unterrichtspraktiken als Produkte des Bildungssystems analysiert werden, denn sie reflektieren sozio-kulturelle Werte, Normen und Prinzipien.

Nach Freire (1970, S. 17) ist eine Pädagogik, die *kritisches Bewusstsein*, "la con-scientização", bei den SchülerInnen schafft, das Mittel für eine zukünftige soziale Transformation. Der Begründer der kritischen Pädagogik fordert, dass soziale Un-gerechtigkeiten durch reflektierte Handlung und Dialog transformiert werden. Ob-wohl sich dieser Ansatz auf das kollektive Bemühen um soziale Gerechtigkeit in durch Unterdrückung geprägte Kontexte bezieht, lässt er sich auch auf die Norm einer nachhaltigen Entwicklung übertragen, welche sich über das Spannungsdrei-eck sozialer, ökologischer und ökonomischer Nachhaltigkeit definieren lässt. Res-sourcenschonendem Umwelthandeln ist ein kritisches Bewusstsein über die sozia-len und ökologischen Ursachen und Folgen durch das Eingreifen des Menschen in Ökosysteme vorgelagert. Dieses kann durch Argumentation erschlossen werden, in-dem z.B. der Bau eines Staudammes oder die Abholzung von Regenwaldarealen aus verschiedenen Akteursperspektiven und ihren jeweiligen Interessen kritisch hinter-fragt werden. Auf der Ebene der SchülerInnen können Diskussionen über individu-elle ökologische Fußabdrücke Möglichkeiten aufzeigen, den eigenen Verbrauch von Ressourcen, wie z.B. virtuelles Wasser oder bestimmte Energieträger, zu reduzieren. Die Förderung des kritischen Denkens über die Ursachen und Auswirkungen von Ressourcenkonsum ist Voraussetzung dafür, das eigene Handeln zu verändern. Da-mit kann das von Freire (1970) postulierte kritische Bewusstsein auf das von BNE geforderte kritische ökologische Denken übertragen werden.

Da BNE soziale, ökologische und ökonomische Verhaltensänderungen anstrebt, kann an die Ideen der gesellschaftlichen Transformation nach Freire (1970) ange-knüpft werden. Dafür muss Lehren und Lernen in den jeweiligen sozialen Kontex-ten zunächst beschrieben und analysiert werden. Bernstein (1990) unterscheidet dafür Prinzipien der Machtbeziehungen und Kontrollmechanismen in pädagogi-schen Praktiken und Diskursen. Mit diesen können zugrunde liegende Annahmen in Schulbüchern, Lehrplänen, Unterrichtspraktiken und der Lehrerausbildung über die soziale Ordnung analysiert werden. Die Analyse soziokultureller Konstrukte gibt im Unterricht zudem eine Einsicht darüber, wie Lehrende neue pädagogische und fachdidaktische Ansätze, wie den der BNE und der Argumentation, interpretieren könnten.

BNE kann auch als eine transformative Pädagogik verstanden werden. Sie fordert schülerzentrierte Lehr- und Lernmethoden, flache Hierarchien und flexible Bewer-tungskriterien mit einem starken Fokus auf den Lernprozess sowie die Kompetenz-entwicklung (UNESCO, 2009). Im deutschsprachigen Raum wurde der Begriff der „Gestaltungskompetenz" von de Haan und Harenberg (1999) geprägt und in zwölf weitere Teilkompetenzen untergliedert, welche sich an den Kompetenzkategorien des OECD-Referenzrahmens (Rychen, 2008) orientieren. Diese umfassen u.a. kooperati-ves Lernen, das Entwickeln von Solidarität und Empathie sowie planendes Denken und Handeln.

Daher erfordert BNE die Berücksichtigung der Prinzipien einer unsichtbaren Pä-dagogik im Sinne von Bernstein (1990). Im Gegensatz dazu ist anzunehmen, dass in vielen Ländern der Geographieunterricht stärker durch die Prinzipien einer sichtbaren Pädagogik geprägt ist, z.B. durch klar vorstrukturierte, eindimensionale Aufgabenstellungen zur Reproduktion zuvor gegebener Informationen sowie einen hohen Sprechanteil der Lehrenden. Dieses starke Gefälle soll mit einer BNE durch Argumentation abgeflacht werden, sodass SchülerInnen z.B. Ressourcenkonflikte verstehen und den Umgang mit Ressourcen kritisch hinterfragen können (s. Abb. 3). Für die Behandlung aktueller Mensch-Umwelt-Beziehungen braucht BNE didaktische Ansätze und Methoden, welche im Geographieunterricht deskriptive Kommunikationsformen in argumentative verwandeln. Um Zugänge und Herausforderungen des transnationalen Bildungsziels einer BNE durch Argumentation für den Geographieunterricht zu identifizieren, können die Analyse der soziokulturellen Machtstrukturen und Kontrollmechanismen im Unterricht nach Bernstein (1990) sowie die Forderung eines kritischen Bewusstseins nach Freire (1970) forschungsmethodische Ansätze liefern. Vor dem Hintergrund des Übergangs von reproduktiven zu kompetenzorientierten Unterrichtsformen im Rahmen einer BNE ist die Notwendigkeit des didaktischen Ansatzes der Argumentation zu sehen. Durch Argumentationen mit Belegen und strittigen Schlussfolgerungen sowie Diskussionen kann ein kritisches Bewusstsein über Nachhaltigkeit erlangt werden.

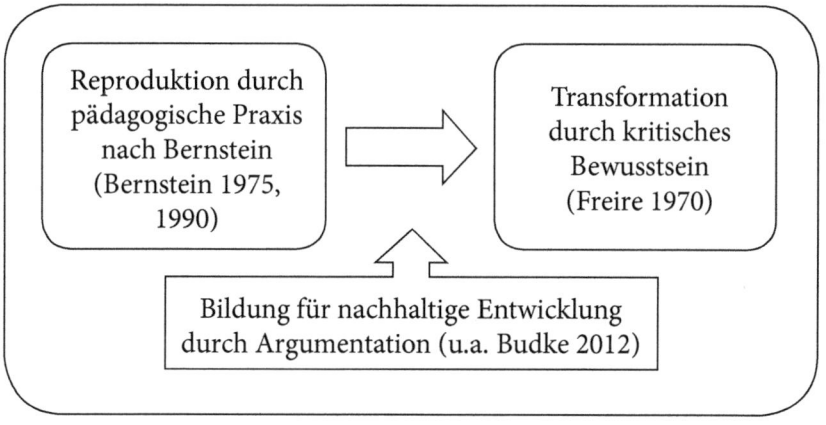

Abb. 3: Theoretische Einordnung von BNE durch Argumentation (Quelle: eigener Entwurf)

3. Argumentation als didaktischer Ansatz für BNE

Ein kritisches Bewusstsein nach Freire (1970) kann durch die Entwicklung von Argumentationsfähigkeiten erlangt werden. Ein kritisches Bewusstsein bedeutet, durch produktive und rezeptive Argumentationskompetenzen Entscheidungsprozesse sowie die Interessen verschiedener Akteure zu hinterfragen (vgl. Kuckuck, 2014). In einer demokratischen Gesellschaft ist die Fähigkeit zu argumentieren eine wichtige Voraussetzung für gesellschaftliche Partizipation und zur Konfliktbewältigung. Damit wird „die Fähigkeit, überzeugend zu argumentieren zu einer Machtressource, mit deren Hilfe die eigenen wirtschaftlichen, politischen, ökologischen oder sozialen Interessen durchgesetzt werden können" (Budke & Uhlenwinkel, 2011, S. 114). Somit ist die Fähigkeit zu argumentieren die Voraussetzung für Handlungsbereitschaft für eine nachhaltige Entwicklung, welche für BNE ein verändertes, bewussteres Konsumverhalten sowie die Bereitschaft, eigene Interessen aktiv und reflektiert durchzusetzen, bedeutet. Gerade die Forderung der BNE hat das Ziel, Verhalten und Denken normativ zu beeinflussen. Die Norm der „Nachhaltigkeit" gibt einen Rahmen vor, wie Entwicklung sein sollte: sozial gerecht, ökologisch verträglich, ökonomisch tragfähig. Was dies jedoch bedeutet, muss für jeden Kontext neu ausgehandelt werden.

Die Förderung von Argumentationen umfasst weitere didaktische Prinzipien, insbesondere das des vernetzten Denkens (Vester, 2002) sowie das der Handlungs- und Schülerorientierung, z.B. durch Methoden wie Plan- und Rollenspiele.

Argumentationen umfassen nach Toulmin (1996) eine strittige *Schlussfolgerung*, die durch *Belege* bestätigt oder widerlegt werden soll. Eine *Schlussregel* beschreibt die Geltungsbeziehung zwischen den Belegen und der Schlussfolgerung. Da Argumentationen auch für inhumane Ziele missbraucht werden können, stellt das normative Leitbild der nachhaltigen Entwicklung einen normativen Orientierungsrahmen für Argumentationen dar. Zugleich kann auch dieses Leitbild kritisch hinterfragt werden. Zudem ist die Bewertung der Nachhaltigkeit abhängig von dem soziokulturellen oder auch konkreten Kontext sowie dem Adressaten des Arguments. So gelten z.B. Belege für eine nachhaltige Entwicklung nicht in jedem soziokulturellen Kontext, da verschiedene Maßstäbe angelegt werden, inwiefern und aus welchen Gründen in Ökosysteme eingegriffen werden soll. Dies zeigt sich z.B. in Indien bei der Diskussion um den Bengal-Tiger, der mit Menschen um Lebensraum konkurriert. In Europa liefern Braunbären, Luchse und Wölfe Beispiele. In Brasilien und Europa wird das Thema Waldvernichtung meist unterschiedlich bewertet. Argumentationen können auch disziplinär, z.B. aus einer biologischen und wirtschaftlichen Perspektive, unterschiedlich bewertet werden. Das Verständnis dieser verschiedenen Perspektiven kann zu einem kritischen Bewusstsein, z.B. zu Ressourcenkonflikten, führen. Argumentation kann damit als Instrument zur Entscheidungsfindung für eine nachhaltige Entwicklung fungieren und zu reflektiertem Umwelthandeln im Sinne einer BNE führen (s. Abb. 4).

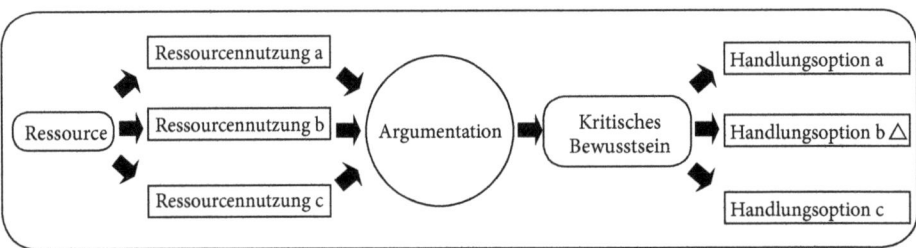

Abb. 4: Argumentation über Ressourcenkonflike ermöglicht Umwelthandeln im Sinne einer BNE (Quelle: eigener Entwurf)

Mithilfe von Argumentationskompetenzen kann eigenes Umwelthandeln verstanden und begründet werden. Argumentationen können helfen, Wissen zu konstruieren, in dem verschiedene Perspektiven, z.B. zu verschiedenen Arten von Ressourcennutzungen, verstanden und mit existierenden Wissensbeständen verknüpft werden. Wenn SchülerInnen Argumentationen formulieren, fördert dies ihr kritisches Bewusstsein über komplexe Zusammenhänge sowie ihre Kommunikationsfähigkeit, welche eine Notwendigkeit zur Lösung von Problemen darstellt. Durch Argumentationen können sich Schülerinnen und Schüler über verschiedene Handlungsoptionen bewusst werden sowie die aus ihrer Perspektive sozial, ökologisch und wirtschaftlich nachhaltigste wählen. Eine funktionale Aufgabe von Argumentation kann eine Verhandlung sein, um z.B. jemanden von einem Sachverhalt zu überzeugen. Im Dialog können Begründungen ausgedrückt und widerlegt werden. Auf dieser Grundlage werden eigene Meinungen überprüft und gebildet, auf deren Basis Entscheidungen für das eigene Handeln im Alltag getroffen werden können. Wenn z.B. über die Folgen der Überfischung diskutiert wird, können SchülerInnen sich bewusst für Alternativen entscheiden und zertifizierte Produkte kaufen.

Die UNESCO (2011, S. 25) bestätigt einen globalen Konsens in Studien von Wissenschaftlern unterschiedlicher Disziplinen für BNE über kritisches und reflektierendes Denken und beschreibt einen Bildungswandel durch BNE von „sending messages" zu Dialogen, Verhandlungen und Handlungen. Nach einer Veröffentlichung der UNESCO (2005) bedeutet BNE, kritische Fragen zu stellen und die eigenen Werte zu verdeutlichen. Wenn BNE aus der Perspektive einer kritischen Pädagogik betrachtet wird, dient Argumentation als ein didaktischer Ansatz und zur Operationalisierung einer BNE, um ein kritisches Bewusstsein über Ressourcennutzung zu entwickeln. Wie Unterrichtsbeobachtungen und Schulbuchanalysen gezeigt haben, werden Argumentationen nur unzureichend im Geographieunterricht gefördert (Budke, 2012). Für den Geographieunterricht haben Budke, Schiefele & Uhlenwinkel (2010) ein mehrstufiges Argumentationskompetenzmodell sowie ein Bewertungsschema zur Erhebung schriftlicher Argumentationskompetenzen entwickelt (Budke & Uhlenwinkel, 2011). Kuckuck (2014) hat aus empirischen Untersuchungen Kriterien für rezeptive Argumentationskompetenzen zu Raumkonflikten abgeleitet. Somit existieren fachdidaktische Konzeptualisierungen für Argumentationskompetenzen, an welche BNE anknüpfen kann.

4. Implementierung von BNE in den Geographieunterricht mittels Argumentation

Geographiedidaktische Forschung kann u.a. die Herausforderungen, vor denen BNE bei der Implementierung in den Unterricht steht, empirisch untersuchen.

In den Bildungsstandards für den mittleren Schulabschluss der Deutschen Gesellschaft für Geographie (2012) werden Themen wie z.B. Migration, Bevölkerungsentwicklung, Stadtentwicklung, Globalisierung und Klimawandel genannt, welche im

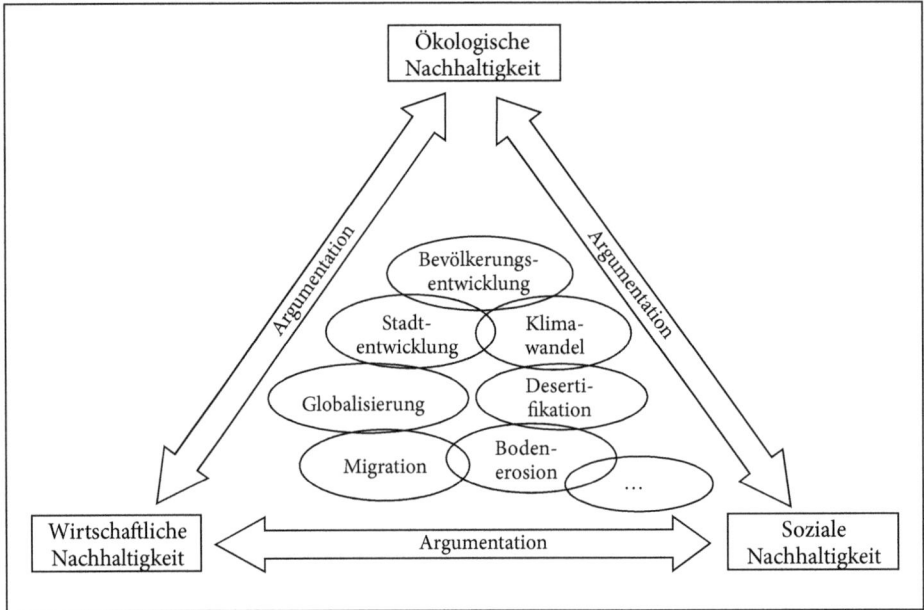

Abb. 5: Geographische Themen nach den Bildungsstandards für den mittleren Schulabschluss (DGfG, 2012) in Verknüpfung mit BNE durch Argumentation (Quelle: eigener Entwurf)

Spannungsdreieck der Nachhaltigkeit durch Argumentation behandelt werden können (s. Abb. 5).

Das folgende Unterrichtsbeispiel aus Pune, Indien, zeigt, wie BNE und Argumentation sinnvoll miteinander verknüpft werden können. SchülerInnen der Klasse 9 bekommen verschiedene Fotos zur Wasserversorgung in ihrer eigenen Stadt, um diese mit Pfeilen in ein Wirkungsnetz zu legen (s. Abb. 6). Auf Arbeitsblättern beschreiben sie in Gruppenarbeit die einzelnen Bilder und begründen, warum sie jeweils die Pfeile zwischen zwei Bildern gelegt haben. Anschließend diskutieren die SchülerInnen über die Nachhaltigkeit der ortsspezifischen Wasserversorgung. Auf Basis ihrer Argumentationen können sie mit drei verschiedenen Farben im Wirkungsnetz markieren, welche Prozesse ökologischen, ökonomischen und/oder sozialen Dimensionen der Nachhaltigkeit folgen.

Dieses Modul wurde im indischen Geographieunterricht an einer English-medium School in Pune getestet. Anhand der Bilder diskutierten die Schülerinnen und Schüler die Wasserverschmutzung und die Variabilität der Niederschläge als Herausforderungen ökologischer Nachhaltigkeit (s. Abb. 7). Die Auswirkungen auf die urbane Bevölkerung, z.B. ungleicher Zugang zu Wasser und wasserinduzierte Krankheiten, wurden als sozial nicht nachhaltig bewertet. Während einer Diskussion argumentierte eine Schülerin, dass die BürgerInnen die städtische Regierung auf die Wasserknappheit und die Ursachen und Auswirkung von Wasserverschmutzung aufmerksam machen muss:

Abb. 6: Ein von Schülerinnen und Schülern gelegtes Wirkungsnetz zu Wasserversorgungskonflikten in Pune, Indien (Quelle: eigener Entwurf)

"I think that as Pune citizens are facing water problems, they should complain to the government as they are having water shortages. (…) As the industrial waste waters are often in rivers which is harmful for aquatic animals, government should take action on it" (M3: P30)

Damit verknüpft die Schülerin ökologische, ökonomische und soziale Dimensionen in Hinblick auf eine nachhaltige Entwicklung. Dieses Beispiel zeigt, dass ein Wirkungsnetz zu lokalen Wasserversorgungskonflikten vernetztes und kritisches Denken und Argumentation fördern kann. Diese Methode kann, je nach Alter und Interesse der SchülerInnen, auch eine stärkere politische Dimension erfahren, indem über den ungleichen Zugang zu der Ressource Wasser sowie die Ursachen und Folgen aus Akteursperspektive diskutiert wird. Je nach Klassenstufe kann über soziokulturell bedingte Machtdynamiken in Bezug auf natürliche Ressourcen in verschiedenen Kontexten durch weitere inhaltliche Materialien diskutiert werden. Somit wird durch diese Unterrichtsmethode ein kritisches Bewusstsein nach Freire (1970) durch eine schwache Klassifizierung und Rahmung nach Bernstein (1990) gefördert.

Nach der Einführung dieser Methode erklärt ein Schüler im Interview, weshalb das Fotonetzwerk ihn anregt, kritisch zu denken, und äußert Handlungsbereitschaft:

"It's better to visualize than to read, because reading doesn't show us the condition of people. I have read many times in newspapers that people suffer due to shortage of water (…) But here I saw it live and I am really touched by it. I also think now that something should be done for this." [02:34]

Abb. 7: SchülerInnen diskutieren aus verschiedenen Perspektiven über lokale Wasserkonflikte mit Hilfe eines Foto-Wirkungsnetzes (Quelle: eigene Aufnahme in Pune, Indien, 2013)

Fazit

Die Umsetzung von BNE durch Argumentation im Geographieunterricht bedingt, dass Konflikte um Ressourcen als Resultat unterschiedlicher Interessen und soziokultureller Machtdynamiken gesehen werden. Der Forderung von BNE nach einem kritischen Bewusstsein über die Ressourcenverknappung sowie über verschiedene Akteursinteressen kann mit dem didaktischen Ansatz der Argumentation nachgekommen werden. Die aus den theoretischen Ansätzen Bernsteins und Freires abgeleitete Forderung einer transformativen Bildung kann auf BNE durch Argumentation übertragen werden. Die Entwicklung eines kritischen ökologischen, sozialen und wirtschaftlichen Bewusstseins kann didaktisch durch Argumentation gefördert werden. Das kritische Bewusstsein ist wiederum Voraussetzung für das von BNE angestrebte nachhaltige Umwelthandeln. Nach Bernstein (1990) verändert eine schwächere Rahmung und Klassifizierung der Unterrichtsinhalte und -methoden die Denkweisen der SchülerInnen und LehrerInnen in Klassenzimmern. Dieser Ansatz ist insbesondere für Länder im Entwicklungskontext, welche durch eine reproduktive Pädagogik geprägt sind, hilfreich (vgl. Leder, 2014b; Leder & Bharucha, 2015). Inwiefern sich dieser Ansatz auch für den deutschen Kontext eignet, muss jedoch noch empirisch untersucht werden.

Die Verbindung von BNE und Argumentation erweist sich aufbauend auf den Theorien Bernsteins und Freires als eine Möglichkeit, BNE für den Geographieunterricht zu konzipieren. Ein Forschungsdesiderat ist es, weitere theoretische Fundierungen und fachdidaktische Implementierungen für BNE zu untersuchen. Auch können vergleichende Untersuchungen zu BNE in verschiedenen soziokulturellen

Kontexten ein tieferes Verständnis über die Möglichkeiten und Grenzen transnationaler Bildungsziele liefern.

Literatur

Bernstein, B. (1975). *Class, Codes and Control. Towards a Theory of Educational Transmission, III.* London: Routledge.

Bernstein, B. (1990). *Class, Codes and Control. The Structuring of Pedagogic Discourse, IV.* London: Routledge.

Bonnett, M. (1999). Education for Sustainable Development: a coherent philosophy for environmental education? *Cambridge Journal of Education, 29* (3), 313–324.

Budke, A. (2012). Argumentationen im Geographieunterricht. *Geographie und ihre Didaktik, 1,* 23–34.

Budke, A. & Uhlenwinkel, A. (2011). Argumentieren im Geographieunterricht – Theoretische Grundlagen und unterrichtspraktische Umsetzungen. In C. Meyer, R. Henry & G. Stöber (Hrsg.), *Geographische Bildung* (S. 114–129). Braunschweig: Westermann.

Budke, A., Schiefele, U. & Uhlenwinkel, A. (2010). Entwicklung eines Argumentationskompetenzmodells für den Geographieunterricht. *Geographie und ihre Didaktik, 3,* 180–190.

Deutsche Gesellschaft für Geographie (2012). *Bildungsstandards im Fach Geographie für den mittleren Schulabschluss.* Berlin.

Freire, P. (1970). *Pedagogy of the Oppressed.* London: Penguin Books Ltd.

Giroux, H. A. (2004). Critical pedagogy and the postmodern/modern divide: towards a pedagogy of democratization. *Teacher Education Quarterly, 31* (1), 31–47.

Haan, G. de & Harenberg, D. (1999). *Expertise Förderprogramm Bildung für eine nachhaltige Entwicklung: Gutachten zum Programm.* Bund-Länder-Kommission für Bildungsplanung und Forschungsförderung.

Kuckuck, M. (2014). *Konflikte im Raum. Verständnis von gesellschaftlichen Diskursen durch Argumentation im Geographieunterricht.* Geographiedidaktische Forschungen, 54. Münster: MV-Verlag.

Künzli David, C. (2007). *Zukunft mitgestalten. Bildung für eine nachhaltige Entwicklung – Didaktisches Konzept und Umsetzung in der Grundschule.* Wien: Haupt.

Leder, S. (2014a). Barrieren und Möglichkeiten einer Bildung für nachhaltige Entwicklung in Indien. In I. Hemmer, M. Müller & M. Trappe (Hrsg.), *Nachhaltigkeit neu denken. Rio + X. Impulse Für Bildung Und Wissenschaft* (S. 195–202). München: Oekom-Verlag.

Leder, S. (2014b). Das indische Bildungssystem im Wandel: Zwischen traditionellen Unterrichtspraktiken und dem Anspruch einer Bildung für nachhaltige Entwicklung. *Geographien Südasiens, 2,* 18–21.

Leder, S. & Bharucha, E. (2015). Changing the educational landscape in India by transnational policies: new perspectives promoted through Education for Sustainable Development (ESD). *ASIEN, 134,* 167–192.

Manteaw, O. O. (2012). Education for Sustainable Development in Africa: the search for pedagogical logic. *International Journal of Educational Development, 32* (3), 376–383.

Merry, S. E. (2006). Transnational human rights and local activism: mapping the middle. *American Antthropologist, 108* (1), 38–51.

Mukhopadhyay, R. & Sriprakash, A. (2011). Global frameworks, local contingencies: policy translations and education development in India. *Compare – a Journal of Comparative and International Education, 41* (3), 311–326.

Mulà, I. & Tilbury, D. (2009). A United Nations Decade of Education for Sustainable Development (2005–14). *Journal of Education for Sustainable Development, 3* (1), 87–97.

Rychen, D. S. (2008). OECD Referenzrahmen für Schlüsselkompetenzen – Ein Überblick. Kompetenzen der Bildung für nachhaltige Entwicklung. In I. Bormann & G. de Haan (Hrsg.), *Kompetenzen der Bildung für nachhaltige Entwicklung. Operationalisierung, Messung, Rahmenbedingungen, Befunde* (S. 15–22). Wiesbaden: VS Verlag für Sozialwissenschaften.

Steiner, R. (2011). *Kompetenzorientierte Lehrer/innenbildung für Bildung für nachhaltige Entwicklung. Kompetenzmodell, Fallstudien und Empfehlungen.* Schriftenreihe Bildung & Nachhaltige Entwicklung, Band 6. Münster: MV-Verlag.

Tilbury, D. (2007). Asia-Pacific Contributions to the UN Decade of Education for Sustainable Development. *Journal for Education for Sustainable Development, 1*, 133–141.

Toulmin, S. E. (1996). *The Uses of Argument.* New York: Cambridge University Press.

United Nations Conference on Environment and Development (1992). *Agenda 21.* Rio de Janeiro: United Nations Conference on Environment and Development.

UNESCO (2005). *United Nations Decade of Education for Sustainable Development (2005-2014): International Implementation Scheme.* Paris: UNESCO.

UNESCO (2009). UNESCO World Conference on Education for Sustainable Development 31 March – 2 April 2009. *Bonn Declaration.*

UNESCO (2011). *Education for Sustainable Development. An Expert Review of Processes and Learning.* Paris: UNESCO.

Vester, F. (2002). *Unsere Welt – ein vernetztes System.* München: Deutscher Taschenbuchverlag.

Teil IV
Bewertung durch Argumentation

Monika Tautz

Argumentieren lernen im Rahmen religiöser Bildungsprozesse – Einüben in die Rationalität religiöser Überzeugungen

Was ist zu bedenken, wenn es um die Frage geht, wie Schülerinnen und Schüler im Religionsunterricht argumentieren lernen können? Zugespitzt formuliert: Kann man in Sachen Religion argumentieren, also in vernünftiger Weise Welt erklären? Gibt es Kriterien, mit deren Hilfe eine gelungene Form der Argumentation von einer unpassenden oder nicht gelungenen unterschieden werden kann?

Um diesen Fragen nachgehen zu können, werden im Folgenden in einem ersten Schritt skizzenhaft gesellschaftliche und bildungstheoretische Voraussetzungen beschrieben, unter denen Religionsunterricht heute stattfindet. In einem zweiten Schritt soll die Rationalität religiöser Überzeugungen in den Blick genommen werden. Ziel dieses Kapitels ist es vor allem, Kriterien religiöser Urteilsbildung aufzuzeigen, die mit Arbeitsfeldern religiöser Argumentation so verknüpft werden können, dass die vielschichtige Aufgabe des Argumentierenlernens im Religionsunterricht differenziert wahrgenommen und gestaltet werden kann. Von hier aus kann dann in einem dritten Schritt das Spezifische religiöser Argumentation im Sinne eines kommunikativen Abwägens und Einschätzens verschiedener religiöser Überzeugungen erläutert und abschließend an einem kleinen Beispiel zum interreligiösen Lernen ausgeführt werden.

1.   Gesellschaftliche und bildungstheoretische Voraussetzungen

(Post-)moderne Gesellschaften zeichnen sich dadurch aus, dass sie in unterschiedliche Teilsysteme ausdifferenziert sind. Dies hat längst auch den Bereich der Religion(en) erreicht. Religion gibt es im Alltag heute nicht mehr im Singular, sondern im Plural. Das hat ganz vielfältige Gründe: Säkularisierung, Enttraditionalisierung, stetig fortschreitende Individualisierung, Globalisierung usw. Religion im Plural bedeutet gerade aufgrund der sich immer noch weiter ausdifferenzierenden Individualisierung nun nicht unbedingt das Nebeneinander tradierter Religionen, wie z.B. Hinduismus, Schintoismus, Buddhismus, Islam und andere mehr. Pluralität heute geht über eine solche Vielfalt hinaus, denn sie betrifft nicht nur konfessionelle und kulturelle Unterschiede. Religion im Plural schließt ganz individuell gelebte, auch in synkretistischer Weise zusammengesetzte oder auch atheistisch gefüllte Weltdeutung ein (Pollack, 2012).

Eine vergleichbare Differenzierung findet sich in allen Teilsystemen unserer Gesellschaft. Dass diese Pluralität nicht per se segensreich ist, dass ein Umgang mit ihr auch reflektiert und eingeübt werden muss, belegen die verschiedenen Formen von

Fundamentalismen, die derzeit weltweit gesellschaftliches Leben belasten, ja bedrohen.

Da freiheitlich-demokratische Gesellschaften auf die Diskursfähigkeit ihrer Mitglieder angewiesen sind, ist die Fähigkeit zum Argumentieren in allen gesellschaftlichen Teilbereichen bildungstheoretisch gut begründet (Baumert, 2002, S. 106f.). Für eine religiöse Diskursfähigkeit ergeben sich bildungstheoretische Begründungen aus der Bedeutung von Religion für eine weltanschaulich plurale Gesellschaft, aber auch mit Blick auf jedes einzelne Subjekt und dessen Chancen zu einem selbstverantworteten, gelingenden Leben.

Einem Religionsunterricht an öffentlichen Schulen, dessen Ziel es ist, religiöse Bildungsprozesse anzustoßen und zu begleiten, geht es in erster Linie nicht darum, christliche Gesinnung anzuerziehen (Grümme, 2009; Schlag, 2010). Auch wenn der Religionsunterricht für religiös sozialisierte Schülerinnen und Schüler zu einer Beheimatung in eine konkrete (konfessionell ausgeprägte) Religion beitragen kann, so ist die Förderung religiöser Urteilskompetenz (auch nicht religiös Sozialisierter) eines der wesentlichen Ziele. Bernhard Dressler verweist darauf, dass es in diesem Sinne gerade um „die Fähigkeit zur kompetenten Ingebrauchnahme der Grundrechte der Verfassung" (Dressler, 2012, S. 70), nämlich gemäß Art. 4 GG um die aktive Religionsfreiheit, geht.

2. Zur Rationalität religiöser Überzeugungen

Seit dem Beginn der Moderne, angeregt durch kritische Fragen von Naturwissenschaftlern, Philosophen und Psychologen (z.B. D. Hume, L. Feuerbach, F. Nietzsche, S. Freud, R. Dawkins) spielt in der Theologie die Frage nach der Rationalität religiöser Überzeugungen eine große Rolle. Zu zeigen ist, „dass das Vorkommen von religiösen Überzeugungen legitim ist, weil religiöse Überzeugungen etwas thematisieren, was Gegenstand und Tendenz der menschlichen Vernunft selbst ist (nämlich der Ausgriff auf Unendliches oder das Gewahrwerden des Unbedingten in seinen vielfältigen Schattierungen)" (Schärtl, 2009, S. 13). Seit dem Beginn der Moderne schreitet auch die Ausdifferenzierung unserer Gesellschaft in Teilsysteme voran. Ganz unabhängig vom Teilsystem Religion betrifft sie alle Teilsysteme auch hinsichtlich der dort praktizierten Rationalität. Ob Naturwissenschaft(en), Literaturwissenschaft, Kunst, Politikwissenschaft, Pädagogik – jedes Teilsystem hat „jeweils eigene[], nicht oder nur begrenzt kompatible[] Rationalitäten (Erkenntnis- und Verstehensmuster, Handlungsregeln etc.)" (Dressler, 2012, S. 68). Wenn auch gilt, dass religiöses Argumentieren sich nicht von dem in anderen Bereichen unterscheidet – was allein schon fundamentaltheologisch zu begründen ist (Altmeyer, 2013, S. 98) – so kommen den unterschiedlichen Rationalitäten im Sinne unterschiedlicher Modi der Weltaneignung doch eine große Bedeutung zu.

2.1 Vier Modi der Weltaneignung

Um dem auch im schulischen Kontext gerecht werden zu können, hat der Bildungs-
theoretiker Jürgen Baumert vier Modi der Weltbegegnung aufgeführt, die als Grundlage für den schulischen Fächerkanon dienen sollen (Baumert, 2002). Die Modi der
Weltbegegnung versteht er als je eigene Form von Rationalität, da sie „eigene Horizonte des Weltverstehens, die für Bildung grundlegend und nicht wechselseitig aus-
tauschbar sind" (ebd., S. 107), darstellen.

- Neben der „[k]ognitiv-instrumentellen Modellierung der Welt" (ebd., S. 113) in
  der Mathematik und den Naturwissenschaften
- entspricht „[ä]sthetisch-expressive Begegnung und Gestaltung" (ebd.) als zweiter
  Modus der Weltbegegnung Bereichen wie Sprache und Literatur, Musik, Malerei
  und Bildende Kunst sowie Physische Expression.
- „Normativ-evaluative Auseinandersetzung mit Wirtschaft und Gesellschaft"
  (ebd.), der dritte Modus der Weltbegegnung, ist typisch für die schulischen Fächer
  Geschichte, Ökonomie, Politik und Gesellschaft, Recht.
- Der vierte Modus der Weltbegegnung schließlich zielt auf „Probleme konstitutiver
  Rationalität" (ebd.), worunter Baumert die Fächer Philosophie und Religion fasst.

Dem liegt die eine Erkenntnis zugrunde, die nicht nur für konstruktivistische Didaktiken bedeutsam ist: Welterfahrung ist uns Menschen niemals in einer rein objektiven Form möglich. Sie ist vielmehr geprägt von unterschiedlichen entwick-
lungspsychologischen Voraussetzungen, von kulturell und gesellschaftlich bedingter
Sozialisation, von biographisch bedingten, subjektiv sehr unterschiedlichen Lebenserfahrungen usw. Für schulische Bildung sind die vier Modi der Weltbegegnung deshalb bedeutsam, weil damit der anthropologischen und pädagogischen Erkenntnis
begegnet wird, dass „mit jeder Weltwahrnehmung die Welt modelliert wird, dass uns
die Wirklichkeit also nie unmittelbar zuhanden ist" (Dressler, 2012, S. 71). Stattdessen prägen unterschiedliche Formen der Rationalität in je eigener Weise menschliches Handeln (Baumert, 2002, S. 107). Die unterschiedlichen Perspektiven „ergänzen
sich komplementär, sind aber nur teilweise kompatibel und fügen sich daher auch
niemals zu einem harmonischen Ganzen" (Dressler, 2012, S. 71).

2.2 Kognition, Emotion und Handeln – drei Dimensionen (religiöser) Argumentation

Die Frage, welche lerntheoretische Bedeutung das kommunikative Abwägen und
Einschätzen verschiedener Überzeugungen hat, wird unter dem Stichwort der Diskursfähigkeit in den Fachdidaktiken anderer Fächer schon seit längerer Zeit diskutiert (Altmeyer, 2013, S. 97). Dieser Begriff ist im Diskurs der Religionspädagogik
bisher kaum ein Thema gewesen, was allerdings nichts damit zu tun hat, dass religiöse Bildungsprozesse einer kommunikativen und begründet wertenden Einschätzung

verschiedener Überzeugungen nicht bedürften. Die Fähigkeit zur Argumentation auf der Basis konstitutiver Rationalität wird unter den Stichworten „religiöse Rationalität" (Kropač, 2008; 2009; 2010) oder religiöse Sprachfähigkeit (Langenhorst, 2013)[1] bedacht. Dies gilt beispielsweise für Konzepte der sogenannten Kinder- und Jugendtheologie, in der das Theologisieren von Kindern und Jugendlichen selbst im Zentrum des Unterrichts steht (Grümme, 2013).[2] Auch im Rahmen bibeldidaktischen Arbeitens, bei dem rezeptionsästhetische Ansätze eine große Rolle spielen, kann eine Auseinandersetzung mit biblischen Texten nicht ohne Argumentation auskommen (Schambeck, 2009). Selbst auf dem vielschichtigen Feld des performativen Religionsunterrichts sind Bereitschaft und Fähigkeit zur Argumentation gefordert, muss die Reflexion der eigenen Erfahrungen doch immer auch sprachlich gefasst werden (Kalloch, Leimgruber & Schwab, 2009, S. 327–341). Als letztes Beispiel sei hier auf das interreligiöse Lernen verwiesen, dessen Ziel wie Methode gleichermaßen auf einen reflektierten Umgang mit weltanschaulicher Pluralität angewiesen ist (Tautz, 2007, S. 364–367). Deutlich wird hier, dass allein schon das Einüben in eine religiöse Sprachfähigkeit auf Argumentationen angewiesen ist.

Bedarf die Fähigkeit des Argumentierens vor allem der Kognition (Kropač, 2008), so geht sie in dieser allein nicht auf. Weltanschauliche Überzeugungen im Allgemeinen und religiöse im Besonderen sind immer auch emotional geprägt. Sowohl Kognition als auch Emotion beeinflussen das Handeln, in dem sich die Wahrhaftigkeit von Argumentationen letztlich erweist (Tautz, 2007, S. 341–343). Insofern sind drei Ebenen zu benennen, nämlich die Ebene der Kognition, der Emotion und schließlich diejenige des Handelns.[3] Alle drei Ebenen sind bildungstheoretisch mit Blick auf eine Teilhabe an demokratischen Entscheidungsprozessen bedeutsam, aber auch mit Blick auf ein individuell und gesellschaftlich zu verantwortendes, gelingendes Leben – theologisch gesprochen von einem „Leben in Fülle" (Joh 10,10). Zu bedenken ist, wie argumentative Gesprächsmethoden in der Religionsdidaktik auf diesen drei Ebenen konzeptionell aufgegriffen werden können.

Hinsichtlich des Zu- und Miteinanders von Kognition und Emotionalität konnte vor allem die Religionspsychologie nachweisen, dass Emotionalität für das Argumentieren im Rahmen religiöser Überzeugungen wesentlich ist und die Argumentation entscheidend prägt (Grom, 2005, S. 27). Interessant ist in diesem Zusammenhang auch die sogenannte Philosophie der Gefühle, die seit etwa den 1980er-Jahren im englischsprachigen Raum bedacht und seit einigen Jahren nun auch im deutschsprachigen Raum rezipiert wird (Döring, 2009). Dabei geht es um die Frage nach

---

1   Dass die Förderung religiöser Sprachfähigkeit an ganz grundsätzliche Grenzen stößt, die mit der Bedeutung von Religion in der Lebenswelt von Menschen heute verwoben ist, macht G. Langenhorst deutlich, wenn er von einer „Ohnmachtsspirale religiöser Rede" (Langenhorst, 2013, S. 66) spricht.

2   Für die folgenden, in der Religionspädagogik breit rezipierten und diskutierten didaktischen Konzepte wird aus Gründen des begrenzten Umfangs lediglich je ein Literaturhinweis gegeben.

3   Diese Einteilung ist noch einmal zu unterscheiden von der von Ulrich Kropač vorgenommenen, bei der eine kognitive, eine ästhetische und eine praktische Dimension in religiöser Rationalität selbst eingewoben ist (Kropač, 2009, S. 35).

der Bedeutung von Emotionen für Weltverstehen und Weltdeutung. Im religions-philosophischen Diskurs wird sie unter der Frage aufgegriffen, inwiefern Emotionalität für die Ausbildung von Religiosität bedeutsam ist, ob und inwiefern Emotionalität epistemische Bedeutung haben kann. Die von der Philosophie der Gefühle vorgenommene Unterscheidung zwischen reinen Gefühlen (*feelings*) und sogenannten emotionalen Gefühlen (*emotions*) vermag gerade für die Frage nach dem Zu- und Miteinander von Rationalität und Emotionalität hilfreiche Perspektiven zu eröffnen. Emotionen (emotionale Gefühle) umschreibt der Philosoph Heiner Hastedt als „langwellige Grundtönungen der Existenz und der Weltwahrnehmung" (Hastedt, 2009, S. 308). Sie gelten ihm als Teilbereich der Gefühle und haben die Eigenschaft, die Welterschließung und Wahrnehmung der eigenen Person wie des Anderen zu „tönen" (ebd.).

2.3 Religiöse Überzeugung als System von Weltdeutung – Wahrheit als relationaler Prozess

Die Frage nach der Wahrheit muss letztlich offen bleiben, denn religiöse wie nicht-religiöse (z.B. naturalistische) Weltsichten können dadurch in Frage gestellt werden, „dass sie mit alternativen Weisen der Gesamtdeutung der Wirklichkeit konfrontiert" (Stosch, 2012, S. 304) sind. Ein Blick auf die faktisch vorfindbare Pluralität ganz unterschiedlicher religiöser und nichtreligiöser Weltdeutungen hat zur Folge, „dass kein Weltbild in seiner regulativen Geltung unhinterfragbar akzeptiert sein kann" (ebd.). Und doch ist es so, dass wir ganz selbstverständlich von einer bestimmten Weltdeutung aus leben und handeln, ohne sie ständig zu hinterfragen.

In diesem Sinne beschreiben auch Georg Gasser und Matthias Stefan (religiöse) Weltanschauungen als einen „Überzeugungsrahmen […], von dem aus wir die Welt verstehen und unsere Erfahrungen und Überzeugungen einordnen können" (Gasser & Stefan, 2009, S. 22). Unser Erkennen, unsere Erfahrungen und unsere Wahrnehmungen – von naturwissenschaftlichen Erklärungen bis hin zu ganz persönlichen, von der eigenen Biographie geprägten Lebenserfahrungen – werden „in einem einheitlichen Rahmen eingebettet und miteinander in Verbindung gebracht. So wird ein umfassender Zugang zur Welt ermöglicht, der normalerweise gegeben ist und nicht ausdrücklich expliziert wird, sehr wohl aber interpretierend erschlossen werden kann" (ebd.). Weltanschauungen prägen also in ganz entscheidender Weise unsere Weltinterpretation, und das gilt auch für religiöse Weltanschauungen (ebd., S. 23).

2.4 Kriterien religiöser Urteilsbildung

Das oft unüberschaubare Gemenge heutiger Lebenswelten macht somit eine religiöse Urteilsbildung notwendig, die sich in Richtung eines Denkens in Komplementarität entwickelt (Büttner & Dieterich, 2013, S. 96–102). Um die ein solches Denken in Komplementarität anbahnenden Lernprozesse religionspädagogisch verantwortet begleiten und evaluieren zu können, bedarf es solcher Kriterien, die einerseits den Anforderungen der Fachwissenschaft, hier der Theologie, genügen und die andererseits bildungstheoretisch zu begründen sind. Diese Kriterien müssen individuelle Religiosität und religiöse wie nichtreligiöse Weltdeutung erfassen können wie auch anthropologisch bedeutsame Grunddimensionen eröffnen. Als drei für religiöse Lernprozesse bedeutsame Grunddimensionen sind oben Kognition, Emotion und Handeln benannt worden. Diese Dimensionen sollen mit fünf theologischen Kriterien zusammen eine Matrix aufbauen, die es erlaubt, unterschiedliche Formen von Argumentation zu differenzieren. Der Prozess wie auch das Ergebnis religiöser Argumentation soll damit nachvollziehbar werden. Dabei können und sollen die je eigenen Plausibilitäten eines jeden am Lernprozess Beteiligten, aber auch die Lerngruppe insgesamt in den Blick genommen werden.

Im Folgenden werden die von K. von Stosch im Rahmen Komparativer Theologie erarbeiteten fünf Kriterien herangezogen: Kontingenzbewusstsein, Konsistenz, Kohärenz, Symmetrie im Sinne eines der eigenen Weltdeutung entsprechenden Erfahrungswissens und schließlich das ethische Kriterium (Stosch, 2012, S. 301–316). Diese Kriterien sind nicht nur innertheologisch bedeutsam, sondern vermögen auch die (ganz subjektiv geprägte) Religiosität der/s einzelnen Lernenden in den Blick zu nehmen.

Das erste Kriterium ist ein Bewusstsein um *Kontingenz*. Kontingenz ist durch „die gleichzeitige Negation von Notwendigkeit und Unmöglichkeit definiert und provoziert auf der Individualebene die Frage, warum etwas so ist, wie es ist, und warum es nicht anders ist" (Pollack, 2012, S. 115). Aus theologischer Perspektive lässt sich der Begriff zweifach begründen. Zum einen können tradierte Religionen aus einer Außenperspektive angefragt werden und erweisen sich damit als kontingent gegenüber anderen Religionen und Weltdeutungen. Aber auch in der Binnenperspektive einer Religion leuchtet das Kriterium von Kontingenz insofern auf, als das Nachdenken über die letzte Wirklichkeit diese selbst immer nur antizipativ verwirklichen kann. Gott selbst bleibt unbegreifbar und kann letztlich nicht in Begriffen gefasst werden, sondern es kann lediglich in symbolischer Weise auf ihn hingewirkt werden, ohne dass man die dabei verwendeten Symbole in ihrer Bedeutung ein für alle Mal festschreiben könnte (Stosch, 2012, S. 310; Stosch, 2001, S. 268–277). Aus dieser untilgbaren Kontingenz ergibt sich neben der Verpflichtung, Rechenschaft über den eigenen Glauben zu geben, auch die Möglichkeit, die eigene Weltdeutung zu wählen und zu gestalten und in grundlegenden Fragen des Weltzugangs Entscheidungen zu treffen. In Sachen Religion argumentieren zu können, bedeutet also, die Grenzen der eigenen Argumentation aus der Außen- wie auch aus der Binnenperspektive wahrzunehmen und – mit steigendem Kompetenzniveau – zu reflektieren. Denn das Wissen um Kontingenz sowie die Fähigkeit, damit umzugehen, wächst in dem Maße, in dem die Vielfalt von Weltdeutung im Plural erkannt wird (Pollack, 2012, S. 115).

Mit dem zweiten Kriterium der *Konsistenz* ist die Forderung nach einer innerreligiösen „Widerspruchsfreiheit bei der Artikulation der religiösen Überzeugung" (Stosch, 2012, S. 311) angesprochen. Es geht um den Anspruch, die innere Stringenz der religiösen Tradition aufweisen zu können. Aber auch die divergierenden individuellen religiösen Überzeugungen müssen in ihrer logischen Widerspruchsfreiheit vor sich und vor Anderen begründet werden. Das Kriterium der Konsistenz muss in religiösen Lernprozessen also einerseits von jedem Lernenden hinsichtlich seiner eigenen Religiosität selbst wie auch von der Lerngruppe hinsichtlich der christlichen Tradition gemeinsam erarbeitet, kritisch befragt und ausgelotet werden.

Kohärenz nimmt als drittes Kriterium die erfahrbare Wirklichkeit als Ganzes in den Blick. Wenn Religionen den Anspruch auf Rationalität nicht verlieren wollen, kann der Anspruch der jeweiligen Religion nicht in Widerspruch zu allgemein anerkannten Einsichten über die Wirklichkeit stehen. In diesem Zusammenhang ist es nun interessant, dass Studien zu hybridem Denken im Kindes- und Jugendalter belegen, dass „in den einzelnen Wissensdomänen Erklärungsmuster miteinander koexistieren können, die in deutlicher Spannung zueinander stehen" (Bütter & Dieterich, 2013, S. 91–95). Für den Religionsunterricht und die Aufgabe des Argumentierenlernens kommt diesen Beobachtungen besonders in der Phase der Adoleszenz eine zentrale Bedeutung zu. Denn gerade dann treffen unterschiedliche Formen von Rationalität in den Argumentationsstrukturen der lernenden Subjekte zumeist unvermittelt aufeinander. Kohärenzsinn auszubilden sieht Rudolf Englert daher als eine notwendige Aufgabe religionspädagogischen Handelns an (Englert, 2005, S. 102–106). Der Religionssoziologe Heiner Keupp mahnt in diesem Sinne, dass es für Menschen in der reflexiven Moderne geradezu eine Pflicht darstelle, einen Sinn für Kohärenz auszubilden. Die dazu erforderliche Kompetenz sieht er allerdings längst nicht bei allen Menschen ausgeprägt (Keupp, 2012, S. 108). Für religiöse Lehr- und Lernprozesse ist die Erkenntnis bedeutsam, dass Fragen zur Kohärenz in Lebenswelten, die von Pluralität und Individualisierung geprägt sind, nicht beantwortet und bewältigt werden können, indem einfach auf verfügbare Sinnpotenziale verwiesen wird. Kohärenz ist stattdessen „nur noch in vom Subjekt selbst gesteuerten diskursiven und konstruktiven Prozessen" (ebd., S. 105) zu leisten.

Mit dem vierten Kriterium der *Symmetrie* ist zwar ein „nicht mehr so klar ausweisbarer Bereich der rationalen Prüfung" (Stosch, 2012, S. 311; Stosch, 2001, S. 109f.) angesprochen, es kann aber nicht darauf verzichtet werden, geht es doch hierbei im Sinne Ludwig Wittgensteins um die innerhalb eines Sprachspiels, innerhalb einer Weltdeutung geltenden bzw. als schlüssig erachteten Zusammenhänge. Bezogen auf die vom Subjekt vertretene religiöse Überzeugung ist hier vor allem deren nachvollziehbarer und stimmiger Aufbau im Blick. Es geht also vor allem um das, was man die Architektur des eigenen Glaubens, der eigenen Religiosität nennen könnte (Kropač, 2010, S. 104f.). Das ist für Prozesse des Argumentierenlernens im Religionsunterricht insofern von Bedeutung, als innerhalb des eigenen Glaubens Argumente als schlüssig, ja als geradezu zwingend logisch erscheinen können, die innerhalb eines anderen Glaubens, einer anderen Religion oder eines anderen Weltdeutungssystems keineswegs so verstanden werden müssen. Der Eigenlogik religiöser Überzeugungen zu folgen, diese, so weit möglich, nachzuvollziehen und anzuerkennen, bedeutet auch, damit verbundene positionelle Unterschiede wahrzunehmen und zu reflektieren.

Das von K. von Stosch angeführte fünfte Kriterium hängt eng mit den ersten vier Kriterien zusammen und ist dennoch noch einmal von diesen zu unterscheiden. Das *ethische Kriterium* fordert die Bereitschaft, „die Perspektive Andersgläubiger ernst zu nehmen und ihre Wertschätzung nicht aus apriorischen Gründen auszuschließen" (Stosch, 2012, S. 312). Die Wertschätzung der/s Anderen kann gerade daran abgelesen werden, dass sie auch dann der/m Andersglaubenden gegenüber eingehalten wird, wenn auf der Sach- bzw. Inhaltsebene keine Zustimmung erfolgen kann. Damit ist dieses Kriterium in religiösen Lernprozessen aus zwei Gründen von Bedeutung: Zum einen darf Ethik nicht als eine von der jeweiligen Weltdeutung losgelöste Größe missverstanden werden. Es geht um eine ethische Haltung, die ihrerseits noch einmal theologisch zu begründen ist (Tautz, 2007). Zum anderen fordert dieses Kriterium indirekt dazu auf, die mit ihrer Hilfe geförderte Haltung von Toleranz nicht im Sinne einer bloßen Duldung zu verstehen, sondern darüber hinausgehend sowohl auf der Sachebene wie auch auf der Beziehungsebene bei aller Anerkennung der unterschiedlichen Positionen nicht in eine Gleichgültigkeit bzw. Beliebigkeit zu verfallen. Damit wäre auf der argumentativen Ebene das Kriterium der Ethik dasjenige, an und mit dem sich gleichsam der Lackmustest einer sowohl kognitiv als auch emotional und praktisch zu eröffnenden Dimension religiösen Lernens erweisen lässt.[4]

3. Argumentieren lernen im Religionsunterricht – eine vielschichtige Aufgabe

3.1 Kommunikatives Abwägen und Einschätzen verschiedener Überzeugungen

Die von den fünf Kriterien religiöser Urteilsbildung und von den drei Dimensionen (religiöser) Argumentation eröffnete Matrix soll den Lehrenden ein Instrumentarium an die Hand geben, das es ihnen ermöglicht, die vielschichtigen Bezüge von Argumentationen im Rahmen religiöser Lernprozesse differenzieren und gegebenenfalls gezielt für die Planung und Durchführung des Unterrichts aufbereiten zu können.

---

4 Wie schwierig es ist, im schulischen Kontext Einstellungsveränderungen bei den Lernenden zu bewirken, zeigt beispielsweise die Studie von Georg Ritzer. Er konnte nachweisen, dass der Religionsunterricht in der Regel nicht zu Einstellungsveränderungen im Sinne gelebter Toleranz im Alltag führt. Am ehesten kann noch mit einem Zuwachs an Wissen über andere Religionen gerechnet werden (Ritzer, 2010).

Tab. 1: Matrix religiöser Argumentationsstrukturen im Religionsunterricht[5]

Dimensionen Kriterien	Kognition	Emotion	Handeln
Kontingenz-bewusstsein			
Konsistenz			
Kohärenz			
Symmetrie/ Erfahrungswissen			
Ethisches Kriterium			

Dabei geht es nicht darum, alle Felder gleichermaßen zu füllen, sondern je nach Thema und zu fördernder Methodenkompetenz Schwerpunkte herauszuarbeiten. Wenn die subjektive Religiosität der Lernenden in den Lernprozessen als je eigene Form von Weltdeutung mit bedacht und konstruktiv genutzt werden soll, ist auf Seiten der/s Lehrenden neben einer differenzierten fachwissenschaftlichen Aneignung der theologischen Themenfelder (hier ist sowohl an intrareligiöse wie an interreligiöse Vielfalt zu denken) auch eine Sensibilität für kindliche und jugendliche Weltzugänge (entwicklungsbedingte Voraussetzungen, kultur- und sozialisationsbedingte Bilder und Sprache, biographische Erfahrungen usw.) nötig. Das verlangt von der/m Lehrenden, beides so miteinander in Beziehung setzen zu können, dass die für Lernende lebensrelevanten, auch die von ihnen selbst in den Unterricht eingebrachten Themen und Anfragen so integriert werden können, dass sowohl ein der Person als auch der Sache angemessenes und sinnvolles Lernen angeregt und auf weitere Vertiefungen hin ausgebaut wird (Mette, 2012, S. 356). Dabei stellt sich für die Religionsdidaktik die Sachlage als eine komplexe dar, da es eben nicht allein um eine didaktische Reduktion von durch die Wissenschaft – hier die Theologie – begründete Thesen, Erkenntnisse, Glaubenswahrheiten gehen kann. Der schillernde und für Theologen doch nicht aufzugebende Begriff der Wahrheit und das mit ihm Konnotierte, nämlich das Proprium christlichen Glaubens, christlicher Tradition, bildet gleichsam den Dreh- und Angelpunkt religionsdidaktischen Arbeitens. Gleichzeitig gilt gerade um dieses Propriums willen die Achtung vor der ganz individuellen religiösen Grundhaltung der Lernenden, die ja keineswegs mit den Überzeugungen und dem gelebten Glauben christlicher Tradition übereinstimmen muss.

Geht man von den drei Ebenen der Wissensaneignung, der selbständigen Übertragung und Anwendung dieses Wissens in bisher nicht bedachten und bearbeiteten Lernfeldern sowie einem kreativen Umsetzen und Weiterdenken in neuen Kontexten aus (vgl. die drei Ebenen bzw. Anforderungsbereiche in den Einheitlichen Prüfungsanforderungen in der Abiturprüfung), so wird deutlich, dass Argumentierenlernen im Religionsunterricht auf fachwissenschaftliche, hier theologische Denk- und Me-

---

5   Wie mit dieser Tabelle gearbeitet werden kann, wird beispielhaft in Kapitel 3.2 dargelegt.

thodenmuster zurückgreifen muss, denn argumentieren kann nur derjenige, der Argumente kennt.

3.2 Beispiel aus der Praxis des Religionsunterrichts

Ansätze für ein Einüben in solche Art des Argumentierens sollen im Folgenden an einem Beispiel aus dem Bereich des interreligiösen Lernens aufgezeigt werden. Interreligiöses Lernen, das aus der Binnenperspektive einer konkreten Religion heraus in den Lernprozess eintritt, fordert und fördert gleichermaßen die Fähigkeit zum Perspektivenwechsel (Tautz, 2015) innerhalb der drei Dimensionen Kognition, Emotion und Handeln.

Das kurz skizzierte Beispiel für die gymnasiale Oberstufe soll Weihnachten zum Anlass nehmen, um über die Bedeutung der Geburt Jesu Christi für das Selbstverständnis christlichen Glaubens nachzudenken. Als Quellen dienen sowohl biblische als auch koranische Texte, um von hier aus Fragen zur Christologie anzuregen (Bauschke, 2013, S. 14–40; Kuschel, 2012). Da religiöse Deutungsmuster keine Selbstverständlichkeit mehr darstellen, sondern auf einen großen Teil der Jugendlichen be*fremd*lich wirken, „während säkulare Erklärungs- und Deutungsmuster zunehmend den vertrauten Referenzrahmen der eigenen Erfahrungen und Weltwahrnehmung bilden" (Stögbauer, 2011, S. 242)[6], ist ein interreligiöses Lernen, dem es um das Erlernen von und das Einüben in Argumentationsstrukturen geht, vor die Herausforderung gestellt, neben den subjektiven Erfahrungen und Vorstellungen der Schülerinnen und Schüler von Weihnachten auch in religiöse Sprachspiele einzuführen.

Das hoch emotional besetzte Weihnachtsfest soll gleichsam als Katalysator dienen, um *Kontingenzbewusstsein* in Sachen Weltdeutung anzubahnen und zu schärfen. Einerseits kann Kontingenz als ein Bewusstseinsphänomen umschrieben werden, das *kognitiv* herausfordert. Hier gilt es zunächst einmal wahrzunehmen, dass Weihnachten im Raum der Familie, des öffentlichen Lebens, auch der verschiedenen christlichen Konfessionen ganz unterschiedlich gefeiert wird und die Feiern auch ganz unterschiedlich begründet werden. Andererseits ist Kontingenz aber auch ein Phänomen, das *emotional* erfahrbar ist. Im Gegensatz zur kognitiven Dimension ist für eine emotional bedeutsame Kontingenzerfahrung nun nicht die Weite, sondern die Enge, die Begrenztheit des Erwartungshorizonts entscheidend (Pollack, 2012, S. 115f.). So sind es hier gerade Gefühle wie Furcht oder Hoffnung, die entstehen, wenn das eigene Weltdeutungssystem so von anderen angefragt wird, dass es ins Wanken gerät. Neben der kognitiven und emotionalen gibt es die *handlungspraktische* Dimension von Kontingenzerfahrung. Auch auf der Handlungsebene können

---

6   Geht es Eva Stögbauer um ein interreligiöses Lernen, das tradierte Religionen zum Thema macht, so ist der oben ausgeführte Ansatz insofern noch einmal geweitet, weil hier auch religionsaffine Weltdeutungen subjektiver Art mit aufgegriffen werden. Diese Ausweitung erweist sich gerade dann als sinnvoll wie notwendig gleichermaßen, wenn es um die Frage der Stringenz religiösen Argumentierens geht.

für das Individuum im Alltag Kontingenzfragen aufbrechen, so z.B. die Frage, warum das gerade mir passieren musste. Bei interreligiösen Lehr- und Lernprozessen zum Thema Weihnachten mag durchaus die Frage aufkommen, warum im Koran von der Geburt Jesu Christi erzählt wird (Kuschel, 2012), Muslime aber nicht Weihnachten feiern. Die Voraussetzung für die Erfahrung von Kontingenz auf der Handlungsebene „besteht in dem Bewusstsein anderer Möglichkeiten, die im Augenblick zwar nicht aktualisierbar, aber denkbar sind" (Pollack, 2012, S. 115). Damit verbunden ist stets ein Gefühl der Unsicherheit und Ungewissheit, das seinerseits nach Ordnung und Sicherheit hin gewandelt werden will (ebd., S. 116f.).[7]

Das Kriterium der *Konsistenz* nimmt die Stringenz der Argumentation innerhalb einer Weltdeutung in den Blick. Die Konsistenz der koranischen und biblischen Fassungen der Erzählungen von der Geburt Jesu Christi, also die innerreligiöse Widerspruchsfreiheit der Artikulation, kann überprüft werden, indem die Kontexte der koranischen und biblischen Überlieferung für eine Interpretation mit herangezogen werden.[8]

Mit dem Kriterium der *Kohärenz* ist die erfahrbare Wirklichkeit als Ganze in den Blick zu nehmen. Da, wie oben dargelegt, Kohärenz in einer von Pluralität geprägten Welt heute vom Subjekt selbst in einem sowohl diskursiven als auch konstruktiven Prozess hergestellt werden muss (Keupp, 2012, S. 105), verlangen religiöse Lernprozesse spätestens an dieser Stelle die Einbindung von Weltdeutungskonzepten der Schülerinnen und Schüler. Über die theologischen Argumentationsmuster hinaus muss der Unterricht Formen der Begründung ihrer je eigenen Weltdeutung aufgreifen und diese kritisch auf ihre Kohärenz hin überprüfen. Da die Weltdeutung Jugendlicher vielfach von einer monokausalen naturwissenschaftlich-technologischen

---

7 Weil Kontingenzerfahrung und das Bedürfnis nach Lösung der damit verbundenen Unsicherheiten zu menschlichem Leben wesentlich dazugehören, gibt es keineswegs nur religiös motivierte Strategien der Kontingenzbewältigung. Religiöse Kontingenzerfahrung selbst ist nochmals zu unterteilen. D. Polack fragt an: „Doch was ist, wenn Kontingenzerfahrungen reichhaltig anfallen und damit auch ein hoher Bedarf für religiöse Antworten, religiöse Angebote aber der Kritik und Ablehnung ausgesetzt und nicht angenommen werden? Und was, wenn zwar religiöse Antworten bejaht werden und religiösen Forderungen gehorcht wird, aber das Bedürfnis nach Religion und die Erfahrung von Kontingenz verloren gegangen sind? Im ersten Fall wird man von religiöser Sehnsucht und Suche sprechen können, im zweiten von religiöser Orthodoxie oder Orthopraxie, aber wohl kaum von einer lebendigen und eigendynamischen Religiosität" (Pollack, 2012, S. 120). Beiden Herausforderungen muss sich der Religionsunterricht stellen.

8 Hier bieten sich z.B. folgende Koranverse an: Sure 3,38–41.42–49.58–60; Sure 19,1–15.16–38.88–92; Sure 5,110f. Neutestamentliche Texte, die zur Geburt Jesu bzw. zur Inkarnation des Logos herangezogen werden können, sind: Mt 1,18–25; Mt 2,1–12.13–15.16–18; Lk 1,26–38; Lk 2,1–20; Joh 1,1–18. Im Sinne intertextuellen Arbeitens, aber auch um die christliche Deutung noch einmal aus jüdischer Perspektive kritisch anzufragen, können auch folgende Verse aufgegriffen werden: Gen 1,2; 2 Sam 7,1–17; Jes 7,14; 9,1–6; 40,1–11; 52,7–11.
Warum Jesus im Kontext der biblischen Texte als der Christus geglaubt wird, warum er im koranischen Kontext ein hoch geehrter Prophet Gottes ist, der sich aber von anderen Propheten wie auch von den Menschen zu allen Zeiten als Geschöpf Gottes nicht unterscheidet, kann im gezielten Vergleich mit weiteren Texten der heiligen Schriften erarbeitet werden (Bauschke, 2013, S. 9–41).

Rationalität geprägt ist,[9] sind solche Aufgabenformate gefragt, die mehrere Aspekte gleichzeitig zu bedenken geben. Viele Jugendliche sehen in Jesus einen guten Menschen, ein Vorbild für ethisches Handeln. Zu fragen wäre hier, warum die Geburt dieses Menschen ein so großes Fest wie Weihnachten rechtfertigt, warum beispielsweise die Geburt Dietrich Bonhoeffers nicht so gefeiert wird.

Bei Lernprozessen, die eine fachspezifische Argumentation ins Zentrum rücken wollen, ist das Kriterium der *Symmetrie* bzw. des Erfahrungswissens mit dem bisher Dargelegten eng verknüpft. Da es hier vor allem um die Eigenlogik religiöser, weltanschaulicher Überzeugungen geht, sind die Lernenden aufgerufen, diese Eigenlogik in Worte zu fassen. So kann die Vieldeutigkeit von Sprache, die Notwendigkeit, Begriffe im Kontext des jeweiligen Denkgebäudes zu erklären, nachvollzogen werden. Gleichzeitig kann eine Bereitschaft, sich immer wieder neu um eine solche Klärung zu bemühen, eingeübt werden. Damit spiegelt sich das Kriterium der Symmetrie in allen drei Dimensionen religiöser Argumentation wider. In der Dimension der Kognition sind im anstehenden Beispiel interreligiösen Lernens vor allem sprachanalytische Klärungen nötig. Sowohl in den koranischen als auch in den biblischen Texten ist von „Jesus Christus" die Rede. Ist damit im biblischen Kontext ein Bekenntnis ausgesprochen, so gleicht der Begriff „Christus" im koranischen Kontext einem dem Nachnamen vergleichbaren Zusatz.[10] In der Dimension der Emotion zeigt sich die Bereitschaft, das Fremde in seiner Widerständigkeit wahrnehmen und kognitiv verstehen zu wollen, auch wenn die ‚Logik' der/s Anderen ganz und gar nicht vom Denken des eigenen Weltbildes gestützt wird. Neben den spezifisch biblischen und koranischen Deutungen werden für die Lernenden emotional das in der Phase der Adoleszenz besonders wirksame monokausale-naturwissenschaftliche Denken einerseits (Baumert, 2002, S. 142f.) und deistische Gotteskonzepte andererseits (Büttner & Dieterich, 2013, S. 167–170) eine Herausforderung darstellen. Denn die sowohl biblisch als auch koranisch festzumachende theologische Kernaussage, dass Gott selbst am Werk ist, stellt auch für religiös sozialisierte junge Menschen ein Problem dar. Das Bemühen, sich diesem Problem zu stellen, den um Verstehen und Verständigung bemühten Prozess nicht vorschnell abzubrechen, kann in der Dimension des Handelns verortet werden. Dass ein gegenseitiges Verstehen nicht gleichbedeutend ist mit der Zustimmung zu diesem Denken, erweist sich in der Dimension des Handelns als Aufgabe. Hier muss es darum gehen, die kritische Reflexion der verschiedenen, ja widersprüchlichen Denkmuster nicht nur oberflächlich, sondern in die (theologische) Tiefe gehend voranzutreiben. Denn sachlich wie emotional kontrovers diskutierte Themen werden von Schülerinnen und Schülern im Religionsunterricht nicht selten dann als abgeschlossen und nicht weiter diskussionswürdig angesehen, wenn wahrgenommen wird, dass eine harmonisierende, die verschiede-

---

9 Gestützt wird diese Form der Rationalität auch im naturwissenschaftlichen Unterricht. So weist J. Baumert darauf hin, dass im naturwissenschaftlichen Unterricht die Vorstellung von Wissenschaft als einer Konstruktionsleistung „ein Fremdkörper" sei (Baumert, 2002, S. 143).

10 Ebenso sind hier Begriffe wie „Wort", „Sohn Gottes" bzw. „Sohn der Maria" im Kontext der jeweiligen Schrift zu analysieren.

nen Weltdeutungen unter einem Argumentationsmuster zusammenfassende Lösung nicht möglich sein wird.

Das ethische Kriterium geht im Religionsunterricht nicht allein im Handeln auf. Die Wertschätzung der/s Anderen muss im Modus religiöser Rationalität selbst noch einmal von der Religion her begründet werden. Interreligiöses Lernen muss daher in einer Art Metakommunikation immer auch die Art und Weise der Zusammenarbeit sowie die Rahmenbedingungen der Diskussion bedenken. Gerade im Religionsunterricht der gymnasialen Oberstufe gilt es dann auch, Argumente der theologischen Anthropologie auf der Ebene der Kognition zu reflektieren. So könnten hier beispielsweise die Frage nach der Erlösungsbedürftigkeit des Menschen oder diejenige nach der Bedeutung des Menschen als Hörer des Wortes Gottes aufgenommen werden.

Literatur

Altmeyer, S. (2013). Wiederkehr der Religion: Enttäuschte Hoffnung oder unentdeckte Herausforderung? In S. Altmeyer, G. Bitter & J. Theis (Hrsg.), *Religiöse Bildung – Optionen, Diskurse, Ziele* (S. 89–100). Stuttgart: Kohlberg.

Baumert, J. (2002). Deutschland im internationalen Bildungsvergleich. In N. Killius, J. Kluge & L. Reisch (Hrsg.), *Die Zukunft der Bildung* (S. 100–150). Frankfurt am Main: Suhrkamp.

Bauschke, M. (2013). *Der Sohn der Maria. Jesus im Koran.* Darmstadt: WBG.

Büttner, G. & Dieterich, V.-J. (2013). *Entwicklungspsychologie in der Religionspädagogik.* Göttingen: UTB.

Döring, S. A. (Hrsg.). (2009). *Philosophie der Gefühle.* Frankfurt am Main: Suhrkamp.

Dressler, B. (2012). „Religiös reden" und „über Religion reden" lernen – Religionsdidaktik als Didaktik des Perspektivenwechsels. In B. Grümme, H. Lenhard & M. L. Pirner (Hrsg.), *Religionsunterricht neu denken. Innovative Ansätze und Perspektiven der Religionsdidaktik* (S. 68–78). Stuttgart: Kohlhammer.

Englert, R. (2005). Von der Katechese zur Salutogenese? Wohin steuert die religiöse Erwachsenenbildung? In R. Englert & S. Leimgruber (Hrsg.), *Erwachsenenbildung stellt sich religiöser Pluralität* (S. 83–106). Freiburg i. Br.: Herder.

Gasser, G. & Stefan, M. (2009). Weltanschauliche Überzeugungen und die Möglichkeit des rationalen Dialogs. *Renovatio, 65* (3/4), 21–29.

Grom, B. (2005). Religiöse Entwicklung – nicht ohne unsere Gefühle. Wie aus kalten „warme" Kognitionen werden können. *Katechetische Blätter, 120* (1), 25–31.

Grümme, B. (2009). *Religionsunterricht und Politik. Bestandsaufnahme – Grundsatzüberlegungen – Perspektiven für eine politische Dimension des Religionsunterrichts.* Stuttgart: Kohlhammer.

Grümme, B. (2013). Mit bildungsfernen Schülern theologisieren. Skizze einer kritisch-marginalitätssensiblen Kindertheologie. *Religionspädagogische Beiträge, 70,* 31–42.

Hastedt, H. (2009). Emotionen. In E. Bohlken & C. Theis (Hrsg.), *Handbuch Anthropologie. Der Mensch zwischen Natur, Kultur und Technik* (S. 308–311). Stuttgart: Metzler.

Kalloch, C., Leimgruber, S. & Schwab, U. (2009). *Lehrbuch der Religionsdidaktik. Für Studium und Praxis in ökumenischer Perspektive.* Freiburg i. Br.: Herder.

Keupp, H. (2012). Identitäten – befreit von Identitätszwängen, aber nicht von alltäglicher Identitätsarbeit. *Zeitschrift für Pädagogik und Theologie, 64* (2), 100–111.

Korpač, U. (2008). Religiöse Rationalität als Proprium religiöser Bildung. Ein bildungstheoretisches Plädoyer für Religionsunterricht an öffentlichen Schulen. *Religion an höheren Schulen, 51* (6), 365–376.

Korpač, U. (2009). Dimensionen religiöser Rationalität. Chancen und Grenzen religiöser Bildung in der Schule. *Religionspädagogische Beiträge, 62,* 35–40.

Korpač, U. (2010). Religion als Zugang zur Wirklichkeit? Religiöse und naturwissenschaftliche Rationalität im Horizont religiöser Bildung. *Religionsunterricht an höheren Schulen, 53,* 100–108.

Kuschel, K. J. (2012). *Weihnachten im Koran.* München: Patmos.

Langenhorst, G. (2013). Sprachkrise im ‚Theotop'? Zur Notwendigkeit radikaler Neubesinnung religiöser Sprache. *Religionspädagogische Beiträge, 69,* 65–76.

Mette, N. (2012). Theologie als Bezugswissenschaft für den schulischen Religionsunterricht – angefragt. In N. Mette & M. Sellmann (Hrsg.), *Religionsunterricht als Ort der Theologie* (S. 338–361). Freiburg i. Br.: Herder.

Pollack, D. (2012). Probleme der Definition von Religion. In U. Korpač, Meier, U. & K. König (Hrsg.), *Jugend, Religion, Religiosität, Resultate, Probleme und Perspektiven der aktuellen Religiositätsforschung* (S. 109–122). Regensburg: Pustet.

Ritzer, G. (2010). *Interesse – Wissen – Toleranz – Sinn. Ausgewählte Kompetenzbereiche und deren Vermittlung im Religionsunterricht. Eine Längsschnittstudie.* Wien: LIT.

Schambeck, M. (2009). *Bibeltheologische Didaktik. Biblisches Lernen im Religionsunterricht.* Göttingen: UTB.

Schärtl, T. (2009). Die Rationalität religiöser Überzeugungen. *Religion an höheren Schulen, 52* (1), 11–15.

Schlag, T. (2010). *Horizonte demokratischer Bildung. Evangelische Religionspädagogik in politischer Perspektive,* Freiburg i. Br.: Herder.

Stögbauer, E. M. (2011). Mit fremden Religionen im Klassenzimmer. Bedingungen, Herausforderungen und Perspektiven einer Didaktik der Religionen. In J. Rahner & M. Schambeck (Hrsg.), *Zwischen Integration und Ausgrenzung. Migration, religiöse Identität(en) und Bildung – theologisch reflektiert* (S. 237–254). Berlin: LIT.

Stosch, K. von (2001). *Glaubensverantwortung in doppelter Kontingenz. Untersuchungen zur Verortung fundamentaler Theologie nach Wittgenstein.* Regensburg: Pustet.

Stosch, K. von (2012). *Komparative Theologie als Wegweiser in der Welt der Religionen* (Beiträge zur komparativen Theologie 6). Paderborn: Schöningh.

Tautz, M. (2007). *Interreligiöses Lernen im Religionsunterricht. Menschen und Ethos im Islam und Christentum.* Stuttgart: Kohlhammer.

Tautz, M. (2015). *Perspektivenwechsel.* Verfügbar unter: http://www.wirelex.de [07.04.2015].

Hannes Sander & Dietmar Höttecke

Bewertungskompetenz in der Physikdidaktik: Zwischen Rationalität und Intuition

Der Atomausstieg kommt – oder doch nicht? Der Klimawandel fordert mehr Anstrengungen zur Gebäudedämmung! Wissenschaftler diskutieren über eine künstliche Klimabeeinflussung! EU-Kommission plädiert für Kohlenstoffsteuer!

Schlagzeilen, wie sie in der Zeitung stehen – oder in Zukunft stehen könnten. Themen, die naturwissenschaftliches Fachwissen genauso wie ethisch-moralische, ökonomische wie soziale Fragen berühren und zu denen alle BürgerInnen gefordert sind, Stellung zu beziehen. In manchen Fällen geschieht dies ganz bewusst, in den meisten Fällen auch ganz unbewusst, fast beiläufig. Der schulische Unterricht kann hier einen wichtigen Beitrag dazu leisten, SchülerInnen auf gesellschaftliche Teilhabe, insbesondere ihre zukünftige Rolle als aktive und kritische StaatsbürgerInnen im Sinne einer umfassenden Scientific Literacy vorzubereiten (Eilks, Hößle, Höttecke & Menthe, 2011b). Als solche müssen sie mit derartigen Fragen persönlicher und gesellschaftlicher Bedeutung umgehen. Die Fähigkeit der Urteilsbildung in gesellschaftlich sowie persönlich relevanten Themen wird in der Naturwissenschaftsdidaktik unter dem Begriff der *Bewertungskompetenz* diskutiert und ist seit einigen Jahren Ziel umfangreicher Forschungs- und Entwicklungsarbeit. In diesem Beitrag wird zunächst umrissen, inwiefern Bewertungskompetenz als Zielperspektive des naturwissenschaftlichen Unterrichts verstanden werden kann (1) und welche unterschiedlichen Begriffsverständnisse dabei in der fachdidaktischen Forschung vorherrschen. Es folgt ein kurzer Exkurs, der die psychologische Perspektive auf Urteilen und Entscheiden umreißt (2), bevor auf die fachdidaktische Forschungslage eingegangen wird (3). Darauf aufbauend wird dann die Fragestellung und das Design eines qualitativ-rekonstruktiven Forschungsprojekts zur Untersuchung von Bewertungskompetenz beschrieben (4), in dessen Rahmen die dokumentarische Methode als Auswertungsmethode genutzt wird, deren Grundzüge skizziert werden. Abschließend werden erste Ergebnisse des Forschungsprojekts berichtet und diskutiert (5).

1. Bewertungskompetenz als Ziel des naturwissenschaftlichen Unterrichts

In den vergangenen Jahren wurden die Ziele des schulischen Unterrichts neu formuliert. In den im Zuge der Reformbestrebungen neu entstandenen Bildungsstandards (Klieme, Avenarius, Blum, Döbrich, Gruber & Prenzel, 2007, S. 19ff.) wurde für die drei naturwissenschaftlichen Fächer neben den Kompetenzbereichen *Fachwissen, Erkenntnisgewinnung* und *Kommunikation* auch der Kompetenzbereich *Bewertung* aufgeführt. Hierdurch wird die Förderung von Bewertungskompetenz nicht mehr nur

– wie bisher oftmals – zum impliziten Ziel des naturwissenschaftlichen Unterrichts, sondern nun auch explizit gefordert (z.B. Kultusministerkonferenz, 2005, S. 7).

Es ist jedoch festzustellen, dass der Begriff der Bewertungskompetenz weder von den Bildungsstandards der naturwissenschaftlichen Fächer noch in der fachdidaktischen Forschung einheitlich verstanden wird (Höttecke, 2013, S. 4ff.). So kann Bewertungskompetenz einerseits als Fähigkeit verstanden werden, rein innerfachlich zu bewerten, beispielsweise die Güte von Messdaten kritisch zu beurteilen. Diesem Begriffsverständnis folgend geht es also vor allem um Aushandlungsprozesse hinsichtlich der Legitimität von Evidenz im Unterricht, um fachimmanente Bewertungen. Andererseits finden sich Arbeiten, die Bewertungskompetenz umfassender als eine Grundfertigkeit verstehen, die notwendig ist, um mündige BürgerInnen zur Teilhabe am gesellschaftlichen und demokratischen Leben zu befähigen (z.B. Eilks, Hößle, Höttecke & Menthe, 2011b). In diesem Sinne ist Bewertungskompetenz die Fähigkeit, gesellschaftliche, politische und persönliche Entscheidungen kritisch nachzuvollziehen und zu reflektieren oder selbst zu fällen und gegenüber Anderen zu rechtfertigen. Der naturwissenschaftliche Unterricht kann so einen Beitrag dazu leisten, dass SchülerInnen in der Lage sind, im oben skizzierten Sinne aktiv ihr Leben und die Gesellschaft zu gestalten. Letzteres ist auch das Verständnis dieses Artikels.

Eng verknüpft mit dem Begriff der Bewertungs*kompetenz* ist offensichtlich der Begriff der *Kompetenz*. In der Diskussion um Kompetenzen wurde v.a. der auf Weinert zurückgehende Kompetenzbegriff stark gemacht, der diese als „die bei Individuen verfügbaren oder durch sie erlernbaren kognitiven Fähigkeiten und Fertigkeiten, um bestimmte Probleme zu lösen, *sowie* die damit verbundenen motivationalen, volitionalen und sozialen Bereitschaften und Fähigkeiten um die Problemlösungen in variablen Situationen erfolgreich und verantwortungsvoll nutzen zu können" (Weinert, 2001, S. 27–28; Kursivsetzung H.S.) versteht. Vor allem forschungspraktisch motiviert beschränkten sich viele Forschungsarbeiten der letzten Jahre auf einen kognitiven Kompetenzbegriff. Besonders häufig wurde dabei in der Forschung ein Kompetenzbegriff zugrunde gelegt, der „Kompetenzen als *kontextspezifische kognitive* Leistungsdispositionen, die sich funktional auf Situationen und Anforderungen in bestimmten *Domänen* beziehen [beschreibt]" (Klieme & Leutner, 2006, S. 879; Kursivsetzung H.S.). Im Vergleich beider Begriffe klammern Klieme und Leutner die bei Weinert anklingenden nichtkognitiven Facetten von Kompetenz aus. Gerade im Hinblick auf die bedeutende Rolle, die emotionale Reaktionen bei Urteilsfragen aus psychologischer und soziologischer Perspektive spielen, ist die Beschränkung auf solch kognitive Leistungsdispositionen jedoch durchaus fragwürdig, da menschliches Urteilen nicht allein kognitiv verstanden werden kann.[1]

---

1 Aus soziologischer Perspektive betont Bourdieu (2001, S. 282) bspw. den Habitus einer Person als generatives Prinzip, das hinter dem Handeln, also auch hinter Urteilsprozessen wirkt. In diesem Sinne bestimmt er, welche spezifischen Formen der Rationalität einem Individuum möglich sind (Vogd, 2004, S. 105).

2. Die entscheidungspsychologische Perspektive

Zur näheren Untersuchung von domänenspezifischen Urteilsprozessen lohnt ein Blick auf die Bezugswissenschaften der Fachdidaktik. Urteilen und Entscheiden sind v.a. das Gebiet der *Entscheidungspsychologie.* Diese interessierte sich zunächst für das Produkt von Entscheidungsprozessen. Eine Prozessperspektive rückte erst später in den Fokus, wobei Argumentationen als ein Teil mancher Entscheidungsprozesse verstanden werden können (zur Entwicklung der Entscheidungspsychologie siehe z.B. Betsch, Funke & Plessner, 2011, S. 4). In der Regel dienen sie allein der Rechtfertigung eines bereits getroffenen Urteils (Haidt, 2001, S. 818). Kennzeichnend für die ‚klassische' Entscheidungspsychologie ist dabei, dass von einem bewussten, rationalen Entscheider ausgegangen wird (Dijksterhuis, 2006, S. 1005). Kern dieses Menschenbildes ist, dass Menschen in Situationen, in denen sie zwischen verschiedenen Optionen wählen können, bei vollständig vorliegenden Informationen jede Option kriteriengeleitet im Hinblick auf die Folgen der Wahl beurteilen und sich in einem rationalen Prozess anhand verschiedener Entscheidungsregeln für diejenige Option entscheiden, die den Nutzen jeweils maximiert (Jungermann, Pfister & Fischer, 2010). Im Rahmen des *Heuristics & Biases*-Forschungsprogramms wurden in diesem Zusammenhang systematische Abweichungen realer Entscheidungen von diesen logisch-normativ als richtig betrachteten Entscheidungsregeln untersucht (Kahneman, Slovic & Tversky, 1982).

In den letzten Jahren änderte sich das Forschungsfeld der Entscheidungspsychologie stark (Gigerenzer & Gaissmaier, 2011, S. 453). Der Fokus liegt nun in der Regel nicht mehr auf den oben umrissenen rationalen Entscheidungsstrategien oder untersucht gezielt Abweichungen von diesen, sondern betont die Bedeutung von Intuitionen[2] und Emotionen für menschliches Urteilen (Haidt, 2001; Evans, 2008; Glöckner & Witteman, 2010) und den erfolgreichen Gebrauch einfacher Heuristiken des Entscheidens (Gigerenzer & Gaissmaier, 2011; Kruglanski & Gigerenzer, 2011). In der Naturwissenschaftsdidaktik wurden dabei besonders die Arbeiten von Haidt rezipiert (Dittmer & Gebhard, 2012; Dittmer, Menthe, Gebhard & Höttecke, 2013). Haidt (2001) betont aus sozial-intuitionistischer Perspektive die Bedeutung intuitiver Urteile und sozialer Phänomene im Bereich moralischer Urteilsfindung. Er geht dabei davon aus, dass jede Urteilssituation unbewusst und assoziativ ein intuitives Urteil erzeugt, ob eine bestimmte Handlung moralisch richtig oder falsch ist. Diese intuitive Entscheidung wird in der Regel post-hoc gerechtfertigt, falls der Entscheider von sich selbst oder Anderen hierzu aufgefordert wird. Argumentationen dienen in diesem Sinne nicht dem Treffen einer (rationalen) Entscheidung, sondern vielmehr der Absicherung einer bereits getroffenen, intuitiven Entscheidung. Im Modell von Haidt stellt das rein rationale, auf Argumenten basierende Entscheiden dabei die

---

2   Der Begriff der Intuition wird dabei nicht in allen Arbeiten einheitlich verstanden. Für eine Übersicht siehe Glöckner & Witteman (2010). Als Konsens lässt sich identifizieren, dass Intuitionen automatisch und zumindest teilweise unbewusst ablaufen und das Resultat dieser Prozesse ins Gedächtnis gelangt (Glöckner & Witteman, 2010, S. 5).

Ausnahme dar[3], wobei es jedoch als ein „hohes Gut [in der abendländischen Kultur] und konstitutiver Bestandteil von Wissenschaft und Bildung" (Dittmer & Gebhard, 2012, S. 90) verstanden werden kann – und gerade deshalb auch im Bereich der Bewertungskompetenz eine wichtige Rolle spielt.

Das Modell von Haidt kann als Beispiel einer ganzen Klasse weiterer Zwei-Prozess-Modelle gesehen werden, deren Gemeinsamkeit darin besteht, dass sie die Bedeutung intuitiver Entscheidungen betonen und dabei zwei an der Entscheidung beteiligte Prozesse postulieren: ein intuitives *System 1*, das unbewusst, schnell, parallel, assoziativ und kontextabhängig arbeitet, sowie ein reflektierendes *System 2*, das langsam, logisch geleitet, sequentiell und kontextunabhängig arbeitet. In diesem Sinne kommt intuitiven Entscheidungen eine konstitutive Funktion für menschliches Urteilen zu (Evans & Stanovich, 2013, S. 225).

3. Die fachdidaktische Perspektive

In der naturwissenschaftsdidaktischen Forschung wird Urteilen und Entscheiden in Bezug auf den naturwissenschaftlichen Unterricht international vor allem unter dem Begriff *decision-making in socio-scientific issues (SSI)* diskutiert. SSI sind dabei komplex strukturierte, gesellschaftliche Problemstellungen mit einer ethischen und sozialen Dimension und naturwissenschaftlichem Bezug, für die es keine offensichtliche Lösung gibt (Zeidler, Sadler, Simmons & Howes, 2005, S. 360). Im deutschsprachigen Diskurs sind die Bezeichnungen Bewertungs- und Urteilskompetenz gebräuchlich. Es zeigte sich insgesamt, dass SchülerInnen Fachwissen beim Argumentieren kaum nutzen (Menthe, 2012; Heitmann & Tiemann, 2011; Stuckey, Feierabend, Nienaber & Eilks, 2012) und das Argumentationsniveau aus einer argumentationstheoretischen Perspektive[4] niedrig ist (Hogan, 2002; Dawson & Venville, 2009). Autoritäten wie Wissenschaftlern wird oftmals geglaubt (Kolstø, 2001), epistemologische Überlegungen spielen kaum eine Rolle (Bell & Lederman, 2003). Hingegen kann explizites Bewertungsstrukturwissen, also strukturelles und strategisches Wissen über Urteilsprozesse, gefördert werden und die Qualität des Bewertungsprozesses erhöhen (z.B. Eggert, Bögeholz, Watermann & Hasselhorn, 2010; Eggert, Ostermeyer, Hasselhorn & Bögeholz, 2013; Sander & Höttecke, 2014a). Als methodischer Zugang zur Untersuchung von Bewertungs- bzw. Urteilskompetenz wurden v.a. Gruppendiskussionsverfahren (Hogan, 2002; Menthe, 2012; Nielsen, 2012; Stuckey et al., 2012) im Rahmen von Interventionsstudien sowie Fragebogeninstrumente (Eggert & Bögeholz, 2010; Heitmann & Tiemann, 2011) genutzt. Einzelinterviews kamen selten zum Einsatz (jedoch z.B. in Kolstø, 2001; Reitschert & Hößle, 2007).

---

3   Haidt (2001, S. 819) kommt zu dem Schluss, dass rationale Urteile die absolute Ausnahmesituation darstellen und nur höchst selten vorkommen. Meist handelt es sich bei vermeintlich rational getroffenen Entscheidungen um post-hoc rationalisierte Rechtfertigungen der eigenen intuitiven Entscheidung.

4   Die Arbeiten beziehen sich im Wesentlichen auf Toulmins (2003) Argumentationsmodell.

Vor allem in Deutschland wurden darüber hinaus viele Anstrengungen unternommen, Kompetenzmodelle für den Kompetenzbereich Bewertung der nationalen Bildungsstandards zu entwickeln. Prominente Vertreter dieser Modelle sind das *Göttinger Modell* (Eggert & Bögeholz, 2006), das *Modell der ethischen Urteilskompetenz* (Reitschert & Hößle, 2007) sowie das *ESNaS-Modell*, das im Rahmen der Evaluation der nationalen Bildungsstandards entsteht (Hostenbach, Fischer, Kauertz, Mayer, Sumfleth & Walpuski, 2011). Allen diesen Modellen, auf die hier nicht im Detail eingegangen werden soll, ist gemeinsam, dass sie mehr oder weniger explizit von der Grundannahme eines rationalen Entscheiders ausgehen (Menthe & Hößle, 2013, S. 35) und Bewertungskompetenz über die zunehmende Nutzung möglichst elaborierter Entscheidungsstrategien (Eggert & Bögeholz, 2010) bzw. zunehmend elaborierter Argumentationen (Reitschert & Hößle, 2007) modellieren. Emotionale Aspekte werden kaum thematisiert, intuitiv getroffene Entscheidung als etwas zu Vermeidendes konzipiert (z.B. Eggert & Bögeholz, 2006, S. 181). Zwar ist die Fähigkeit zum Verständnis rationaler Entscheidungen ein wichtiges Bildungsziel (Dittmer & Gebhard, 2012, S. 90). Aus Perspektive der Entscheidungspsychologie sind jedoch intuitive Urteile Teil menschlichen Denkens und Grundlage des Handelns. Zudem können sie als Reflexionsanlass dienen (Dittmer & Gebhard, 2012, S. 91), um das Lernen zu vertiefen und Unterricht als sinnhaft erfahrbar zu machen (Gebhard, 2013).

4. Ein qualitativ-rekonstruktiver Ansatz

Vor dem oben dargestellten Hintergrund scheint eine explorative Untersuchung von Bewertungskompetenz, die offen für die Erfassung intuitiver Dimensionen bleibt, lohnenswert. Es stellt sich dabei die Frage, welche teils implizit bleibenden Orientierungen das Urteilen von SchülerInnen auf welche Art und Weise strukturieren. Hierzu wurden qualitative, narrativ angelegte, fokussierte Einzelinterviews mit SchülerInnen geführt, in denen vier Audiovignetten als Interviewstimuli dienen (zur Vignettenmethode vgl. Schnurr, 2003). Die Vignetten stellen dabei kritische Entscheidungssituationen in Form gesprochener Dialoge zwischen Jugendlichen einerseits und zwischen ExpertInnen andererseits vor und sollen die Interviewten zu Äußerungen provozieren. Die Audiovignetten sind dabei situations- und kontextbezogen. Sie evozieren Vorstellungen von Personen, ihren jeweiligen Positionen und der Entscheidungssituation, schränken dabei aber die Sinnkonstruktion der Zuhörer weniger ein als beispielsweise Videovignetten, da Audiovignetten auf komplexe visuelle Reize (Mimik, Gestik etc.) verzichten. Die Entwicklung der Audiovignetten erfolgte theoriegeleitet, der Kontext der Vignetten wurde systematisch anhand eines theoretischen Kontextmodells variiert. Die ökologische und curriculare Validität wurde mittels einer Expertenbefragung sichergestellt (zum Entwicklungsprozess der Vignetten siehe Sander & Höttecke, 2014b).

Das Sample der Interviewstudie (n=29) rekrutiert sich aus StadtteilschülerInnen und GymnasiastInnen der Klassen 6 bis 13 und beiderlei Geschlechts. Im Sinne eines *theoretical sampling* (Glaser & Strauss, 1967) wird das Ziel verfolgt, eine im Laufe der Untersuchung wachsende theoretische Sättigung zu erreichen. Die Heterogenität im Sample wurde möglichst groß gehalten, um eine möglichst große Bandbreite an Orientierungen erfassen zu können und möglichst kontrastierende empirische Gegenhorizonte zu generieren. Dazu erfolgte der Feldzugang einerseits über Schulen, andererseits über Träger außerschulischer Jugendarbeit, die einen hohen Verpflichtungsgrad den Ideen der Nachhaltigkeit gegenüber erwarten lassen (z.B. Jugendgruppen von Umweltschutzorganisationen). Die Auswertung der Interviews erfolgt mit der dokumentarischen Methode. Diese stellt ein sequentiell arbeitendes, rekonstruktives Auswertungsverfahren dar und rekurriert auf die Wissenssoziologie Mannheims, der zwischen dem objektiven Sinn (dem, *was* gesagt wird) und dem dokumentarischen Sinn, der auf den Herstellungsprozess des Gesagten, den *modus operandi* (Bohnsack, 2003) bzw. das hinter den Äußerungen liegende genetische Prinzip verweist, unterscheidet. Letzterer erschließt sich über die Analyse des *Wie* des Sprechens. Die dokumentarische Methode erlaubt sowohl die Rekonstruktion des objektiven Sinns als auch die des dokumentarischen Sinns und eröffnet so über die Analyse des *modus operandi* einen Zugang auch zu implizit wirksamen Regelhaftigkeiten, den sogenannten *Orientierungsrahmen*[5]. Die dokumentarische Methode geht dabei davon aus, dass diese Orientierungsrahmen auf Ebene des Dokumentsinns das menschliche Denken und Sprechen strukturieren. Dabei rekurriert die dokumentarische Methode auch auf soziologische Überlegungen Bourdieus, der Begriff des Orientierungsrahmens lehnt sich an den Habitus-Begriff an und kann gleichsam als „individuierte Ausformung eines [milieuspezifischen, H.S.] ‚kollektiven Orientierungsrahmens' [verstanden werden], der wiederum die Konkretisierung und Modifikation eines Milieu- oder Klassenhabitus ist" (Helsper, Kramer, Brademann & Ziems, 2007, S. 478). Die dokumentarische Methode eröffnet einen methodisch ausgearbeiteten und methodologisch begründeten Zugang auch zu implizit wirksamen Orientierungen. Sie ist somit dem oben skizzierten Forschungsgegenstand angemessen und erlaubt einen Zugriff auf die in Entscheidungssituationen implizit wirksamen Wissensbestände.

5. Ergebnisse der empirischen Studie

Den SchülerInnen wurden im Rahmen der Interviews insgesamt je vier Audiovignetten nacheinander vorgelegt. Eine dieser Audiovignetten, die Vignette ‚Flugobst' (siehe genauer: Sander & Höttecke, 2014b), basiert auf einem bereits publizierten Rollenspiel (Eilks, Feierabend, Hößle, Höttecke, Menthe, Mrochen & Oelgeklaus, 2011a). Die Vignette thematisiert eine Expertenanhörung der europäischen Kommission hinsichtlich eines Verbots von per Flugzeug importiertem Obst. Die Vignette

---

5 Für eine ausführliche Diskussion des Begriffs des Orientierungsrahmens siehe bspw. Bohnsack (2013).

ist dilemmatisch strukturiert. Als Experten kommen eine Vertreterin einer Handelskette (fordert die Selbstregulierung des Marktes), je ein Bauernvertreter aus Europa (plädiert für verstärkte Förderung europäischer Bauern) und Südafrika (fordert aus ökonomischen Gründen eine Ausweitung des Imports von Flugobst), ein Klimawissenschaftler (der ein Verbot wissenschaftlich zu begründen versucht) sowie eine Umweltschützerin (die ein Verbot oder zumindest eine Verlagerung auf den Transport per Schiff fordert) zu Wort. Die Experten thematisieren somit jeweils verschiedene Dimensionen des Problems.

Die dokumentarische Analyse des Interviewmaterials, das zur Vignette ‚Flugobst' entstand, ermöglicht die Identifikation von Eckfällen, die im Folgenden vorgestellt werden. Eckfälle zeichnen sich durch deutlich kontrastierende Orientierungsrahmen aus und stellen gleichsam die ‚Ecken' des untersuchten Samples dar. Sie deuten somit die Heterogenität des Samples an und ermöglichen einen Überblick über die Gesamtheit der Fälle. Im Rahmen der Analyse zeigten sich Unterschiede hinsichtlich des Bearbeitungsmodus der Vignette ‚Flugobst'. Im Folgenden wird die Art und Weise, wie sich die Interviewten spontan zu der Vignette äußern, diskutiert.[6] Ferner zeigen sich Unterschiede hinsichtlich verschiedener weiterer Aspekte. Diese Unterschiede deuten die folgenden drei Falldarstellungen exemplarisch an, wobei die aufgeführten Zitate hier nur der Illustration der Befunde dienen können. Isolierte Äußerungen ermöglichen *keine* valide Rekonstruktion der aufgeführten Interpretationen. Die Validität der Interpretationen wurde in dieser Studie einerseits durch fallvergleichende Interpretation und fallinternen Vergleich mehrerer Passagen, andererseits durch die ausführliche argumentative Validierung der Interpretationen in verschiedenen methodisch erfahrenen Forschungsgruppen[7] diskursiv hergestellt.[8]

5.1 Cassandra

Cassandra ist 19 Jahre alt und besucht die 12. Klasse eines Gymnasiums. Sie bearbeitet die Vignette im Modus einer *Elaboration*: Sie greift einen einzelnen Begriff aus der Vignette auf und erläutert ihn anschließend weiter, wobei sie Bezüge zur eigenen Lebenswelt herstellt:

---

6 Als Diskussionsimpuls diente dabei „Was fällt dir spontan zu der Situation ein?". Für eine genauere Diskussion vgl. Sander & Höttecke (2014b).
7 Bei den verschiedenen Gruppen handelt es sich um zwei Interpretationsgruppen von Doktoranden unterschiedlicher Fachdidaktiken, die mit der der dokumentarischen Methode arbeiten, sowie regelmäßige Interpretationssitzungen innerhalb der Forschungsgruppe Physikdidaktik der Universität Hamburg. Zudem wurde der Fall David (s.u.) im Rahmen einer Forschungswerkstatt von Iris Nentwig-Gesemann an der Alice-Salomon-Hochschule in Berlin diskutiert.
8 Die Vignetten und ausführlich formulierenden und reflektierenden Interpretationen, die den folgenden Falldarstellungen zugrunde liegen, sind nach Abschluss des Projekts über die Autoren in digitaler Form erhältlich.

„Klimawandel is n Thema, was mich auch sehr interessiert. Und […] was n ganz wichtiger äh, unheimlich wichtig ist. Und die Menschen achten viel zu wenig darauf."

Klimawandel wird von ihr, wie in den meisten übrigen Fällen, auf der objektiven Sinnebene explizit als bedeutsam bezeichnet. Im Gegensatz zu vielen anderen Fällen zeigt sich dies bei ihr auch auf der dokumentarischen Ebene, da sie sehr lebhaft und emotional über den Klimawandel spricht. Cassandra unterstreicht die Wichtigkeit mit dem Adjektiv „unheimlich" und markiert damit emotional aufgeladene Bedeutung. In anderen Passagen finden sich ähnlich emotional aufgeladene Narrationen. In diesem Sinne besitzt das Thema Klimawandel für Cassandra über das explizite Bekenntnis der Wichtigkeit hinaus persönliche Bedeutung. Im Interviewverlauf zeigt sich, dass sie den Klimawandel mit eigenen Kindheitserfahrungen in Verbindung bringt und thematisch weiter emotionalisiert. Sie schildert z.B. ein stark emotional aufgeladenes Erlebnis, das sich um das Fällen eines für sie wichtigen Baumes in ihrem Garten dreht. Den Baum selbst konzipiert sie als ein Gegenüber, das sie mit Subjekteigenschaften ausstattet. Das Fällen von Bäumen steht dabei im gesamten Interview sinnbildlich für die Problematik des Klimawandels. Cassandra kritisiert das derzeitige Gesellschafts- und Handelssystem. Aus ihrer Sicht besteht jedoch kaum die Möglichkeit, diesen Status quo zu verändern. Vielmehr konzipiert Cassandra das derzeitige Gesellschafts- und Handelssystem gleich einer Maschine, die fortwährend und unaufhaltsam läuft, ohne dass sie selbst etwas dagegen tun könnte – oder sich ihr die Regelhaftigkeiten dieses Systems auch nur vollständig erschließen würden. Dies zeigt sich in einer ausgeprägten Mechanik- bzw. Baumetaphorik:

> *„[…] es ist nicht sehr tragbar, […] nicht sehr baufest, darüber zu diskutieren. […]*
> *[…] Import Export, […] das läuft, läuft, läuft. […]"*

Hier deutet sich exemplarisch der Gewinn der Analyse des *modus operandi* (Bohnsack, 2003) an: Die von Cassandra genutzte Metaphorik, von der sich auf ihren Orientierungsrahmen schließen lässt, zeigt sich in obigem Zitat direkt in der Sprechweise, denn sie imitierte beim Sprechen über Wirtschaft sprachlich den gleichförmigen Klang einer Maschine („läuft, läuft, läuft") und kennzeichnet dadurch eine nur schwer aufzuhaltende Dynamik.

Weiterhin verfügt Cassandra über handlungspraktisches Wissen im Kontext Klimawandel auf einer individuellen Ebene (also hinsichtlich ihres Einkaufsverhaltens):

> *„[…] natürlich, dass wir Menschen […] sagen könnten, ich kauf jetzt nur […] gibt ja auch dieses Bio, ich ess jetzt nur Bio und de de de. Das wird nicht passieren!"*

Trotz dieses Wissens erscheint ihr eine Änderung des Status quo kaum realistisch, da dieser aus ihrer Perspektive ja als unabänderlich, geradezu zwingend erscheint. Hinsichtlich der Rolle von Fachwissen bei der Urteilsbildung zeigt sich bei Cassandra im

Vergleich zu anderen Fällen eine besondere Sichtweise: Fachwissen sollte in den Entscheidungsprozess einfließen. Allerdings verfügt nicht sie selbst als Laie über dieses Fachwissen und nutzt es zu ihrer eigenen Meinungsbildung, sondern das Einbringen von Fachwissen wird als Aufgabe von Fachexperten, die in der Vignette durch einen Klimawissenschaftler repräsentiert werden, konstruiert:

> *„Ja natürlich, das kann ich mir vorstellen, dass ein Klimawissenschaftler das[9] sagt, [...] ist auch seine Aufgabe, [...] das auch richtig, is auch begründet."*

An keiner Stelle des Interviews wird auf eigenes Fachwissen rekurriert oder bspw. die Notwendigkeit geäußert, sich vertieft mit solchem Fachwissen auseinanderzusetzen. Die Diskurshaftigkeit des in der Vignette aufgeworfenen Problems mit ihren verschiedenen, gleichsam legitimen Lösungsmöglichkeiten wird von der Interviewten abgelehnt, es entspricht nicht ihrer Idealvorstellung einer Diskussion. Stattdessen entwickelt Cassandra ein positives Idealbild, eine Art „Weltreligion". Zentrales Element dieser Weltreligion ist eine einzige, richtige Perspektive aller Akteure auf das Problem – die Kompromisse obsolet werden lässt:

> *„Ach, es sollte eigentlich eine Weltreligion geben. [...] jeder Mensch würde ähnlich denken".*

Vor dem Hintergrund dieses Idealbildes erscheint Cassandra die derzeitige Menschheit als defizitär. Insgesamt bearbeitet Cassandra die Vignette ‚Flugobst' durch Aufgreifen einzelner Wörter („Klimawandel") aus der Vignette, die sie elaboriert. Die Äußerungen der Interviewten und ihre Bearbeitung der Vignette ‚Flugobst' werden durch eigene Erfahrungen, dem Fällen von Bäumen, die mit starken negativen Emotionen belegt sind, strukturiert. Ihr Orientierungsrahmen konturiert sich über ihre positive Sichtweise auf die Natur und ihren damit untrennbar verbundenen Wunsch nach Natürlichkeit, der sich nur im Rahmen einer imaginierten „Weltreligion" entfalten könnte.

5.2 David

David ist 18 Jahre alt und besucht die 12. Klasse einer Stadtteilschule. Er zeigt einen anderen Bearbeitungsmodus als Cassandra und beginnt seine Äußerungen mit *spontanen Assoziationen* zum Begriff ‚Flugobst':

> *„Also spontan fällt mir ein, dass ich den Begriff Flugobst noch nie gehört habe, und ich gedacht hätte, dass es sich [...] um runterfallendes Obst handeln könnte."*

---

9   Der Klimawissenschaftler fordert in der Vignette durch Verweis auf wissenschaftliche Erkenntnisse ein Verbot von Flugobst. Die wissenschaftlichen Erkenntnisse dienen dabei als Argument mit legitimatorischer Funktion.

Erst später folgt dann eine abstrakte, analytisch anmutende Bearbeitung des Problems, die – anders als bei Cassandra – nicht emotional gefärbt und durch negative Erfahrungen geprägt ist. Sehr wohl strukturieren aber eigene Erfahrungen und Wissensbestände auch Davids Überlegungen. So besitzt er, ähnlich wie Cassandra, handlungspraktisches Wissen im Kontext Klimawandel. Dieses ist allerdings auf einer politischen Ebene verortet: Für David stellen politische Regelungen wie bspw. die Besteuerung von Flugobst das positive Ideal dar. Dabei ist bemerkenswert, dass er diese politischen Regelungen scharf von Verboten abgrenzt, in seinen Äußerungen also deutlich zwischen diesen beiden unterscheidet. Aus seiner Sicht sind, anders als bei Cassandra, Kompromisse im politischen Prozess durchaus notwendig, um Einzelinteressen der beteiligten Akteure zu schützen. Dem Staat weist er dabei die Funktion einer regulierenden Instanz zu:

> *„Also ähnliche Konzepte in anderen Gebieten gibt's zum Beispiel in Dänemark, wo [...] ungesundes Essen stärker besteuert wird. [...] vielleicht gibt es da auch andere Möglichkeiten [das für die Menschen in Südafrika] irgendwie zu regeln.“*

In Davids Überlegungen spielt naturwissenschaftliches Fachwissen keine Rolle – und wird auch nicht als notwendig erachtet. Auch Davids Äußerungen können im Hinblick auf eigene biographische Erfahrungen verstanden werden – wobei sein Erfahrungshorizont nicht durch negative Erlebnisse geprägt ist wie derjenige von Cassandra. Vielmehr bildet perzeptiv erworbenes Wissen über das Vorgehen anderer Länder seinen Erfahrungshorizont. Davids Orientierungsrahmen konturiert sich somit insgesamt durch die grundsätzliche Veränderbarkeit des derzeitigen Handelssystems durch die Politik. Der Klimawandel erscheint deutlich weniger emotional belegt als bei Cassandra.

5.3 Amina

Amina ist 16 Jahre alt und besucht die 11. Klasse einer Stadtteilschule. Der Kontakt zu ihr erfolgte über die Jugendgruppe einer Umweltschutzorganisation, in der sie seit einigen Monaten aktiv ist. Bei der Bearbeitung der Vignette ‚Flugobst' dokumentiert sich eine dritte Art der Bearbeitung: Sie beginnt ihre Äußerungen mit einer klaren, sehr deutlichen *Bewertung* von Flugobst. Sie selbst sieht sich dabei in einer moralischen Vorreiterrolle und urteilt in drastischen Worten über die Menschheit, der sie Subjektcharakter zukommen lässt und von der sie sich selbst immer wieder deutlich abgrenzt:

> *„Ähm? Also ich bin nich so dafür, dass das mit Flugzeugen transportiert werden soll. [...] Ich finds insgesamt echt scheiße [...], dass die Menschheit sich alles einfacher macht und damit die Umwelt immer mehr belastet.“*

Amina bearbeitet das Problem dabei auf einer ethisch-moralischen Ebene und konstruiert das Problem ‚Flugobst' als Spezialfall eines umfassenderen Problems, nämlich des menschlichen Verhaltens. Sie bezieht dabei den Klimawandel auf ihre eigene Wahrnehmung von Wetter. Hier zeigt sich an, dass Amina nicht zwischen aktuell vorherrschendem Wetter und dem Klima als dessen langjährigem Mittel unterscheidet:

> *„Ich mein, man sieht ja, wie sich das Wetter verändert und wie sich die ganze Welt verändert, ich mein wir haben hier kaum Schnee und im Iran zum Beispiel liegt der Schnee meterhoch."*

Hierbei ist anzumerken, dass Aminas Eltern aus dem Iran nach Deutschland migriert sind, weshalb anzunehmen ist, dass die Wahl des Beispiels Iran hier auf die eigene Wahrnehmung verweist. Diese nutzt sie als Evidenz, um ihre klare Bewertung nachträglich zu begründen. Fachwissen spielt in ihren Überlegungen, ähnlich wie bei David, keine Rolle – und wird auch nicht als bedeutsam erachtet. Ähnlich wie Cassandra verfügt sie über handlungspraktisches Wissen auf individueller Ebene, das sie im Unterschied zu ihr aber als durchaus wirkmächtig konzipiert:

> *„Also immer, wenn ich mit mit meinen Eltern einkaufen geh, [...] die achten denn natürlich immer so auf das billigere und so, [...] und ich versuch dann halt immer, sie so dazu zu bringen, dass wir [...] Obst aus der Region kaufen."*

Auch in obigem Zitat dokumentiert sich die moralische Vorreiterrolle, in der sie sich selbst sieht: Sie ist in einer Position, ihre Eltern über das aus ihrer Sicht einzig legitime Verhalten zu belehren – und grenzt sich dabei deutlich vom Verhalten ihrer Eltern ab. Aus Aminas Sicht sind Kompromisse bei der Entscheidung über ein Verbot von Flugobst notwendig, um einer existierenden Ideallösung möglichst nahe zu kommen – wobei sie selbst diese Ideallösung zu kennen glaubt. Dabei bringen Kompromisse durchaus Nachteile für Einzelne mit sich, erfüllen also eine etwas andere Funktion als bei David, der durch Kompromisse gerade Nachteile für Einzelne zu vermeiden versucht, und anders als bei Cassandra, deren Wunsch es ist, dass Kompromisse durch eine „Weltreligion" obsolet werden.

Insgesamt steht bei Amina das Urteil über ein Verbot von Anfang an fest: Es ist sinnvoll. Dies lässt sich mit Hilfe der oben erläuterten Zwei-Prozess-Modelle deuten: Sie hat bereits eine intuitive Entscheidung getroffen, die sie direkt zu Beginn ihrer Äußerungen artikuliert. Diese begründet sie im Anschluss, um sie gegenüber sich selbst und vor allem gegenüber dem Interviewer zu rechtfertigen. Im Verlauf des Interviews wird dabei klar, dass diese Begründungsprozesse im Rahmen der Jugendgruppe, in der sie sich engagiert, normalerweise nicht notwendig sind. Vielmehr herrscht in der Jugendgruppe, in der sie sich engagiert, aus Aminas Perspektive Einvernehmen über die von ihnen bearbeiteten Themen (Umweltschutz, Nachhaltigkeit), wie sich in ihren Beschreibungen der Jugendgruppe dokumentiert: Dort steht eben nicht die Entwicklung einer Gruppenposition, sondern die Planung von Aktionen im Vordergrund, die auf der bereits etablierten und aus ihrer Sicht in der Gruppe geteilten Gruppenmeinung abgeleitet werden. Aminas Orientierungsrahmen ist somit durch ein hohes Maß an wahrgenommener moralischer Verantwortung gekennzeichnet, wobei diese moralische Verantwortung sich in Abgrenzung zu moralisch falschem Verhalten zeigt.

5.4 Zusammenfassung

Insgesamt deuten die Ergebnisse sehr unterschiedliche Bearbeitungsmöglichkeiten eines Entscheidungsproblems an, wobei die obigen Beispiele keinen Anspruch erheben, die im Sample vorhandenen Bearbeitungsmodi bereits vollständig abzubilden. Die Analyse wird hierfür auch hinsichtlich der weiteren in den Interviews eingesetzten Vignetten fortgesetzt. Zudem prägen persönliche Erfahrungen das Urteilen über Entscheidungsprobleme im Kontext nachhaltiger Entwicklung maßgeblich, wie sich besonders gut bei David und Cassandra zeigen lässt. Die Rolle von Fachwissen wird sehr unterschiedlich konzipiert: Bei vielen Interviewten spielt Fachwissen keine Rolle in ihren Überlegungen. Insoweit werden bereits vorhandene Studien (s.o.) bestätigt, dass Fachwissen beim Bewerten kaum bzw. gar nicht genutzt wird. Wenn Fachwissen eine Rolle zugesprochen wird, dann in der Regel in der Art und Weise von Cassandra: als Aufgabe der Fachexperten. Schließlich zeigen sich ganz unterschiedliche Perspektiven der Interviewten auf die Rolle von Kompromissen: Diese sind entweder unnötig (Cassandra) oder durchaus sinnvoll – jedoch mit unterschiedlichen Akzentsetzungen (David, Amina). Sowohl die Äußerungen von David als auch diejenigen von Cassandra erfolgen vor dem Hintergrund biografischer Erfahrungen. Bei Amina wird hingegen eher eine Post-hoc-Rechtfertigung des schon zu Beginn feststehenden Urteils erkennbar.

6. Ausblick

Design und dokumentarische Datenanalyse haben sich in dieser Studie als fruchtbar für die Rekonstruktion von Orientierungsrahmen erwiesen: Die Audiovignetten evozieren ausführliche Stellungnahmen der Interviewten, in denen sich vielfältige Hinweise auf die dem Urteilen zugrunde liegenden Orientierungsrahmen finden lassen, die in den derzeit diskutierten Modellen zur Bewertungskompetenz häufig so nicht abgebildet werden. Das Interviewmaterial ermöglicht die detaillierte Rekonstruktion der SchülerInnenperspektive auf die in den Vignetten geschilderten Probleme nachhaltiger Entwicklung. Die Analyse des Materials wird derzeit fortgesetzt, unter anderem mit dem Ziel, auch das Wechselspiel zwischen den Orientierungen der Interviewten und den jeweiligen Entscheidungssituationen genauer zu beleuchten. Darüber hinaus haben die Interviews und auch erste im Rahmen einer Masterarbeit geführte Gruppendiskussionen (Seefeldt, 2015) das Potential der Audiovignetten gezeigt: Sie evozieren ausgedehnte, teils kontrovers geführte Diskussionen von SchülerInnen. Als solcher Impuls könnten sie in Zukunft eine Rolle im Rahmen tatsächlichen Unterrichts spielen, indem sie – eingebettet in eine entsprechende didaktische Struktur – als Reflexionsanlass dienen.

Literatur

Bell, R. & Lederman, N. (2003). Understandings of the nature of science and decision making on science and technology based issues. *Science Education, 87* (3), 352–377.

Betsch, T., Funke, J. & Plessner, H. (2011). *Denken, Urteilen, Entscheiden, Problemlösen.* Berlin, Heidelberg, New York: Springer Medizin.

Bohnsack, R. (2003). Dokumentarische Methode und sozialwissenschaftliche Hermeneutik. *Zeitschrift für Erziehungswissenschaft, 6* (4), 550–570.

Bohnsack, R. (2013). Dokumentarische Methode und die Logik der Praxis. In A. Lenger, C. Schneickert & F. Schumacher (Hrsg.), *Pierre Bourdieus Konzeption des Habitus* (S. 175–200). Wiesbaden: Springer Fachmedien Wiesbaden.

Bourdieu, P. (2001). *Meditationen. Zur Kritik der scholastischen Vernunft.* Frankfurt am Main: Suhrkamp.

Dawson, V. & Venville, G. (2009). High-school Students' Informal Reasoning and Argumentation about Biotechnology: An indicator of scientific literacy? *International Journal of Science Education, 31* (11), 1421–1445.

Dijksterhuis, A. (2006). On Making the Right Choice: The Deliberation-Without-Attention Effect. *Science, 311* (5763), 1005–1007.

Dittmer, A. & Gebhard, U. (2012). Stichwort Bewertungskompetenz: Ethik im naturwissenschaftlichen Unterricht aus sozial-intuitionistischer Perspektive. *Zeitschrift für Didaktik der Naturwissenschaften, 18,* 81–98.

Dittmer, A., Menthe, J., Gebhard, U. & Höttecke, D. (2013). Hamburger Perspektiven auf Bewertungskompetenz. In S. Bernholt (Hrsg.), *Inquiry-based Learning – Forschendes Lernen. Jahrestagung der GDCP 2012 in Hannover* (S. 353–355). Kiel: IPN.

Eggert, S. & Bögeholz, S. (2006). Göttinger Modell der Bewertungskompetenz – Teilkompetenz „Bewerten, Entscheiden und Reflektieren" für Gestaltungsaufgaben Nachhaltiger Entwicklung. *Zeitschrift für Didaktik der Naturwissenschaften, 12,* 177–197.

Eggert, S. & Bögeholz, S. (2010). Students' Use of Decision-Making Strategies With Regard to Socioscientific Issues: An Application of the Rasch Partial Credit Model. *Science Education, 94* (2), 230–258.

Eggert, S., Bögeholz, S., Watermann, R. & Hasselhorn, M. (2010). Förderung von Bewertungskompetenz im Biologieunterricht durch zusätzliche metakognitive Strukturierungshilfen beim Kooperativen Lernen – Ein Beispiel für Veränderungsmessung. *Zeitschrift für Didaktik der Naturwissenschaften, 16,* 299–314.

Eggert, S., Ostermeyer, F., Hasselhorn, M. & Bögeholz, S. (2013). Socioscientific Decision Making in the Science Classroom: The Effect of Embedded Metacognitive Instructions on Students' Learning Outcomes. *Education Research International, 2013* (3), 1–12.

Eilks, I., Feierabend, I., Hößle, C., Höttecke, D., Menthe, J., Mrochen, M. & Oelgeklaus, H. (Hrsg.). (2011). *Der Klimawandel vor Gericht. Materialien für den Fach- und Projektunterricht.* Hallbergmoos: Aulis.

Eilks, I., Hößle, C., Höttecke, D. & Menthe, J. (2011). Der Klimawandel und die Bedeutung von Bewertungskompetenz für gesellschaftliche Teilhabe und Allgemeinbildung. In I. Eilks, T. Feierabend, C. Hößle, D. Höttecke, J. Menthe, M. Mrochen &

H. Oelgeklaus (Hrsg.), *Der Klimawandel vor Gericht. Materialien für den Fach- und Projektunterricht* (S. 7–16). Hallbergmoos: Aulis.

Evans, J. (2008). Dual-Processing Accounts of Reasoning, Judgment, and Social Cognition. *Annual Review of Psychology, 59* (1), 255–278.

Evans, J. & Stanovich, K. (2013). Dual-Process Theories of Higher Cognition: Advancing the Debate. *Perspectives on Psychological Science, 8* (3), 223–241.

Gebhard, U. (2013). Die explizite Reflexion impliziter Welt- und Menschenbilder als konstitutiver Anteil ethischer Bewertungskompetenz: Der Ansatz der Alltagsphantasien. In S. Bernholt (Hrsg.), *Inquiry-based Learning – Forschendes Lernen. Jahrestagung 2012 der GDCP in Hannover* (S. 362–364). Kiel: IPN.

Gigerenzer, G. & Gaissmaier, W. (2011). Heuristic Decision Making. *Annual Review of Psychology, 62* (1), 451–482.

Glaser, B. & Strauss, A. (1967). *The discovery of grounded theory. Strategies for qualitative research.* Chicago: Aldine.

Glöckner, A. & Witteman, C. (2010). Beyond dual-process models: A categorisation of processes underlying intuitive judgement and decision making. *Thinking & Reasoning, 16* (1), 1–25.

Haidt, J. (2001). The Emotional Dog and Its Rational Tail: A Social Intuitionist Approach to Moral Judgement. *Psychological Review, 118* (4), 814–834.

Heitmann, P. & Tiemann, R. (2011). Aspekte von Bewertungskompetenz im naturwissenschaftlichen Unterricht. *CHEMKON, 18* (3), 129–133.

Helsper, W., Kramer, R.-T., Brademann, S. & Ziems, C. (2007). Der individuelle Orientierungsrahmen von Kindern und der Übergang in die Sekundarstufe. Erste Ergebnisse eines qualitativen Längsschnitts. *Zeitschrift für Pädagogik, 53* (4), 477–490.

Höttecke, D. (2013). Bewerten, Urteilen, Entscheiden – ein Kompetenzbereich im Physikunterricht. *Unterricht Physik, 134*, 4–12.

Hogan, K. (2002). Small groups' ecological reasoning while making an environmental management decision. *Journal of Research in Science Teaching, 39* (4), 341–368.

Hostenbach, J., Fischer, H., Kauertz, A., Mayer, J., Sumfleth, E. & Walpuski, M. (2011). Modellierung der Bewertungskompetenz in den Naturwissenschaften zur Evaluation der Nationalen Bildungsstandards. *Zeitschrift für Didaktik der Naturwissenschaften, 17*, 261–288.

Jungermann, H., Pfister, H. & Fischer, K. (2010). *Die Psychologie der Entscheidung. Eine Einführung.* Heidelberg: Spektrum Akademischer Verlag.

Kahneman, D., Slovic, P. & Tversky, A. (1982). *Judgment under uncertainty. Heuristics and biases.* Cambridge, New York: Cambridge University Press.

Klieme, E., Avenarius, H., Blum, W., Döbrich, P., Gruber, H. & Prenzel, M. (2007). *Zur Entwicklung nationaler Bildungsstandards.* Bonn, Berlin: Bundesministerium für Bildung und Forschung (BMBF).

Klieme, E. & Leutner, D. (2006). Kompetenzmodelle zur Erfassung individueller Lernergebnisse und zur Bilanzierung von Bildungsprozessen. Beschreibung eines neu eingerichteten Schwerpunktprogramms der DFG. *Zeitschrift für Pädagogik, 52* (6), 876–903.

Kolstø, S. (2001). 'To trust or not to trust, …' – pupils' ways of judging information encountered in a socio-scientific issue. *International Journal of Science Education, 23* (9), 877–901.

Kruglanski, A. & Gigerenzer, G. (2011). Intuitive and deliberate judgments are based on common principles. *Psychological Review, 118* (1), 97–109.

Kultusministerkonferenz (2005). *Bildungsstandards im Fach Physik für den mittleren Schulabschluss (Jahrgangsstufe 10)*. München, Neuwied: Luchterhand.

Menthe, J. (2012). Wider besseren Wissens? Conceptual Change: Vermutungen, warum erworbenes Wissen nicht notwendig zur Veränderung des Urteilens und Bewertens führt. *Zeitschrift für interpretative Schul- und Unterrichtsforschung, 1* (1), 161–183.

Menthe, J. & Hößle, C. (2013). Urteilen und Entscheiden im Kontext Bildung für nachhaltige Entwicklung. Ein Beitrag zur Begriffsklärung. In J. Menthe, D. Höttecke, I. Eilks & C. Hößle (Hrsg.), *Handeln in Zeiten des Klimawandels – Bewerten lernen als Bildungsaufgabe* (S. 35–65). Münster: Waxmann.

Nielsen, J. (2012). Science in discussions: An analysis of the use of science content in socioscientific discussions. *Science Education, 96* (3), 428–456.

Reitschert, K. & Hößle, C. (2007). Wie Schüler ethisch bewerten. Eine qualitative Untersuchung zur Strukturierung und Ausdifferenzierung von Bewertungskompetenz in bioethischen Sachverhalten bei Schülern der Sek. I. *Zeitschrift für Didaktik der Naturwissenschaften, 13*, 125–143.

Sander, H. & Höttecke, D. (2014a). Intuition und Emotion beim Urteilen und Entscheiden. In S. Bernholt (Hrsg.), *Naturwissenschaftliche Bildung zwischen Science- und Fachunterricht. Jahrestagung der GDCP 2013 in München* (S. 525–527). Kiel: IPN.

Sander, H. & Höttecke, D. (2014b). Vignetten zur qualitativen Untersuchung von Urteilsprozessen bei SchülerInnen. *PhyDid B – Didaktik der Physik – Beiträge zur DPG-Frühjahrstagung.*

Schnurr, S. (2003). Vignetten in quantitativen und qualitativen Forschungsdesigns. In H.-U. Otto (Hrsg.), *Empirische Forschung und Soziale Arbeit. Ein Lehr- und Arbeitsbuch* (S. 393–400). München: Luchterhand.

Seefeldt, R. (2015). *Qualitativ-Rekonstruktive Untersuchung von Bewertungskompetenz mit Mitteln der Gruppendiskussion*. Unveröffentlichte Masterarbeit, Universität Hamburg.

Stuckey, M., Feierabend, T., Nienaber, S. & Eilks, I. (2012). Erfassung von Bewertungskompetenz in Gruppendiskussionen zum Klimawandel. In S. Bernholt (Hrsg.), *Konzepte fachdidaktischer Strukturierung für den Unterricht. Gesellschaft für Didaktik der Chemie und Physik, Jahrestagung in Oldenburg 2011* (S. 382–384). Berlin [u.a.]: LIT.

Toulmin, S. (2003). *The uses of argument*. Cambridge, U.K, New York: Cambridge University Press.

Vogd, W. (2004). Ärztliche Entscheidungsprozesse des Krankenhauses im Spannungsfeld von System- und Zweckrationalität. Eine qualitativ *rekonstruktive Studie unter dem besonderen Blickwinkel von Rahmen („frames") und Rahmungsprozessen*. Berlin: VWF Verlag für Wissenschaft und Forschung.

Weinert, F. (2001). *Leistungsmessungen in Schulen*. Weinheim: Beltz.

Zeidler, D., Sadler, T., Simmons, M. & Howes, E. (2005). Beyond STS: A research-based framework for socioscientific issues education. *Science Education, 89* (3), 357–377.

Elke Visser & Corinna Hößle

Bioethisch argumentieren – Ein diagnostischer Blick auf die Bewertungskompetenz im Biologieunterricht

Die Argumentationsfähigkeit von Schülerinnen und Schülern ist für die gesellschaftliche Teilhabe notwendig, ihre Entwicklung eine fächerübergreifende Aufgabe. Die Argumentationsfähigkeit in bioethischen Kontexten hingegen ist mit dem Kompetenzbereich Bewertung[1] konkret dem Biologieunterricht zugeordnet (KMK, 2004). Da bioethische Argumentationen sowohl auf ethische Grundlagen als auch auf biologische bzw. medizinische Sachzusammenhänge Bezug nehmen müssen, ist neben der Bewertungskompetenz der Kompetenzbereich Fachwissen berührt. Insofern kann das bioethische Argumentieren eine zentrale Funktion im Biologieunterricht einnehmen.

1. Die Diagnose der Argumentationsfähigkeit in schriftlichen Aufgaben

Mit der unterrichtlichen Verankerung des bioethischen Argumentierens stellt sich die Aufgabe der Diagnose dieser Kompetenz. Dabei ist die unterrichtliche Diagnose von Schulleistungstests und der außerunterrichtlichen pädagogisch-psychologischen Individualdiagnose abzugrenzen. Während für die letztgenannten Diagnoseanlässe standardisierte und überprüfte Testverfahren zur Verfügung stehen, sind die Ressourcen für die unterrichtliche Diagnose hinsichtlich der Instrumente und der verfügbaren Arbeitszeit enger begrenzt.

Diagnose innerhalb des naturwissenschaftlichen Unterrichts berücksichtigt mündliche, schriftliche und, sofern der Gegenstand dies zulässt, fachpraktische Leistungen. Hier wird eine Beschränkung auf die Diagnose durch schriftliche Aufgaben vorgenommen, weil diese Form der Diagnose gut eingeführt und mit Blick auf die ganze Lerngruppe effizient ist. Sie ist zudem einer Standardisierung leichter zugänglich als mündliche Verfahren.

Mit der Entscheidung für eine schriftliche Form der Diagnose ist nach möglichen Unterschieden zwischen mündlicher und schriftlicher Argumentationsfähigkeit zu fragen. Dass beide zu unterscheiden sind, folgt aus Untersuchungsergebnissen zur Wechselwirkung dieser Fähigkeiten. Auf einen engeren Zusammenhang weist die positive Wirkung hin, die ein Fortschritt der mündlichen Argumentationsfähigkeit auf die schriftliche Argumentationsfähigkeit hat (Voss & van Dyke, 2001), für den umgekehrten Fall ließ sich nach Simonneaux (2008, S. 187) diese Wirkung jedoch nicht zeigen, so dass von Unterschieden auszugehen ist.

---

[1] Bewertungskompetenz wird hier in kognitiver Verengung als Argumentations- und Reflexionskompetenz verstanden.

Zunächst gilt im Allgemeinen für alle schriftlichen Diagnoseaufgaben, dass Textrezeption und Textproduktion im Vergleich zur Mündlichkeit zusätzliche Hürden bilden. Des Weiteren ist beim Schreiben mit einer höheren Reflexivität und Sorgfalt zu rechnen. Für das Argumentieren im Besonderen sind weitere Unterschiede zu nennen. Die Schriftlichkeit verschiebt die Argumentation als Prozess hin zur Argumentation als Produkt. Das Argumentieren ist originär dialogisch, während der Schreibprozess als Monolog zu verstehen ist (Haase, 2011). Dennoch bleibt ein potenziell dialogischer Charakter in der Schriftlichkeit erhalten, weil eine schriftlich fixierte Argumentation als Diskursbeitrag aufgefasst werden kann. Anspruchsvoller wird dabei die Berücksichtigung von Gegenargumenten, deren Präsentation durch den schriftlich Argumentierenden einen Perspektivwechsel verlangt. Ein weiterer Unterschied zur mündlichen Argumentation liegt in der Distanz zum potenziellen Gesprächspartner. Dessen Abwesenheit vermindert möglicherweise überredende Anteile der Argumentation zugunsten eines rational rechtfertigenden Charakters, eine Verschiebung, die durchaus erwünscht ist. Die genannten Unterschiede begrenzen die Übertragbarkeit von Diagnosebefunden zur schriftlichen Argumentationsfähigkeit auf die mündliche Argumentationsfähigkeit.

2. Die Begründung eines Urteils als Zentrum der Diagnoseaufgaben

Die diesem Beitrag zugrunde liegende Dissertation (Visser, 2014) untersucht die Bearbeitungen schriftlicher Aufgaben auf Hinweise zur Bewertungskompetenz. Normative Diagnoseindikatoren, wie z.B. die Verwendung von Wertbezügen oder die Nennung von Folgen, markieren den Suchraum für diese Hinweise. Zudem wurde die Einsetzbarkeit von Niveaustufen untersucht. Diagnoseindikatoren wie Niveaustufen wurden aus bestehenden Bewertungskompetenzmodellen, vor allem den Dimensionen ethischer Urteilskompetenz (Reitschert, Langlet, Hößle, Mittelsten Scheid & Schlüter, 2007), abgeleitet.

Um das erforderliche Material zu generieren, wurden zwei Aufgabensätze à sechs Diagnoseaufgaben jeweils zwanzig Schülerinnen und Schülern des elften Schuljahrgangs vorgelegt. Die thematischen Schwerpunkte in beiden Aufgabensätzen waren die Legalisierung der Eizellspende sowie die Klonierung menschlicher Zellen, Themen also, deren fachliche Grundlage im elften Jahrgang vorausgesetzt werden darf. Beide Themen entstammen der Reproduktionsmedizin und zeigen damit übereinstimmende Aspekte, ebenso aber auch markante Unterschiede auf, sodass diese Themenauswahl einen gehaltvollen Vergleich ermöglicht. Im Zentrum der Untersuchung standen begründete Stellungnahmen zu diesen beiden Dilemmata, sie wurden durch Aufgaben mit engeren Antwortformaten ergänzt.

Die Bearbeitungen der Aufgaben mit offenen Antwortformaten wurden einer qualitativen Inhaltsanalyse (Mayring, 2003) unterzogen. Mit der Inhaltsanalyse wird ein Verfahren gewählt, das die weitgehend offen liegende Substanz der Texte erfasst und damit auf eine Analyseebene zielt, die auch den begrenzten Mitteln der unterrichtlichen Individualdiagnose zugänglich ist. Zudem toleriert die Inhaltsanalyse in der Kategorienbildung deduktive Elemente, die sich hier aus dem Einsatz der Diagnoseindikatoren ergeben. Aufgrund der Kürze des Textmaterials tritt die zusammenfassende Inhaltsanalyse hinter strukturierende und explizierende Verfahren zurück. Beide Verfahren werden auf dasselbe Textmaterial angewandt, dabei geht die Strukturierung der Explizierung voraus.

Angesichts dieses Designs sind die Gestaltung und Auswahl von Aufgaben wesentlich. Bei der Sichtung der für die Bewertungskompetenz bereits beschriebenen Teilkompetenzen (Reitschert et al., 2007; Eggert & Bögeholz, 2006) kristallisierte sich die Begründung eines bioethischen Urteils und damit das bioethische Argumentieren als Kern der Aufgabensätze heraus. Ganz pragmatisch liegt das an der guten Passung von Begründung und Schriftlichkeit, grundlegender ist dagegen die hohe Bedeutung der Begründung für die Ethik:

> „Bei allen anderen Arten von Urteilen, den wissenschaftlichen z.B. oder den ästhetischen, kann das Problem ihrer Begründung als eine rein akademische Angelegenheit angesehen werden. Nur mit Bezug auf die Moral ist das Begründungsproblem eine Notwendigkeit des konkreten Lebens." (Tugendhat, 1984, S. 57)

Eine Begründung deckt etliche Teilkompetenzen der Bewertungskompetenz ab. Viele für eine Entscheidung wichtige Elemente lassen sich in einer Begründung wiederfinden, beispielsweise die Identifizierung von Handlungsoptionen, die Bereitstellung und Reflexion von Sachinformationen, die Identifizierung und Anwendung relevanter Werte und Normen und ihre Abwägung, die Antizipation und Reflexion von Folgen, die Berücksichtigung unterschiedlicher Perspektiven und schließlich das Urteil selbst (Visser, 2014, S. 90). So gesehen kann eine Begründung als rationale Rekonstruktion des Entscheidungsprozesses aufgefasst werden.

Eine logisch tragfähige normative Begründung weist die Form eines praktischen Syllogismus auf (z.B. Dietrich, 2005, S. 17f.): Von einer allgemeinen Norm, die als normative Prämisse fungiert, wird deduktiv auf eine konkrete Norm geschlossen. Die Konkretion gewährleistet eine deskriptive Prämisse. Insofern ist in der normativen Schlussfolgerung nicht mehr enthalten als in beiden Prämissen (Bayer, 1999, S. 43). Das sei an einem Beispiel aus dem gewählten bioethischen Kontext illustriert (Visser, 2014, S. 40):

- Ein Eingriff in den Körper einer Person darf nicht ohne deren Zustimmung erfolgen. (Normative Prämisse)
- Die Eizellspende ist ein Eingriff in den Körper der Spenderin. (Deskriptive Prämisse)
- Die Eizellspende darf nicht ohne Zustimmung der Spenderin erfolgen. (Normative Schlussfolgerung)

Präzise verstanden bilden diese drei Bausteine gemeinsam ein Argument (Bayer, 1999, S. 87). Die Analyse eines Arguments im Sinne des praktischen Syllogismus legt damit die notwendigen Bestandteile eines einzelnen Arguments und folglich auch einer umfassenderen Argumentation offen. Jedes vollständige Argument und jede Argumentation bedürfen

- einer normativen Prämisse, d.h. Normen oder Werte, auf die Bezug genommen wird,
- einer deskriptiven Grundlage in den Fakten
- und der argumentativen Verknüpfung beider Voraussetzungen.

In Bezug auf alle drei Elemente sind Argument und Argumentation gleichermaßen angreifbar. Die Absicherung der Fakten durch Belege, die Geltung der Normen und die Logik der Schlussfolgerung können hinterfragt werden (vgl. Dietrich, 2005, S. 22f.).

Diese Trias stellt für die Analyse der Begründungen das grundlegende Raster bereit: Die verwendeten Diagnoseindikatoren sind in deskriptive und normative Aspekte sowie die Struktur der Argumentation gegliedert. Aus allen drei Richtungen wurden die Begründungen, die die Schülerinnen und Schüler im Rahmen der Aufgaben formulierten, nach Hinweisen auf die Argumentationsfähigkeit befragt. Die nachfolgenden Ergebnisse sind entsprechend gegliedert.

2.1 Die deskriptiven Aspekte einer Begründung

Die Beschreibung von Handlungsoptionen und die Antizipation möglicher oder sicherer Folgen einer Handlung sind die wichtigsten Bereiche, in denen biologische, medizinische und andere Fakten für eine bioethische Entscheidung relevant werden. Die Nennung der Handlungsoptionen ist vielfach bereits durch die zur Diskussion stehende Entscheidung vorgegeben, etwa darin, ob die Eizellspende legalisiert werden soll oder nicht. Eine Differenzierung erfolgt allenfalls durch die Bedingungen, unter denen eine Zustimmung oder Ablehnung erfolgen soll. Die Diagnoseindikatoren fokussieren daher vor allem auf die Folgen und die darin erfassten Perspektiven der Beteiligten bzw. Betroffenen.

Den beiden Schülergruppen wurden zwei unterschiedliche Aufgabentypen vorgelegt. Im Informationsfeld der Aufgabe gegebenes Material war in beiden Fällen ein gekürzter Zeitungsartikel über die Eizellspende in Spanien und deren Inanspruchnahme durch deutsche Paare (Schindele & Zimmermann, 2007). Ergänzt wurde dieser authentische Text durch eine sehr kurze Erläuterung der Eizellspende. Die Aufgabe für Schülergruppe A bestand darin, zur Frage der Legalisierung der Eizellspende in Deutschland begründet Stellung zu nehmen, und für Schülergruppe B, die Beibehaltung des Verbots zu begründen. Die Begründung einer Aufhebung des Verbots wurde nicht gefordert, da bei der Entwicklung der Aufgaben die Frage der Öffnung von Aufgaben im Vordergrund stand, die Wirkung der jeweils zu begründenden Position (s. unten) zeigte sich erst im Zuge der Auswertung. Zur Frage des Klonens wurden die beiden Aufgabenformate zwischen den Schülergruppen A und B getauscht.

Die von den Schülerinnen und Schülern berücksichtigten Folgen wurden nach Perspektiven kategorisiert. Schon der inhaltlichen Substanz nach deutlich erkennbar stehen Eizellspenderin und -empfängerin im Vordergrund der Argumentationen. Anders als die Perspektiven der beiden aktiv beteiligten Parteien entfällt die Kindesperspektive häufig. In Gruppe B (Begründung des Verbots) nennen neun, in Gruppe A (Begründung der eigenen Position) sogar nur fünf von jeweils zwanzig Schülerinnen oder Schülern diese Perspektive. Folglich wird für die Begründung des Verbots häufiger auf die Kindesperspektive Bezug genommen. Hier wird dagegen die Eizellempfängerin nur in fünf Beiträgen angeführt, während durch die Gruppe A die Eizellempfängerin in nur zwei Beiträgen *nicht* berücksichtigt wird. Verständlich werden diese Unterschiede vor dem Hintergrund der zu begründenden Position: Gut zwei Drittel der Schülerinnen und Schüler der Gruppe A formulieren eine Zustimmung für die Durchführung der Eizellspende. Die Erwartung, dass die Auswahl der Argumente und damit die Berücksichtigung von Folgen und Perspektiven einer strategischen Auswahl unterliegen, wurde bestätigt.

Aus diesem Grund wurde eine Schülergruppe ergänzend nach den Beteiligten und ihren Interessen gefragt, d.h. die Perspektiven wurden unabhängig von der Position erfasst. Dafür wurde die Schülergruppe A ausgewählt, deren Aufgaben mehrheitlich auf die Eizellspende bezogen waren. Bei dieser positionsunabhängigen Erfassung werden wie erwartet mehr Perspektiven als in der Stellungnahme genannt. Darüber hinaus ist die Berücksichtigung der Ärzte und der Klinik neu, während in dieser Aufgabe die Kindesperspektive nur noch in drei Bearbeitungen auftritt. Diese Verschiebung hin zu den aktiv Handelnden mag in der Aufgabenstellung begründet liegen, die nach Beteiligten, nicht aber Betroffenen fragt. Deutlich wird durch diese ergänzende Aufgabenstellung aber vor allem, dass die Schülerinnen und Schüler mehr Perspektiven berücksichtigen könnten, als sie es in der zuvor geforderten begründeten Stellungnahme tun. Insofern ist die Erfassung der Kompetenz hinsichtlich der Berücksichtigung von Folgen und Perspektiven allein aus einer Begründung heraus unvollständig. Der Aufgabentyp einer begründeten Stellungnahme ist in dieser Hinsicht ergänzungsbedürftig.

In Anlehnung an Reitschert (2009) wurden die erfassten Folgen und Perspektiven Niveaustufen zugeordnet. Der Stufung zugrunde liegen die Sozialperspektiven nach Selman (1984). Der Niveaustufe I werden dabei konkret individuelle Folgen und unmittelbare Folgen zugeordnet, d.h. es werden ausschließlich intendierte Folgen für die unmittelbar Betroffenen berücksichtigt. Der Niveaustufe II werden konkret soziale Folgen zugerechnet, also Folgen für Personen aus dem unmittelbaren Umfeld der betroffenen Person. Außerdem führt die Berücksichtigung von mittelbaren, also z.B. Konträrfolgen zur Einstufung auf Niveau II. Als Indiz für die dritte und höchste Niveaustufe gilt die Berücksichtigung abstrakt sozialer, also gesellschaftlich relevanter oder gesellschaftlich vermittelter Folgen.

Um diese Niveaustufung flüssig einsetzen zu können, bedarf es einer Festlegung, wer in Bezug auf das in Frage stehende Dilemma unmittelbar oder mittelbar betroffen sei. Für die Eizellspende wie auch für das reproduktive Klonen ist anzunehmen, dass der entstehende Mensch unmittelbar betroffen ist. Die häufig fehlende Berücksichtigung der Kindesperspektive in Bezug auf die Eizellspende – nicht jedoch in Bezug auf das Klonen – führte entgegen dem ersten Augenschein zu der Entscheidung, diese Perspektive für die Eizellspende auf Niveaustufe II anzusiedeln, nicht jedoch für das Klonen.

Die Niveaustufung der vorliegenden Schülerbeiträge zum Thema Eizellspende zeigt für beide Schülergruppen ein deutliches Überwiegen der Niveaustufe II gegenüber der Stufe I, was für diese Altersgruppe auch zu erwarten ist. Dabei beruht die Häufigkeit der Niveaustufe II nur zum geringeren Teil auf der oben ausgeführten Entscheidung bezüglich der Kindesperspektive. Häufiger werden andere Perspektiven ergänzend hinzu gezogen oder mittelbare Folgen berücksichtigt. Bemerkenswerter erscheint der vollständige Ausfall der Niveaustufe III.

Jeder Aufgabensatz umfasste neben der Aufgabe zur Legalisierung der Eizellspende eine weitere Begründungsaufgabe zum Klonen menschlicher Zellen. In Bezug auf dieses Thema formulierten einzelne Schülerinnen und Schüler sehr wohl Argumente, die sich auf eine sozial abstrakte Perspektive bezogen, etwa durch Verweise auf gesellschaftlich vermittelte Erwartungen oder auf Wirkungen auf das Menschenbild einer Gesellschaft. Zudem lässt sich das Fehlen von Argumenten auf einer abstrakt sozialen Ebene ganz überwiegend auch im öffentlichen Diskurs zur Eizellspende finden. Insofern ist weniger von einem Kompetenzdefizit der Schülerinnen und Schüler auszugehen als vielmehr von einer themenabhängigen Begrenzung der Diagnose. Das Dilemma der Legalisierung der Eizellspende erscheint für eine Differenzierung der Niveaustufen I und II geeignet, bietet jedoch anders als das Thema Klonen keine Hinweise auf die Ausprägung der Niveaustufe III.

2.2 Die normativen Aspekte einer Begründung

Für die Abstimmung von Gesetzesvorlagen bezüglich bioethisch relevanter Fragen wird im Bundestag regelmäßig der Fraktionszwang aufgehoben. Diese Praxis ist Ausdruck der Erkenntnis, dass sich für ethische Entscheidungen andere als Gewissensbindungen verbieten. Dieselbe normative Offenheit ist für den Biologieunterricht sowohl in der Förderung als auch der Diagnose der Bewertungskompetenz zu fordern. Die Befürchtung, dass diese Offenheit verletzt werde, dürfte ein Grund sein für die Zurückhaltung vieler Lehrkräfte hinsichtlich der Diagnose und – stärker noch – der Leistungsbewertung mit Blick auf bioethische Themen. Die Akzeptanz normativer Offenheit bedeutet eine Abgrenzung der Bewertungskompetenz als Argumentations- und Reflexionskompetenz von der Moralerziehung (Dietrich, 2002, S. 424), die notwendig normativ gebunden ist.

Die Übereinstimmung mit einer gegebenen Position entfällt folglich als Kriterium für die Beurteilung der Kompetenz hinsichtlich normativer Aspekte der Argumentationsfähigkeit. Darum bedarf es deskriptiver Beschreibungen der jeweiligen Kompetenzausprägung. Eine mögliche Analyserichtung könnte die verwendete Begründungsstrategie sein. Die Einführung ethischer Traditionen steht jedoch in der Gefahr, den mit einem in der Sekundarstufe I sehr übersichtlichen Zeitbudget ausgestatteten Biologieunterricht zu überfrachten. Das gilt auch für eine Begrenzung auf zwei Traditionslinien, z.B. auf die von den Bildungsstandards (KMK, 2004) vorgegebenen konsequentialistischen und deontologischen Ansätze. Diese Begrenzung schließt andere, etwa diskurs- und tugendethische Ansätze aus. Die Entscheidung für diese beiden Traditionslinien lässt sich fraglos rechtfertigen, insofern sie jedoch rechtfertigungsfähig und folglich auch -bedürftig ist, ist sie wiederum nicht rein deskriptiv.

Unstrittig ist dagegen, dass eine ethische Begründung auf Werte und Normen Bezug nehmen muss. Insofern bietet es sich an, eben diese Bezugnahme in den Mittelpunkt der Analyse zu stellen. Der genauere Blick auf die Begriffe zeigt jedoch, dass der Normbegriff noch vergleichsweise präzise beschrieben werden kann, der Wertbegriff hingegen weit und unscharf ist (vgl. Visser, 2014, S. 47ff.). Diese Unschärfe offenbart sich bei dem Versuch, den Wertbegriff von Begriffen wie Gut, Ideal, Prinzip, Interesse und Tugend abzugrenzen oder diesen Begriffen Beispiele zuzuordnen. Um einen präziseren Zugriff auf Wertbegriffe zu ermöglichen, wurden für die Analyse der Aufgabenbearbeitungen fünf materiale Kategorien für die Wertbezüge ausgewählt. Dabei handelt es sich um die vier Prinzipien mittlerer Reichweite nach Beauchamp und Childress (2001), nämlich Nutzen, Nichtschädigung, Autonomie und Gerechtigkeit, ergänzt um das Prinzip der Menschenwürde.

Die Wertbezüge, die Schülerinnen und Schüler im Rahmen der oben vorgestellten Stellungnahmen zur Eizellspende und zum Klonen ansprachen, wurden expliziert und auf der Grundlage der ausgewählten Prinzipien geordnet. Die Eignung dieses deduktiven Kategoriensystems erwies sich darin, dass auf der Basis der Schülerbeiträge alle fünf Kategorien gefüllt werden konnten und keine weitere Kategorie gebildet werden musste. Für die Eizellspende wird dabei doppelt so häufig auf die konsequentialistischen Prinzipien Fürsorge/Nutzen („beneficence") und Nichtschädigung („nonmaleficence") Bezug genommen, wie auf die übrigen deontologischen Prinzipien Autonomie, Gerechtigkeit und Menschenwürde. Beim Klonen ist diese Verteilung deutlich in Richtung deontologischer Prinzipien, vor allem der Menschenwürde, verschoben, hier ist das Verhältnis etwa ausgewogen.

Da aus der Feststellung, welche Werte angesprochen werden, unter Beachtung der normativen Offenheit keine Niveaustufung folgt, wurde eine formale Stufung verwendet. Die Niveaustufe I umfasst in Anlehnung an Reitschert (2009) ausschließlich deskriptiv-pragmatische Bezüge. Implizit normative Bezüge entsprechen der Niveaustufe II, explizit normative Bezüge der Niveaustufe III. Damit stellt sich nicht mehr die Frage, welche Werte berücksichtigt werden, sondern ob Werte verwendet und expliziert werden.

In der Anwendung erweist sich diese Stufung jedoch als ausgesprochen schwierig. Für eine Wertung ohne Nennung von Wert oder Norm erscheint die Einstufung auf Niveau II konsensfähig. Wird jedoch eine Norm formuliert, nicht aber der darin enthaltene Wert, ist der Grad der Explizierung bereits diskussionswürdig. Noch fraglicher ist der Umgang mit Bezügen, die pragmatisch erscheinen, etwa die Entscheidung der Legalisierung der Eizellspende auf der Basis einer rein wirtschaftlichen Abwägung. Diese Argumentation darf kaum als angemessen für ein bioethisches Dilemma gelten, der Wertbezug ist aber ohne weiteres als Prinzip der Nutzenmaximierung (*beneficence*) zu explizieren und damit auf Niveaustufe II anzusiedeln. Die Niveaustufen sind darum nicht eindeutig voneinander abzugrenzen.

Es kommt hinzu, dass sich sowohl beim Aufgabentyp der Begründung als auch an anderen Stellen ein Trend zur Implizität der normativen Bezüge belegen lässt. Einige Schülerinnen und Schüler, die normativ implizit argumentieren, sind im Rahmen engerer Aufgabenstellung sehr wohl im Stande, explizit mit Werten und Normen umzugehen. Argumentationen sind eben nur so explizit, wie es der kommunikative Kontext verlangt. Und in aller Regel genügt die Formulierung einer Wertung für eine klare Positionierung. Diese Schwierigkeit stellt jedoch nicht die Eignung der Niveaustufung in Frage, sondern die Anwendbarkeit im Rahmen einer Begründung. Aufgabenstellungen, die zu Aussagen über Werte und Normen verpflichten, legen dagegen Kompetenzen auf einer deskriptiv beschreibbaren Metaebene offen.

Für die Niveaustufung ergibt sich damit folgende Situation: Das vollständige Fehlen von Wert- und Normbezügen ist deskriptiv beschreibbar und damit unkritisch als Niveaustufe I abgrenzbar. Ebenfalls deskriptiv beschreibbar ist die über enge Aufgabenstellungen zugängliche Metaebene, die auf einer höchsten Niveaustufe anzusiedeln wäre. Dazwischen verbleibt ein breiter Bereich von Bezugnahmen auf Werte und Normen, die sich sowohl stark im Grad ihrer Explizierung als auch hinsichtlich ihrer rechtfertigenden Wirkung unterscheiden, deren Niveauunterschiede ohne normative Entscheidungen aber nicht beschreibbar sind. Der Diagnose der normativen Aspekte aus einer Begründung heraus sind folglich enge Grenzen gesetzt.

2.3 Die Struktur der Argumentation

Die Diagnose der bioethischen Argumentationsfähigkeit muss neben der deskriptiven und normativen Substanz auch die Struktur der Argumentation untersuchen. Entsprechend den oben formulierten Ausführungen könnte der praktische Syllogismus als Basis für die Analyse normativer Argumente verwendet werden. Selten jedoch werden im Rahmen eines Diskurses vollständige Argumentationen im Sinne dieser Schlussfolgerung ausgeführt. Vielmehr erscheint neben der Stellungnahme als normativer Schlussfolgerung meist nur eine Prämisse, so dass eine der beiden Prämissen, meist die normative, ausfällt. Ein solcher Ausfall der normativen Prämisse entspricht häufiger einem Enthymem[2] als einem Sein-Sollens-Fehlschluss. Damit erscheint der Syllogismus als Vorgabe für die Struktur einer Argumentation in einer freien Argumentation als zu anspruchsvoll. Der Anspruch an die logische Konsistenz, der sich im praktischen Syllogismus ausdrückt, wird dagegen in engeren Aufgabenformaten aufrecht gehalten. Alternativ für die freie Argumentation könnte das als Analyseinstrument für Argumentationen weit verbreitete Toulmin-Schema (Toulmin, 1975) erwogen werden. Da dieses Schema aber sogar sechs funktional unter-

---

2 Gr. ἐνθύμημα; unvollständiger Schluss mit fehlender, unausgesprochener Prämisse.

scheidbare Strukturelemente eines Arguments nennt, ist es für diesen Zweck ebenfalls überdimensioniert. Zudem sind Argumentationen in der Regel aus mehreren Argumenten aufgebaut, für die das Schema jeweils neu in Ansatz gebracht werden müsste.

Für die unterrichtliche Diagnose erscheint die Nennung von fünf grundlegenden Argumentationselementen (verändert nach Kuhn, Shaw & Felton, 1997) hinreichend: Zur Formulierung einer Stellungnahme (1) treten rechtfertigende Argumente. Diese lassen sich in das direkt stützende funktionale Argument (2) („X sollte getan/ unterlassen werden, *weil* …“) und das konditionale Argument (3) einteilen, das einschränkende Bedingungen anführt („X sollte getan/unterlassen werden, *wenn* …“). Dazu kommen die Nennung von Gegenargumenten (4) sowie die Abwägung der Argumente (5).

Die Analyse der Struktur sei hier für zwei strukturgleiche Aufgaben, nämlich die Begründung der eigenen Stellungnahme zur Legalisierung der Eizellspende und zur Durchführung der Klonierung menschlicher Zellen, dargestellt und verglichen.

In beiden Aufgaben treten die grundlegenden Elemente, nämlich die Stellungnahme selbst sowie das funktionale Argument, in fast allen Beiträgen auf. Das ist für diese Altersgruppe ein zu erwartendes Ergebnis. Die weiteren Elemente differieren jedoch zwischen den Themen. Beim Klonen wird die Abwägung deutlich seltener vorgenommen und die konditionalen Argumente fallen fast vollständig aus.

Dieser Ausfall der konditionalen Argumente könnte zum einen darauf zurückzuführen sein, dass das Klonen zu über 70 % abgelehnt wird, während für die Eizellspende zu etwa 70 % eine bedingte Zustimmung vorliegt, und damit Aussagen über die Bedingungen dieser Zustimmung notwendig werden. Außerdem ist für die Eizellspende international eine Praxis gegeben, in deren Konkretheit auch Bedingungen reflektiert werden. Das Ausbleiben der Abwägung ließe sich außerdem durch die Verschiebung der Wertbezüge erklären. Für das Klonen sinkt der Anteil der abwägungsbedürftigen konsequentialistischen Wertbezüge, während stattdessen deontologische Wertbezüge zunehmen. Diese Wertbezüge, vor allem die Bezugnahme auf die Menschenwürde, verlangen eine Cut-off-Argumentationsstrategie, d.h. eine Strategie, die eine Abwägung verzichtbar macht: Wenn die Menschenwürde verletzt wird, verbietet sich eine Aufrechnung gegen andere Argumente.

Das Auftreten der formalen Argumentationselemente wäre damit von der jeweils gewählten Position, von der deskriptiven Substanz, hier der internationalen Praxis, und bzw. oder von der normativen Bezugnahme der Begründung abhängig. Diese Themenabhängigkeit der Argumentationsstruktur zeigt die Grenzen der Diagnose einer allgemeinen Argumentationsfähigkeit auf Grundlage ihrer Strukturmerkmale auf.

Um neben der Erfassung der auftretenden Argumentationselemente auch zu einer Beschreibung einer Kompetenzentwicklung zu gelangen, wurden zunächst drei Stufen unterschieden, die allerdings zu wenige Differenzierungsmöglichkeiten boten. Eine Übersetzung der explizierten Argumentationselemente in vier Stufen gelingt dagegen recht zwanglos, eine Differenzierung auf vier statt drei Niveaustufen ist daher geeigneter. Auf Niveau II treten die auf Niveau I noch fehlenden rechtfertigenden Argumente auf, auf Niveau III erscheinen rechtfertigende Argumente für zwei gegensätzliche Positionen, deren Abwägung für Niveau IV zu fordern ist. Dass es sich bei den Stufen um inklusive Stufen handelt, ist in diesem Falle logisch notwendig.

Dieser Zugang zur Analyse der Argumentationsstruktur ist jedoch blind für die Unterscheidung von normativen und deskriptiven Prämissen bzw. Argumenten. Im Gegensatz dazu vermag der praktische Syllogismus die Notwendigkeit aufeinander bezogener normativer und deskriptiver Prämissen zu begründen, sodass Kenntnis und Einsatz dieses Grundmusters normativen Schließens wichtige Kompetenzen für das (bio-)ethische Argumentieren sind. Im Rahmen einer freien Argumentation sind voll ausgearbeitete Argumente in diesem Sinne aber nicht zu erwarten. Deshalb erweist es sich als sinnvoll, die Diagnose der Strukturmerkmale einer Argumentation aus einer freien Stellungnahme heraus durch Aufgaben mit engeren Antwortformaten zu ergänzen. Im Rahmen der Studie sollten die Schülerinnen und Schüler aus einer Reihe gegebener Sätze drei (Gruppe A) bzw. zwei (Gruppe B) Elemente so zusammenstellen, dass eine logisch konsistente Argumentation entsteht. So sollte Gruppe A durch geeignete Auswahl aus sieben gegebenen Sätzen folgende Aussage schlüssig ergänzen: „Aus den Voraussetzungen __ und __ folgt die Schlussfolgerung __.“

Während die Argumentationsfähigkeit aufgrund des Auftretens von Argumentationselementen in freien Argumentationen für beide Schülergruppen eher positiv zu beurteilen ist, gilt das für die Auswahl geeigneter Elemente in diesem engen Format vielfach nicht. So wurden beispielsweise zwei deskriptive Sätze mit einer normativen Schlussfolgerung kombiniert, was einem Sein-Sollens-Fehlschluss entspricht. Andere Lösungsvorschläge vertauschen die Schlussrichtung oder kombinieren Prämissen und Schlussfolgerungen mit einem fehlenden inhaltlichen Bezug. Der abweichende Befund zur Argumentationsfähigkeit in beiden Aufgabentypen dürfte neben möglichen Effekten des Aufgabenformats vor allem dadurch verursacht werden, dass hier eine andere Kompetenz verlangt wird, die ein Nachdenken über Argumentation verlangt und daher eher einer Metaebene zuzuordnen ist.

3. Zusammenfassung und Diskussion

Wichtige Elemente der Argumentationsfähigkeit lassen sich auf der Grundlage von Begründungen zu eigenen oder gegebenen Stellungnahmen diagnostizieren. An diese im Rahmen von Freiantwortaufgaben formulierten Texte können folgende Leitfragen als Diagnosekriterien herangetragen werden:
- Welche Folgen werden genannt?
- Welche Perspektiven werden darin berücksichtigt?
- Auf welche Werte wird Bezug genommen?
- Welche Elemente einer Argumentation treten auf?

Die Erkenntnis, dass sich die Fähigkeit zum Argumentieren beim Argumentieren zeigt, erscheint zunächst trivial. Umso mehr überraschen die Grenzen, die der Diagnose der Argumentationsfähigkeit auf diesem Wege gesetzt sind.

Nicht alle Folgen und Perspektiven, die die Schülerinnen und Schüler im Blick haben, schlagen sich auch in einer Argumentation nieder. Vielmehr wird eine Auswahl unter strategischen Gesichtspunkten hinsichtlich der zu begründenden Position getroffen. Ganz ähnlich orientiert sich die Ausführung der normativen Bezüge am kommunikativen Zweck der Argumentation. Die Explizierung der Wertbezüge im Rahmen einer Argumentation entspricht folglich nicht notwendig dem den Schülerinnen und Schülern möglichen Grad der Explizierung, sondern kann dahinter zurück bleiben. Aus demselben Grund wird für die Beschreibung der Argumentationsstruktur auf die Annahme verzichtet, dass darin der praktische Syllogismus abgebildet werde. Auch die Struktur der Argumente wird nur so vollständig ausgeführt, dass die/der Argumentierende verstanden wird. Für alle drei Diagnosebereiche gilt folglich, dass Schülerinnen und Schüler aufgrund der Orientierung am kommunikativen Zweck der Argumentation vor allem ihre reflexiven Möglichkeiten nicht voll ausschöpfen.

Die Diagnose der Argumentationsfähigkeit wird auf ergänzende Aufgaben mit engeren Antwortformaten zugreifen müssen. Nur so lassen sich die Kompetenzen der Schülerinnen und Schüler mit Blick auf die Vollständigkeit und die Reflexion umfassender offen legen. Für die deskriptiven Aspekte gilt es, das ganze Spektrum an Folgen und Perspektiven zu erfassen, das Schülerinnen und Schüler im Blick haben, indem die Nennung derselben von der Position einer Stellungnahme entkoppelt wird. Hinsichtlich der normativen Aspekte sind Schülerinnen und Schüler durch eine engere Aufgabenstellung zu Aussagen auf einer Metaebene über Werte und Normen zu verpflichten. Und bezüglich der Struktur der Argumentation lässt sich die Stringenz des praktischen Syllogismus in engeren Formaten abbilden, sei es für die Konstruktion oder die Analyse schlüssiger Argumentationen.

Die Grenzen der Diagnose berühren auch die verwendeten Niveaustufen. Für die Stufung der normativen Aspekte werden die Grenzen durch die Entscheidung für die normative Offenheit gesetzt. Wird diese Vorentscheidung durchgehalten, erweist es sich als sehr schwierig, die intuitiv erkennbaren Niveauunterschiede hinsichtlich der Explizierung und der rechtfertigenden Wirkung begründet zu stufen.

Bezüglich der deskriptiven Aspekte sowie der Struktur der Argumentation setzt die Themenabhängigkeit Grenzen. Nicht jede Kompetenzausprägung beider Diagnosebereiche kann durch jedes bioethische Thema erfasst werden. Zum einen ließe sich nun schlussfolgern, dass nur einige ausgewählte Themen für eine umfassende Kompetenzdiagnose verwendet werden sollten. Dabei reduziert sich der ohnehin begrenzte Themenpool aber recht schnell. So werden etwa die Niveaustufen der deskriptiven Aspekte besser durch das Thema Klonen abgedeckt, während das Thema Eizellspende zu einer differenzierteren Argumentationsstruktur führt. Eine andere Schlussfolgerung könnte die Anpassung der Niveaustufung an das jeweilige Thema sein. Wenn aber die Niveaustufen keine allgemeine, themenunabhängige Aussage zur

Argumentationsfähigkeit erlauben, verlieren sie einen erheblichen Teil ihrer Bedeutung.

Für die unterrichtliche Individualdiagnose ist angesichts dieses Befundes nach der Funktion der Niveaustufen zu fragen. Insofern Niveaustufen vor allem der Beschreibung einer Kompetenzentwicklung dienen, können sie für unterrichtliche Zwecke Entwicklungstrends aufzeigen. Für die normativen Aspekte wäre dies eine zunehmende Explizierung der Wertbezüge, für die deskriptiven Aspekte eine Erweiterung der Sozialperspektive. Eine höhere Argumentationsfähigkeit drückt sich auch in der Zunahme von Strukturelementen einer Argumentation aus. Wenn auch eine gestufte Erfassung der Argumentationsfähigkeit auf Grenzen stößt, so bleiben diese Entwicklungstrends doch gültig.

4. Zwei Ausblicke

Innerhalb des Biologieunterrichts steht das bioethische Argumentieren nicht isoliert. Weitere interessante Fragen ergeben sich aus der Verhältnisbestimmung zur Moralerziehung einerseits und zum Begründen in ausschließlich sachanalytischen Zusammenhängen andererseits.

Eingangs wurde eine kognitive Verengung der Bewertungskompetenz auf eine Argumentations- und Reflexionskompetenz vorgenommen, welche mit der Entscheidung für die normative Offenheit der Diagnose korrespondiert und die Bewertungskompetenz von der Moralerziehung abgegrenzt. Die Kriterien der kognitiven Verengung und der normativen Offenheit ermöglichen zwar eine Unterscheidbarkeit von Bewertungskompetenz und Moralerziehung, gewährleisten in der unterrichtlichen Praxis aber keine Trennung dieser Bereiche. Unterricht ist nicht normativ indifferent, Lehrerinnen und Lehrer sind in ihrem Handeln an grundlegende Werte gebunden. Wenn Schülerinnen und Schüler diese Grenze überschreiten, wird die Lehrkraft aus der Rolle der/s Diagnostikerin/s in die Rolle der/s Erziehenden wechseln. Die Trennung beider Bereiche ist zudem nicht durch die Bildungsstandards (KMK, 2004) gedeckt, die im Rahmen des Kompetenzbereichs Bewertung auch normativ gebundene, erzieherische Ziele nennen. Wo die Grenze der normativen Offenheit liegt, ist eine normative Frage und damit Gegenstand der gesellschaftlichen Aushandlung. Gegenstand deskriptiver Klärungen wäre der wechselseitige Einfluss, den Bewertungskompetenz und Moralerziehung aufeinander ausüben.

Die zentrale Funktion der Begründung für die Diagnose des bioethischen Argumentierens ist durch die Bedeutung der Begründung für die Ethik gerechtfertigt. Begründet wird im Biologieunterricht aber nicht nur im Rahmen der Bewertung, sondern auch mit Bezug auf die Kompetenzbereiche Fachwissen und Erkenntnisgewinnung. Als Erläuterung für den Operator „Begründen" bieten die niedersächsischen Kerncurricula für die Naturwissenschaften folgende Formulierung an: „Sachverhalte auf Regeln und Gesetzmäßigkeiten bzw. kausale Zusammenhänge zurückführen" (Niedersächsisches Kultusministerium, 2007, S. 105). Diese Erläuterung schließt das ethische, normative Begründen im Sinne einer Rechtfertigung nicht ein, sie legt vielmehr nahe, dass „Begründen" und „Erklären" Synonyme seien. Die Verwendung von sehr unterschiedlichen Begründungsbegriffen in zwei Kompetenzbereichen desselben Schulfachs ist jedoch unbefriedigend. Hilfreicher erscheint da folgende Differenzierung von Begründen und Erklären: Zu *erklären* sind Phänomene, also Sachverhalte, indem sie „auf Regeln und Gesetzmäßigkeiten bzw. kausale Zusammenhänge" (s.o.) zurückgeführt werden. Zu *begründen* sind Aussagen und Theorien, empirisches Vorgehen, Darstellungen und Modelle, normative Urteile usw., kurz: Produkte menschlichen Handelns und Denkens. Menschen haben Intentionen und Gründe für ihr Denken und Handeln, und das Begründen besteht im Aufdecken und Rechtfertigen dieser Gründe. Zudem wird eine sehr weit gehende fachwissenschaftliche Erklärung letztlich bei den Anforderungen an Wissenschaftlichkeit ansetzen, etwa der Forderung nach Reproduzierbarkeit von Befunden, nach der Widerlegbarkeit von Hypothesen oder der Konsistenz von Theorien, also den normativen Grundlagen von Wissenschaft. Hierin zeigt sich die Nähe des fachwissenschaftlichen und des ethischen Begründens und Argumentierens. Diese Nähe führt zu der Frage, ob eine Kompetenz des Begründens quer zu den Kompetenzbereichen beschreibbar erscheint.

Literatur

Bayer, K. (1999). *Argument und Argumentation. Logische Grundlagen der Argumentationsanalyse.* Opladen/Wiesbaden: Westdeutscher Verlag.

Beauchamp, T. L. & Childress, J. F. (2001). *Principles of Biomedical Ethics* (5. Aufl.). New York: Oxford University Press.

Dietrich, J. (2002). Moralpädagogik. In M. Düwell, C. Hübenthal & M. H. Werner (Hrsg.), *Handbuch Ethik* (S. 423–428). Stuttgart: J. B. Metzler.

Dietrich, J. (2005). Ethisch-Philosophische Grundlagenkompetenzen. Ein Modell für Studierende und Lehrende. In M. Maring (Hrsg.), *Ethisch-Philosophisches Grundlagenstudium. Ein Studienbuch* (2. Aufl.) (S. 15–32). Münster: LIT Verlag.

Eggert, S. & Bögeholz, S. (2006). Göttinger Modell der Bewertungskompetenz – Teilkompetenz „Bewerten, Entscheiden und Reflektieren" für Gestaltungsaufgaben Nachhaltiger Entwicklung. *Zeitschrift für Didaktik der Naturwissenschaften (ZfDN)* 12, 177–197.

Haase, V. (2011). Schriftliches Argumentieren in der Oberstufe. Elementarer Kompetenzaufbau und outputorientierte Bewertung. *Zeitschrift für die Didaktik der Philosophie und Ethik (ZDPE)* 2, 114–123.

Konferenz der Kultusminister der der Länder der Bundesrepublik Deutschland (KMK) (2004). *Bildungsstandards im Fach Biologie für den Mittleren Schulabschluss.* Verfügbar unter: http://www.kmk.org/fileadmin/veroeffentlichungen_beschluesse/2004/2004_12_16-Bildungsstandards-Biologie.pdf [18.09.2013].

Kuhn, D., Shaw, V. & Felton, M. (1997). Effects of Dyadic Interaction on Argumentative Reasoning. *Cognition and Instruction 3*, 287–315.

Mayring, P. (2003). *Qualitative Inhaltsanalyse. Grundlagen und Techniken* (8. Aufl.). Weinheim: Deutscher Studienverlag.

Niedersächsisches Kultusministerium (Hrsg.). (2007). *Kerncurriculum für das Gymnasium. Schuljahrgänge 5.–10. Naturwissenschaften.* Verfügbar unter: http://db2.nibis. de/1db/cuvo/datei/kc_gym_nws_07_nib.pdf [18.09.2013].

Reitschert, K. (2009). *Ethisches Bewerten im Biologieunterricht.* Hamburg: Kovac.

Reitschert, K., Langlet, J., Hößle, C., Mittelsten Scheid, N. & Schlüter, K. (2007). Dimensionen Ethischer Urteilskompetenz. Dimensionierung und Niveaukonkretisierung. *Der mathematische-naturwissenschaftliche Unterricht (MNU) 60* (1), 43–51.

Schindele, E. & Zimmermann, I. (2007). Rohstoff für das Mutterglück. *Die Zeit* (4), 29.

Selman, R. L. (1984). *Die Entwicklung des sozialen Verstehens: entwicklungspsychologische u. klinische Untersuchungen.* Frankfurt am Main: Suhrkamp.

Simonneaux, L. (2008). Argumentation in Socio-Scientific Contexts. In S. Erduran & M. P. Jiménez-Aleixandre (Hrsg.), *Argumentation in Science Education. Perspectives from Classroom-Based Research* (S. 201–216). Dordrecht: Springer.

Toulmin, S. (1975). *Der Gebrauch von Argumenten.* Neustadt/Coburg: Patzschke.

Tugendhat, E. (1984). *Probleme der Ethik.* Stuttgart: Reclam.

Visser, E. (2014). *Die Diagnose der Bewertungskompetenz durch schriftliche Aufgaben im Biologieunterricht.* Hamburg: Kovac.

Voss, J. F. & Dyke, J. A. van (2001). Argumentation in Psychology: Background Comments. *Discourse Processes 32* (2/3), 89–111.

Teil V
Förderung von Argumentationskompetenzen

Jenny Christine Cramer

Förderung der Entstehung mathematischen Argumentierens aus Perspektive der Diskursethik von Habermas

Zusammenfassung

Das mathematische Argumentieren ist ein fundamentaler Bestandteil des mathematischen Denkens und wesentlich für das Lernen von Mathematik. Bislang ist jedoch weitestgehend ungeklärt, welche sozialen Faktoren für die Beteiligung an mathematischer Argumentation bedeutsam sind. Unterschiedliche Partizipationsvoraussetzungen könnten dazu führen, dass eine stärkere Berücksichtigung des Argumentierens im Mathematikunterricht mit ungewollten segregierenden Effekten einhergeht. Habermas bietet im Rahmen seiner Diskursethik eine dreigliedrige Perspektive auf Argumentation als Prozess, Prozedur und Produkt an, die helfen kann, Argumentieren im Kontext sozialer Situationen besser zu verstehen. Eine Adaption dieser Perspektive für die soziale Lernsituation im Mathematikunterricht wird in diesem Beitrag vorgestellt.

1. Mathematisches Argumentieren als Bestandteil mathematischen Denkens

Mathematisches Denken ist in besonderer Weise durch das Erkennen von Strukturen und Zusammenhängen sowie das deduktive Schließen innerhalb dieser Komponenten mathematischen Wissens gekennzeichnet (Jahnke, 2007). Insbesondere das deduktive Schließen, die Grundlage für mathematische Beweise, sei eine bedeutsame mathematische Denkweise, denn „die Sicherheit der Mathematik liegt nicht in ihren Aussagen, sondern in ihren Schlüssen" (Jahnke, 2009, S. 27). Boero (2011) weist darauf hin, dass der sinnvollste Weg zum Erlernen des Argumentierens und Beweisens in der aktiven Beteiligung an Prozessen des Argumentierens und Beweisens liege.

Das Argumentieren kann sowohl Lernziel als auch Transportweg für mathematisches Wissen sein (vgl. Knipping & Reid, 2015). Krummheuer (1992, S. 175f.) beschreibt in seinem Zugang zum Argumentieren gar, es gebe „kein schulisches Lernen ohne Partizipation an formatierten kollektiven Argumentationsprozessen". Formatierte kollektive Argumentationsprozesse meinen dabei Interaktionen zwischen Lehrperson und Lernenden, die bestimmten standardisierten Ablaufmustern folgen.

Forschung zu zwei anderen prozessbezogenen Kompetenzen, dem mathematischen Modellieren (Leufer & Sertl, 2010) und dem Problemlösen (Lubienski, 2000), hat Benachteiligungen von Lernenden mit niedrigem sozioökonomischen Status gezeigt. Knipping (2012) weist in diesem Zusammenhang auf die Gefahr hin, dass auch eine stärkere Berücksichtigung des Argumentierens und deduktiven Schließens ohne verstärkte Betrachtung von sozialen Zusammenhängen zu einem Filter im Unterricht werden könne, der bestehende Unterschiede weiter verstärkt. Um einen solchen Filtereffekt besser zu verstehen, ist es laut Knipping (ebd.) wichtig, Forschung zu strukturellen Eigenschaften von Argumentation mit Forschung zu sozialen Dimensionen des Argumentierens zu verknüpfen.

2. Argumentation aus Sicht von Habermas: Die Untrennbarkeit von Prozessen, Prozeduren und Produkten

Im Rahmen der Theorie kommunikativen Handelns (1981) geht Habermas auf die Rolle der Argumentation in der zwischenmenschlichen Kommunikation ein. Habermas (1981, S. 38) definiert Argumentation als den „Typus von Rede, in dem die Teilnehmer strittige Geltungsansprüche thematisieren und versuchen, diese mit Argumenten einzulösen oder zu kritisieren. Ein *Argument* enthält Gründe, die in systematischer Weise mit dem *Geltungsanspruch* einer problematischen Äußerung verknüpft sind." Auch Vorgänge des Beweisens im Mathematikunterricht folgen dieser Zielsetzung. Dieser Argumentationsbegriff wird deshalb im Folgenden vorausgesetzt und als Beweise umfassend betrachtet.

Habermas (1983) sieht Argumentation als Bestandteil des auf rational motivierte Verständigung abzielenden kommunikativen Handelns. Dieses grenzt er vom strategischen Handeln ab, in welchem ein Gesprächsteilnehmer versucht, den anderen durch Androhung von Sanktionen oder Ankündigung von Gratifikationen zu beeinflussen. Er unterscheidet dabei drei Sichtweisen auf Argumentation: Prozess, Prozedur und Produkt. Bei diesen Sichtweisen handelt es sich um die prototypischen Zugänge der Wissenschaftsdisziplinen Rhetorik, Dialektik beziehungsweise Logik. Habermas sieht die Bereiche als untrennbar verbunden und beschreibt für jeden Bereich diskursethische Regeln, welche für die Partizipation an Argumentation subjektiv erfüllt sein müssen. Dabei kann eine vollständige Analyse von Argumentation nur durch die integrierte Betrachtung aller drei nachfolgend erläuterten Perspektiven erreicht werden.

2.1 Sicht der Rhetorik: Argumentation als Prozess

Argumentation lässt sich strukturell als „ideale, gegen Repression und Ungleichheit in besonderer Weise immunisierte Sprechsituation" auffassen (Habermas, 1981, S. 49); dies sei die Sicht der Rhetorik auf das Argumentieren. Habermas (ebd., S. 47) beschreibt weiterhin, dass Argumentation unter dieser Annahme eine „unwahrscheinliche, weil idealen Bedingungen hinreichend angenäherte Form der Kommunikation" darstelle. Er sieht darin eine „reflexiv gewendete Fortsetzung verständigungsorientierten Handelns mit anderen Mitteln" (ebd.). Wenn im verständigungsorientierten Handeln demnach ein Konflikt bezüglich der Gültigkeit oder Ungültigkeit eines Geltungsanspruchs entsteht, liege der Weg um verständigungsorientiertes Handeln fortsetzen zu können im Argumentieren. Aus Sicht der Diskursethik beschreibt er in Anlehnung an Alexy (1978) folgende Regeln, die für die Teilnahme an Argumentation subjektiv erfüllt sein müssen:

> „(3.1) Jedes sprach- und handlungsfähige Subjekt darf an Diskursen teilnehmen.
> (3.2) a. Jeder darf jede Behauptung problematisieren.
> b. Jeder darf jede Behauptung in den Diskurs einführen.
> c. Jeder darf seine Einstellungen, Wünsche und Bedürfnisse äußern.
> (3.3) Kein Sprecher darf durch innerhalb oder außerhalb eines Diskurses herrschenden Zwang daran gehindert werden, seine in (3.1) und (3.2) festgelegten Rechte wahrzunehmen" (Habermas, 1983, S. 99).

Nach Einbeziehung der Bezugsdisziplin der Rhetorik in die Nummerierung und Neuformulierung für den Mathematikunterricht ergeben sich folgende Regeln (vgl. Cramer, 2014):

> *R1. Jeder und jede darf sich an Argumentationsprozessen beteiligen.*
> *R2. Die Inhalte der Kommunikation werden von allen Beteiligten gemeinsam festgelegt.*
> *R3. Die Kommunikation findet gleichberechtigt und befreit von Zwängen statt.*

Habermas beschreibt, dass die idealen Voraussetzungen der diskursethischen Regeln in echter Kommunikation objektiv nicht oder nur sehr schwer erfüllbar seien; dies gilt im besonderen Maße für das schulische Lernen. Die Inhalte des Mathematikunterrichts werden durch Curriculum und Lehrperson bestimmt, die gemeinsame Festlegung der Inhalte durch alle Kommunikationsteilnehmer ist in diesem Sinne nur eingeschränkt möglich. Es ist jedoch möglich, Lernenden innerhalb des Unterrichtsthemas Freiräume zu geben, um selbstständig Behauptungen aufzustellen und zu erkunden. Ein weiteres Kriterium ist die Befreiung von Zwängen und Hierarchien, die Habermas in seinen Regeln fordert. Die Hierarchie zwischen Lehrkraft und Lernenden lässt sich im unterrichtlichen Kontext niemals vollständig auflösen. Auch die in schulischen Zusammenhängen häufig vorkommende Regulierung der Kommunikation durch die Lehrperson scheint den Regeln der Diskursethik zu widersprechen. Laut Habermas ist die subjektive Erfüllung aber ausreichend; er beschreibt, dass „die Argumentationsteilnehmer eine annähernde und für den Argumentationszweck hinreichende Erfüllung der genannten Bedingungen *unterstellen* müssen, gleichviel ob und in welchem Maße diese Unterstellung im gegebenen Fall *kontrafaktischen Charakter* hat oder nicht" (Habermas, 1983, S. 101f.).

2.2   Sicht der Dialektik: Argumentation als Prozedur

Die der Dialektik eigene strukturelle Auffassung von Argumentation ist die „eines ritualisierten Wettbewerbs um die besseren Argumente" (Habermas, 1981 S. 49f). Habermas beschreibt, dass „der diskursive Verständigungsprozess in der Form einer kooperativen Arbeitsteilung zwischen Proponenten und Opponenten derart nominiert, dass die Beteiligten einen problematisch gewordenen Geltungsanspruch thematisieren und, von Handlungs- und Erfahrungsdruck entlastet, in hypothetischer Einstellung mit Gründen und nur mit Gründen prüfen, ob der vom Proponenten verteidigte Geltungsanspruch zu Recht besteht oder nicht" (ebd., S. 47f.). Argumente sind in dieser Perspektive der einzige Weg, um darüber zu entscheiden, ob Geltungsansprüche als richtig oder falsch bewertet werden.

Auch aus dem dialektischen Blickwinkel handelt es sich bei den von Habermas in Anlehnung an Alexy vorgeschlagenen Regeln um subjektive Voraussetzungen:

> „(2.1) Jeder Sprecher darf nur das behaupten, was er selbst glaubt.
> (2.2) Wer eine Aussage oder Norm, die nicht Gegenstand der Diskussion ist, angreift, muß [sic!] hierfür einen Grund angeben" (Habermas, 1983, S. 98).

Folgende Umformulierung für den Mathematikunterricht wird vorgenommen (vgl. Cramer, 2014), das „D" steht für Dialektik:

> *D1. Wer etwas behauptet, muss diese Behauptung selbst glauben.*
> *D2. Die Diskursteilnehmer erörtern den Diskussionsgegenstand auf einer geteilten Wissensgrundlage, die nicht unbegründet in Frage gestellt werden darf.*

Der subjektiv empfundene Glaube an die Gültigkeit eigener Aussagen und an ein als geteilt vorausgesetztes Basiswissen sind entscheidende Partizipationsvoraussetzungen für Argumentation. Für Lernende ist es demnach nicht ausreichend, Behauptungen in den Raum zu stellen und sich auf die Verifikation oder Falsifikation durch die Lehrperson zu verlassen. Um am Diskurs teilzunehmen, müssen sie zu ihrer Überzeugung Stellung beziehen.[1] Grundlage von Argumentation ist außerdem ein geteiltes Vorwissen, das den anderen Diskursteilnehmern unterstellt wird. Im Mathematikunterricht können das beispielsweise die Grundrechenarten oder gemeinsam erarbeitete Begriffe wie Potenz, Quadrat und Kreis, aber auch, nach ihrer Einführung, die binomischen Formeln oder der Satz des Pythagoras sein. Das gemeinsame Wissen bildet eine Argumentationsbasis, von der die Diskursteilnehmer ausgehen können.

---

1   Es ist jedoch nicht zwingend erforderlich, Aussagen vollständig logisch herleiten zu können.

2.3 Sicht der Logik: Argumente als die Produkte von Argumentationen

In Hinblick auf das Argumentieren beschäftigt sich die Disziplin der Logik mit den „Strukturen, die den Aufbau einzelner Argumente und deren Beziehungen untereinander bestimmen" (Habermas 1981, S. 49f.). Aus der Perspektive der Logik findet laut Habermas eine Fokussierung auf Argumente als Produkte von Argumentation statt. Argumentation sei demnach „darauf angelegt, triftige, aufgrund intrinsischer Eigenschaften überzeugende Argumente, mit denen Geltungsansprüche eingelöst oder zurückgewiesen werden können, zu produzieren" (ebd., S. 47f.). Bedeutsam ist an dieser Stelle die Forderung, dass die Argumente durch ihre intrinsischen Eigenschaften überzeugen sollen. Hier wird die Abgrenzung des kommunikativen Handelns vom strategischen Handeln deutlich, da in Letzterem wie oben beschrieben eben nicht der Inhalt des Arguments, sondern die damit verbundene Drohung oder Belohnung im Vordergrund steht. Die diskursethischen Regeln, die Habermas nutzt, orientieren sich an den Regeln von Alexy (1978) und sind nachfolgend dargestellt.

> „(1.1.) Kein Sprecher darf sich widersprechen.
> (1.2) Jeder Sprecher, der ein Prädikat F auf einen Gegenstand a anwendet, muss bereit sein, F auf jeden anderen Gegenstand, der a in allen relevanten Hinsichten gleicht, anzuwenden.
> (1.3) Verschiedene Sprecher dürfen den gleichen Ausdruck nicht mit verschiedenen Bedeutungen benutzen" (Habermas, 1983, S. 98).

Unter Berücksichtigung des Mathematikunterrichts ergeben sich nachfolgende adaptierte Regeln (vgl. Cramer, 2014):

> *L1. Die Beteiligten dürfen sich nicht selbst widersprechen.*
> *L2. Wer in einer Situation eine Schlussregel anwendet, muss bereit sein, dieselbe Schlussregel in allen analogen Situationen zu verwenden.*
> *L3. Begriffe haben die gemeinsam festgelegte Bedeutung.*

L1 bedeutet insbesondere, dass Diskursteilnehmende nicht gleichzeitig für und gegen die Gültigkeit eines Geltungsanspruchs argumentieren können. Das Erzeugen kognitiver Konflikte seitens der Lehrperson durch die Konfrontation mit scheinbar widersprüchlichen Interpretationen einer Aussage bleibt von dieser Regel unberührt, da es sich bei diesen Impulsen für die Entwicklung eines Diskurses nicht um widersprüchliche Überzeugungen handelt. Ebenfalls bedeutsam sind die Erkennbarkeit von Analogien und die Verfügbarkeit eines gemeinsamen Begriffsnetzes. Auch für den Bereich der Produkte gilt, dass die Regeln als normativ zu verstehen sind und ihre subjektive Erfüllung ausreicht.

3. Methodologisches Vorgehen

3.1 Identifikation und Rekonstruktion relevanter Episoden

Im Folgenden werden zwei Situationen aus dem Kleingruppenunterricht vorgestellt, die videografiert, transkribiert und anschließend analysiert wurden. Grundlage für die Analyse sind erhobene Geltungsansprüche, für die eine Rechtfertigung angeführt oder ein Begründungsbedarf erhoben wird. Rechtfertigungen liegen dann vor, wenn Gründe für einen Geltungsanspruch angegeben werden, und sind oft durch Signalwörter wie „weil" oder „da" gekennzeichnet. Ein Begründungsbedarf wird dann erhoben, wenn eine Rechtfertigung eines erhobenen Geltungsanspruchs verlangt wird; dies wird oft durch „warum" oder „wie" eingeleitet. Die identifizierten relevanten Abschnitte werden im Zusammenhang transkribiert und vorliegende Argumentationen mit dem Toulmin-Schema rekonstruiert.

Toulmin (1958) beschreibt, dass Argumente unabhängig von ihrer Bezugsdisziplin eine gemeinsame Struktur besitzen. Demnach wird in Argumenten eine Behauptung aufgestellt, die Konklusion. Diese wird mithilfe von Daten gestützt, aus denen sich durch eine Schlussregel (SR) die Konklusion ergibt. Weitere Elemente, die in Argumenten enthalten sein können, sind Stützungen für die Schlussregel, Ausnahmebedingungen und Modaloperatoren; diese werden in den vorliegenden Analysen zur Wahrung der Übersichtlichkeit ausgeblendet. Die Hauptbestandteile des Arguments werden schematisch dargestellt (Toulmin, 1958, S. 92) und jeweils durch eine geometrische Form repräsentiert. Zusammengehörige Argumente werden in der von Knipping (2008) entwickelten Weise verbunden.[2]

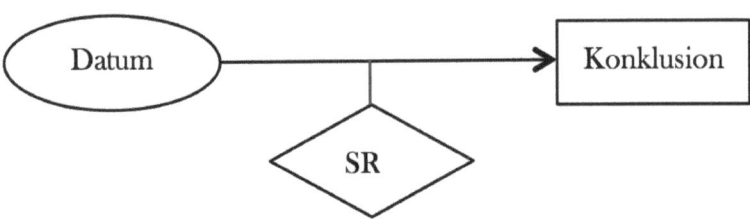

Abb. 1: Das vereinfachte Toulmin-Schema (nach Toulmin, 1958, S. 92)

Habermas (1981, S. 61f.) sieht in Toulmins Beschreibung der allgemeinen Struktur von Argumenten ein sinnvolles Werkzeug zur Betrachtung von Argumenten aus der Produktperspektive; er kritisiert jedoch eine mangelnde Betrachtung von Prozessen und Prozeduren in diesem Modell. Eine integrierte Betrachtung der diskursethischen Voraussetzungen auf allen drei Ebenen in den beschriebenen Situationen kann eine sinnvolle Ergänzung für die Argumentationsanalyse im Mathematikunterricht liefern.

---

2   Vgl. Analyse der Situation 2, Abb. 4.

3.2 Kritische Diskursanalyse

Für die Analyse der Partizipationsvoraussetzungen orientiere ich mich am Vorgehen der kritischen Diskursanalyse in der Zusammenfassung von Keller (2007, S. 31f.). Nach der Rekonstruktion der Argumentationsstruktur mithilfe des Toulmin-Schemas wird der Transkriptabschnitt näher untersucht, der die betrachtete Äußerung beinhaltet. In Verhaltensweisen und Äußerungen der Diskursteilnehmenden werden Hinweise auf deren subjektive Wahrnehmung der Situation gesucht. Ziel dieser Untersuchung ist es, situative Voraussetzungen zu identifizieren, die eine Erfüllung bzw. Nichterfüllung der diskursethischen Regeln begünstigen könnten. Dafür werden zunächst chronologisch im Transkript Aussagen in ihrem jeweiligen Kontext als Hinweise auf eine Erfüllung oder Nichterfüllung der diskursethischen Regeln identifiziert. Danach werden aus diesen identifizierten Situationen kontextuelle Bedingungen abgeleitet, die möglicherweise auf die Erfüllung der diskursethischen Regeln Einfluss nehmen. Schritt für Schritt werden so verschiedene Aspekte der subjektiven Situationswahrnehmung identifiziert, die gemeinsam ein vollständigeres Bild der Situation liefern können.

Die Interpretationen werden möglichst an Aussagen oder im Transkript dokumentierten Verhaltensweisen verankert. Situationsübergreifende, vergleichende Analysen helfen dann, Ursachen für unterschiedliche Partizipationsvoraussetzungen in verschiedenen Situationen zu identifizieren. Von besonderem Interesse ist dabei die Kontrastierung kontextueller Bedingungen in Situationen, in denen eine subjektive Erfüllung der diskursethischen Regeln identifiziert werden kann mit den kontextuellen Bedingungen in Situationen, in denen eine Nichterfüllung der diskursethischen Regeln vermutet wird.

4. Von der Theorie zur Praxis: Der Fall Jawahir

Den praktischen Nutzen einer Analyse von Situationen, in denen (nicht) argumentiert wird, möchte ich mithilfe der diskursethischen Regeln von Habermas am Beispiel der Schülerin Jawahir[3] verdeutlichen. Die Schülerinnen in der untersuchten Kleingruppe stammen aus neunten Klassen aus verschiedenen Schulformen in Bremen; alle fünf Mädchen sind nichtdeutscher Erstsprache. Im betrachteten Zeitraum besuchte Jawahir den Hauptschulzweig einer Oberschule. Es werden zwei Situationen betrachtet und auf ihre diskursethischen Rahmenbedingungen untersucht.

---

3 Alle Namen der Schülerinnen wurden geändert.

4.1 Situation 1: Graue und weiße Kästchen

Eine Woche nach der Initiierung der Kleingruppe fand die erste inhaltliche Sitzung statt. In dieser Unterrichtsstunde ging es um eine auf vielen verschiedenen Wegen lösbare Aufgabe, deren Ziel die Erkennung eines Musters war. Die Aufgabenstellung lautete: In ein Quadrat aus grauen Kästchen sollst du weiße Kästchen legen. Die grauen Kästchen dürfen sich danach nicht mehr berühren. Wie viele weiße Kästchen brauchst du, wenn das graue Quadrat aus 36, 100, 1 024 Kästchen besteht? Ein Beispiel für 16 Kästchen (Abb. 2) war gegeben und als solches gekennzeichnet.

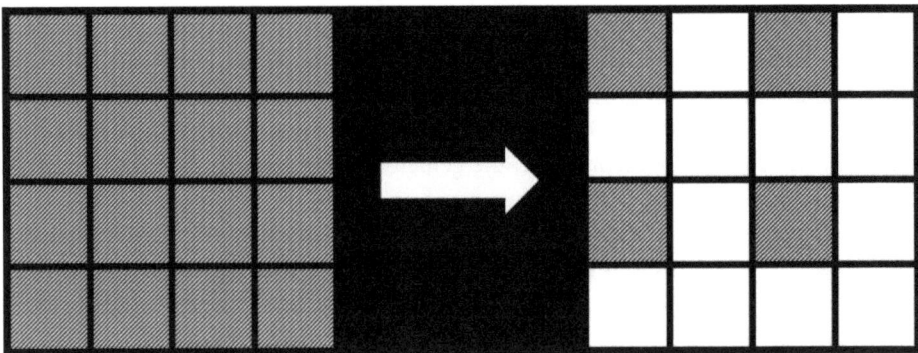

Abb. 2: Grafik zur Aufgabenstellung

Verschiedene Lösungen der Aufgabe sind denkbar: Aufteilung des Quadrats in 2x2-Quadrate in denen je drei Kästchen weiß sind; Erkennen, dass jede zweite Zeile und die Hälfte jeder zweiten Spalte weiß wird; gedankliche Verschiebung aller grauen Kästchen in ein eigenes Quadrat mit halber Seitenlänge. Intendiert war, dass die Lernenden ein Muster erkennen, aus dem sie schließen können, dass für gerade Seitenlängen die Lösung 0,75 mal die Anzahl aller Kästchen beträgt. Jawahir bearbeitete die Aufgabe zusammen mit Ayla. Nach einigen einleitenden Worten zur Aufgabe und Rückfragen zur Klärung der genauen Aufgabenstellung, arbeiteten die Mädchen zunächst individuell an der Lösung. Die ersten 14 Minuten der Bearbeitung verbrachten die beiden Schülerinnen mit Zeichnen und Zählen; danach verglichen Ayla und Jawahir ihre Ergebnisse für 36 graue Kästchen. Beide hatten die richtige Lösung, 27 Kästchen, gefunden. Drei Minuten später fand der erste längere Wortwechsel zwischen Ayla und Jawahir statt. Es geht um die Lösung der Teilaufgabe für 100 graue Kästchen. Die Transkriptionsregeln von Kuckartz, Dresing, Rädiker & Stefer (2008, S. 27f.) wurden genutzt: Es handelt sich um eine wörtliche Transkription. Pausen der Länge von 1 bis 3 Sekunden werden mit der entsprechenden Anzahl Auslassungspunkten in Klammern angegeben, längere Pausen mit Sekundenangabe, besondere Betonungen durch Großbuchstaben. Erläuterungen sind in Klammern hinzugefügt. Überlappende Sprache ist durch // gekennzeichnet. Gesten werden nur dann transkribiert, wenn sie deutlich aus dem Video erkennbar sind und zum Verständnis der Aussage beitragen können.

1	Ayla	Hast du grad 100 gemacht?
2	Jawahir	Ich hab hier sechs Reihen (unv., zeigt mit dem Stift auf ihr Blatt)
3	Ayla	Aber warum sechs?
4	Jawahir	Ich wollte fünf, ich hab f, (..) ich hab sechs gemacht.
5	Ayla	Guck mal, (..) du hast hier sechs gemacht, ne? Mach mal
6	Jawahir	Mh (bejahend)
7	Ayla	vier wei, (..), v, nee.
8	Jawahir	Es sollen ja hundert, äh.
9	Ayla	Ja ja, aber guck mal, du kannst doch auch so machen (nimmt Zettel, 1 Sek) einfach hier zehn (zeigt in eine Richtung mit Stift) und hier zehn (zeigt in andere Richtung mit Stift). Dann hast du hier drin hundert.
10	Jawahir	(4 Sek) Ich hasse Mathe.

Etwa zwei Minuten nach diesem Austausch sagt Jawahir in der Stillarbeit „Ich bin dumm".

In der vorliegenden Situation versucht Ayla, einen sozialen Vorgang des Argumentierens zu initiieren, es kommt jedoch kein Diskurs zustande. Aus Aylas Verhalten wird ersichtlich, dass sie sich ermutigt und berechtigt fühlt, an Argumentation teilzuhaben und Geltungsansprüche zu erheben. Sie rechtfertigt ihre Wahl, zehn als Seitenlänge des Quadrats zu benutzen (9); sie stellt Jawahirs Ansatz in Frage (3) und bringt ihre Zweifel zum Ausdruck, indem sie auf die vorangegangene Aufgabe hinweist (5). Jawahir rechtfertigt ihren Ansatz dagegen nicht und antwortet ausweichend auf Aylas Fragen (4, 7). Sie verlangt von Ayla keine Gründe für ihren Ansatz. Es lässt sich keine Argumentation rekonstruieren, an der Jawahir beteiligt ist, obwohl Ayla einen Begründungsbedarf erhebt (3).

Im Folgenden betrachte ich mögliche Hindernisse für die Partizipation an Argumentation aus Jawahirs Sicht. Zeilenweise suche ich nach Hinweisen auf Bedingungen, die möglicherweise zur Nichterfüllung von diskursethischen Regeln auf den Ebenen von Prozessen, Prozeduren und Produkten beigetragen haben. Ayla stellt eine Frage (3), auf die Jawahir ausweichend reagiert (4). Sie geht nicht auf den Inhalt der Frage ein, die sich klar mit ja oder nein beantworten ließe, sondern beschreibt ihre Bearbeitung. In der darauffolgenden Äußerung „Ich wollte fünf" (6) wird deutlich, dass Jawahir von ihrer eigenen Vorgehensweise nicht überzeugt ist. Aus Sicht der Diskursethik kann vermutet werden, dass sie nicht an den von ihr behaupteten Lösungsweg glaubt; somit ist D1 nicht erfüllt. Zudem kann die Aussage als Widerspruch in ihrem eigenen Verhalten (L1) gedeutet werden, denn sie revidiert ihre eigene Vorgehensweise. Die zu vermutende Nichterfüllung beider diskursethischer Regeln, D1 und L1, steht hier im engen Zusammenhang mit fachlicher Unsicherheit. Im weiteren Verlauf (8) verweist Jawahir zögerlich auf die

Aufgabenstellung; es bleibt unklar, ob Ayla und Jawahir dieselben Begriffe bezüglich der Aufgabenstellung teilen. Es ist möglich, dass die bislang kurze gemeinsame Zeit von Ayla und Jawahir im Mathematikunterricht für Jawahir eine Nichterfüllung von L3 begünstigt hat. Im weiteren Verlauf äußert Jawahir eine Aversion gegenüber der Mathematik (10); mathematische Inhalte entsprechen demnach vermutlich nicht dem, was Jawahir als Diskursinhalt ausgewählt hätte. Eine generelle Abneigung gegenüber der Mathematik kann somit als mögliche Ursache für eine Nichterfüllung diskursethischer Voraussetzungen betrachtet werden. Weiterhin ist fragwürdig, ob für Jawahir das Gefühl der Zwanglosigkeit (R3) und der Berechtigung zur Teilnahme an Argumentation (R1) erfüllt sind. Die Äußerung „Ich bin dumm" in der Stillarbeit lässt vermuten, dass Jawahir ihre eigene Kompetenz als Teilnehmerin an kollektiver Argumentation als eher niedrig wahrnimmt und sich somit eventuell nicht zur Partizipation berechtigt fühlt. Diese anhand des Transkripts identifizierten problematischen Umgebungsbedingungen für die Nichterfüllung einiger diskursethischer Voraussetzungen lassen sich anhand weiterer Beobachtungen ergänzen. Jawahir scheint zwar nach Analogien zu suchen, indem sie bei der Aufgabe mit 100 Kästchen wieder auf die Seitenlänge der vorangegangenen Aufgabe zurückgreift; diese Analogie führt jedoch zu einem falschen Ergebnis. Zudem deutet die Unsicherheit in ihrer Vorgehensweise in dieser Situation darauf hin, dass sie keine klar gleich strukturierten Situationen erkennt. Das Erkennen analoger Situationen ist aber die Voraussetzung, um L2 erfüllen zu können. Jawahir hat Probleme mit der Aufgabenstellung. Eine mögliche Erklärung dafür ist, dass ihr die Eigenschaften von Quadraten nicht hinreichend geläufig sind; dies weist auf Schwierigkeiten bezüglich der Wissensgrundlage (D2) und der gemeinsamen Begriffe (L3) hin.

Insgesamt kann aus den vorgelegten Beobachtungen eine ungünstige subjektive Ausgangslage Jawahirs für die Beteiligung an (mathematischer) Argumentation abgeleitet werden. Auch im weiteren Verlauf der Stunde hält sich Jawahir zurück, gibt keine Begründungen für ihre Lösungswege und fordert auch keine Begründungen von anderen ein. Jawahir beteiligt sich nicht freiwillig, bringt keine eigenen Diskussionsinhalte vor und partizipiert nicht gleichermaßen an der Kommunikation wie Ayla. Sie scheint von ihren Behauptungen nicht überzeugt und zeigt Probleme bei der Nutzung gemeinsamen Wissens. Ihre Aussagen scheinen sich zu widersprechen, sie nutzt keine Analogien zwischen den Aufgaben und vermeidet die Verwendung mathematischer Begriffe. Dies sind Indizien dafür, dass mehrere der diskursethischen Regeln von Habermas zur Partizipation an Argumentation für Jawahir subjektiv nicht erfüllt sind. Die Interpretationen lassen sich auf verschiedene kontextuelle Faktoren zurückführen und liefern eine mögliche Erklärung für ihren Mangel an Beteiligung. Provokativ kann man an dieser Stelle fragen: Muss die Hauptschülerin Jawahir überhaupt argumentieren können oder reicht es, wenn diese Tätigkeit den SchülerInnen am Gymnasium vorbehalten bleibt? Und überspitzt: Ist Jawahir kognitiv in der Lage, der komplexen Tätigkeit des deduktiven Schließens nachzugehen? Zur Klärung wird eine weitere Situation betrachtet.

4.2 Situation 2: Da Vinci Code

Einige Monate später bestand der Inhalt der Unterrichtsstunde aus einem logischen Gesellschaftsspiel und einer daran anknüpfenden Aufgabe, die deduktives Schließen zum Auffinden einer Lösung erforderte. Das betrachtete Spiel des Autors Ejii Wakasugi ist in Deutschland unter dem Titel „Da Vinci Code" erschienen. Die Spielenden ordnen Spielsteine in schwarz und weiß mit den Zahlen von null bis elf nach bestimmten Regeln vor sich an und versuchen dann abwechselnd, gegenseitig ihre „Codes" zu erraten. Das Spiel beginnt mit geschickten Rateversuchen; je weiter die Situation fortschreitet, desto mehr spielt jedoch auch deduktives Schließen eine Rolle. Es ist somit eine Denkweise gefordert, die in ihrem Kern der mathematischen Denkweise entspricht. Die Regeln lauten: (I) Es gibt jede Zahl von null bis elf genau einmal in schwarz und einmal in weiß, und alle 24 Steine sind jederzeit im Spiel. (II) Vor den Spielenden werden die Zahlen aufsteigend angeordnet. (III) Hat ein Spielender eine Zahl in beiden Farben, so steht die schwarze Zahl links.

In der Stunde waren drei Schülerinnen anwesend, darunter Jawahir (Ayla fehlte). Sie spielten zwei Runden des Spiels gegeneinander; danach wurde das Spiel eingeräumt und die Mädchen bekamen eine fiktive Spielsituation auf einem Arbeitsblatt vorgelegt (Abb. 3).

Abb. 3: Fiktive Spielsituation im Spiel „Da Vinci Code"

Die Aufgabe bestand darin, die gegnerischen Codes mithilfe der Spielregeln zu identifizieren. Den Schülerinnen wurde vorab verraten, dass die Aufgabe durch logisches Kombinieren eindeutig lösbar sei. Das nachfolgende Transkript umfasst die ersten geäußerten Vermutungen.

1	Jawahir	Ey, die Zwei ist da DRINNE, in diesem, in diesem Loch da.
2	Dilara	Mhm (bejahend)
3	Lehrerin	(27 Sek) Sagt mal ruhig den anderen, wenn ihr schon eine Zahl herausgefunden habt.
4	Jawahir	(25 Sek) Also in der Mitte ist die Fünf und die Zwei.
5	Lehrerin	Mhm (fragend). Woher willst du das wissen? (kommt dazu)
6	Jawahir	WEIL (.) ähm, die Zwei hier (zeigt auf rechten Gegenspieler) würde sie nicht passen, weil da ist ne Weiße.
7	Lehrerin	Mhm (bejahend)
8	Jawahir	(4 Sek) Und hier (zeigt auf linken Gegenspieler) würde sie nicht passen, weil das Schwarze nicht vorne ist.
9	Lehrerin	Ja, (.) stimmt.
10	Jawahir	Ach so, und hier ist die Drei ne?
11	Lehrerin	Nee, die Drei liegt ja schon bei dir. Ich //sag ja auch gar nicht, dass das falsch ist//
12	Jawahir	//Nee, die Fünf mein ich, die Fünf mein ich// und die Fünf kann hier nicht hinpassen (zeigt auf rechten Gegenspieler), weil da die Sechs ist. Und hier, die Fünf kann nicht hier passen (zeigt auf linken Gegenspieler), weil davor die Vier ist.
13	Lehrerin	Ja. (.) Sehr schön. Also die Zwei und die Fünf schwarz sind schon mal fest in der Mitte. (4) Gut überlegt.

Jawahir konstruiert eigenständig ein vollständiges Argument dafür, dass die schwarzen Steine in der Mitte die Zahlen 2 und 5 sein müssen. Sie führt dazu zunächst nacheinander die Annahmen, dass sich die schwarze Zwei beim linken bzw. rechten Gegenspieler befindet, zum Widerspruch. Richtig schlussfolgert sie daraus, dass sich die schwarze Zwei in der Mitte befinden muss. Diese Argumentation ist in Abbildung 4 rechts dargestellt. Analog verfährt sie dann für die schwarze Fünf. Auf der linken Seite von Abbildung 4 ist die Rekonstruktion der gesamten Argumentationsstruktur dargestellt, die zeigt, dass Jawahir mit mehreren Zwischenkonklusionen arbeitet und dadurch ein komplexes Argument aufbaut.

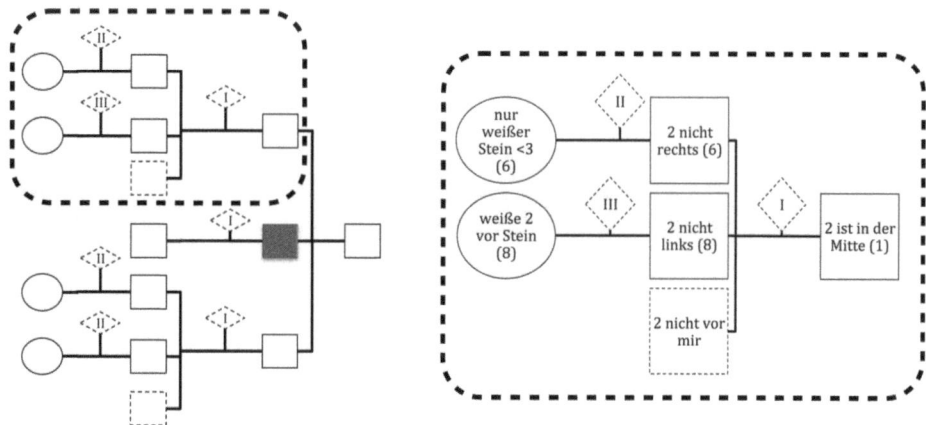

Abb. 4: Argumentationsstruktur gesamt und Teilargument schwarze Zwei

Das schraffierte Rechteck im linken Teil der Abbildung steht für die verworfene Zwischenkonklusion, die schwarze Drei sei in der Mitte (10). Zur logischen Vollständigkeit der Argumente oben und unten kann ergänzt werden, dass die gesuchten Spielsteine nicht zu den sichtbar am vorderen Blattrand liegenden Spielsteinen gehören. Diese Ergänzungen sowie die impliziten Schlussregeln sind durch gestrichelte Linien gekennzeichnet. Alle verwendeten Schlussregeln finden eine Entsprechung in den Spielregeln (in Abb. 4 durch römische Zahlen gekennzeichnet).

Laut Habermas müssen für die Partziaption an Argumentation alle diskursethischen Regeln subjektiv erfüllt sein. Im Folgenden wird das Transkript auf Hinweise untersucht, durch welche Bedingungen eine solche subjektive Erfüllung der Regeln möglicherweise begünstigt wurde. Jawahir stellt freiwillig eine Behauptung auf (1), zu deren Rechtfertigung sie bereit ist (6, 8, 12). Diese Bereitschaft zur Rechtfertigung lässt sich als Glaube an die eigene aufgestellte Behauptung interpretieren und spricht damit für die Erfülltheit der diskursethischen Regeln R1 und D1. Dass Jawahir die Behauptung (4) erst 25 Sekunden nach dem Angebot der Lehrerin, Vermutungen zu äußern, aufstellt, spricht für ihre freiwillige Beteiligung am Diskurs und kann als Grundlage von R2 gesehen werden. Auf die Nachfrage der Lehrerin (5) reagiert Jawahir mit einer Begründung, die sie selbstständig bis zur Vollständigkeit weiterführt (6). Sie wird nicht erneut zur Begründung aufgefordert und lässt sich durch die Frage „Woher willst du das wissen?" (5) nicht verunsichern. Diese Voraussetzungen haben die Erfüllung von R3 möglicherweise begünstigt. Die von ihr gegebenen Begründungen (6, 8, 12) setzen die Spielregeln als geteiltes Wissen voraus, diese Vertrautheit mit der Struktur des Spiels begünstigt die Erfüllung von D2 und L3. Nachdem Jawahir selbst den Widerspruch bezüglich der schwarzen Drei (12) erkannt hat, konstruiert sie analog zum Argument für die schwarze Zwei (6, 8) ein Argument für die schwarze Fünf (12); diese Nutzung von Analogien ist eine günstige Voraussetzung für L2. Es gibt Indizien dafür, dass die diskursethischen Regeln für die Beteiligung an Argumentation in dieser Situation für Jawahir subjektiv erfüllt sind. Im Kontext konnten mehrere Bedingungen identifiziert werden, welche diese

Erfüllung der diskursethischen Regeln möglicherweise begünstigt haben. Jawahir beteiligt sich freiwillig, bringt selbst Diskussionsinhalte ein und verhält sich als gleichberechtigte Gesprächspartnerin. Sie scheint von ihren Lösungen überzeugt und nutzt die Spielregeln und die Begriffe des Spiels als gemeinsame Wissensbasis. Im weiteren Verlauf der Unterrichtsstunde beteiligt sich Jawahir noch an mehreren anderen Argumenten, in denen sie mithilfe der Spielregeln zusätzliche unbekannte Steine identifiziert. Gemeinsam mit einer Mitschülerin gelingt es ihr, erfolgreich alle verdeckten Steine zuzuordnen.

4.3 Kontrastierung der Situationen

Dieselbe Schülerin, die in der Situation mit den grauen und weißen Kästchen keine Partizipation an Argumentation zeigt und keine Gründe für ihre Vermutungen angibt, kreiert in der Situation des logischen Spiels komplexe und vollständige Argumentationsketten. Sie zeigt damit, dass sie durchaus in der Lage ist, deduktiv zu schließen. Die sich unmittelbar anschließende Frage ist, warum Jawahir sich in den beiden Situationen so unterschiedlich verhält.

Die Betrachtung der diskursethischen Voraussetzungen liefert einen ersten und wichtigen Beitrag für die Identifikation von Unterschieden zwischen den beiden Situationen. Obgleich es nicht möglich ist, zweifelsfrei zu belegen, ob Voraussetzungen subjektiv erfüllt oder nicht erfüllt sind, zeigt die Analyse in der ersten Situation ungünstige Rahmenbedingungen für eine Erfüllung der diskursethischen Regeln. In der Situation des logischen Spiels dagegen lassen sich günstige Voraussetzungen für die Partizipation an Argumentation rekonstruieren. Zwar lässt sich eine subjektive Erfüllung der Partizipationsvoraussetzungen nicht von außen erzwingen, doch können die situativen Rahmenbedingungen möglicherweise Einfluss auf das Empfinden der Diskursteilnehmenden nehmen. Dieser Einfluss konnte im Fall Jawahir auf allen drei Ebenen – den Ebenen der Prozesse, Produkte und Prozeduren – identifiziert werden.

Aus der Perspektive der Prozesse fällt auf, dass Jawahir die Aufgabe mit den grauen und weißen Kästchen nicht als eigenen Diskussionsinhalt annimmt. In der Spielsituation äußert sie dagegen aus eigenem Antrieb Vermutungen und findet Gründe dafür. Es liegt nahe, dass subjektiv bedeutsame und zugängliche Problemstellungen eher einen Anlass zur Partizipation an Argumentation bieten. Die Spielsituation bietet darüber hinaus eine besondere Betonung der Gleichberechtigung, denn die Spielregeln behandeln alle Mitspielenden gleich. In der Aufgabe zu den grauen und weißen Kästchen wird dagegen ein mangelndes mathematisches Kompetenzempfinden von Jawahir sichtbar. Dies kann dazu geführt haben, dass Jawahir sich in der Situation nicht als gleichberechtigt wahrnimmt und nicht freiwillig an der Argumentation teilnimmt.

Die Sichtweisen der Prozeduren und Produkte können gemeinsam betrachtet werden. Die Aufgabe zu den grauen und weißen Kästchen spezifiziert nicht die mathematischen Mittel, mit denen sie gelöst werden kann. Da die Gruppe sich zum Zeitpunkt der Durchführung erst seit zwei Wochen kannte, war unklar, welches Vorwissen vorhanden ist oder sein sollte. Jawahir weiß deshalb möglicherweise weder, was sie voraussetzen kann, noch, was von ihr erwartet wird. In der Spielsituation hingegen bieten die Spielregeln eine verlässliche Grundlage für alle Beteiligten. Die Überzeugtheit von den eigenen Aussagen, deren Widerspruchsfreiheit und das Erkennen von Analogien setzen ein tiefes Verständnis für die der Situation zugrunde liegende Struktur voraus. In der Aufgabe mit den grauen und den weißen Kästchen muss das Quadrat als mathematische Struktur erkannt und verstanden werden. Der Versuch, für das Quadrat mit 100 Kästchen dieselbe Seitenlänge zu wählen wie für das Quadrat mit 36 Kästchen, deutet auf konzeptuelle Verständnisschwierigkeiten bei Jawahir hin. Die vorangegangenen Spielrunden hingegen gaben die Möglichkeit, die Struktur der Spielsituation zu verinnerlichen.

5. Fazit und Ausblick

In beiden vorgestellten Situationen kann die Diskursethik von Habermas einen Beitrag zu einer Erklärung der (Nicht-)Partizipation von Jawahir liefern. Im Vergleich der Situationskontexte konnten Faktoren identifiziert werden, die eine Entstehung förderlicher subjektiver Ausgangslagen für die Partizipation begünstigen beziehungsweise behindern. Insbesondere die Zugänglichkeit und subjektive Bedeutsamkeit von gestellten Problemen, Gleichberechtigung durch gleiche Voraussetzungen und das Kompetenzempfinden in der Situation stechen hier als potentiell wichtige Faktoren für die Schaffung günstiger Partizipationsvoraussetzungen heraus. Wissen tritt als doppelt bedeutsam hervor, denn einerseits müssen Strukturen mithilfe des bekannten Wissens erkennbar sein, und andererseits sollte allen Diskursteilnehmenden klar sein, von welcher gemeinsamen Wissensgrundlage sie im Diskurs ausgehen können. So kann auf Grundlage bestehenden Wissens neues Wissen aufgebaut werden.

Die kontrastierende Analyse der beiden Situationen legt den Rückschluss nahe, dass vorteilhafte Rahmenbedingungen die Entstehung günstiger, subjektiv empfundener Partizipationsvoraussetzungen positiv beeinflussen können. Für eine fortschreitende Präzisierung solcher günstigen und ungünstigen Rahmenbedingungen wird die Analyse weiterer Unterrichtssituationen richtungsweisend sein. Als Empfehlung für die Förderung deduktiven Schließens lässt sich bereits an dieser Stelle festhalten, dass Gleichberechtigung, ein klar abgestecktes vorausgesetztes Basiswissen und die Erkennbarkeit von Analogien hilfreich sind, um für alle Lernenden günstige Ausgangsbedingungen für die Partizipation an Argumentation zu schaffen.

Literatur

Alexy, R. (1978). Eine Theorie des praktischen Diskurses. In W. Oelmüller (Hrsg.), *Normenbegründung, Normendurchsetzung* (S. 22–58). Paderborn: Schöningh.
Boero, P. (2011). Argumentation and proof: Discussing a "successful" classroom discussion. In M. Pytlak, T. Rowland & E. Swoboda (Hrsg.), *Proceedings from 7th Congress*

of the European Society for Research in Mathematics Education (S. 120–130). Rzeszów: University of Rzeszów.

Cramer, J. C. (2014). „In der Mitte sind die Zwei und die Fünf" – Logisches Argumentieren im Kontext von Spielen. In J. Roth & J. Ames (Hrsg.), *Beiträge zum Mathematikunterricht 2014, Band 1* (S. 293–296). Münster: WTM.

Habermas, J. (1981). *Theorie des kommunikativen Handelns, Band 1. Handlungsrationalität und gesellschaftliche Rationalisierung*. Frankfurt am Main: Suhrkamp.

Habermas, J. (1983). *Moralbewußtsein und kommunikatives Handeln*. Frankfurt am
Main: Suhrkamp.

Jahnke, H. N. (2007). Proofs and hypotheses. *ZDM, 39* (1), 79–86.

Jahnke, H. N. (2009). Hypothesen und ihre Konsequenzen: Ein anderer Blick auf die
Winkelsummensätze. *Praxis der Mathematik, 51*, 26–31.

Keller, R. (2007). *Diskursforschung* (4. Auflage 2011). Wiesbaden: VS Verlag für Sozialwissenschaften.

Knipping, C. (2008). A method for revealing structures of argumentations in classroom
proving processes. *ZDM Mathematics Education 40*, 427–441.

Knipping, C. (2012). *The social dimension of argumentation and proof in mathematics
classrooms*. Lecture at ICME 12. Verfügbar unter: http://www.icme12.org/upload/
submission/1935_F.pdf [13.04.2015].

Knipping, C. & Reid, D. (2015). Reconstructing argumentation structures: A perspective on proving processes in secondary mathematics classroom interactions. In
A. Bikner-Ahsbahs, C. Knipping & N. Presmeg (Hrsg.), *Approaches to qualitative research in mathematics education* (S. 75–101). Dordrecht: Springer.

Krummheuer, G. (1992). *Lernen mit „Format": Elemente einer interaktionistischen Lerntheorie: diskutiert an Beispielen mathematischen Unterrichts*. Weinheim: Deutscher
Studien Verlag.

Kuckartz, U., Dresing, T., Rädiker, S. & Stefer, C. (2008). *Qualitative Evaluation – Der
Einstieg in die Praxis*. Wiesbaden: VS Verlag für Sozialwissenschaften.

Leufer, N. & Sertl, M. (2010). Kontextwechsel in realitätsbezogenen Mathematikaufga-
ben. Zur Problematik der alltagsweltlichen Öffnung fachunterrichtlicher Kontexte. In
A. Brake & H. Bremer (Hrsg.), *Alltagswelt Schule. Die soziale Herstellung schulischer
Wirklichkeiten* (S. 111–133). Weinheim: Juventa.

Lubienski, S. T. (2000). Problem solving as a means toward mathematics for all: An ex-
ploratory look through a class lens. *Journal for Research in Mathematics Education,
31* (4), 454–482.

Toulmin, S. (1958). *The uses of argument*. Cambridge: Cambridge University Press.

Marcel Mierwald & Nicola Brauch

„Ich denke, dass Anne Franks Tagebücher eigentlich eine sehr gute Quelle sind, da …" – Zur Konzeptionalisierung und Förderung des historischen Argumentierens im Fach Geschichte

1. Einleitung

„Ich denke, dass Anne Franks Tagebücher für die Geschichtswissenschaft sehr interessant sind." Oder „Ich bin der Meinung, dass Anne Franks Tagebucheinträge durchaus zu historischen Erkenntnissen beitragen." Diese Aussagen stammen von SchülerInnen aus einem Lehr-/Lernangebot zum Anne Frank-Tagebuch des Alfried Krupp-Schülerlabors der Ruhr-Universität Bochum.[1] Ein Ziel historischen Lernens ist, dass SchülerInnen dazu befähigt werden, solche Aussagen über die Vergangenheit argumentativ zu begründen, denn das Argumentieren gehört zu den konventionellen Bestandteilen deutschsprachiger Lehrpläne im Fach Geschichte (z.B. Ministerium für Schule und Weiterbildung des Landes NRW, 2007). Jedoch wurde bisher weder auf curricularer Ebene noch in der Theoriebildung der deutschsprachigen Geschichtsdidaktik das Argumentieren hinsichtlich seines fachspezifischen Charakters näher erläutert (Handro, 2013). Einer solchen Theoriebildung bedarf es aber zur Charakterisierung der Fachspezifik des historischen Argumentierens gegenüber dem Argumentieren in affinen Fächern wie z.B. Deutsch. Dass die Grenzen hier sowohl auf Schulbuch- als auch auf Theorieebene häufig verschwimmen, zeigen die Analysen zu den Spezifika „sprachsensiblen" Geschichtsunterrichts (vgl. u.a. Lochon-Wagner, 2014) oder auch die Forderung nach mehr Aufmerksamkeit für die kommunikativen Kompetenzen beim historischen Lernen (Hartung, 2013). Wenn zu historischen Fragen argumentiert werden soll, dann sollten sich daran Kompetenzen historischen Denkens (Köber, Schreiber & Schöner, 2007) erkennen und bewerten lassen. Der Fokus verschiebt sich dann auf das Fach, „Sprachsensibilität" und „Kommunikativität" sind damit kein Selbstzweck, sondern fachspezifisch zu deklinieren.

Demgegenüber liegen aus dem englischsprachigen fachdidaktischen Diskurs durchaus vielversprechende Arbeiten über den Zusammenhang zwischen sprachlichen und fachlich-argumentativen Fähigkeiten vor. Dort wird das Thema des Argumentierens im Fach Geschichte unter dem Stichwort der Förderung fachspezifischer Schreibfähigkeiten (*disciplinary literacy*) diskutiert. Im Anschluss daran lässt sich die Fachspezifik historischen Argumentierens als evidenzbasierte Interpretation räumlich-zeitlicher Zusammenhänge auf der Basis historischer Quellen und darauf bezo-

---

1 Der vorliegende Beitrag entstand innerhalb eines Dissertationsprojektes, das Bestandteil des Promotionskollegs „Wissenschaftsvermittlung im Schülerlabor" der Professional School of Education der Ruhr-Universität Bochum ist, gefördert mit Mitteln des Ministeriums für Innovation, Wissenschaft und Forschung des Landes NRW.

gener Forschung beschreiben (van Drie, van Boxtel & Braaksma, 2014; Monte-Sano, 2010).

Vor diesem Hintergrund befasst sich der vorliegende Beitrag damit, wie historisches Argumentieren konzeptualisiert, empirisch erfasst und gefördert werden kann. Übergeordnet geht es darum, die vorwiegend deutschsprachige Theorie mit der englischsprachigen Empirie zum historischen Argumentieren zu verbinden, um eine Arbeitsdefinition zu entwickeln. Mit dieser soll das Konstrukt zunächst im Schülerlabor untersucht werden, um nach einer empirischen Auswertung Überlegungen für die Übertragung in die Schulpraxis begründen zu können. Das Ziel ist somit die Entwicklung einer Arbeitsdefinition als Antwort auf die Frage, was historisches Argumentieren im Unterschied zu anderem fachlichen Argumentieren auszeichnet.

Im Folgenden wird das historische Argumentieren zuerst auf geschichtstheoretischer Ebene konzeptualisiert (2.). Danach wird der Stand der anglophonen empirischen Forschung von Schülerleistungen im Bereich des Argumentierens und des dabei zugrunde gelegten Konzepts skizziert (3.). Erste Einblicke in die Möglichkeiten und Schwierigkeiten der Förderung, Erfassung und Graduierung historischer Argumentationsfähigkeiten wurden im Kontext des oben zitierten Schülerlabors zum Thema „Anne Frank" gewonnen und werden im darauf folgenden Abschnitt vorgestellt (4.). Der Beitrag schließt mit einer Zusammenfassung der Ergebnisse und der sich daraus ergebenden Schlussfolgerungen für weitere theoretische wie empirische Forschung (5.).

2. Historisches Argumentieren: Geschichtstheoretische Annäherung und schulische Implikation

Bevor eine Argumentationsfähigkeit im Fach Geschichte gefördert werden kann, bedarf es zuerst einer domänenspezifischen Theorie, um eine Vorstellung davon zu bekommen, wodurch sich das historische Argumentieren auszeichnet. Eine eigenständige Argumentationstheorie für die Domäne Geschichte gibt es bisher nicht, jedoch lassen sich einige Merkmale von historischen Argumentationen geschichtstheoretisch herleiten.

Ein Blick in die Geschichtstheorie verrät zunächst, dass der zentrale sprachliche Umgang mit der Vergangenheit weniger im Argumentieren als vielmehr im Erzählen gesehen wird, denn in der Narrativität liegt die „Grundfigur allen historischen Wissens und Denkens" begründet (Süßmann, 2002, S. 86). Der Begriff sagt aus, dass Geschichte immer in einer Erzählung über die Vergangenheit existiert und dass Erzählen der sprachliche Vorgang ist, in dem Geschichte in der formalen Struktur einer sinnbildenden Erzählung entsteht (Danto, 1965; Rüsen, 1982, 2013; Baumgartner, 1982). Die Einsicht in die Narrativität der Geschichte ist für das historische Lernen in der Schule wichtig, da zum einen der Lerninhalt im Fach Geschichte narrativ verfasst ist und zum anderen die SchülerInnen lernen sollen, durch die Arbeit mit Quellen und Darstellungen historisches Wissen selbstständig in Form einer Geschichte zu erzählen (Hartung, 2013, S. 82). Die meisten kompetenzorientierten Curricula nennen Narrativität als zentrales Ziel von Geschichtsunterricht. Sofern es um die Entwicklung einer Definition fachlichen Argumentierens geht, lässt sich bereits an dieser Stelle festhalten, dass sich Narrativität nur auf der basalen Niveaustufe historischen Denkens im Nacherzählen erschöpft. Demgegenüber ist vielmehr auf die Qualität argumentativer historischer Narrativität als Ausdruck eines reflektierten Geschichtsbewusstseins zu fokussieren.

Für die Gestaltung schulischer Lernprozesse im Fach Geschichte wird häufig die Arbeit von GeschichtswissenschaftlerInnen als Vorbild genutzt. HistorikerInnen geben die Vergangenheit allerdings nicht nur in einer chronologischen Abfolge von Ereignissen wieder, sondern erklären zeitliche Veränderungen argumentativ (Rüsen, 1986, S. 37ff.). Es lassen sich folgende Merkmale historischer Argumentationen geschichtstheoretisch ableiten:

1) Geschichtswissenschaftliche Fachtexte zielen zumeist darauf ab, eine Fragestellung zu einem historischen Sachverhalt argumentativ zu beantworten. Hierfür wird eine zu Beginn aufgestellte These bzw. eingenommene Position im Textverlauf gestützt oder muss aufgrund von widersprechenden Quellenaussagen korrigiert werden (Evans, 1998, S. 81 u. 120; Hartung, 2013, S. 106f.). Der geschichtswissenschaftliche Fachdiskurs macht es erforderlich, dass in der modernen Geschichtsschreibung Aussagen erklärt, begründet, belegt und bewertet werden (Günther-Arndt, 1985, S. 689ff.; Hartung, 2013, S. 92f.). In den Texten von HistorikerInnen werden nicht einfach Behauptungen aufgestellt, sondern es gilt, Aussagen über die menschliche Vergangenheit immer mit empirisch nachprüfbaren Gründen zu belegen (Rüsen, 1983, S. 16f.).

2) Jede historische Argumentation reagiert auf eine historische Problemstellung und vertritt eine bestimmte Deutung vergangener Sachverhalte. Sie ist selektiv in der Betrachtung eines historischen Gegenstandes, was bedeutet, dass immer mehrere Argumentationen zu diesem möglich sind. Andere Sichtweisen und Interpretationen oder dem eigenen Argument entgegenstehende Quellenbefunde müssen allerdings erwogen, geprüft und begründet widerlegt werden (Kocka, 1977, S. 470f.; Goertz, 1995, S. 143).

3) Elementar ist, dass die von HistorikerInnen erzählten Geschichten auf Quellen basieren. Auf der Grundlage von Quellen gilt es, „erzählend zu argumentieren, was jeweils dafür bzw. dagegen spricht, daß es in der Vergangenheit so gewesen bzw. nicht gewesen ist, wie es erzählt wird", so Jörn Rüsen (1983, S. 92). Nur wenn offengelegt wird, auf welche Quellen man sich stützt, werden argumentative Erzählungen nachvollziehbar und überprüfbar. Hierbei gilt es, die perspektivische Sichtweise des Verfassers der Quellen zu beachten, unterschiedliche Quellen zu vergleichen, sie in den raum-zeitlichen Kontext ihrer Entstehung zu situieren und Quellenaussagen ihrer Zuverlässigkeit und Glaubwürdigkeit nach zu beurteilen (Collingwood, 1955, S. 261ff.; Carr, 1981, S. 22ff.; Evans, 1998, S. 79ff.).

4) Das Erkenntnisziel von historischen Argumentationen liegt schlussendlich darin, Zusammenhänge und Entwicklungslinien vergangener Wirklichkeit möglichst plausibel zu rekonstruieren. Geschichtstheoretisch spricht man von der Triftigkeit und fragt danach, ob Logik und Struktur der historischen Argumentation ein-

gängig sind (*narrative Triftigkeit*), inwiefern sie auf Quellen beruht und zuverlässig ist (*empirische Triftigkeit*) und ob darin die Andersartigkeit vergangener Zeiten beachtet und eine geäußerte Position begründet wird (*normative Triftigkeit*) (Rüsen, 1983, S. 78–84).

Zusammenfassend kann präzisiert werden, dass historisches Argumentieren die spezifische Form fachlich adäquaten Erzählens in der Domäne Geschichte darstellt. Es ermöglicht durch evidenzbasierte Interpretation von Vergangenheit eigenständig begründete und intersubjektiv nachvollziehbare Antworten auf historische Fragen zu finden. Für die Partizipation an geschichtskulturellen Diskursen ist die Fähigkeit des eigenständigen historischen Argumentierens eine wesentliche Kompetenz. Diese zu fördern, ist daher Gegenstand des Geschichtsunterrichts nach Ausweis der kompetenzorientierten, neuen Curricula in Deutschland.

3. Historisches Argumentieren in der fachdidaktischen Forschung

Wenn die Förderung der historischen Sprachfähigkeit Gegenstand des Geschichtsunterrichts sein soll, dann müssen sich die elementaren Aspekte fachlichen Argumentierens in der Geschichtswissenschaft in entsprechenden Lerngelegenheiten für die Zielgruppe der SchülerInnen wiederfinden. Vor diesem Hintergrund soll im Folgenden ein Einblick in die Forschung zum historischen Argumentieren anhand dreier Fragen gegeben werden: Wie wird historisches Argumentieren in der fachdidaktischen Forschung konzeptionell gefasst (3.1)? Welche Schwierigkeiten haben SchülerInnen beim historischen Argumentieren (3.2)? Wie kann eine historische Argumentationsfähigkeit gefördert werden (3.3)?

3.1 Wie wird historisches Argumentieren konzeptionell gefasst?

Um zu klären, wie das historische Argumentieren in der fachdidaktischen Literatur konzeptionell gefasst wird, bietet es sich vorweg an, auf das Modell des domänenspezifischen Denkens und Handelns der niederländischen Fachdidaktikerinnen Jannet van Drie und Carla van Boxtel (2008) einzugehen. Im Zentrum ihres *Framework for Analyzing Students' Reasoning about the Past*, das auf einer umfangreichen Sichtung empirischer Forschungsliteratur zum historischen Denken und Lernen von SchülerInnen beruht, steht das sogenannte *historical reasoning*. Van Drie und van Boxtel verstehen unter *historical reasoning* „an activity in which a person organizes information about the past in order to describe, compare, and/or explain historical phenomena" (S. 89). Sie betonen mit dieser Aktivität, dass es beim historischen Lernen nicht einfach nur um die Akkumulation historischer Wissensbestände geht, sondern darum, dieses Wissen zu nutzen, um gegenwärtige und vergangene Phänomene zu interpretieren. Sodann leiten van Boxtel und van Drie aus der empirischen

Forschung sechs Komponenten des *historical reasoning* ab, welche die Arbeit in der Domäne Geschichte im Wesentlichen bestimmen. Es handelt sich dabei um die Formulierung historischer Fragen, die Nutzung historischer Quellen, die Kontextualisierung historischer Phänomene, die Verwendung historischer Begriffskonzepte (z.B. Französische Revolution) sowie Meta-Konzepte (z.B. Wandel und Ursachen) und schließlich um die Argumentation.

Die Wichtigkeit des Argumentierens für *historical reasoning* begründen van Drie und van Boxtel (2008) zum einen damit, dass historische Erzählungen auf verschiedenen Quellen beruhen, die oft perspektivenabhängige und sich widersprechende Informationen beinhalten und zum anderen, dass historische Interpretationen nie endgültig sind. Umso mehr müssen Aussagen und Behauptungen über die Vergangenheit durch rationale Argumente gestützt werden, die wiederum auf verfügbaren und gut ausgewerteten Evidenzen beruhen. Diesbezüglich ist zu betonen, dass sich historisches Denken nicht einfach dadurch auszeichnet, dass eine Meinung oder Sichtweise über historische Sachverhalte geäußert wird. Vielmehr kommt es darauf an, dass die eigenen Aussagen über die Vergangenheit mit Argumenten begründet, Evidenzen belegt und auch Gegenargumente einbezogen werden (Spoehr & Spoehr, 1994; Greene, 1994a). Wenn historische Erzählungen als evidenzbasierte Interpretationen der Vergangenheit wahrgenommen werden, dann ist es SchülerInnen zudem möglich, sie dahingehend zu überprüfen, ob und auf welchen Evidenzen sie beruhen und inwiefern die getätigten Aussagen ausreichend begründet werden (Barton & Livstik, 2004).

Die Konstruktion historischer Argumentationen ist eng mit den Fragen verbunden, wie in der Domäne Geschichte gedacht und mit Evidenzen umgegangen wird, so Monte-Sano (2010). Ihr folgend bestehen historische Argumentationen aus Elementen wie Behauptung (*claim*), Daten (*data*), Schlussregel (*warrant*) und Ausnahmebedingung (*rebuttal*), die Toulmin (1975) als Bestandteile der allgemeinen Argumentationsstruktur identifiziert hat. Domänenspezifisch ist die Art der *data* und *warrants*, mit denen im Fach Geschichte gearbeitet wird. Sie sieht den entscheidenden Punkt beim historischen Argumentieren im Umgang mit Evidenzen an, da historische Argumentationen wesentlich davon abhängig sind, dass Aussagen und Behauptungen über die Vergangenheit mit Belegen begründet werden. In einer Studie analysierte Monte-Sano (2010) die argumentativen Essays von 56 Jugendlichen, die diese als Antwort auf eine historische Frage schrieben. Zur Beantwortung der Frage standen den SchülerInnen eine historische Quelle und drei Darstellungstexte zur Verfügung. Monte-Sano konnte fünf Kriterien erkennen, die sie als charakteristisch für den Umgang mit Evidenzen im Fach Geschichte erachtet. Hierzu zählt die angemessene Interpretation von Evidenzen aus Dokumenten (d.h. Quellen und Darstellungen) sowie die fachlich korrekte Wiedergabe von Inhalten und zeitlichen Folgen (*factual and interpretive accuracy*), das Belegen aufgestellter Behauptungen bzw. Thesen mit relevanten und wichtigen Evidenzen (*persuasiveness of evidence*), die Benennung des Verfassers der Dokumente und die Beachtung seiner Perspektive (*sourcing of evidence*), die Verwendung verfügbarer Evidenzen zur Bekräftigung einer Behauptung und der Einbezug von Gegenargumenten (*corroboration of evidence*) sowie die

Situierung und Bewertung von Evidenzen durch Kontextwissen (*contextualization of evidence*). Mit Perfetti, Britt und Georgi (1995) kann an dieser Stelle für das historische Argumentieren festgehalten werden: „(a) arguments require evidence, (b) evidence is documented, and (c) documents are not equal in their privilege as evidence" (S. 178f.). Das Generieren von Evidenzen aus historischen Quellen und Darstellungen und der angemessene Umgang mit diesen können als besondere Herausforderungen beim historischen Argumentieren angesehen werden.

Die zu einer historischen Frage und einer aufgestellten These gezogenen Schlussfolgerungen beruhen auf dem Abwägen von Argumenten und Evidenzen (van Drie & van Boxtel, 2008; Spoehr & Spoehr, 1994). Die Zuverlässigkeit einer historischen Argumentation hängt daher von den angeführten Argumenten und Quellenbelegen ab. Derartige Argumentationen können bewertet werden, indem danach gefragt wird, ob die angeführten Gründe für eine Behauptung akzeptabel sind, in welchem Maße die Gründe für eine Behauptung und die gezogene Schlussfolgerung relevant sind bzw. diese unterstützen und inwiefern Gegenargumente einbezogen werden (Voss, Perkins & Segal, 1990; Voss & Means, 1991).

Abschließend kann mit van Drie und van Boxtel (2008) zusammengefasst werden, wodurch das Argumentieren in der Domäne Geschichte gekennzeichnet ist: „putting forward a claim about the past and supporting it with sound arguments and evidence through weighing different possible interpretations and taking into account counterarguments" (S. 99).

3.2 Welche Schwierigkeiten haben SchülerInnen beim historischen Argumentieren?

SchülerInnen scheinen in der Regel dazu fähig zu sein, ihre Aussagen über die Vergangenheit mit Argumenten zu begründen. Anlass für diese Annahme bietet beispielsweise die Studie von Pontecorvo und Girardet (1993), in der 30 SchülerInnen im Alter von neun Jahren aufgefordert wurden, in Kleingruppen eine kontroverse Äußerung des römischen Historikers Ammianus Marcellinus über die Hunnen zu beurteilen und ihre Urteile mit Argumenten zu belegen. Die Analyse der transkribierten Diskussionen und deren quantitative Beschreibung zeigten, dass die SchülerInnen hauptsächlich Behauptungen aufstellten und diese mit Rechtfertigungen, d.h. mit Argumenten und Erläuterungen, unterstützten. Allerdings kamen demgegenüber diejenigen Elemente, die die Argumentation vertieft und erst vollständig gemacht hätten, wie die Erörterung möglicher Gegenargumente, kaum vor.

Spoehr und Spoehr (1994) folgend, fällt es den Lernenden besonders schwer, Gegenargumente zu antizipieren, alternative Deutungen abzuwägen und deutlich zu machen, warum die eigene Interpretation anderen gegenüber vorzuziehen sein sollte. Dies deckt sich mit einer Studie von van Drie, van Boxtel und van der Linden (2006) zum *computer-supported collaborative learning* (*CSCL*) von 16- bis 17-jährigen SchülerInnen, die zu unterschiedlichen Fragetypen einen argumentativen historischen Essay schreiben sollten. Darin zeigte sich, dass die Argumentationen der SchülerInnen eine nur geringe Qualität besaßen, da diese ihren eigenen Standpunkt kaum mit Argumenten begründeten, weder Gegenargumente nannten noch Für- und Gegenargumente gegeneinander abgewogen hatten. Ähnliches ergab die Arbeit von Hartung (2013) zum konzeptionellen Schreibhandeln im Geschichtsunterricht. Dieser stellte fest, dass SchülerInnen der Mittelstufe bei der Erörterung der Frage zu den Vor- und Nachteilen der Weimarer Reichsverfassung aus historischer Perspektive Probleme hatten, eine kohärente Argumentationsstruktur zu entwickeln. Vor allem das Suchen und Finden von Argumenten, das Einbeziehen von Gegenargumenten und Anordnen von Pro- und Kontra-Argumenten fiel den SchülerInnen schwer.

Unterschiede in der Argumentationsfähigkeit konnten in Relation zu den epistemologischen Überzeugungen der Lernenden festgestellt werden (Kuhn, Weinstock & Flaton, 1994). Für das historische Argumentieren ist demnach wichtig, ob die SchülerInnen historisches Wissen als objektiv feststehend, subjektiv nur vom Betrachter abhängig oder interpretativ ansehen. Herrenkohl und Cornelius (2013) konnten diesbezüglich zeigen, dass eine Förderung der historischen Argumentationsfähigkeit im Klassenraum die Vorstellung der SchülerInnen von Geschichte als evidenzbasierte Interpretation der Vergangenheit beeinflussen kann.

3.3 Wie kann eine historische Argumentationsfähigkeit gefördert werden?

An die Formulierung historischer Argumentationen und die adäquate Nutzung von Evidenzen müssen die Lernenden erst herangeführt werden, da sie mit den fachspezifischen Arbeits- und Denkweisen nicht vertraut sind (Greene, 1994a). Die empirische Forschung im Bereich der *History Education* konzentrierte sich vorrangig auf das Schreiben historischer Argumentationen und den Umgang mit Evidenzen. Ihre Untersuchungsergebnisse legen nahe, dass die Art der Aufgabenstellung, die jeweiligen Materialien und Instruktionen eine Möglichkeit bieten, um eine historische Argumentationsfähigkeit bei SchülerInnen anzubahnen und zu fördern.

Young und Leinhardt (1998) untersuchten die Potenziale von *Document-Based Questions* (*DBQs*) und analysierten, wie fünf High-School-SchülerInnen über einen Zeitraum von einem Jahr auf diese antworteten. In einer *DBQ* müssen die SchülerInnen auf der Grundlage verschiedener Dokumente zu einem bestimmten historischen Thema und einem gegebenen Statement eine Antwort verfassen. Die Lernenden nahmen während dieser Zeit zudem an einem *Advanced Placement*-Kurs teil, in welchem sie eine Einführung in die geschichtswissenschaftlichen Arbeitsweisen erhielten. Die Fähigkeit der SchülerInnen, auf die gestellten *DBQs* zu antworten, veränderte sich im Laufe eines Jahres von der bloßen Wiedergabe von Wissen über eine Periode und dem Inhalt der Dokumente hin zur Verwendung der Inhalte als interpretative Evidenz für eigene Argumente. Auch Greene (1994b) konnte zeigen, dass problembasierte Schreibaufgaben College-StudentInnen dabei halfen, ihre Ideen und Informationen aus Dokumenten für die Konstruktion von Argumenten und zur Unterstützung des eigenen Standpunktes zu nutzen. Generell scheint sich das Schreiben von Texten zu einer historischen Frage- oder Problemstellung oder einem Problem unter der Beigabe von verschiedenen Dokumenten und vor allem historischer Quellen anzubieten, damit die Lernenden Argumente formulieren und diese mit Evidenzen belegen können (Rouet, Britt, Mason & Perfetti, 1996).

Das Schreiben argumentativer Texte eignet sich nicht nur dazu, die Fähigkeit zum historischen Argumentieren anzubahnen, sondern auch ein tieferes Verständnis historischer Inhalte zu fördern. Voss und Wiley (2000) untersuchten die Auswirkungen von verschiedenen Aufsatzarten auf die Informationsverarbeitung von 46 StudentInnen, die vor ihrem ersten Abschluss standen. Diese sollten entweder einen narrativen, argumentativen oder historischen Essay zu der Frage verfassen, warum die Bevölkerungszahl in Irland zwischen 1846 und 1850 abnahm. Im narrativen Essay sollte eine Erzählung zur Frage formuliert und im argumentativen Essay die Frage erörtert werden. Im historischen Essay blieb „historisch" absichtlich undefiniert, um herauszufinden, ob die SchülerInnen Geschichtsschreibung eher als Erzählung oder Erörterung ansehen. Zur Beantwortung der Frage bekamen die ProbandInnen entweder einen zusammenhängenden Lehrbuchtext zur Geschichte Irlands zwischen 1800 und 1850 oder dieselben Informationen in unterschiedlichen Einzeltexten (z.B. Bevölkerungsstatistik oder politische Informationen). Die Studie ergab, dass das Schreiben eines argumentativen Essays in der Kombination mit den unterschiedlichen Dokumenten ein besseres Verständnis des historischen Themas und eine tiefergehende Verarbeitung des Materials bewirkte. In einem argumentativen Essay haben SchülerInnen die Aufgabe, auf der Grundlage von Informationen aus und der Glaubwürdigkeit von historischen Quellen und Darstellungen ihre individuelle Sichtweise zu einem historischen Gegenstand darzustellen (vgl. van Drie et al., 2006).

Des Weiteren hat sich gezeigt, dass die Art der gestellten historischen Frage einen Einfluss darauf hat, ob SchülerInnen argumentieren oder nicht. Van Drie et al. (2006) verglichen in ihrer Studie verschiedene Fragetypen miteinander, wobei die 16- bis 17-jährigen SchülerInnen entweder die Veränderungen im Verhalten der Jugend in den 1950er und 1960er Jahren in den Niederlanden zu erklären hatten (*explanatory question*) oder beurteilen sollten, ob die Veränderungen in diesen Jahren revolutionär waren oder nicht (*evaluative question*). Das Ergebnis der Studie war, dass die SchülerInnen, die sich mit der beurteilenden Frage beschäftigten, häufiger ihre eigene Ansicht diskutierten und diese mit Argumenten begründeten. Unter der evaluierenden Kondition zeigte sich zudem, dass die geschriebenen Texte eine höhere Qualität besaßen und sich besser zur Förderung von *historical reasoning* eigneten als unter der Kondition, die zum Erklären aufforderte. Monte-Sano und De La Paz (2012) untersuchten, wie sich verschiedene Arten von Schreibaufgaben zu den Ursachen des Kalten Krieges auf die Qualität des argumentativen Schreibens von High-School-SchülerInnen auswirkten. Hierbei zeigte sich, dass die Aufgaben, die auf das Beachten der Perspektive der Quellenverfasser (*sourcing prompt*), den Vergleich unterschiedlicher Quellen (*document analysis prompt*) und die Berücksichtigung der Zeit und des Ortes der Entstehung der Quellen (*causal prompt*) fokussierten, zu einem besseren Erkennen und Vergleichen der Perspektiven historischer Akteure führte, als die Aufgabe, sich in einen historischen Akteur hineinzuversetzen (*situated prompt*). Den ersten drei Schreibaufgaben ist inhärent, dass sie die Aufmerksamkeit der SchülerInnen direkt auf die Quellen lenken, was eine Grundvoraussetzung für den Umgang mit Evidenzen und deren Nutzung in historischen Argumentationen ist.

Darüber hinaus hat die Instruktion einen Einfluss auf die Fähigkeit, historisch zu argumentieren. In einer Studie verglich Monte-Sano (2008) die unterschiedlichen Unterrichtspraktiken zweier High-School-LehrerInnen und ihre Auswirkung auf das Schreiben evidenzbasierter Argumentationen von SchülerInnen im Fach Geschichte. Sie konnte folgende Punkte erkennen, die sich dazu eignen, das historische Argumentieren bei SchülerInnen zu unterstützen:

> "approaching history as evidence-based interpretation; reading historical texts and considering them as interpretations; supporting reading comprehension and historical thinking; putting students in the role of developing interpretations and supporting them with evidence; and using direct instruction, guided practice, independent practice, and feedback to teach evidence-based writing." (S. 1073)

Eine ganze Reihe von Studien (De La Paz et al., 2014; De La Paz & Felton, 2010; De La Paz, 2005) ergab, dass Instruktionen für das Lesen historischer Quellen und das Schreiben argumentativer Essays positive Auswirkungen auf die Gestalt und Qualität der Argumentationen hatten. De La Paz et al. (2014) untersuchten zuletzt die Effektivität eines Cognitive-Apprenticeship-Ansatzes, mit dem SchülerInnen an die selbstständige Erschließung von Quellen und das Verfassen von Argumentationen herangeführt wurden. Die 13- bis 14-jährigen SchülerInnen bekamen Instruktionen für das fachspezifische Lesen von Quellen in Form eines Handouts mit gezielten Fragen, die ihnen halfen, die Quellen zu verstehen und deren Inhalt zu bewerten. Die Lernenden erhielten zudem Hilfen zur Identifizierung der Komponenten und Struktur, der Planung und Formulierung von historischen Argumentationen. Es zeigte sich, dass die Intervention positive Effekte auf die Fähigkeit, historisch zu argumentieren, hatte. Felton und Herko (2004) stellten ebenfalls fest, dass sich ein Scaffolding in Form von Einführungen in die Struktur von Argumentationen, *graphic organizer* zum Planen der eigenen Argumentation, die Diskussionen von Argumenten sowie Feedback- und Überarbeitungsphasen High-School-SchülerInnen dabei halfen, überzeugende Essays zu verfassen.

Zusammenfassend kann festgehalten werden, dass sich historisches Argumentieren und historisches Denken durch die Art der Aufgabenstellung, die gestellten historischen Fragen, die Nutzung unterschiedlicher Dokumente sowie die verwendeten Instruktionen für das Lesen historischer Quellen und das Schreiben historischer Argumentationen beeinflussen und verbessern lässt.

4. Förderung historischen Argumentierens im Alfried Krupp-Schülerlabor

Nachfolgend wird ein Lehr-/Lernangebot zum Anne Frank-Tagebuch, das im geistes- und gesellschaftlichen Bereich des Alfried Krupp-Schülerlabors der Ruhr-Universität Bochum durchgeführt wurde, vorgestellt. Das Schülerlabor dient innerhalb unserer Geschichtsprojekte zum einen als Ort der intensiven Auseinandersetzung der SchülerInnen mit Inhalten und Arbeitsweisen der Geschichtswissenschaft und zum anderen zur Erprobung und empirischen Untersuchung innovativer Lehr-/Lernarrangements. An dieser Stelle soll kurz auf eine unserer Interventionen im Schülerlabor eingegangen und eine Beispiel-Argumentation daraus angefügt werden, um einen plastischeren Eindruck davon zu vermitteln, wie historisches Argumentieren bei SchülerInnen angebahnt und gefördert werden kann.

An dem Lehr-/Lernangebot nahmen insgesamt 27 SchülerInnen (20 weiblich, sieben männlich) der 9. Klasse eines Gymnasiums teil. In diesem ging es darum, dass die Lernenden durch die Arbeit mit Quellen und die Suche nach Evidenzen eine zentrale historische Frage beantworten sollten. Die zentrale historische Frage des Angebotes war, welchen Wert das Tagebuch der Anne Frank für die historische Forschung besitzt. Die SchülerInnen bekamen im Angebot notwendiges Kontextwissen zur historischen Frage und erarbeiteten sich wesentliche Inhalte anhand verschiedener Themenfelder und historischer Quellen in Gruppenarbeit. Neben der fachhistorischen Arbeit erhielten die Teilnehmenden eine Einführung in das historische Argumentieren. Darin wurde ihnen die Struktur von Argumentation nach Toulmin (1975) anhand eines Alltagsbeispiels verdeutlicht, um sie daran ansetzend mit den Besonderheiten des historischen Argumentierens als evidenzbasierte Interpretation der Vergangenheit vertraut zu machen.

Am Ende des Angebotes wurden 27 argumentative Essays als Antworten auf die oben genannte historische Frage schriftlich verfasst. Diese Essays dienen einer ersten Einblicknahme in die Performanz der Zielgruppe des Projekts sowie des sukzessiven Aufbaus einer Kodieranleitung zur Einschätzung und Beschreibung unterschiedlicher Niveaustufen historischen Argumentierens durch unabhängige BeurteilerInnen.

An dem argumentativen Essay einer Schülerin, das von zwei unabhängigen BeurteilerInnen als inhaltlich und formal hochwertig angesehen wurde, soll veranschaulicht werden, wie sich eine historische Argumentation darin ausprägt. Die genaue Aufgabenstellung bestand darin, einen ein- bis zweiseitigen Essay über die Ergebnisse der Arbeitsphase zu schreiben und zu argumentieren, inwiefern Anne Franks Aufzeichnungen zur historischen Erkenntnis beitragen und inwiefern nicht. Die Schülerin setzte sich zuvor in der Erarbeitungsphase mit dem Themenfeld „Einflüsse des NS-Herrschaftssystems auf das Leben der Anne Frank" auseinander. Der anschließend zu verfassende Essay sollte die Erzählung des historischen Zusammenhangs des Themenfeldes, die Perspektiven der Zeitzeugen und den Einfluss des Geschehens auf das Leben der Anne Frank berücksichtigen. Zur Beantwortung der Frage standen der Schülerin ein Tagebucheintrag von Anne Frank vom 27. März 1943 (Frank,

2010) und ein Auszug aus der Rede des Höheren SS- und Polizeiführers der besetzten Niederlande, Hanns Albin Rauter, vom 22. März 1943 (VEJ 12/113) zur Verfügung. Die Schülerin schrieb:

> „Ich bin der Meinung, dass Anne Franks Tagebucheinträge durchaus zu historischen Erkenntnissen beitragen.
>
> Man kann aus ihren Aufzeichnungen viele Einflüsse des NS-Herrschaftssystems auf das Leben der Juden erkennen. Man erfährt viele persönliche Informationen und ihre eigene Meinung zu den Themen, mit denen sie sich befasst.
>
> Am 27. März 1943 schreibt sie in ihrem Tagebuch über die Rede, die Hanns Albin Rauter (ein SS-Generalkommissar) 5 Tage zuvor hielt. Sie beschreibt hier das Vorhaben, alle Juden aus den germanischen Ländern zu vertreiben. Außerdem erwähnt sie den Brand der deutschen Abteilung des Arbeitsamtes und das Verschwinden wichtiger Dokumente des Standesamts. Diese zusätzlichen Informationen gab Rauter in seiner ursprünglichen Rede nicht, da sie ein schlechtes Licht auf Deutschland geworfen hätten.
>
> Des Weiteren bringt sie noch ihre eigene Meinung ein, da sie findet, dass es wie mit Vieh auf einem Schlachthof zugeht. Sie fasst die wichtigsten politischen Themen nur kurz zusammen, dafür bringt sie aber noch ihre eigene Meinung ein.
>
> Wenn man mehr über die politischen Zustände der Vergangenheit erfahren will, sollte man am besten auf Reden oder offizielle Dokumente zurückgreifen. Will man aber mehr über das Leben der allgemeinen Bevölkerung oder einzelner Personen erfahren, sollte man auf persönliche Dinge wie z.B. Tagebücher zurückgreifen. Sie spiegeln die Meinung der Person im Zusammenhang mit politischen Themen wieder und erklären, wie sie sich gefühlt haben.“

Die Analyse und Beurteilung der Essays erfolgte vorerst auf der Grundlage formaler und inhaltlicher Gesichtspunkte. Dabei ging es vorrangig um die Fragen, inwiefern und in welchen Abstufungen die SchülerInnen Strukturmerkmale einer Argumentation nach Toulmin (1975) reproduzieren konnten, welchen Grad der Bezugnahme auf das vorliegende Quellenmaterial (direkt/indirekt/gar nicht) die schriftlichen Argumentationen aufwiesen und ob die Aussagen der Lernenden inhaltlich und interpretativ plausibel waren. In dem hier angeführten Essay zeigt sich, dass die Schülerin Bestandteile einer Argumentation nach Toulmin nutzt, da sie zu Beginn eine Behauptung zur historischen Frage aufstellt und diese im zweiten Absatz mit Argumenten begründet. Diese Argumente stützt die Schülerin wiederum auf Evidenzen, die sie aufgrund des Vergleichs und der angemessenen Interpretation der Quellenmaterialien generiert. Die historische Argumentation ist differenziert und kritisch, da sie einen Einwand zur Behauptung beinhaltet. Im letzten Absatz wägt die Schülerin die von ihr genannten Argumente und Evidenzen bezüglich der Ausgangsfrage ab und synthetisiert diese in einer Schlussfolgerung bzw. einem abschließenden historischen Urteil.

5.   Fazit und Ausblick

Das Ziel dieses Beitrages war, die Sprachhandlung des Argumentierens für historische Lernprozesse zu konzeptualisieren und Möglichkeiten sowie erste Erkenntnisse der empirischen Erfassung und Förderung historischer Argumentationsfähigkeit aufzuzeigen. Historisches Argumentieren wurde geschichtstheoretisch als fachlich adäquate Form historischen Erzählens identifiziert, da eine wesentliche Aufgabe in der Domäne Geschichte darin besteht, durch die evidenzbasierten Interpretationen der Vergangenheit begründbare Antworten auf historische Fragen zu entwickeln.

Um in diesem Sinne historische Sprachfähigkeit zu fördern, müssten sich grundlegende Elemente fachlichen Argumentierens in Lehr-/Lernarrangements für SchülerInnen wiederfinden. Diese sollten in Anlehnung an die fachdidaktische Forschung im Fach Geschichte lernen, dass ihre eigenen Aussagen über die Vergangenheit mit Argumenten zu begründen und Evidenzen zu belegen sind. Gleichzeitig sollten Gegenargumente bzw. unterschiedliche Interpretationen einbezogen und Ergebnisse durch das Abwägen von Argumenten und Evidenzen in historischen Urteilen formuliert werden. Wenn historische Erzählungen als evidenzbasierte Interpretationen der Vergangenheit erkannt werden, ist es den Lernenden zudem möglich, sie hinsichtlich ihrer Argumente und angeführter Evidenzen zu überprüfen. Dies gilt in besonderer Weise für den wissenschaftspropädeutischen Anspruch historischen Lernens in der Sekundarstufe II.

Die Ergebnisse bisheriger empirischer Forschung geben Anlass zur Annahme, dass SchülerInnen Schwierigkeiten beim historischen Argumentieren haben. Die Begründung des eigenen Standpunktes, der Einbezug unterschiedlicher Sichtweisen, der angemessene Umgang mit Evidenzen und die Strukturierung von Argumentationen scheinen den Lernenden schwer zu fallen, was auch an einem Mangel an Lern- und Übungsgelegenheiten liegen könnte. Dem werden wir in der Weiterentwicklung unserer Studien durch Anschluss an das Modell des Problemlösungslernens aus der Allgemeinen Didaktik Rechnung tragen (z.B. Tulodziecki, Herzig & Blömeke, 2009).

Ausgehend von unserer Arbeitsdefinition historischen Argumentierens geht es künftig darum, Forschungsdesigns zur Überprüfung und Bewertung der formalen und inhaltlichen Qualität der Schülerleistungen (zunächst) im Schülerlabor zu entwickeln. Neben der weiteren Schärfung der theoretischen Fundierung und Definition in Abhängigkeit zur Lerngruppe besteht dabei eine der anspruchsvollsten Aufgaben darin, reliable Beschreibungen für Niveaustufen zur individuellen Bewertung und Förderung sowie der Vergleichbarkeit von Schülerleistungen zu generieren. Weiterhin sollten Möglichkeiten der Förderung in Unterscheidung zwischen mündlicher und schriftlicher argumentativer historischer Narrativität untersucht werden.

Literatur

Barton, K. C. & Levstik L. S. (2004). *Teaching history for the common good*. Mahwah, NJ: Erlbaum.

Baumgartner, H. M. (1982). Die Erzählstruktur des historischen Wissens und ihr Verhältnis zu den Formen seiner Vermittlung. Ein Diskussionsvorschlag. In S. Quandt & H. Süssmuth (Hrsg.), *Historisches Erzählen. Formen und Funktionen* (S. 73–76). Göttingen: Vandenhoeck und Ruprecht.

Carr, E. H. (1981). *Was ist Geschichte?* (6. Aufl.). Stuttgart: Kohlhammer.

Collingwood, R. G. (1955). *Philosophie der Geschichte*. Stuttgart: Kohlhammer.

Danto, Arthur C. (1965). *Analytical philosophy of history*. Cambridge: Univ. Press.

De La Paz, S. (2005). Effects of historical reasoning instruction and writing strategy mastery in culturally and academically diverse middle school classrooms. *Journal of Educational Psychology, 97* (2), 139–156.

De La Paz, S. & Felton, M. K. (2010). Reading and writing from multiple source documents in history: Effects of strategy instruction with low to average high school writers. *Contemporary Educational Psychology, 35*, 174–192.

De La Paz, S., Felton M., Monte-Sano, C., Croninger, R., Jackson, C., Deogracias, J. S. & Hoffman, B. P. (2014). Developing historical reading and writing adolescent readers: Effects on student learning. *Theory & Research in Social Education, 42* (2), 228–274.

Evans, R. J. (1998). *Fakten und Fiktionen. Über die Grundlagen historischer Erkenntnis*. Frankfurt am Main: Campus.

Felton, M. K. & Herko, S. (2004). From dialogue to two-sided argument: Scaffolding adolescents' persuasive writing. *Journal of Adolescent & Adult Literacy, 47* (8), 672–683.

Frank, A. (2010). *Tagebuch*. Frankfurt am Main: Fischer-Taschenbuch.

Goertz, H.-J. (1995). *Umgang mit Geschichte. Eine Einführung in die Geschichtstheorie*. Reinbek: Rowohlt.

Greene, S. (1994a). The problems of learning to think like a historian: Writing history in the culture of the classroom. *Educational Psychologist, 29* (2), 89–96.

Greene, S. (1994b). Students as authors in the study of history. In G. Leinhardt, I. Beck & C. Stainton (Hrsg.), *Teaching and learning history* (S. 137–170). Hillsdale, NJ: Erlbaum.

Günther-Arndt, H. (1985). Der grüne Wollfaden oder Was heißt „Geschichte erzählen" heute? Zu alten und neuen Problemen der Geschichtsdarstellung in Wissenschaft und Unterricht. *Geschichte in Wissenschaft und Unterricht, 10*, 684–704.

Handro, S. (2013). Sprache und historisches Lernen. Dimensionen eines Schlüsselproblems des Geschichtsunterrichts. In M. Becker-Mrotzek, K. Schramm, E. Thürmann & H. J. Vollmer (Hrsg.), *Sprache im Fach. Sprachlichkeit und fachliches Lernen* (S. 317–333). Münster: Waxmann.

Hartung, O. (2013). *Geschichte Schreiben Lernen. Empirische Erkundungen zum konzeptionellen Schreibhandeln im Geschichtsunterricht*. Berlin: Lit.

Herrenkohl, L. R. & Cornelius, L. (2013). Investigating elementary students' scientific and historical argumentation. *The Journal of the Learning Sciences, 22* (3), 413–461.

Kocka, J. (1977). Angemessenheit historischer Argumente. In R. Koselleck, W. J. Mommsen & J. Rüsen (Hrsg.), *Objektivität und Parteilichkeit in der Geschichtswissenschaft* (S. 469–475). München: dtv.

Körber, A., Schreiber, W. & Schöner, A. (Hrsg.). (2007). *Kompetenzen historischen Denkens. Ein Strukturmodell als Beitrag zur Kompetenzorientierung in der Geschichtsdidaktik*. Neuried: Ars Una.

Kuhn, D., Weinstock, M. & Flaton, R. (1994). Historical reasoning as theory-evidence coordination. In M. Carretero & J. F. Voss (Hrsg.), *Cognitive and instructional processes in history and the social sciences* (S. 377–401). Hillsdale, NJ: Erlbaum.

Lochon-Wagner, K. (2014). Sprachsensibler Geschichtsunterricht: Ein Plädoyer für sprachliches Lernen als Schlüsselmomente/-kompetenz historischer Diskursfähigkeit. *Seminar, 2,* 142–150.

Ministerium für Schule und Weiterbildung des Landes NRW (Hrsg.). (2007). *Kernlehrplan für das Gymnasium – Sekundarstufe I (G8) in Nordrhein-Westfalen. Geschichte.* Frechen: Ritterbach.

Monte-Sano, C. (2008). Qualities of historical writing instruction: A comparative case study of two teachers' practices. *American Educational Research Journal, 45* (4), 1045–1079.

Monte-Sano, C. (2010). Disciplinary literacy in history: An exploration of the historical nature of adolescents' writing. *Journal of the Learning Sciences, 19* (4), 539–568.

Monte-Sano, C. & De La Paz, S. (2012). Using writing tasks to elicit adolescents' historical reasoning. *Journal of Literacy Research, 44* (3), 273–299.

Perfetti, C. A., Britt, M. A. & Georgi, M. C. (1995). *Text-based learning and reasoning: Studies in history.* Hillsdale, NJ: Erlbaum.

Pontecorvo, C. & Girardet, H. (1993). Arguing and reasoning in understanding historical topics. *Cognition and Instruction, 11* (3/4), 365–395.

Rouet, J., Britt, M., Mason, R. & Perfetti, C. (1996). Using multiple sources of evidence to reason about history. *Journal of Educational Psychology, 88* (3), 478–493.

Rüsen, J. (1982). Geschichtsdidaktische Konsequenzen aus einer erzähltheoretischen Historik. In S. Quandt & H. Süssmuth (Hrsg.), *Historisches Erzählen. Formen und Funktionen* (S. 129–170). Göttingen: Vandenhoeck und Ruprecht.

Rüsen, J. (1983). *Historische Vernunft. Grundzüge einer Historik I: Die Grundlagen der Geschichtswissenschaft.* Göttingen: Vandenhoeck und Ruprecht.

Rüsen, J. (1986). *Rekonstruktion der Vergangenheit. Grundzüge einer Historik II. Die Prinzipien der historischen Forschung.* Göttingen: Vandenhoeck und Ruprecht.

Rüsen, J. (2013). *Historik. Theorie der Geschichtswissenschaft.* Köln: Böhlau.

Spoehr, K. T. & Spoehr L. W. (1994). Learning to think historically. *Educational Psychologist, 29* (2), 71–77.

Süßmann, J. (2002). Erzählung. In S. Jordan (Hrsg.), *Lexikon Geschichtswissenschaft. Hundert Grundbegriffe* (S. 85–88). Stuttgart: Reclam.

Toulmin, S. E. (1975). *Der Gebrauch von Argumenten.* Kronberg/Ts.: Scriptor.

Tulodziecki, G., Herzig, B. & Blömeke, S. (2009). *Gestaltung von Unterricht. Eine Einführung in die Didaktik.* Bad Heilbrunn: Klinkhardt.

Van Drie, J., van Boxtel, C. & van der Linden, J. (2006). Historical reasoning in a computer-supported collaborative learning environment. In A. M. O'Donnell, C. E. Hmelo & G. Erkens (Hrsg.), *Collaborative learning, reasoning and technology* (S. 265–296). Mahwah, NJ: Erlbaum.

Van Drie, J. & van Boxtel C. (2008). Historical reasoning: Towards a framework for analyzing students' reasoning about the past. *Educational Psychology Review, 20,* 87–110.

Van Drie, J., Van Boxtel, C. & Braaksma, M. (2014). Writing to engage students in historical reasoning. In P. D. Klein, P. Boscolo, L. C. Kirkpatrick & C. Gelati, *Writing as a learning activity* (S. 94–119). Leiden: Brill.

VEJ [Die Verfolgung und Ermordung der europäischen Juden durch das nationalsozialistische Deutschland 1933–1945] (2015). *West- und Nordeuropa Juni 1942–1945* (Bearb. v. Happe, K., Lambauer, B. & Maier-Wolthausen, C.). Berlin u.a.: de Gruyter.

Voss, J. F., Perkins, D. N. & Segal J. W. (1991). Preface. In Dies. (Hrsg.), *Informal reasoning and education* (S. 85–88). Hillsdale, NJ: Erlbaum.

Voss, J. F. & Means, M. L. (1991). Learning to reason via instruction in argumentation. *Learning and Instruction, 1*, 337–350.

Voss, J. & Wiley, J. (2000). A case study of developing historical understanding via instruction: The importance of integrating text components and constructing arguments. In P. Stearns, P. Seixas & S. Wineburg (Hrsg.), *Knowing, teaching, and learning history: National and international perspectives* (S. 375–389). New York: New York University Press.

Young, K. M. & Leinhardt, G. (1998). Writing from primary documents: A way of knowing in history. *Written Communication, 15* (1), 25–68.

Monika London & Carolin Mayer

Argumentierend Arithmetik lernen

Die Arithmetik ist der zentrale Inhaltsbereich des Mathematikunterrichts in der Grundschule. Von besonderer Bedeutung ist dabei die Beschäftigung mit vielfältigen Zusammenhängen zwischen Zahlen und arithmetischen Operationen, was sowohl anwendungs- als auch strukturorientierte Zugänge erfordert (Winter, 1987). Für den Erwerb tragfähiger inhaltlicher Grundlagen und einen langfristigen Lernerfolg ist zudem wichtig, an vorschulische Erfahrungen anzuknüpfen und eine Fortsetzbarkeit von Lernprozessen in der Sekundarstufe zu ermöglichen. Aufgabe des Mathematikunterrichts ist es, in diesem Zusammenspiel von Anforderungen Kinder auf langfristig anschlussfähige Weise zur lernförderlichen Auseinandersetzung mit arithmetischen Zusammenhängen anzuregen. Zwar gibt es zum Lernen im Bereich Arithmetik zahlreiche Vorschläge und Erkenntnisse, jedoch sind diese mit Blick auf eine anschlussfähige Gestaltung von Lernprozessen noch nicht immer konsequent aufeinander bezogen. Dieser Umstand führt auf der Inhaltsebene ausgehend von der Frage, *was* genau die Kinder lernen sollen, unter anderem zur Beschäftigung mit arithmetischen Gleichheiten, welche für die Erkundung arithmetischer Zusammenhänge von Bedeutung ist. Ebenso ist die Frage zu klären, *auf welche Weise* die Kinder dabei lernen können, womit auf der Prozessebene das Argumentieren als bedeutsame fachspezifische Kompetenz in den Blick rückt, da die Entwicklung von Argumenten die Herstellung von Sinnzusammenhängen ermöglicht und damit zur verständnisorientierten Vernetzung von Wissenselementen beitragen kann.

Vor diesem Hintergrund ist das Ziel der zwei in diesem Beitrag vorgestellten Projekte im Rahmen der fachdidaktischen Entwicklungsforschung (vgl. Prediger, Link, Hinz, Hußmann, Ralle & Thiele, 2012) die Konstruktion von Lerngelegenheiten für den Übergang vom Kindergarten in die Grundschule einerseits und für das Ende der Grundschulzeit andererseits, wobei ein besonderes Augenmerk auf ebenso altersgemäße wie gegenstandsrelevante Initiierungsmöglichkeiten für lernförderliche Argumentationsprozesse gelegt wurde. Diese wurden dann zur Konkretisierung von Lernchancen nach interaktions- und argumentationstheoretischen Gesichtspunkten analysiert (Steinbring, 2000; Schwarzkopf, 2000; 2003).

Die folgenden Ausführungen beginnen mit theoretischen Überlegungen, die zunächst die *Auswahl und Strukturierung konkreter Lerninhalte* betreffen und dann darauf aufbauend eine den Inhalten angemessene *Gestaltung von Lerngelegenheiten*. Im Anschluss daran werden Einblicke in die *Rekonstruktion argumentativer Prozesse* in beiden Altersgruppen gegeben. Auf dieser Grundlage soll mit Blick auf anschlussfähige Lernprozesse ein *Beitrag zur lokalen Theoriebildung* zur Spezifizierung und Strukturierung des Lerngegenstandes geleistet werden.

1. Arithmetische Zusammenhänge erkunden

Ausgehend von der Frage „Wie viele?" geht es im Arithmetikunterricht im Kern um zunehmend komplexere Anzahlbestimmungsprozesse – beginnend bei elementaren Zählsituationen hin zum flexiblen und kontextunabhängigen Rechnen mit verschiedenen Strategien. Am Ende der Grundschulzeit sollen die Kinder tragfähige Kompetenzen zur Bewältigung arithmetischer Anforderungssituationen als Grundlage für das weitere Lernen in der Sekundarstufe entwickelt haben. Dabei ist für ein umfassendes arithmetisches Verständnis zunächst grundlegend wichtig, zu Zahlen und elementaren Rechenoperationen wie z.B. 3+3 oder 5+1 inhaltliche Vorstellungen zu entwickeln und diese mit den in der Mathematik verwendeten symbolischen Darstellungen, vor allem in Form von Termen und Gleichungen, zu verknüpfen. Umgekehrt gilt es ebenso, den formalen Darstellungen inhaltliche Bedeutung zu geben. Dabei können jeweils verschiedene Beziehungen in den Blick genommen werden, was auch zu unterschiedlichen Mathematisierungen bzw. inhaltlichen Deutungen von konkreten Situationen und entsprechenden Gleichungen führen kann.

Auf Dauer reicht es dabei nicht, möglichst viele einzelne Fakten zu kennen, wie etwa verschiedene Rechenaufgaben mit gleichem Ergebnis, z.B. 4+2=6, 5+1=6, 3+3=6, 2+2+2=6 u.ä.m. Erst wenn Einsicht in Zusammenhänge, wie etwa 3+1+2=4+2=2+4=6, besteht, werden solche isolierten Fakten als Wissenselemente flexibel nutzbar. Zusammenhänge wie diese und zugrunde liegende mathematische Beziehungen zu erkunden, zu verstehen und damit auch begründen zu können, bildet die Grundlage für flexibles Rechnen, welches bei komplexeren Situationen und Aufgaben zunehmend bedeutsam wird. Daraus ergibt sich die Notwendigkeit, dass Kinder Rechenaufgaben von Anfang an nicht isoliert voneinander betrachten, sondern auf der Grundlage von Rechengesetzen ein Netz von Beziehungen zwischen Zahlen und Operationen entwickeln (vgl. z.B. Fricke, 1970; Gaidoschik, 2010; Stern, 1998; Wittmann, 2011 u.v.a.), um in anwendungs- ebenso wie in strukturorientierten Kontexten Situationen geeignet deuten und Rechenstrategien geschickt auswählen zu können.

Die Beschäftigung mit solchen Zusammenhängen wiederum erfordert, Gleichungen nicht ausschließlich als Abbildung von Handlungsvorschriften und damit im Sinne einer reinen Aufgabe-Ergebnis-Deutung als 2+4=? zu verstehen. Ein solches *einseitig funktionales Verständnis* von Gleichungen ist für die Erkundung arithmetischer Zusammenhänge hinderlich und reicht spätestens in der Sekundarstufe nicht mehr aus. In Anlehnung an Winter (1982) sollten sie vielmehr im Sinne eines differenzierteren Gleichheitsverständnisses als symmetrische Relationen aufgefasst werden, die die Gleichwertigkeit von Termen ausdrücken, wie etwa 3+2+1=4+2=2+4=10-4=6. Eine solche *relationale Perspektive* oder auch *algebraische Sicht* bietet bereits im Arithmetikunterricht der Grundschule einen Mehrwert für die Beschäftigung mit bedeutsamen arithmetischen Beziehungen. Insbesondere wird erst ein solches Gleichheitsverständnis der Bedeutung einer *vielfältigen Erkundung unterschiedlicher und wichtiger funktionaler Zusammenhänge* gerecht und eröffnet damit auch Möglichkeiten zur Strukturierung von Beziehungen und Einsicht in Zusammenhänge wie etwa 0+6=5+1=4+2=3+3=2+4=1+5=0+6. So leistet besonders die Beschäftigung mit den Konstanzgesetzen und anderen systematischen Veränderungen arithmetischer Gleichungen auf der Grundlage der algebraischen Eigenschaften der Rechenoperationen (Kommutativ-, Assoziativ-, Distributivgesetz) im Sinne des operativen Prinzips einen wichtigen Beitrag für verständnisorientierte und anschlussfähige Lernprozesse (vgl. Laakmann & London, 2015; Marx & Huhmann, 2011; Wittmann, 1985).[1] Arithmetisches Verständnis zielt somit nicht allein auf algorithmische Verfahren des Ausrechnens ab, sondern auch auf Fähigkeiten zum flexiblen Aus- und Umrechnen und somit auf die frühe Förderung algebraischer Denkweisen (vgl. Kieran, 2004; Steinweg, 2013). Damit wird algebraisches Denken hier als *Teil eines umfassenden arithmetischen Verständnisses* aufgefasst, das auch den Anspruch der Anschlussfähigkeit an den Mathematikunterricht in der Sekundarstufe umfasst.

Bei der Entwicklung eines solchen Verständnisses im Laufe der Grundschulzeit handelt es sich nicht um eine lineare Abfolge von Lernschritten, sondern um eine zunehmende Vernetzung von Vorstellungen jeweils auf und zwischen semantischer und syntaktischer Ebene. Dabei ist ein wesentliches Ziel, dass die Kinder sich zunächst zunehmend vom konkreten Kontext lösen und die abstrakten mathematischen Beziehungen hinter diesen Kontexten in den Blick nehmen. Steinbring spricht von einer „[…] Spannung zwischen einer anfänglich empirischen Deutung elementarer mathematischer Begriffe und einem Verständnis, dass mathematische Begriffe Beziehungen und Strukturen in symbolisierter und operativer Weise verkörpern. […] Wenn ein (auch schon relativ begrenzter) Konstruktionsschritt neuen Wissens vollzogen werden soll, dann ist eine mathematische Verallgemeinerung im Spiel" (Steinbring, 2000, S. 45). Je sicherer dies gelingt, umso flexibler können Strategien gewählt und schließlich auch zwischen verschiedenen Strategien und Kontexten gewechselt werden. Dieses Ziel erfordert vielfältige Gelegenheiten zur Erkundung von Zusammenhängen zwischen Zahlen und Termen in verschiedenen anwendungs- und strukturorientierten Kontexten, um Erfahrungen zu sammeln, zu vertiefen und zu vernetzen.

2. Argumentierend lernen

Eine solche Vernetzung kann durch Lerngelegenheiten unterstützt werden, die zum mathematischen Argumentieren anregen, welches häufig als Kernelement mathematischer Kompetenz beschrieben wird (vgl. Winter, 1983; Wittmann & Müller, 1988; Krauthausen, 2001 u.v.a.) und als prozessbezogene Kompetenz in den Bildungsstandards und Lehrplänen aller Schulstufen und -formen verankert ist. Dabei betont der Begriff des Argumentierens eine sozial-kommunikative Dimension (Schwarzkopf, 2000) und umfasst eine Bandbreite vielfältiger Aktivitäten des Begrün-

---

1   Bekannt sind solche Übungen etwa als „schöne Päckchen" oder im Rahmen sog. substantieller Aufgabenformate.

dens und Beweisens zur Erkenntnisgewinnung und -sicherung, die je nach Begriffs-bestimmung und Relevanz für die verschiedenen Schulstufen inhaltlich-anschauli-che Vorgehensweisen ebenso beinhalten wie formal-deduktive Wege (vgl. Meyer & Prediger, 2009; Marx & Huhmann, 2011). Dabei können verschiedene Funktionen des Begründens unterschieden werden (Malle, 2002, S. 4): die *Überzeugungsfunktion*, nach der jemand von der Richtigkeit einer Behauptung überzeugt werden soll, und die *Zusammenhang stiftende Funktion*, wonach etwas aus etwas anderem hergeleitet werden kann. Da für die Entwicklung von Verständnis im oben genannten Sinne die Einsicht in verschiedene arithmetische Zusammenhänge zentral ist, kommt hier der zweiten Funktion eine besondere Bedeutung zu: Anlässe zum Argumentieren bieten in arithmetischen Anforderungssituationen die Möglichkeit, über reines Ausrechnen hinaus strukturelle Zusammenhänge zu erkennen und individuelle Vorstellungen zu vernetzen. Besonders mit Blick auf verständnisorientierte Formen des Übens im In-teresse nachhaltiger Lernprozesse weisen Marx & Huhmann darauf hin, dass auch in der Grundschule „[d]as Begründen und Beweisen die neuen Erkenntnisse mit be-reits gesichertem Wissen [verbindet] und so den hypothetischen Status der Vermu-tungen [überwindet]" (2011, S. 8). Zusätzlich zum inhaltlichen Lernen tragen Anläs-se zum Argumentieren außerdem zur ebenfalls langfristig bedeutsamen Entwicklung der fachlich relevanten Kompetenzen des Begründens und Beweisens bei, die in der Grundschule mit inhaltlich substantiellen und kommunikativ reichhaltigen Aufga-ben verbunden sind (vgl. Krauthausen, 2001). Mit Blick auf formale Anforderungen mathematischen Beweisens und Begründens sind dafür in der Grundschule noch keine Formalismen notwendig; inhaltliche Argumente können auch in Prosa formu-liert und anschaulich dargestellt werden (z.B. Marx & Huhmann, 2011, S. 9). Auf diese Weise kann die argumentative Auseinandersetzung mit Gleichheiten in mehr-facher Hinsicht einen Mehrwert gegenüber einer rein prozeduralen Abarbeitung der-selben darstellen.

Vor diesem Hintergrund ist das Argumentieren im Rahmen beider Projekte nicht selber Lerngegenstand, sondern vorrangig Lernmedium, wenngleich es als solches implizit auch mitgefördert wird.[2] Die dabei angestrebte Verknüpfung von Wissens-elementen und Erfassung situationsübergreifender Strukturen und Zusammenhän-ge gehen über die bloße Ergänzung neuer Fakten zu vorhandenem Wissen deutlich hinaus. Stattdessen sind fundamentale Lernprozesse erforderlich (vgl. Schwarzkopf in diesem Band), bei denen das vorhandene, aber noch isolierte Wissen um Zahlen und Rechenoperationen umorganisiert wird, und neue Perspektiven auf die situati-ve Gegebenheit und inhärente Zusammenhänge eingenommen werden. Da jünge-re Kinder noch nicht über die Fähigkeit zum autonomen Lernen verfügen, ist hier aus soziologischer Perspektive zudem zu beachten, dass solche Lernprozesse gera-de in diesem Alter in der Regel auf Interaktion angewiesen sind und insbesondere im Zuge kollektiver Argumentationen erfolgen (vgl. Schwarzkopf in diesem Band;

---

2 In vergleichbarer Weise unterscheidet Krummheuer zwischen einem „curricular als erstre-benswert angesehene[n] Ziel" und einer „Bedingung des Lernens" (Krummheuer, 2003, S. 247). Zur Förderung des Argumentierens als Lerngegenstand vgl. z.B. Winter (1983), Krummheuer (2003), Bezold (2009).

Krummheuer, 2003; Miller, 1986). Daraus ergibt sich für die Konstruktion von Lerngelegenheiten die Herausforderung, Anlässe zum Argumentieren in kommunikativ ausgerichteten Situationen zu schaffen. Geeignete Aufgabenstellungen bieten dazu verschiedene, z.B. kooperative Bearbeitungsmöglichkeiten, wobei sich lernförderliche Anlässe zum Argumentieren besonders dann ergeben, wenn es beim Austausch zu Unklarheiten oder Strittigkeiten kommt. Sie sind idealerweise in der Sache begründet (Winter, 1976) und können von den Kindern situativ eingebracht oder bewusst von der Lehrkraft bzw. der/m Erzieher/in initiiert werden (Schwarzkopf, 2000). Werden zur Klärung im weiteren Verlauf der Interaktion Argumente entwickelt, die zu einem vertieften Verständnis beitragen, kann von einer „produktiven Irritation" gesprochen werden (vgl. Schwarzkopf in diesem Band; Nührenbörger & Schwarzkopf, 2013, S. 718f.). Dabei können die mathematischen Erkenntnisse von konkreten, am Beispiel verhafteten Aussagen bis hin zu Erkenntnissen über allgemeine Strukturen und Zusammenhänge reichen (vgl. Abschnitt 1). Argumente werden demnach in einer Spanne zwischen „empirischer Situiertheit" und „relationaler Allgemeinheit" entwickelt (Steinbring, 2000, S. 45).

3. Gleichheiten am Ende der Grundschulzeit algebraisch verstehen

Konstruktion von Lerngelegenheiten für die 4. Klasse

Die angestrebte algebraische Sicht auf Gleichungen ist am Ende der Grundschulzeit oft nicht vorhanden (vgl. Borromeo-Ferri & Blum, 2011), sodass geeignete Anlässe gebraucht werden, um dies anzuregen. Im Folgenden wird exemplarisch eine Lerngelegenheit mit strukturorientiertem Zugang vorgestellt, bei der die Darstellungsform der Rechenketten genutzt wird, um (un-)gleiche Terme zu erkennen, die (Un-)Gleichheit zu begründen und zu erzeugen. Da Lernende am Ende der Grundschulzeit in der Regel verschiedene Rechenverfahren beherrschen und diese somit als bereits gesichertes Wissen nutzen können, sollen sie sich im Zuge argumentativer Prozesse neues Wissen über Umrechnungsprozesse erschließen und es mit bestehenden Vorstellungen vernetzen. Dafür wurden den Kindern verschiedene Rechenaufgaben vorgelegt, die im gleichen Ergebnis resultieren, oder gleich erscheinende Aufgaben mit unterschiedlichen Ergebnissen. Es wurden also gezielt naheliegende Erwartungen bzgl. der Ergebnisse gestört, um produktive Irritationen als Argumentationsanlässe zu erzeugen. So sollten die Kinder angeregt werden, über arithmetische Zusammenhänge nachzudenken und geschickt aus- und umzurechnen.

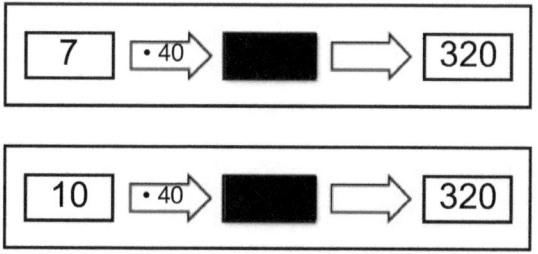

Abb. 1: Rechenketten

Dazu erhielten sie in Partnerinterviews Rechenketten, bei denen die zweite Pfeilzahl zu ermitteln ist (vgl. Abb. 1). Das Kästchen für die Mittelzahl ist schwarz gefärbt und die Kinder wurden darauf hingewiesen, zur Bestimmung der zweiten Pfeilzahl die Mittelzahl möglichst *nicht* auszurechnen. Ziel war die Anregung einer relationalen Deutung der Aufgabe durch Ausnutzung der algebraischen Eigenschaft der Distributivität $(a+b) \cdot c = a \cdot c + b \cdot c$. Diese Notationsform ist Grundschulkindern jedoch noch nicht zugänglich. Ebenso wenig können sie durch das Aufstellen und formale Umformen von Gleichungen wie $7 \cdot 40 + x \cdot 40 = 320$ die zweite Pfeilzahl ermitteln, da sie noch keine Variablen nutzen können. Ein derartiges relational allgemeines Wissen ist im vierten Schuljahr unzugänglich. Stattdessen kann die Darstellungsform der Rechenkette genutzt werden, welche die Gleichheit der Aufgaben durch gleiche Zielzahlen aufzeigt und die Darstellung der Start- und Pfeilzahlen die zugrundeliegende algebraische Struktur ermitteln lässt. So wäre folgendes Argument für Viertklässler denkbar: „Wenn 320 acht Vierziger beinhaltet und ich bereits sieben Vierziger habe, muss ich noch einen Vierziger addieren, um 320 zu erhalten." Ein möglicher Abstraktionsschritt in Richtung Allgemeingültigkeit könnte der Vergleich der vorhandenen Anzahl an Vierzigern mit den zu erreichenden Vierzigern sein und die anschließende Subtraktion bzw. Addition des Unterschiedes bei Überschuss bzw. Mangel. Derartige Deutungen, die sich ein strukturelles, inhaltliches Verständnis der Gleichheit argumentativ zu Nutze machen und sich somit in der Balance zwischen empirischer Situiertheit und relationaler Allgemeinheit befinden, sind auch ohne symbolische Umformungen von Gleichungen möglich. Empirisch situierte Argumentationsweisen, die sich auf das reine Ausrechnen der Rechenkette stützen, sind als Unterstützung auch weiterhin möglich.

Rekonstruktion von Lernprozessen

Der folgende Ausschnitt stammt aus der dritten und letzten Stunde einer Serie von Partnerinterviews. Daran wird exemplarisch aufgezeigt, in welcher Weise die Lerngelegenheit Anlässe für Argumentationen bietet, und wie sich diese auf individuelle Lernprozesse auswirken können. Die Kinder haben zuvor Rechenketten berechnet, die (Un-)Gleichheit der Zielzahlen diskutiert, begründet und weitere Rechenketten mit gleicher Zielzahl gefunden. Karl und Lars bekommen nun die erste Rechenkette vorgelegt und überlegen, wie die zweite Pfeilzahl lauten müsste (vgl. Abb. 2).

Abb. 2: Rechenkette mit Startzahl 7

K	Dann kommt da (*zeigt auf den schwarzen Kasten, schaut die Interviewerin an und lacht*) 280 raus.
L	Ja aber wir dürften das ja eigentlich nicht ausrechnen (*lacht*).
K	Ja dann muss da eigentlich plus 40 (*zeigt auf den zweiten Pfeil*).
L	Ja plus 40.
K	Ja (*schreibt +40 in den Pfeil*) Wir haben es nur ein bisschen ausgerechnet (*schiebt die Rechenkette zur Interviewerin*).

Karl berechnet die Mittelzahl der Rechenkette und ermittelt daraufhin den Unterschied von Mittel- und Zielzahl als zweite Pfeilzahl. Lars weist auf die Aufgabenstellung hin, nach der die Kinder die Mittelzahl nicht ausrechnen sollten. Jedoch scheinen sie hier zunächst keine andere Idee zur Ermittlung der zweiten Pfeilzahl zu haben. Sie argumentieren hier im Sinne Steinbrings (2000) auf empirische Weise, da sie zur Lösungsbestimmung keine zugrundeliegenden Strukturen nutzen, sondern sich auf Ergebnisse beziehen, indem sie die Rechenkette ausrechnen. Darauf fordert die Interviewerin explizit, die herausgefundene Lösung nicht durch die Berechnung der Mittelzahl zu begründen.

| L | Also ähm man äh kann ja eigentlich ja also auch ähm das kleine Einmaleins rechnen ähm nur das hier ist 7 mal 4, und dann die nächste Zahl ist ja 32, dann muss man bis zur 32 raufrechnen und das sind dann 4 einfach überall noch (*unverständlich*). |

Lars nutzt daraufhin Analogien im kleinen Einmaleins, die ihm helfen, erste strukturelle Zusammenhänge in den Blick zu nehmen. Er deutet die Mittelzahl, die sich dann aus 7·4 ergibt, ordinal, ebenso wie die Zielzahl 32, die dann als „nächste Zahl" in der Viererreihe resultiert. Lars weist zum Schluss noch einmal darauf hin, dass es „dann 4 einfach überall noch" sind. Er erkennt die zugrunde liegende Viererstruktur, wenngleich seine Formulierungen an dieser Stelle noch unpräzise bleiben. Lars löst sich allmählich von einer rein empirischen Argumentationsweise hin zu einer relationalen, indem er der Struktur der Rechenkette Beachtung schenkt. Gleichwohl verbleibt er, ebenso wie Karl zuvor, am konkreten Beispiel verhaftet und stellt an dieser Stelle noch keine allgemeinen Bezüge her.

Die Interviewerin gibt den Kindern anschließend eine kurze Rechenkette mit Zielzahl 320, deren Startzahl Lars und Karl bestimmen. Die Interviewerin möchte wissen, wie diese Kette bei der Ermittlung der Lösung helfen kann.

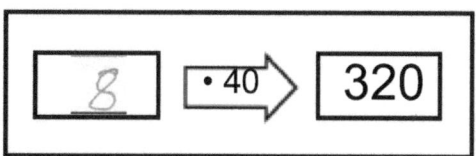

Abb. 3: Kurze Rechenkette mit Startzahl 8

K	Also das Ergebnis ist schon mal gleich und hier (*tippt die Pfeile der Rechenketten an*) wird überall mal 40 gerechnet.
L	(*4 sec*) Mh.
K	(*4 sec*) Aber wirklich geholfen hat die mir jetzt nicht.
L	Ach doch ja, also wenn man ein mal 40 weniger macht, ist das ja 280 (*zeigt auf die Zielzahl der kurzen Rechenkette*) und dann ähm plus 40.
I	Wieso hast du jetzt einmal 40 weniger gesagt?
L	Weil das ist ja, 8 also, also ist ja 7 mal die 40 (*zeigt abwechselnd auf die Startzahlen 8 und 7*) und dann kann man ja 280 und dann plus 40 sind ja halt 320.

Karl stellt zunächst empirische Gemeinsamkeiten auf rein phänomenologischer Ebene heraus: Die erste Pfeilzahl und die Zielzahl beider Rechenketten sind identisch. Er kommt dann jedoch zu dem Schluss, dass ihm dies nicht zur Bestimmung der zweiten Pfeilzahl in der langen Kette weiterhilft. Lars hingegen nutzt algebraische Denkweisen und erkennt den strukturellen Zusammenhang der beiden Ketten. Er stellt zunächst die Beziehung zwischen dem ersten Teil der langen und der kurzen Rechenkette heraus. Hier sind es „ein mal 40 weniger". Auf Nachfragen verweist er auf die beiden Startzahlen 8 und 7, aus denen „ein mal 40 weniger" resultiert. Lars fügt hinzu, dass dann „plus 40" gerechnet werden muss, begründet aber nicht explizit. Möglich ist, dass er die Idee des Ausgleichens durch die Umkehroperation verfolgt (-40+40=0) und somit die zuvor abgezogenen 40 wieder hinzufügen muss, da er zuletzt noch einmal die Gesamtmenge 320 betont. Lars führt an dieser Stelle einen strukturellen Umrechnungsprozess auf Grundlage des Distributivgesetzes durch, um von der kurzen auf die lange Rechenkette zu schließen. Mathematisch gesprochen nutzt er folgende Gleichung: $8 \cdot 40 = 8 \cdot 40 - 1 \cdot 40 + 40 = 7 \cdot 40 + 40$. Lars ergänzt seine ordinale Deutung der Rechenkette um den kardinalen Aspekt: Er interpretiert $7 \cdot 40$ nun nicht mehr als Position der Vierer-Reihe, die sich vor $8 \cdot 40$ befindet, sondern als sieben Vierziger, die einen Vierziger weniger beinhalten als $8 \cdot 40$. Hier bestätigt sich seine relationale Perspektive: Lars argumentiert nicht mehr empirisch durch Ausrechnen. Stattdessen betrachtet er die Rechenketten relational, indem er die kurze und die lange Kette zueinander in Beziehung setzt und so durch strukturell-inhaltliches Umrechnen die geforderte Lösung ermitteln kann.

Nachdem Lars den Zusammenhang begründet hat, gibt Karl an, dem Gedankengang folgen zu können.

K	Ja hier ist 280 (*zeigt auf die Zielzahl der kurzen Rechenkette*) und dann ah 40 plus, doch jetzt versteh ich deine Logik.

Ob und inwieweit er der Idee tatsächlich folgen kann, bleibt vorerst offen. Um u.a. dies herauszufinden, legt die Interviewerin den Kindern eine weitere Rechenkette mit der Startzahl 10 vor, deren zweite Pfeilzahl sie bestimmen sollen.

Abb. 4: Rechenkette mit Startzahl 10

L	Weil das ist ja eine höhere Zahl (*tippt zwischen den Startzahlen der kurzen und aktuellen Rechenkette hin und her*) und deshalb
K	Muss man minus rechnen weil es die höhere Zahl ist und dann jo weil
L	Minus 80
L	Ja weil 2 (*tippt auf den Anfang der kurzen und der aktuellen Rechenkette*)
K	Und dann ist das ja (*tippt von dem Anfang der kurzen Rechenkette auf den Anfang der aktuellen Rechenkette*) 2 mal weniger und dann 2 da weg (*schreibt -80 in den zweiten Pfeil*) minus 80 und wenn man das ausrechnen würde, wären das 400 (*grinst*).

Die Kinder stellen fest, dass es sich dieses Mal um eine Kette handelt, bei der die Startzahl größer ist als die der kurzen Kette 8·40 und folgern daraus, dass man im zweiten Schritt etwas abziehen muss, um die gleiche Zielzahl zu erhalten. Lars konkretisiert die zweite Pfeilzahl zu minus 80 und setzt zur Begründung an, die Karl dann weiter ausführt. Da die kurze Rechenkette 2·40 weniger ist als die mit der Startzahl 10, müssen hier 2·40=80 abgezogen werden, um ebenfalls 320 zu erhalten. Angeregt durch die relationalen Überlegungen von Lars zur vorherigen Rechenkette überträgt Karl diese auf ein weiteres Beispiel und setzt die neue Deutung in Beziehung zu seiner anfänglich empirischen, indem er durch das Ausrechnen der Mittelzahl auch hier die Lösung noch einmal am konkreten Beispiel überprüft. Es scheint ihm an dieser Stelle wichtig zu sein, seine Überlegungen mit jenen zu Beginn der Szene übereinstimmen zu lassen. Karl würde so im Sinne des fundamentalen Lernens sein neues strukturelles Wissen in seinen alten Wissensbestand integrieren. In der Spanne zwischen empirischer Situiertheit und relationaler Allgemeinheit (vgl. Steinbring, 2000) können die Argumente von Lars und Karl nun im Bereich „relationaler Situiertheit" verortet werden: „relational", da sie Beziehungen zwischen den Aufgaben hergestellt haben, jedoch noch „situiert", da sie am konkreten Beispiel verhaftet bleiben und keine allgemeinen Aussagen getroffen haben. Der Weg dorthin ist aber nun durch die relationale Perspektive eröffnet und angedeutet, da durch eine vergleichende Sichtweise zunehmend allgemeinere Aussagen hinsichtlich der Beziehung zwischen Aufgaben getroffen werden können.

4. Arithmetisches Verständnis im Kindergarten anbahnen

Konstruktion von Lerngelegenheiten für die Kita

Wie die oben analysierte Szene zeigt, bieten Argumentationen über operativ zu erschließende arithmetische Beziehungen substantielle Lernchancen für Kinder des vierten Schuljahres. Daher stellt sich die Frage, wie ein geeigneter Einstieg in derartige Erkundungen auch für jüngere Kinder gestaltet werden kann. Zahlreiche Untersuchungen zeigen, dass Kinder bereits im Vorschulalter über vielfältige Strategien verfügen, um arithmetische Anforderungen erfolgreich zu bewältigen, insbesondere dann, wenn sie in einen vertrauten Sachkontext eingebettet sind und handelnd gelöst werden können (im Überblick z.B. in Benz, Peter-Koop & Grüßing, 2015). Die Verknüpfung solcher Vorerfahrungen mit der zunehmend systematischen Beschäftigung mit arithmetischen Zusammenhängen war Ziel der Entwicklung von Lerngelegenheiten für den Übergang vom Kindergarten in die Grundschule in einem weiteren Projekt. Auch hier bildeten die algebraischen Eigenschaften der Rechenoperationen und die Erkundung bedeutsamer funktionaler Zusammenhänge im Sinne des operativen Prinzips die Grundlage für die Gestaltung verständnisorientierter und anschlussfähiger Lernprozesse (vgl. Abschnitt 1).

Abb. 5: Erzählbild mit Alltagssituation

Da die jüngeren Kinder noch nicht über ein fachsprachliches Repertoire verfügen, auf das sie beim Austausch zurückgreifen können, mussten sowohl auf inhaltlicher als auch auf sprachlicher Ebene Anknüpfungspunkte gegeben sein, um sie auf altersgemäße Weise zum inhaltlichen Argumentieren anzuregen. Die entwickelten Lerngelegenheiten stützen sich dafür im Gegensatz zum strukturorientierten Ansatz für die Viertklässler auf anwendungsbezogene Kontexte. Hierzu wurden Bilder von Situationen aus dem Alltag der Kinder erstellt, die durch ihre Gestaltung ermöglichen, sowohl einen Bezug zu eigenen Handlungserfahrungen herzustellen als auch verschiedene arithmetische Beziehungen in den Blick zu nehmen. Im Sinne der Mehrdeutigkeit nach Voigt (1990) bietet sich so ein Anlass für eine zunächst offene Phase freien Assoziierens und Erzählens. Aufbauend auf den Aspekten, welche die Kinder oder die Interviewerin einbringen, wird dann im weiteren Austausch ein arithmetischer Schwerpunkt vertieft. Dabei können unterschiedliche Anforderungen Berücksichtigung finden, wie ein erstes zahlbezogenes Deuten der Situation, aber auch das Vergleichen oder Verändern von Anzahlen. Somit ergeben sich unter Berücksichtigung der Vorerfahrungen der Kinder stets verschiedene mögliche Aspekte, die in den Blick genommen werden können, hier z.B.: Wie viele Kinder sind es? Wie viele Stühle? Was könnte als nächstes passieren? Wie viele Kinder könnten an zwei solcher Tische sitzen? Immer können unterschiedliche Strategien gewählt werden: So können z.B. empirisch situierte Vorgehensweisen wie Zählstrategien zum Tragen kommen, die konkret auf das Bild bezogen sind. Gleichwohl können auch Vorschulkinder bereits auf erste bekannte Rechenaufgaben zurückgreifen, Beziehungen zwischen diesen erkennen und ihre Finger oder andere Repräsentanten nutzen. Dabei können auch die jüngeren Kinder Abstraktionsschritte in Richtung allgemeinerer relationaler Wissenskonstruktionen vollziehen. Eine Verwendung von Bezeichnungen wie „plus", „gleich" oder ganzer Rechenaufgaben ist dabei zwar möglich, aber nicht notwendig, ebenso ist eine symbolische Notation für die Vorschulkinder in der Regel weder zugänglich noch notwendig.

Rekonstruktion von Lernprozessen

Der folgende Ausschnitt aus einer Sitzung mit Vorschulkindern soll exemplarisch Einblick geben in Argumentationsprozesse, die angeregt werden konnten. Dabei werden im Zuge der Interaktion zum einen verschiedene inhaltliche Vorstellungen deutlich, die Kristian, Jonas, Konstantin, Luca und Sina einbringen. Zum anderen fordert die Interaktionsdynamik eine argumentative Koordination der unterschiedlichen Ideen durch die Beteiligten ein, die wiederum die Konstruktion und Artikulation weiterer inhaltlicher Überlegungen nach sich zieht. Die sich weiterentwickelnden Argumente geben auch hier wieder Hinweise auf fundamentale Lernprozesse.

Nachdem den Kindern ein neues Bild (vgl. Abb. 5) unkommentiert vorgelegt wurde, äußern sie spontan ihre Assoziationen, u.a. vergleichen sie das Bild mit dem ihnen bereits bekannten Bild, auf dem der Tisch mit 6 freien Plätzen zu sehen ist. Nach wenigen Minuten stellt die Interviewerin aus dem Gesprächsverlauf heraus eine Frage und lenkt die Aufmerksamkeit so auf die freien Plätze.

I	Aha. Wie viele Kinder könnten denn sich noch dazu setzen?

Alle Kinder antworten zügig und übereinstimmend „vier". Damit ist das Ergebnis zwar klar, aber um inhaltliche Zusammenhänge in den Blick zu rücken, fordert die Interviewerin die Kinder noch auf zu erläutern, wie sie jeweils „4" ermittelt haben: „Wie hast du überlegt?". Damit eröffnet sich die Möglichkeit, Gleichheiten im Rahmen der verschiedenen Lösungswege zu thematisieren. Zwar beinhaltet diese Frage dabei keine direkte Aufforderung zur Begründung, aber die Kinder fühlen sich dennoch – möglicherweise auf sozialer Ebene – zur Argumentation herausgefordert, um ihre zum Zählen alternativen Deutungen zur Bestimmung der Differenz zwischen 2 und 6 zu begründen. Dazu gibt die Interviewerin den Kindern die Gelegenheit, um ihre Sicht darzulegen.

Kr	Hab' gezählt.
I	Mmh. Wie hast du überlegt, Jonas?
J	Ich nicht. Weil hier schon zwei sitzen *(zeigt auf die beiden Kinder am Tisch)* und von *sechs (hebt die Hände)*, dann kann's ja nur noch vier *(tippt auf den Tisch)*, fünf.
Ko	Weil drei plus drei sind nämlich sechs.
I	Moment. Warte. *(Tippt an Konstantins Arm.)* Er *(tippt an Jonas' Schulter)* war noch nicht zu Ende. Du *(tippt an Konstantins Arm)* sagst uns anschließend. Sag noch mal *(tippt an Jonas' Schulter)*, wie
J	Also, wenn man sechs hat. Hier fünf und sechs, dann können, fünf und sechs *(tippt vermutlich nacheinander auf die beiden Kinder am Tisch)*, dann können da ja nur noch vier sitzen.

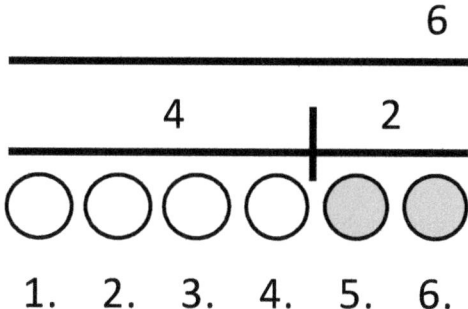

Abb. 6: _+2=6

Hier zeigen sich auf inhaltlicher Ebene unterschiedliche Zugänge und Vorgehensweisen, die Lernchancen bieten. Eröffnet wird der Argumentationsprozess durch Kristian, der sich hier konkret auf das Bild bezieht und die Anzahl der „leeren Stühle" zählt. Diese empirisch situierte Vorgehensweise wird nicht weiter hinterfragt und als Lösungsweg offenbar akzeptiert, was nicht verwundert, da das Zählen in der Regel zu den vertrauten mathematischen Strategien von Kindergartenkindern gehört. Gleichwohl ist vielen Kindern schon bewusst, dass es noch andere und in der Schule wohl übliche Vorgehensweisen gibt. So zeigt sich bei den Kindern, die hier nun ihr eigenes Vorgehen darlegen möchten, wiederum ein zunächst vermutlich sozial motivierter Anlass zur genaueren Erläuterung. Jonas grenzt sich vom Zählen ab und bettet zudem seine Aussage begründend („weil") ein. Allerdings argumentiert er auch nicht völlig losgelöst vom Zählen: Er stellt zunächst heraus, dass 2 Kinder zu sehen sind, die in Relation zu den 6 Plätzen gesetzt werden müssen. Das macht er, indem er den zwei besetzten Stühlen die Positionen 5 und 6 zuweist, um entsprechend die vorherigen 4 Zählzahlen den nicht besetzten Stühlen zuzuordnen (Abb. 6). Ähnlich wie Karl in der vorherigen Szene zieht Jonas zur Stützung seiner Argumentation eine ihm als verlässlich bekannte Methode heran, hier das Zählen, wenngleich er sich anfangs hiervon noch distanziert. Anders als Kristian beginnt Jonas Beziehungen im Kontext herzustellen. Beiden Begründungen ist gemeinsam, dass sie sich auf die konkret gegebene Situation beziehen.

I	Okay *(zu Jonas gewandt)*, so hast du überlegt. *(Zeigt dann zu Kristian)* Ne andere Idee, ne? Kann man beides machen. Und du *(zu Konstantin gewandt)* hast noch anders überlegt?
Ko	Also drei plus drei ist sechs *(zeigt in Richtung des Bildes)* und wenn man dann nur zwei *(streckt den Zeige- und den Mittelfinger rechts aus)* sitzen, dann ist, dann kommt ja einer von den anderen drei, der da, der da *(zeigt auf die beiden Kinder am Tisch)* nicht sitzt, kommt ja noch zu den anderen drei und dann können da noch vier hin.

Konstantin bringt Faktenwissen in Form eines mathematischen Terms ein, dessen Bezug zum Bild nicht auf den ersten Blick erkennbar ist: 3+3=6. Auch er zeigt seine Argumentation wie Jonas explizit an („weil"). Um die Beziehung zwischen dem mathematischen Term „3+3=6" und der Situation auf dem Bild zu verdeutlichen, formuliert er eine kleine Geschichte, mit der er den erkannten Zusammenhang verdeutlichen möchte: Er stellt sich vor, alle Stühle seien besetzt, so dass jeweils 3 Kinder zusammen sitzen würden. Derjenige, der aber noch nicht sitzt, wechselt zu den anderen dreien, so dass es vier sind: 6=3+3=(2+1)+3=2+(1+3)=2+4. Die mathematische Beziehung, die dieser Geschichte, in der Kinder die Gruppen wechseln, zugrunde liegt, kann durch die Konstanz der Summe auf der Grundlage des Assoziativgesetzes beschrieben werden. Natürlich ist das in abstrakter Form für die Kinder unzugänglich, aber durch die von Konstantin erfundene Geschichte, die sich aus seiner dynamischen Deutung der Bildsituation ergibt, erhält sie eine den Kindern inhaltlich wie sprachlich vertraute Form, eröffnet die Chance zum Verstehen und erfüllt somit eine wichtige argumentative Funktion. Konstantins Überlegung ist zwar auch auf den konkreten Fall bezogen, aber im Zuge seiner dynamischen Situationsdeutung nutzt er operative Beziehungen, die er über die im Bild gegebenen Fakten in die Situation hineindeutet. Somit löst er sich vom konkreten Einzelfall und argumentiert – ähnlich wie Karl und Lars am Ende der vorherigen Szene – „relationalsituiert".

J	Das versteh ich jetzt nicht.
L	Und ich weiß, ich
I	Moment Luca. Der Jonas hat gesagt, er hat die Idee von Konstantin noch nicht verstanden. Wie ist das mit den anderen? Hat jemand anderes die Idee von Konstantin verstanden?
L	Das war auch 'n bisschen schwierig.
I	[Kannst es] mit dem Bild zeigen. Mit den Fingern zeigen. Mit Worten erklären.

Nach Jonas äußern auch die anderen Kinder am Tisch Unverständnis, Luca stuft den Vorschlag von Konstantin sogar als schwierig ein. Hier ergibt sich also – anders als zuvor – ein nicht mehr vorrangig sozial, sondern stärker inhaltlich motivierter Anlass zur Präzisierung der Argumentation. Dazu schlägt die Interviewerin verschiedene Repräsentationsmöglichkeiten vor, auf die Konstantin sich stützen könnte, um seine Vorgehensweise nochmal zu erklären. Konstantin nimmt sich das Bild und führt seine Geschichte weiter aus:

Ko	Ja, kann ich *(nimmt sich das Bild)*. Also. *(Stellt sich zwischen Tino und Luca.)* Hier sitzen *(zeigt auf das Bild, legt es auf den Tisch)* zwei. Die zwei *(zeigt auf die zwei Kinder am Tisch)*. Und dann, sind da nur noch vier, und dann kommt der von *(zeigt auf die beiden Kinder am Tisch)*, dann kommt da *(zeigt auf den Platz links neben den Kindern)* kein Dritter mehr hin, dann kommen da noch vier hin *(streicht mit der Hand über die freien Plätze am Tisch)*. Also so meinte ich.
J	Ich weiß jetzt, was du meinst.
Ko	Ich meinte, dass da *(zeigt auf die beiden Kinder am Tisch)* zwei, dass da dann noch vier *(legt die Hand auf das Bild)* hin können.
S	Und ein Stuhl, an ein Stuhl ist keiner *(unverständlich)*.
J	Ich weiß, was du meinst.
Ko	Äh, doch. *(Schiebt das Bild näher zu Sina)* Dann sind's ja, weil *(zeigt mit den Handflächen nach rechts)* zwei plus vier ist sechs und *(zeigt mit den Handflächen nach links)* drei plus drei ist sechs. Dann, weil dann sitzen da ja zwei dann, und dann fehlt ja und dann fehlt noch Dritte, der kommt dann *(streckt den Zeigefinger aus)* zu den anderen und dann vier plus zwei *(streckt zwei Finger aus)*.

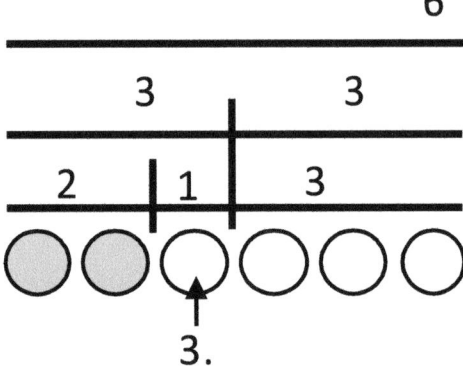

Abb. 7: 6=2+4=3+3=4+2

Konstantin entwickelt im Verlauf der Interaktion seine Argumente weiter. Anlass dafür ist das Unverständnis der anderen Kinder, und so wird die Mehrdeutigkeit des Bildes zum Motor der weiteren Interaktion. In der von Konstantin nun erweiterten Geschichte fehlt zu den zwei sitzenden Kindern noch eines, bis es drei sind. Dieses fehlende dritte Kind muss zugleich zu den anderen drei leeren Plätzen hinzu gerechnet werden: 2+4=(3-1)+(1+3)=2+1+3. In diesem Sinne werden die Plätze in zwei gleich große Gruppen (3+3) aufgeteilt. Einerseits werden die zwei bereits sitzenden Kinder einer Teilgruppe zugeordnet, andererseits wird der „dritte" nicht besetzte Platz in Relation zu den weiteren nicht besetzten Plätzen gesetzt.

Die Zahlen der Gleichung erhalten im Zuge der Interpretation des Bildes eine neue empirische Bedeutung, die zu einer Ausdifferenzierung der Argumentation führt. Das Bild wird auf der Grundlage des vertrauten Wissens um den Term 3+3 interpretiert, sodass zugleich das Wissen um die additive Beziehung von 3 und 3 erweitert wird: 3+3=2+4. Anders gesagt wird das Bild im Spiegel des Terms gedeutet und der Term passend zum Bild verändert – gleichsam im Wechselspiel zwischen Situiertheit und Allgemeinheit. Im Sinne Millers (1986) bietet sich hier im Zuge der sich ausdifferenzierenden Argumentation die Chance, altes Wissen aufzugreifen und grundlegend zu erweitern, indem neue additive Beziehungen zwischen den vorhandenen Wissenselementen im Sinne eines fundamentalen Lernprozesses aktiv konstruiert werden.

5. Schlussbemerkungen zur Förderung arithmetischen Verständnisses durch argumentativ geprägte Lerngelegenheiten

Wie sich in den analysierten Szenen zeigt, konnten die Lernenden sowohl im Kindergarten als auch im vierten Schuljahr dazu angeregt werden, miteinander zu argumentieren. Die sich dadurch ergebenden Lernchancen sind auf zwei Ebenen angesiedelt:

Auf der Inhaltsebene zeigte sich, dass die Kinder sowohl zum Ausrechnen als auch zum Umrechnen angeregt werden konnten. Dabei bot die Herstellung und Begründung mathematischer Gleichheiten für beide Altersgruppen vielfältige Erkundungsmöglichkeiten. Für die Kinder des vierten Schuljahres lag eine substantielle Lernchance insbesondere im Zugewinn der wenig vertrauten relationalen Perspektive auf Gleichheiten zur Erweiterung des gefestigten, aber zugleich einseitigen Prozesses des Ausrechnens. Für die Vorschulkinder eröffneten sich Lernchancen zum einen in der Erkenntnis, dass überhaupt unterschiedliche Wege des Ausrechnens zum Ziel (hier zur Anzahl 4) führen können, und zum anderen ebenfalls in der Möglichkeit zur Vernetzung, je nach Vorerfahrungen auch zur Erweiterung vorhandenen Wissens über arithmetisch bedeutsame Zusammenhänge, insgesamt also auch im Zugewinn der relationalen Perspektive.

Auf der Prozessebene zeigten sich individuelle Lernprozesse in der Weiterentwicklung der Argumente, erkennbar an ihrem unterschiedlichen strukturellen Gehalt in der Spanne von empirischer Situiertheit (ausrechnend bzw. zählend am konkreten Darstellungsmittel verhaftet) und relationaler Allgemeinheit (umrechnend in notierter bzw. verbalisierter Termform) (vgl. Steinbring, 2000; Schwarzkopf, 2000). Bei den Vorschulkindern erwiesen sich neben gezielten inhaltlichen Impulsen vor allem die eigenen kurzen Geschichten, mithilfe derer Situationsdeutungen verbalisiert wurden, als interaktionsförderlich. Sie ermöglichten den Kindern, mathematische Zusammenhänge zur Sprache zu bringen, die ihnen auf abstrakt-symbolischer Ebene noch nicht zugänglich sind. Für die Viertklässler waren insbesondere die Rechenketten mit der geschwärzten Mittelzahl sowie Impulse der Interviewerin zum Vergleich zweier Ketten (und damit Termstrukturen) Anlass, über verschiedene Strategien zur Bestimmung bzw. Begründung der Gleichheit zu sprechen. So ergab sich für die Kinder beider Altersgruppen die Chance, durch die Argumentation miteinander über arithmetische Beziehungen ihr mathematisches Wissen um die relationale Perspektive zu erweitern, die ein flexibler Umgang mit Gleichheiten im Sinne algebraischen Denkens erfordert (vgl. Abschnitt 1).

Obwohl das Argumentieren in den vorgestellten Projekten nicht selber der zentrale Lerngegenstand ist, zeigen die Analysen, dass sich die Kinder durch die inhaltliche Auseinandersetzung zugleich auch im fachlichen Argumentieren üben, da die betrachteten Beziehungen sie immer wieder veranlassen, implizit oder explizit Begründungen einzufordern und in der Interaktion ihre Argumente neu zu formulieren, zu erweitern, zu präzisieren oder anzupassen. Auf diese Weise tragen die argumentativ geprägten Lerngelegenheiten dazu bei, dass die Kinder sich im Verlauf der Interaktion sowohl inhaltlich als auch sprachlich weiter ausdifferenzieren. Sie lernen also bedeutsame Inhalte und üben sich dabei zugleich im Argumentieren, sodass hier beobachtet werden kann, was Krauthausen (2001, S. 105) aus einer normativen Perspektive heraus formuliert: „Das Beweisen wird nicht gelehrt, sondern gelernt, und zwar durch Selbsttätigkeit".

Die dargelegten Einblicke in die Argumentationsprozesse beider Altersgruppen unterstützen auf empirischer Ebene die zunächst auf theoretischer Basis entwickelten Überlegungen, algebraisches Denken und die dafür erforderliche relationale Perspektive als Teil eines umfassenden arithmetischen Verständnisses aufzufassen (vgl. Abschnitt 1) und sie deshalb von Anfang an zu fördern, nicht erst am Ende der Grundschulzeit als Vorbereitung auf die Algebra in der Sekundarstufe. Auf diese Weise leistet die Analyse dieser und weiterer Szenen im Sinne fachdidaktischer Entwicklungsforschung einen auf Empirie gestützten Beitrag zur lokalen Theoriebildung bezogen auf die Spezifizierung dieses Lerngegenstandes für den Übergang vom Kindergarten in die Grundschule und für seine (Re-)Strukturierung im Verlauf der Grundschulzeit mit dem Ziel, auf der Prozess- wie auf der Inhaltsebene anschlussfähige mathematische Lernprozesse zu ermöglichen.

Literatur

Benz, C., Peter-Koop, A. & Grüßing, M. (2015). *Frühe mathematische Bildung*. Berlin, Heidelberg: Springer.

Bezold, A. (2009). Förderung von Argumentationskompetenzen durch selbstdifferenzierende Lernangebote – eine Studie im Mathematikunterricht der Grundschule. *Journal für Mathematik-Didaktik, 30* (3/4), 281–282.

Borromeo-Ferri, R. & Blum, W. (2011). Vorstellungen von Lernenden bei der Verwendung des Gleichheitszeichens an der Schnittstelle von Primar- und Sekundarstufe. In R. Haug & L. Holzäpfel (Hrsg.), *Beiträge zum Mathematikunterricht* (S. 127–130). Münster: WTM.

Fricke, A. (1970). Operative Lernprinzipien im Mathematikunterricht der Grundschule. In A. Fricke & H. Besuden (Hrsg.), *Mathematik. Elemente einer Didaktik und Methodik* (S. 79–116). Stuttgart: Klett.

Gaidoschik, M. (2010). *Wie Kinder rechnen lernen – oder auch nicht*. Frankfurt am Main.: Lang.

Kieran, C. (2004). Algebraic Thinking in the Early Grades: What Is It? *The Mathematics Educator, 8* (1), 139–151.

Krauthausen, G. (2001). „Wann fängt das Beweisen an? Jedenfalls, ehe es einen Namen hat." Zum Image einer fundamentalen Tätigkeit. In W. Weiser & B. Wollring (Hrsg.), *Beiträge zur Didaktik der Mathematik für die Primarstufe* (S. 99–113). Hamburg: Dr. Kovac.

Krummheuer, G. (2003). Argumentationsanalyse in der mathematikdidaktischen Unterrichtsforschung. *Zentralblatt für Didaktik der Mathematik, 35* (6), 247–256.

Laakmann, H. & London, M. (2015, i. Dr.). Funktionales Denken entwickeln in Primarstufe und Sekundarstufe. In G. Heintz & G. Pinkernell (Hrsg.), *Digitale Werkzeuge im Mathematikunterricht. Festschrift für H. J. Elschenbroich*. MNU.

Malle, G. (2002). Begründen. Eine vernachlässigte Tätigkeit im Mathematikunterricht. *Mathematik lehren, 110*, 4–8.

Marx, A. & Huhmann, T. (2011). Mathematik: Entdeckend üben – übend entdecken. Die Bedeutung des Begründens und Beweisens für den Übungsprozess. *Grundschulmagazin, 79* (6), 7–12.

Meyer, M. & Prediger, S. (2009). Warum? Argumentieren, Begründen, Beweisen. *Praxis der Mathematik in der Schule, 51* (30), 1–7.

Miller, M. (1986). *Kollektive Lernprozesse. Studien zur Grundlegung einer soziologischen Lerntheorie*. Frankfurt am Main: Suhrkamp.

Nührenbörger, M. & Schwarzkopf, R. (2013). Gleichungen zwischen „Ausrechnen" und „Umrechnen". In G. Greefrath, F. Käpnick & M. Stein (Hrsg.), *Beiträge zum Mathematikunterricht* (S. 716–719). Münster: WTM.

Prediger, S., Link, M., Hinz, R., Hußmann, S., Ralle, B. & Thiele, J. (2012). Lehr-Lernprozesse initiieren und erforschen – Fachdidaktische Entwicklungsforschung im Dortmunder Modell. *Der mathematische und naturwissenschaftliche Unterricht, 65* (8), 452–457.

Schwarzkopf, R. (2000). *Argumentationsprozesse im Mathematikunterricht. Theoretische Grundlagen und Fallstudien*. Hildesheim: Franzbecker.

Schwarzkopf, R. (2003). Begründungen und neues Wissen: Die Spanne zwischen empirischen und strukturellen Argumenten in mathematischen Lernprozessen der Grundschule. *Journal für Mathematikdidaktik, 24* (3/4), 211–234.

Steinbring, H. (2000). Mathematische Bedeutung als eine soziale Konstruktion – Grundzüge der epistemologisch orientierten mathematischen Interaktionsforschung. *Journal für Mathematik Didaktik, 21* (1), 28–49.

Steinweg, A. S. (2013). *Algebra in der Grundschule*. Heidelberg: Springer/Spektrum.

Stern, E. (1998). *Die Entwicklung des mathematischen Verständnisses im Kindesalter*. Berlin u.a.: Lengerich.

Voigt, J. (1990). Mehrdeutigkeit als wesentliches Moment der Unterrichtskultur. In *Beiträge zum Mathematikunterricht* (S. 305–308). Hildesheim: Franzbecker.

Winter, H. (1976). Die Erschließung der Umwelt im Mathematikunterricht der Grundschule. *Sachunterricht und Mathematik in der Primarstufe, 7*, 337–353.

Winter, H. (1982). Das Gleichheitszeichen im Mathematikunterricht der Primarstufe. *mathematica didactica. Zeitschrift für Didaktik der Mathematik, 5*, 185–211.

Winter, H. (1983). Zur Problematik des Beweisbedürfnisses. *Journal für Mathematikdidaktik, 4* (1), 59–95.

Winter, H. (1987). *Mathematik entdecken. Neue Ansätze für den Unterricht in der Grundschule*. Frankfurt a. M.: Cornelson Scriptor.

Wittmann, E. C. & Müller, G. (1988). Wann ist ein Beweis ein Beweis? In P. Bender (Hrsg.), *Mathematikdidaktik – Theorie und Praxis. Festschrift für Heinrich Winter* (S. 237–258). Berlin: Cornelsen.

Wittmann, E. C. (1985). Objekte – Operationen – Wirkungen: Das operative Prinzip in der Mathematikdidaktik. *Mathematik lehren, 11*, 7–11.

Wittmann, E. C. (2011). „Hast du sechs Bienen?" *Die Grundschulzeitschrift, 248.249*, 52–55.

Florian Böttcher & Anke Meisert

Modellbasiertes naturwissenschaftliches Argumentieren im Biologieunterricht

Argumentieren stellt eine Kernkompetenz im Kontext wissenschaftlicher Erkenntnisgewinnung dar. Im vorliegenden Artikel wird eine modellbasierte Theorie des Argumentierens vorgestellt, die Argumentieren im Zentrum wissenschaftlicher Erkenntnisgewinnung verortet. Wenn im Kontext wissenschaftlicher Praxis Modelle entwickelt werden, um Phänomene zu erklären oder Voraussagen zu treffen, so liefern nach dem hier präsentierten Ansatz modellbezogene Argumente entsprechende Gründe für die Plausibilität solcher Modelle und Argumentationen dienen hierbei deren kritischer Überprüfung. Darüber hinaus finden modellbasierte Argumente auch Anwendung bei der Nutzung von Modellen zur Erklärung oder Beschreibung von Phänomenen. Der Vorteil des hier vorgestellten Ansatzes ist die Verknüpfung argumentativer Prozesse mit den Operationen wissenschaftlicher Erkenntnisgewinnung, die eine fundierte strukturelle und inhaltliche Qualitätsbestimmung von Argumenten und Argumentationen ermöglicht. Nach der theoretischen Fundierung wird im folgenden Beitrag ein entsprechendes Analyseinstrument vorgestellt und es werden Konsequenzen für das Verhältnis der Art unterrichtlicher Instruktion und der Förderung argumentativer Fähigkeiten am Beispiel des Biologieunterrichts erläutert.

Einleitung

Im Zuge des „practice turn" der letzten Jahrzehnte hat in der Wissenschaftsphilosophie und nachfolgend in der naturwissenschaftlichen Lehr-Lernforschung eine stärkere Orientierung an den konkreten Prozessen wissenschaftlicher Erkenntnisgewinnung stattgefunden (Passmore, Gouvea & Giere, 2014). Es wird nicht mehr vereinfacht von der einen wissenschaftlichen Methode ausgegangen, die es wissenschaftlich zu bestimmen und unterrichtlich zu vermitteln gilt, vielmehr liegt der Fokus auf den authentischen, kontextuierten Prozessen, deren Komplexität jedoch unterrichtlich zu begegnen ist: „One way to address the complexity problem is to emphasize the cognitive endeavor of science by focusing on the practice of science and how it supports making sense of how the world works" (ebd., S. 1172). Dementsprechend genießt die Praxis des Argumentierens auch verstärktes Interesse der Lehr- Lernforschung[1], weil es als zentrale Fähigkeit im Kontext der genannten wissenschaftlichen Erkenntnisgewinnung angesehen wird[2] und ihm zusätzlich eine be-

---

1   Erduran, Simon & Osborne, 2004; Bricker & Bell, 2008; Erduran & Jiménez-Aleixandre, 2008; Sampson & Clark, 2008.
2   Driver, Newton & Osborne, 2000; von Aufschnaiter, Erduran, Osborne & Simon, 2008.

sondere Bedeutung bei übergeordneten Bildungszielen[3] wie dem kritischen Denken, dem Problemlösen oder der Bearbeitung gesellschaftlicher Fragen zukommt. Die Anzahl der mit dem Argumentieren verknüpften Aspekte und Zielebenen verweist auf das Problem der vielfältigen und teilweise recht unterschiedlichen Konzeptualisierungen (Bricker & Bell, 2008; vgl. Kuhn, 1991; Walton, 1996; van Eemeren & Grootendorst, 2004; Sampson & Clark, 2008; Meisert & Böttcher, 2014) und der damit verbundenen Vielseitigkeit der Ansätze zur unterrichtlichen Erhebung und folgenden Verbesserung argumentativer Kompetenzen. So hat beispielsweise Toulmins Verfahren zur strukturellen Analyse von Argumenten als domänenunabhängige Herangehensweise eine große Verbreitung in der Lehr-Lernforschung erfahren (Toulmin, 1958; 2003). Andere Studien verwenden domänenabhängige Verfahren, bei denen wissenschaftliche Erkenntnisse aus dem jeweiligen Teilgebiet für die Bestimmung der Argumentqualität von Bedeutung sind. Nach Jiménez-Aleixandre und Erduran (2008) heben Mendonça und Justi (2014) beispielsweise die doppelte Funktion von Argumenten zur Rechtfertigung und Überzeugung hervor: „Argumentation as justification implies a commitment to evidence in theoretical choices based on the rationality employed in the process (selecting evidence based on data, and reporting evidence when choosing the most appropriate knowledge to explain a certain aspect of nature). Argumentation as persuasion involves employing rhetorical devices in speech and writing aiming at weighing up and strengthening claims to convince others (because some piece of knowledge is better than others, or rather, has greater explanatory power)" (Mendonça & Justi, 2014, S. 195). Argumente, die ihre Überzeugungskraft ausschließlich aus rhetorischer Raffinesse beziehen, sind demnach hier nicht als wissenschaftlichere Argumente zu verstehen, da für Letztere der Evidenz- bzw. Theoriebezug zum betroffenen Themengebiet fehlt (ebd.).

Insgesamt sind die Ansätze zur strukturellen oder inhaltlichen Analyse von Argumenten sehr vielfältig, da vorhandene Methoden oftmals für spezifische Forschungsfragen adaptiert werden. Dabei kann die Rechtfertigung von Argumenten im Fokus stehen (Zohar & Nemet, 2002) oder es geht um die Anbindung an Erkenntnisschritte in einem spezifischen Fach (Kelly & Takao, 2002). Zum einen erschwert diese Vielfalt an Methoden und Theoriefundierungen die Vergleichbarkeit von Studienergebnissen zur Erhebung und Förderung argumentativer Fähigkeiten, zum anderen wird durch Ansätze mit begrenzter Reichweite immer nur ein Ausschnitt unterrichtlicher Argumentationsprozesse abgebildet, wenn z.B. Toulmins Verfahren nur zur strukturellen Analyse von Argumenten verwendet wird. Eine solche Vorgehensweise könnte die strukturelle Vollständigkeit eines schülergenerierten Argumentes bestätigen, das jedoch aus inhaltlichen Gesichtspunkten ggf. falsch sein kann (Sampson & Clark, 2008, S. 452). Darüber hinaus ist es bei der Betrachtung von Unterrichtstranskripten oftmals nicht einfach, Schüleräußerungen den toulminschen Analysekategorien zuzuordnen, was zu Reliabilitäts- und Validitätsproblemen führt (Erduran, 2008) und

---

3   Kuhn, 2005; Osborne, Erduran & Simon, 2004; Patronis, 1999; Sadler & Zeidler, 2005; Sadler & Donelly, 2006; Albe, 2008; Hildebrand, Bilica & Capps, 2008.

bereits verschiedene Überarbeitungen des ursprünglichen Analyseverfahrens zur Folge hatte (vgl. Kelly, Druker & Chen, 1998).

Um diesen Schwierigkeiten zu begegnen, wird nachfolgend eine modellbasierte Theorie des Argumentierens dargestellt, die sich zum einen auf den Model-based View der Wissenschaftsphilosophie (Giere, 1988; 1992; 1999; 2004) und zum anderen auf Erkenntnisse der Kognitionswissenschaften zum mentalen Modellieren (Nersessian, 2002; 2008a; Held, Knauff & Vosgerau, 2006; Johnson-Laird, 2009) als Theoriefundamente bezieht. Ein solcher Ansatz verbindet im Sinne des zuvor angesprochenen „practice turn" die konkreten Abläufe wissenschaftlicher Erkenntnisgewinnung mit den zugrundeliegenden kognitiven Erkenntnisschritten. Argumentieren wird als Teil von Erkenntnisprozessen verstanden, sodass Argumente nicht losgelöst von diesen als isolierte Einheiten betrachtet werden können.

Nachfolgend wird zunächst der theoretische Hintergrund dieses Ansatzes dargestellt, um im Anschluss entsprechende Analysemethoden für Argumentationsprozesse für die naturwissenschaftliche Lehr-Lernforschung zu erläutern.

1. Theoretischer Hintergrund

In den bisherigen Ausführungen ist bereits deutlich geworden, dass zwischen Argumentationen als Prozess und Argumenten als Einheiten innerhalb dieses Prozesses unterschieden werden kann (Kuhn, 1993; Osborne et al., 2004; Simon, Erduran & Osborne, 2006). Beide Ebenen sind eng miteinander verknüpft (Kuhn & Franklin, 2006) und kennzeichnen Prozesse wissenschaftlicher Erkenntnisgewinnung. Diese Prozesse sollen nun nachfolgend zum einen aus der Perspektive des Model-based View der Wissenschaftsphilosophie beschrieben werden, um Argumentieren in den übergeordneten Prozess der Erkenntnisbildung einzuordnen. Zum anderen wird die Perspektive der Kognitionswissenschaften dargestellt, um die kognitiven Prozesse genauer zu beschreiben, in deren Kontext Argumentieren stattfindet und Argumente formuliert werden.

1.1 Argumente und Argumentationen aus Sicht des Model-based View

Der Model-based View der Wissenschaftsphilosophie (van Fraassen, 1980; Giere, 1988) ist dem „semantic view" von Theorien zuzuordnen (Suppe, 2000). Dieser versucht nicht, durch die Formulierung axiomatischer Systeme einen Zugang zur Welt zu erlangen, vielmehr geht es um die Konstruktion von Modellen, die Aspekte der Welt zu einem bestimmten Zweck repräsentieren. Giere (1988; 1999; 2004) ist dabei als einer der bekanntesten Vertreter eines realistischen Model-based View zu nennen. Sein Ansatz stellt, anders als konsequent konstruktivistische Erkenntnis- und Wissenschaftstheorien (vgl. Meisert & Böttcher, 2011), eine fundierte Basis naturwissenschaftlicher Lehr-Lernforschung dar (Matthews, 1997; 2007).

In Gieres Ansatz repräsentieren Modelle aus einer gewählten Perspektive verschiedene Aspekte der Realität, wobei sie dabei nicht als wahr oder falsch zu bezeichnen sind. Vielmehr geht es beim Vergleich von Modellen und der Realität um die Bestimmung einer Ähnlichkeitsrelation. Diese kann empirisch untersucht werden.

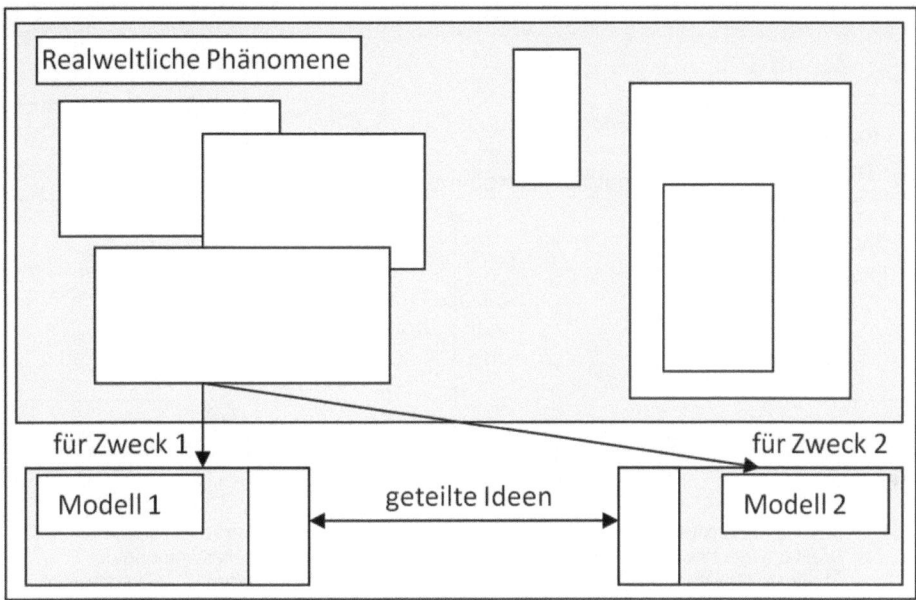

Abb. 1: Die weißen Kästen stellen Aspekte der Realität dar, die von einem Modellierer zu einem bestimmten Zweck bzw. zu unterschiedlichen Zwecken (vgl. Modell 1 und 2) modellhaft dargestellt werden. Im Verhältnis zur Realität kann es dabei zu Überschneidungsbereichen kommen (Flickenteppich der Repräsentationsfunktion) (Passmore et al., 2014, S. 1179; nach: Auyang, 1998)

Entsprechende Daten dienen als Korrektiv zur Konstruktion adäquaterer Modelle. Hierdurch steht gleichzeitig ein Abgrenzungskriterium zu relativistischen erkenntnistheoretischen Ansätzen zur Verfügung. „The question for a model is how well it 'fits' various real-world systems one is trying to represent. One can admit that no model fits the world perfectly in all respects while insisting that, for specified real-world-systems, some models clearly fit better than others" (Giere, 1999, S. 93).

Je nach Funktion eines Modells kann es eine umfangreichere oder begrenztere Repräsentationsaufgabe übernehmen oder überschneidende Repräsentationen im Vergleich mit anderen Modellen aufweisen. Daher ist die bessere Eignung („model fit") eines Modells im Vergleich mit anderen Modellen immer hinsichtlich der jeweils gewählten Funktion zu betrachten (vgl. Abb. 1). Als zweckgebundene Repräsentationen sind Modelle selbst immer das Ergebnis kognitiver Prozesse, weshalb in diesem Ansatz wissenschaftlicher Realismus und kognitiver Konstruktivismus zusammenkommen (Grandy, 1997).

1.1.1 Argumentieren über die Gültigkeit von Modellen

Im Verlauf wissenschaftlicher Erkenntnisgewinnung werden Modelle konstruiert, deren Adäquatheit durch den Vergleich mit der Realität, d.h. mit gewonnenen empirischen Daten, zu bestimmen ist (vgl. Abb. 2): „One possibility is to define science as a process of constructing predictive conceptual models" (Gilbert, 1991, S. 73).

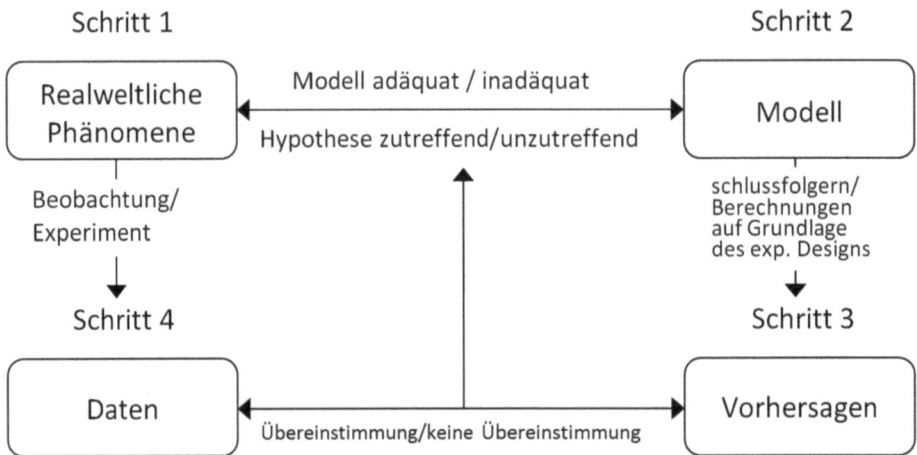

Abb. 2: Schritte der Analyse von Studien, die mit theoretischen Hypothesen arbeiten; Schritt 1: Realität – Identifikation des realweltlichen Bezugs, Schritt 2: Modell – Bestimmung der Ähnlichkeitsrelation, Schritt 3: Identifikation von Vorhersagen, die aufgrund des vermuteten Ähnlichkeitsverhältnisses Rückschlüsse auf erwartbare Daten ermöglichen, Schritt 4: Daten – Identifikation der gewonnenen Daten (modifiziert nach: Giere, Bickle & Mauldin, 2006, S. 34ff.)

Stimmen Vorhersagen und Daten überein (vgl. Abb. 2: Schritt 3 zu 4), so spricht dies für die Passung des gewählten Modells und fungiert als ein Argument für seine Adäquatheit. Ein solcher Erkenntnisschritt ist dem „reasoning about models" (vgl. Passmore et al., 2014, S. 1190) zuzuordnen und vom „reasoning with models" (ebd.) zu unterscheiden (vgl. Abb. 3). In bisherigen Ansätzen zum modellbasierten Argumentieren erfolgte eine Konzeptualisierung im Hinblick auf die Ebene der Gültigkeitsprüfung von Modellen (vgl. Böttcher & Meisert, 2011). Dies wird im Anschluss, auch in Bezug zu Passmore et al. (2014), um die Betrachtung der Rolle des Argumentierens bei der Nutzung von Modellen erweitert.

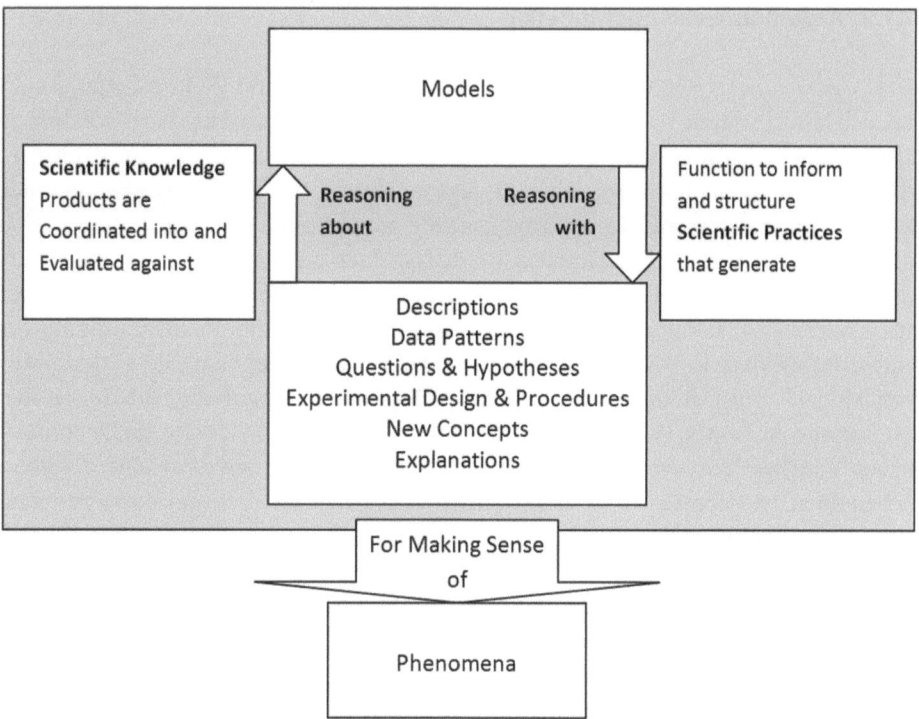

Abb. 3: Argumentieren über Modelle und Argumentieren mit Modellen (nach: Passmore et al., 2014, S. 1190)

Auf der Ebene des *Argumentierens über Modelle* kann ein Argument definiert werden als *begründete Aussage über die Angemessenheit eines Modells im Hinblick auf seine logische Struktur oder im Vergleich zu empirischen Daten* (vgl. Tab. 1: II). Die Ebene der logischen Struktur kommt hinzu, da Modelle als Repräsentationen auch theoretisch kohärent sein müssen und z.B. keine Widersprüche zu anderen Modellen aufweisen sollten (die nicht durch empirische Daten gedeckt sind). Je mehr Übereinstimmungen zwischen aus dem Modell abgeleiteten Vorhersagen und gewonnenen Daten (bzw. Datenmodellen) existieren, desto höher ist die ähnlichkeitsbezogene Evidenz zwischen Modell und Realität im Hinblick auf den repräsentierten Bereich. Aus der Perspektive eines modellbasierten Ansatzes kann als Ziel einer individuellen oder gemeinsamen Argumentation im Bereich „reasoning about models" die kritische Evaluierung eines Modells im Hinblick auf seine Ähnlichkeitsrelation zur Realität verstanden werden. Eine Argumentation ist hier somit definiert als der *Prozess der kritischen Überprüfung der Angemessenheit eines Modells bzw. rivalisierender Modelle im Hinblick auf die logische Struktur bzw. die verfügbaren empirischen Daten.* Das Argumentieren für oder gegen die Adäquatheit eines Modells (oder mehrerer Modelle im Vergleich) hat dessen Gültigkeitsklärung zum Ziel. Von einem theoretischen Modell werden Vorhersagen abgeleitet, die u.a. anhand der Datenlage empirisch geprüft werden.

1.1.2 Argumentieren mit Modellen

Das *Argumentieren mit Modellen* verfolgt hingegen ein anderes Ziel und setzt grundsätzlich die (vorläufig) anerkannte Gültigkeit des Modells voraus. Liegt z.B. ein zu erklärendes Phänomen vor, so können entsprechende Aussagen aus einem relevanten Modell abgeleitet werden. Hierbei geht es darum, die Ebene des theoretischen Modells angemessen mit der Phänomenebene zu verknüpfen. Dazu muss das Phänomen zunächst mit den adäquaten Modellaspekten in Bezug gesetzt werden, um fundiert beschrieben oder erklärt werden zu können. Die Frage, wie ein Phänomen zu verstehen ist, kann erst nach einer solchen Modell-Phänomen-Zuordnung beantwortet werden. Ein Argument wäre in diesem Zusammenhang die Verknüpfung von Modell- und Datenebene, um die modellbasierte Beschreibung, Erklärung oder Vorhersage etc. eines Phänomens vorzunehmen. Sind beispielsweise die grundsätzlichen Vorgänge der Mitose (Modellwissen) bekannt, so können diese einer Bildfolge (Phänomen) verschiedener Teilungsstadien zugeordnet werden, um diese zu erläutern. Beim Argumentieren mit Modellen erfolgt somit die Anwendung eines Modells auf ein Phänomen, wobei die adäquate Verbindung zwischen Phänomen und Modell die Gültigkeit der Ausführungen begründet. Eine Argumentation ist in diesem Kontext der Vorgang der Nutzung modellimmanenter Annahmen, z.B. in Form von Kausalbeziehungen zwischen einzelnen Modellelementen, mit dem Ziel, ein Phänomen verständlich zu machen (vgl. Tab. 1: I). Besteht hingegen der Anlass, die Gültigkeit des Mitosemodells zu prüfen, so kehrt sich die Blickrichtung um. Empirische Daten werden dann genutzt, um die angenommene Gültigkeit des Modells zu überprüfen. Während bei der Argumentation im Hinblick auf die Modelladäquatheit gefragt werden kann, welches Modell gültig bzw. warum es gültig ist, stellt sich bei der Anwendung von Modellen die Frage, wie das konkrete Phänomen zu verstehen ist, wie es erklärt und theoretisch eingeordnet werden kann.

Stellt sich bei der Nutzung eines Modells heraus, dass dieses nicht geeignet ist, um das relevante Phänomen zu erklären, so muss hierfür nicht in jedem Fall auf die Ungültigkeit des Modells geschlossen werden. Vielmehr muss vor so einer Schlussfolgerung gewährleistet werden, dass das verwendete Modell auch die notwendige Repräsentationsfunktion erfüllt, dass es sich also um das zu Recht verwendete Modell handelt, um dem vorliegenden Erklärungsinteresse Rechnung zu tragen.

Tab. 1: Dimensionen des Argumentierens aus modellbasierter Perspektive

	I. Argumentieren mit Modellen	II. Argumentieren über Modelle	
		a) über die Gültigkeit von Modellen im Hinblick auf die logische Struktur	b) über die Gültigkeit von Modellen im Hinblick auf empirische Daten
Argument	Modellbasierte Aussagen über ein Phänomen	Aussagen über die Gültigkeit/ Ungültigkeit der modellimmanenten logischen Zusammenhänge	Aussagen zur Gültigkeit/Ungültigkeit der modellbasierten Aussagen über das Phänomen
Argumentation	Vorgang der Nutzung von Argumenten zum Verständnis eines Phänomens	Vorgang der Überprüfung der Adäquatheit eines Modells (bzw. von rivalisierenden Modellen) im Hinblick auf die logische Struktur	Vorgang der Überprüfung der Adäquatheit eines Modells (bzw. von rivalisierenden Modellen) im Hinblick auf empirische Daten
Ziel	Verständnis eines Phänomens	Gültigkeitsprüfung des Modells: Modellentwicklung, Modellmodifikation	Gültigkeitsprüfung des Modells: Modellentwicklung, Modellmodifikation
zielbezogene Fragen	– Welche durch das Modell begründeten Aussagen können über ein Phänomen gemacht werden?	– Sind die modellimmanenten Strukturen gültig? – Ist das Modell gültig?	– Sind die erfolgten Phänomenbezüge gültig? – Ist das Modell gültig?

1.2 Argumentieren aus kognitionspsychologischer Perspektive

In den Kognitionswissenschaften hat sich seit einigen Jahrzehnten ein modellbasierter Ansatz etabliert, nach dem auch so genannte mentale Modelle als Teilrepräsentationen von Realität für spezifische Denkvorgänge konstruiert werden (Johnson-Laird, 1983; 2006; Nersessian, 2002; 2008a). Diese mentalen Modelle helfen beispielsweise bei der Bewältigung von Problemstellungen, indem Lösungsansätze modelliert und so ihre Folgen simuliert und evaluiert werden (Nersessian, 2008a). Da individuelle Kognitionen ebenfalls durch das Konstruieren, Evaluieren und Anwenden von (mentalen) Modellen gekennzeichnet sind, ergibt sich hieraus analog zu Nersessians „Kontinuitäts-Argument" (2008c) eine hohe Kongruenz zu wissenschaftlichen Prozessen der Erkenntnisgewinnung aus modellbasierter Perspektive. Entsprechend kann man in beiden Vorgängen Argumentationsprozesse verorten und von intrapersonellem und, im Gegensatz dazu, interpersonellem Argumentieren sprechen (Garcia-Mila & Anderson, 2008). Beim intrapersonellen Argumentieren erfolgt die individuelle Überprüfung der Angemessenheit eines oder mehrerer Modelle (Nersessian, 2002; 2008a). Interpersonelles Argumentieren bezeichnet die Evaluierung eines oder mehrerer Modelle in einem sozialen Kontext (z.B. mit anderen Lernenden, WissenschaftlerInnen etc.) und ist zumeist komplexer, da durch die zusätzlich beteiligten mentalen Modelle die Möglichkeit rivalisierender Vorstellungen zunimmt, mit denen eine argumentative Auseinandersetzung erfolgen muss. Zudem ist eine sprachliche Explizierung notwendig (Kuhn, 1993). Der Kern intra- und interpersonellen Argumentierens ist dabei vergleichbar: „[...] argumentation involves a set of core processes: the coordination of theory, evidence, and methodology that are common in the internal dialogic argumentation involved in scientific reasoning and the external dialogic argumentation involved in science discursive practices, both of them essential in science learning" (Garcia-Mila & Andersen, 2008, S. 40).

Wenn wissenschaftliche Modellkonstruktion und mentales Modellieren in Beziehung gesetzt werden, dürfen die gewichtigen Unterschiede nicht unbeachtet bleiben. So weisen wissenschaftliche Modelle z.B. einen höheren Grad an Systematizität auf (Hoyningen-Huene, 2008), basieren auf geteilten Standards einer wissenschaftlichen Disziplin und liegen grundsätzlich in expliziter Form vor (vgl. z.B. Seel, 2006).

Für das Verständnis von Lernprozessen im naturwissenschaftlichen Unterricht sind jedoch beide Perspektiven von Bedeutung, da intrapersonelles Argumentieren im Rahmen individueller Lernprozesse und interpersonelles Argumentieren durch eine gemeinschaftliche Auseinandersetzung mit Daten, explizierten Modellvorstellungen und Plausibilitätsannahmen aufeinandertreffen. Aus dieser Perspektive ist das Ziel naturwissenschaftlichen Unterrichts, dass Lernende Modellvorstellungen entwickeln und anwenden können, die zum einen gültigen wissenschaftlichen Modellen des betreffenden Fachs entsprechen und zum anderen curricular als Bildungsziel festgelegt wurden. Naturwissenschaftlicher Unterricht kann entsprechend als Prozess der Modellkonstruktion verstanden werden, in dem argumentative Vorgänge eine zentrale Rolle spielen.

1.3 Modellkonstruktion im naturwissenschaftlichen Unterricht

In den bisherigen Abschnitten ist bereits deutlich geworden, dass eine Untersuchung von Argumenten und Argumentationen in Lernkontexten nicht losgelöst von den zugrundeliegenden Prozessen der Modellentwicklung erfolgen kann. Das von Clement und Rea-Ramirez (2008) entwickelte theoretische und begriffliche Instrumentarium kann dabei helfen, Modellentwicklungsprozesse zu rekonstruieren und die beteiligten Argumentationen herauszuarbeiten. Dabei werden unterrichtliche Lernprozesse als wiederholte Zyklen von Modellkonstruktion, Modellevaluation und Modellmodifikation verstanden. Einerseits wird ein Modell dabei mit dem Ziel der Erklärung eines wissenschaftlichen Phänomens konstruiert und andererseits wird seine Gültigkeit anhand zur Verfügung gestellter Daten überprüft. Abweichungen von Modellvorhersagen und gewonnenen Daten führen dann beispielsweise zu einer Modifikation (vgl. Abschnitt 1.1). Im Zuge eines Lernprozesses entwickeln Lernende somit ausgehend von ihren initialen Modellvorstellungen über adäquatere Zwischenmodelle ein Zielmodell, das aus dem Expertenmodell einer wissenschaftlichen Disziplin für ein bestimmtes Thema abgeleitet wurde (vgl. Abb. 4).

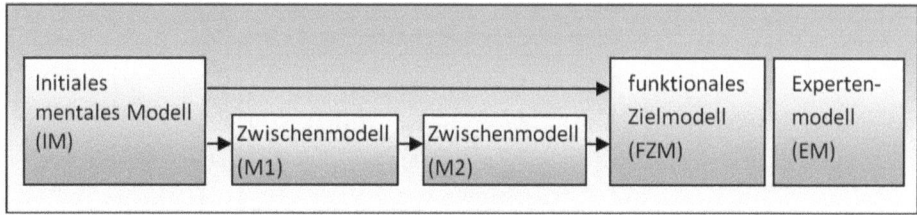

Abb. 4: Lernen als Evolution von Modellen (nach Clement, 2008, S. 1042)

Aus kognitiver Perspektive beeinflusst die Lernumgebung nicht, ob auf Lernerseite mentales Modellieren stattfindet, da dies als generelle Grundlage menschlicher Kognition gilt (Nersessian, 2008b). Eine modellbasierte Perspektive auf unterrichtliche Instruktion (Núñez Oviedo & Clement, 2003; Silva, 2007; Tamayo & Sanmartí, 2007; Clement, 2008; Clement & Rea-Ramirez, 2008) fragt nach den optimalen Bedingungen zur Förderung solcher Prozesse, damit Lerner adäquate Modellvorstellungen entwickeln und sie im Anschluss fundiert anwenden können.

1.4 Argumentationskompetenz

Um fundiert argumentieren zu können, sind nach dem hier dargestellten Ansatz bestimmte Voraussetzungen notwendig. Der/die Argumentierende muss über Kenntnisse von einzelnen bzw. rivalisierenden Modellen oder Modellteilen und Daten verfügen und diese miteinander in Beziehung setzen können. Ohne diese Grundlage ist eine argumentative Verknüpfung nicht möglich (vgl. Abb. 5). Die Relevanz des themenspezifischen Vorwissens (hier also: Modelle und Daten) für Argumentationen wurde bereits überzeugend belegt (von Aufschnaiter et al., 2008). Somit ist anzunehmen, dass sich die Fähigkeit zur Phänomen-Modell-Verknüpfung nicht unabhängig von kontextspezifischem Wissen fördern lässt.

Hinzu kommt der Bereich des Verständnisses der beim Argumentieren ablaufenden Prozesse (vgl. Abb. 5). Die Relevanz der hier zuzuordnenden metakognitiven Fähigkeiten wurde für das Argumentieren bereits vielfach hervorgehoben (Kuhn, 1993; 2000; 2001; Kuhn & Dean, 2004). Hierzu gehört einmal das Verständnis von Prozessen kritischer Modellevaluation und -evolution als Zielebenen von Argumentationen und von Argumenten als Gründe für Modelladäquatheit (Argumentieren über Modelle). Daneben müssen Argumente als theoretisch fundierte Äußerungen über ein Phänomen verstanden werden (Argumentieren mit Modellen). Argumentierende haben insbesondere bei interpersonellen Argumentationen verschiedene Ebenen. Ausführungen können sich, wie zuvor bereits angemerkt, sowohl auf Zielmodelle eines aktuellen Erkenntnisgewinnungsprozesses (z.B. Lernziele einer Unterrichtsstunde) als auch auf zugrunde liegende Kriterien der Plausibilität und Gültigkeit wissenschaftlicher Schlüsse (z.B. normative Hintergrundmodelle) beziehen.

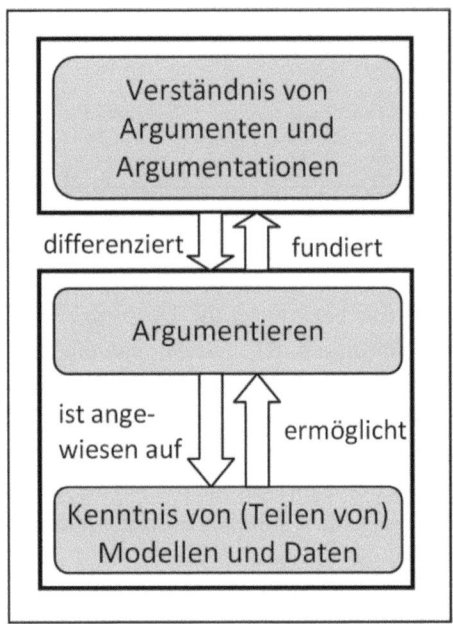

Abb. 5: Vereinfachtes Schema einer modellbasierten Argumentationskompetenz

Nachdem nun dargestellt wurde, wie Argumente und Argumentationen aus modellbasierter Perspektive zu verstehen sind und welche Fähigkeiten die Grundlage erfolgreichen Argumentierens bilden, wird nun im nächsten Schritt ein Verfahren zur Erhebung von unterrichtlichen Argumentationen vorgestellt. Im Anschluss wird dann eine exemplarische Gesprächssequenz aus dem Biologieunterricht mit Hilfe des präsentierten Analyseverfahrens betrachtet.

2. Argumentationen im naturwissenschaftlichen Unterricht beschreiben und evaluieren

In Anlehnung an Clement und Rea-Ramirez (2008) wird für die Analyse unterrichtlicher Argumentationen eine systematische Strukturierung und Visualisierung vorgeschlagen, die die genannten Autoren in ähnlicher Weise für die Darstellung unterrichtlicher Modellentwicklungsprozesse verwendet haben. Um qualitative Aussagen über unterrichtlich entwickelte und verwendete Argumente machen zu können, müssen diese mit dem wissenschaftlichen Erkenntnisstand des betroffenen Teilgebietes in Beziehung gesetzt werden können (Abb. 6).

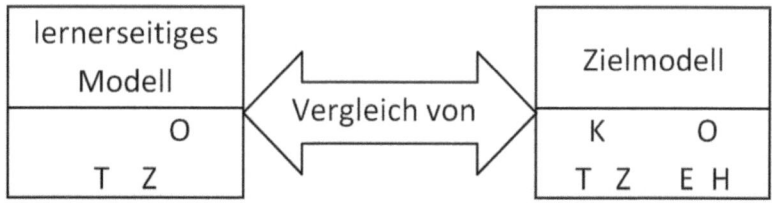

Abb. 6: Schematischer Vergleich eines einfachen Lernermodells mit einem komplexeren unterrichtlichen Zielmodell; die Buchstaben T, Z, K u.s.w. symbolisieren Teilaspekte von Modellen

Damit es überhaupt zu wiederholten, modellbezogenen Argumentationen im Unterricht kommt, muss eine Lernumgebung so gestaltet werden, dass sie genügend Anlässe für eine Modellentwicklung und Modellüberprüfung bietet. Generell bedeutet dies, dass Lernende aufgrund einer sukzessiv erweiterten Phänomen- bzw. Datenverfügbarkeit Modelle mit zunehmendem Komplexitätsgrad konstruieren und überprüfen können, um mit ihnen die entsprechenden Phänomene zu erklären. Hierbei kann es beispielsweise um Modellvorstellungen zu Aufbau und Funktion eines Sinnesorgans oder zum Herz-Kreislaufsystem gehen. Eine schülerseitige Modellvorstellung kann zu jedem Zeitpunkt des Lernprozesses im Hinblick auf ihre Adäquatheit mit dem festgesetzten Zielmodell verglichen werden. Dies stellt die Modellebene der Analyse dar (Tab. 2), in der fortlaufend die erhobenen Modellvorstellungen der Argumentierenden visualisiert werden. Auf der Subjektebene werden alle am betrachteten Argumentationsprozess beteiligten Personen beschrieben (in den folgenden konkreten Beispielen also die argumentierenden Schülerinnen und Schüler). So können alle Äußerungen individuell zugeordnet werden. Auf der Datenebene werden die oben angesprochenen Daten analysiert, die den Lernenden zu verschiedenen Zeitpunkten des Lernprozesses zur Verfügung stehen. So können die Verknüpfungen erhoben werden, die Argumentierende zwischen den verfügbaren Daten und dem aktuellen Modell herstellen. Diese Verknüpfungen bilden die Prozessebene dieses analytischen Verfahrens. Es sind die von den Beteiligten geäußerten Argumente, die als Verbindungen zwischen der Daten- und der Modellebene erhoben werden können. Ihre Qualität ergibt sich zum einen inhaltlich, indem die Datenbasis zutreffend oder unzutreffend sein kann. Zum anderen ist eine strukturelle Betrachtung möglich, da Argumente sinnvolle Verknüpfungen zwischen der Datenebene und passenden Modellaspekten darstellen müssen bzw. sich fundiert auf strukturelle Modellaspekte beziehen müssen (vg. Tab. 2). Die sprachliche Ausgestaltung dieser Argumente kann dabei sehr vielseitig sein und verschiedene Grade an Vollständigkeit aufweisen. Die Einordnung und Bewertung ist dabei auch vom Erkenntnisinteresse der/s Auswertenden abhängig. Außerdem können verschiedene Ziele der Argumentation differenziert werden. Argumente können sich z.B. auf die Gültigkeit eines Modells beziehen oder sie können die Erklärung eines Phänomens zum Ziel haben (vgl. Tab. 1).

Tab. 2: Vereinfachtes Schema zur Strukturierung, Visualisierung und Analyse unterrichtlicher Argumentationsprozesse

			Ebenen			
Zeitpunkt (ZP)	Person (P)	Transkript	Modell-vorstellung (M)	Prozess/ Argumente (A)	Daten (D)	Zielebene (Z)
1	1	Analyse-richtung ⇩	Modell-vorstellung (ZP 1)			
	2					
2	1					
	2					

Es handelt sich hierbei zunächst um ein relativ grobes Schema. Je nach Forschungsfrage und Perspektive kann eine entsprechende Differenzierung vorgenommen werden. Die Auswertung des Argumentationsprozesses setzt normative Kriterien guten Argumentierens voraus, die ebenfalls von der Forschungsfrage und Kriterien der Bezugsdisziplin der/s Forschenden beeinflusst werden können, beispielsweise wenn der inhaltliche Kontext des Argumentierens spezifische Fähigkeiten notwendig macht (Plausibilitätsprüfung auf Grundlage einer breiten Datenbasis, begründete Entscheidung zwischen alternativen Modellen etc.). So können bei der Auswertung erhobener Argumentationen je nach Erkenntnisinteresse verschiedene Aspekte in den Vordergrund treten und die Auswertung kann nach dem zuvor dargestellten Schema zur differenzierten Analyse von Teilaspekten genutzt werden (Einbezug vorhandener Daten, Reaktion auf begründete Gegenargumente, Logik der Schlussfolgerungen etc.).

3. Modellbasierte Argumentationen im Biologieunterricht

Der bisher entwickelte theoretische Ansatz kann nun genutzt werden, um argumentative Prozesse im Unterricht zu analysieren. Eine exemplarische Anwendung wird für das Thema Enzyme dargestellt, das im Fach Biologie in der Mittelstufe zumeist in eine Unterrichtseinheit Ernährung und Verdauung eingebettet ist. Nachdem die Schülerinnen und Schüler in diesem Kontext zunächst die wesentlichen Nahrungsbestandteile und deren Nachweismethoden kennengelernt haben, setzen sie sich mit Fragen einer ausgewogenen Ernährung auseinander. Hierzu gehören auch Einblicke in den Energiegehalt von Lebensmitteln und den Zusammenhang von Bewegung und Energieverbrauch. Die Frage, wie der Körper sich die in der Nahrung enthaltene Energie erschließen kann, leitet in die Sequenz Verdauung über. Im betrachteten Beispiel wird die Verdauung der verschiedenen Nährstoffe nacheinander erarbeitet. Die Klärung der Verdauung von Kohlenhydraten steht dabei am Anfang.

Im Unterricht wird eine schrittweise Lernprogression initiiert, in deren Verlauf die Schülerinnen und Schüler eine altersgerecht adäquate Vorstellung der Struktur und Funktion von Enzymen zum Kohlenhydratabbau erwerben sollen (vgl. tabellarische Darstellung zentraler Unterrichtsschritte in Tab. 3).

Tab. 3: Vereinfachte Darstellung zentraler Unterrichtsschritte der intendierten Modellentwicklung zum Thema Kohlenhydratabbau durch Enzyme

Unterrichtsverlauf	Daten	Modellvorstellung
1) Stärkeabbau im Mund als Phänomen	– Selbstversuch zur Zuckerentstehung beim Kauen – Ergänzende Informationen zur Abnahme des Stärkegehalts und zur Zunahme der Disaccharide im Mund	⬇ – Stärke wird gleichförmig zerlegt/abgebaut
2) Identifikation des stärkeabbauenden Faktors	– experimenteller Nachweis des Abbaus von Stärke durch Speichel, während kein Abbau durch mechanische Zerkleinerung (Mörser) erfolgt – experimenteller Nachweis des Abbaus durch Eiweißstoff im Speichel	– u.U. Vorstellung, dass Stärkeabbau mechanisch erfolgt ⬇ Stärkeabbau erfolgt durch einen „Speichelstoff" (= Amylase)
3) Entwicklung einer strukturbezogenen Modellvorstellung (Spezifität)	– Nachweis der Spezifität von Amylase durch Versuch zum ausbleibenden Abbau von Eiweiß bei Einwirkung von Amylase	⬇ – individuelle Auswahl eines der alternativen Modelle bzgl. Stoff- und Reaktionsspezifität von Amylase sowie anschließende Gruppendiskussion als Argumentationsanlass

Bei der Durchführung der oben beschriebenen Unterrichtseinheit (Tab. 3) findet nach der individuellen Auswahl eines der vorgegebenen Modelle in Schritt 3 eine audiographierte Gruppendiskussion statt, in der Lernende aufgefordert sind, ihre jeweilige Modellauswahl im Sinne eines Argumentationsanlasses zu begründen (vgl. Abb. 7). Die angebotenen alternativen Modelle umfassen sowohl Analogmodelle mit deutlichen Alltagsbezügen als auch abstrakte Formen mit mehr oder weniger spezifischen Passungen (Abb. 7). Diese Zusammenstellung bietet eine breite Vielfalt potenzieller Modell- bzw. Enzymeigenschaften, die dann bzgl. ihrer Übereinstimmung mit den Versuchsdaten zur Spezifität des Enzyms überprüft werden können. Die Anlage des Materials zielt somit darauf, dass Lernende Interpretationen zur Funktionsweise der angebotenen Modelle sowie entsprechende Vorhersagen zu ihrer Wirkung entwickeln und die Auswahl des Modells gemäß Passung zwischen diesen Vorhersagen und den Versuchsdaten in Form von Argumentationen begründen.

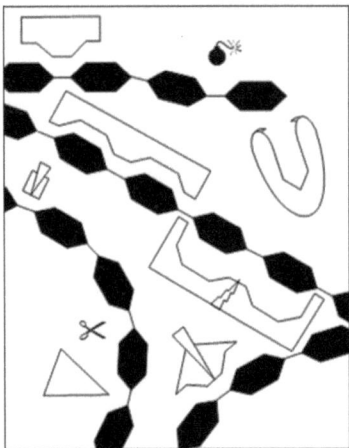

Abb. 7: Alternative Enzymmodelle zur Auswahl

Folgende gekürzte Gesprächssequenz stammt aus diesem Unterricht:

> P1: Ich nehme dieses Teil da, wo dieser Blitz in der Mitte ist, weil das kann dann, das hat genau die Form von dem Stärketeilchen und das kann dann die Eiweißstoffe nicht durchtrennen, weil es da nicht drankommt. Ja und mit der Spitze kriegen die das dann ab.
>
> P2: Ich hab genau die gleiche Vorstellung wie [P1], weil das das umklammern kann und so mit dem Blitz nix anderes beschädigen kann außer die Schnur, die die beiden zusammenhält.
>
> P3: Ich hab die Schere gewählt, weil die gezielt die durchtrennen kann.
>
> P4: Ich hab auch die Schere genommen und auch aus diesem Grund, weil sie ja durchschneiden kann.
>
> P5: Ich hab auch das gleiche wie [P1 und P2] genommen, mit dem Blitz in der Mitte und, genau das gleiche.
>
> P1: Aber euers muss doch eigentlich falsch sein, weil euers kann auch die Eiweißstoffe durchschneiden, was unseres nicht kann.

Diese Diskussionssequenz kann nun im Hinblick auf Argumentationen und verwendete Argumente mit dem erläuterten Verfahren analysiert werden (Tab. 2). Auf unterrichtlicher Ebene geht es hier um einen Vergleich hypothetischer, konkurrierender Modelle. Das generelle Ziel der dargestellten Äußerungen ist die Gültigkeitsprüfung der Modelle vor dem Hintergrund der verfügbaren Daten (Tab. 1: IIb). Person 1 (P1) argumentiert für das gewählte Modell durch die Verknüpfung mit zwei verfügbaren Informationen. Zum einen spricht die Passung des Modells zur Struktur der Stärke für das gewählte Modell, zum anderen besteht kein Widerspruch der Struktur zu der Tatsache, dass es Eiweiße nicht abbauen kann. Beide Verknüpfungen können hier als Argumente für die Gültigkeit des gewählten Modells betrachtet werden (vgl. Tab. 4: ZP1/P1). Die zweite Person ist mit der Wahl einverstanden, was explizit allerdings nur mit der Struktur der Stärkekette bergründet wird. P3 hat das Scherenmodell aus-

Tab. 4: Argumentationsanalyse des Unterrichts zur Prüfung alternativer Enzymmodelle

ZP	P	Transkript	Modell (M)	Argumente (A)	verfügbare Daten (D)	Ziel (Z)
					Ebenen	
1	1	Ich nehme dieses Teil da, wo dieser Blitz in der Mitte ist, weil das kann dann, das hat genau die Form von dem Stärketeilchen und das kann dann die Eiweißstoffe nicht durchtrennen, weil es da nicht drankommt.			– Struktur der Stärkekette – Struktur Abbauprodukt – Eiweiß-Struktur	Gültigkeitsprüfung
	2	Ich hab genau die gleiche Vorstellung wie S1, weil das das umklammern kann und so mit dem Blitz nix anderes beschädigen kann außer die Schnur, die die beiden zusammenhält.			– Struktur der Stärkekette – Struktur Abbauprodukt – Eiweiß-Struktur	Gültigkeitsprüfung
	3	Ich hab die Schere gewählt, weil die gezielt die durchtrennen kann.		Widerspruch unerkannt	– Struktur der Stärkekette – Struktur Abbauprodukt – Eiweiß-Struktur	Gültigkeitsprüfung
	4	Ich hab auch die Schere genommen und auch aus diesem Grund […]		Widerspruch unerkannt	– Struktur der Stärkekette – Struktur Abbauprodukt – Eiweiß-Struktur	Gültigkeitsprüfung
	5	Ich hab auch das gleiche wie [S1 und S2] genommen, mit dem Blitz in der Mitte und, genau das gleiche.			– Struktur der Stärkekette – Struktur Abbauprodukt – Eiweiß-Struktur	Gültigkeitsprüfung
2	1	Aber euers muss doch eigentlich falsch sein, weil euers kann auch die Eiweißstoffe durchschneiden, was unseres nicht kann.		Widerspruch erkannt	– Struktur der Stärkekette – Struktur Abbauprodukt – Eiweiß-Struktur	Gültigkeitsprüfung

gewählt. Zwar wird die Funktion des Zerschneidens korrekt der zu durchtrennenden Struktur der Stärkekette zugeordnet, allerdings wird der existierende Widerspruch zwischen dem gewählten Modell und der Eiweißstruktur nicht erkannt. Die Schere mit der Funktion „Durchtrennen" könnte ebenfalls Eiweiße abbauen. Bei P4 tritt die gleiche Vorstellung und Argumentation auf, wird jedoch nicht mehr expliziert. P5 greift die zuerst genannte Modellvorstellung wieder auf, Begründungen finden allerdings nicht explizit statt.

Mit der nächsten Äußerung von P1 kann ein neuer Zeitpunkt definiert werden, da es nun inhaltlich um einen neuen Aspekt geht. P1 greift die von P3 und P4 geäußerte Modellvorstellung wieder auf. Neben den zuvor geäußerten Argumenten kann P1 auch ein Argument gegen die Gültigkeit eines rivalisierenden Modells zugeordnet werden. Als Zielebene ist im gewählten Beispiel nur die Gültigkeit des Modells betroffen und kann entsprechend angegeben werden, auch wenn prinzipiell zusätzliche Ebenen fokussiert werden können (vgl. Tab. 1). Die Transkription des Unterrichtsgesprächs, die Visualisierung der Modellentwicklung, der Daten- und der Argumentebene erleichtern die Analyse der argumentativen Vorgänge erheblich. Die Auswertung einer solchen Darstellung kann dann tabellarisch erfolgen, wobei verschiedenen Arten von Argumenten je nach Ziel der Analyse natürlich auch ein unterschiedliches Gewicht zukommen kann (Argumente für das eigene Modell vs. Argumente gegen rivalisierende Modelle). Es hängt vom Untersuchungsschwerpunkt ab, zwischen welchen als relevant festgelegten Argumenten differenziert wird. Verschiedene Arten von Argumenten können kontextabhängig aus den Schüleräußerungen abgeleitet werden.

Die Betrachtung der Argumentationen in Anknüpfung an das Unterrichtsgeschehen ermöglicht darüber hinaus fundierte Planungsüberlegungen, um Argumentieren im Unterricht explizit zu fördern. Diese angesprochene Verknüpfung von unterrichtlicher Instruktion und argumentativen Schritten soll nun im abschließenden Abschnitt näher beleuchtet werden, was für die Planung von Biologieunterricht bzw. naturwissenschaftlichem Unterricht allgemein hilfreich sein kann.

4. Förderung von Argumentationen durch modellbasierte Instruktion

Zu Beginn dieses Artikels wurde auf die zunehmende Bedeutung hingewiesen, die dem Argumentieren im naturwissenschaftlichen Kontext zukommt und die es daher zu einem zentralen Thema in der naturwissenschaftlichen Lehr-Lernforschung macht. Insbesondere gilt es, empirische Studien zu verschiedenen Lernumgebungen durchzuführen, um Letztere im Hinblick auf ihre Eignung zur Förderung schülerseitiger Argumentation zu überprüfen. Der hier dargestellte Ansatz kann zum einen für das theoretische Verständnis und die empirische Beschreibung von Argumentationen genutzt werden. Darüber hinaus ergeben sich aber auch begründete Hypothesen zu Instruktionsformen, die besonders geeignet erscheinen, argumentative Prozesse zu initiieren und schülerseitiges Argumentieren zu fördern. Durch die Klärung des Verhältnisses von Modellentwicklungs- bzw. Modellevaluationsphasen und Argumentationen wird deutlich, wie Unterricht angelegt sein muss, damit er Anlässe zum Argumentieren bietet. Obwohl es in der Lehr-Lernforschung eine Vielzahl von Konzeptionalisierungen verschiedener Instruktionsformen gibt („discovery learning", „guided instruction", „constructivist" oder „problem-based learning"), lassen sich im Hinblick auf den Anteil eigenständiger Erschließung von Inhalten die beiden Pole der direkten und der indirekten Instruktion unterscheiden (Klahr & Nigam, 2004; Kirschner, Sweller & Clark, 2006; Dean & Kuhn, 2007; Meisert & Böttcher, 2011). Aus modellbasierter Perspektive betrachtet sind direkt instruierende Lernumgebungen so angelegt, dass die von den Schülerinnen und Schülern zu erlernenden Zielmodelle im Wesentlichen vorgegeben werden. Es findet hier zwar auf kognitiver Ebene eine (Re-)Konstruktion von Modellen statt, da dies die grundsätzliche Form menschlichen Denkens und Lernens darstellt. Die Lernumgebung ist jedoch nicht auf die Förderung einer expliziten Modellkonstruktion angelegt. Unterrichtliche Zielmodelle werden vielmehr präsentiert und müssen von den Lernenden erschlossen und memoriert werden.

Im Gegensatz dazu bieten indirekt instruierende Lernumgebungen das Potenzial, Anlässe zur Modellkonstruktion zu liefern, indem empirische Daten und modellbezogene Reflexionsmöglichkeiten zur Verfügung gestellt werden, die ausgehend von naiven Ausgangsvorstellungen eine sukzessive Weiterentwicklung von Modellvorstellungen ermöglichen. Indirekte Instruktion stellt somit den Modellkonstruktions-, -evaluations- und -modifikationsprozess in den Mittelpunkt des Unterrichtsgeschehens. Diese Schritte bieten über das übliche „Argumentieren mit Modellen" hinaus eine Erweiterung modellbezogener Argumentationen in Form des „Argumentierens über Modelle" mit den oben beschriebenen engen Bezügen zur naturwissenschaftlichen Erkenntnisgewinnung.

Die empirische Überprüfung der unterschiedlichen Lernwirksamkeit solcher Lernumgebungen für die Förderung argumentativer Fähigkeiten stellt ein zentrales Forschungsdesiderat dar. Zwar ist es denkbar, dass direkt instruierte Zielmodelle einfacher gelernt werden können, da sie nicht erst in einem komplexen, unterrichtlichen Modellierungsprozess entwickelt, überprüft und ggf. modifiziert werden müssen. Andererseits liefert eine indirekt instruierende Lernumgebung durch die enthaltenen diskursiven Phasen einer argumentativen Auseinandersetzung ggf. tiefergehende Verstehensanlässe, die bei direkter Instruktion ergänzt werden müssen.

Zusätzlich wird deutlich, dass sich die Eignung einer Lernumgebung nicht einfach im Hinblick auf die bessere Vermittlung von Inhalten bzw. funktionalen Zielmodellen beurteilen lässt. Vielmehr beeinflusst die Wahl einer bestimmten Instruktionsform immer auch schon die damit verbundenen Ziele. Wenn indirekt instruierende Lernumgebungen per Definition vielfältige Anlässe zum Argumentieren liefern, so besteht die Möglichkeit, dass diese Fähigkeiten auch immer ergänzend zu den konkret gewählten Zielmodellen einer bestimmten Unterrichtsstunde oder Unterrichtseinheit zumindest implizit mit gefördert werden. Dies sollte bei der

Konzeption wissenschaftlicher Studien zu den hier angesprochenen Fragestellungen bedacht werden.

Literatur

Albe, V. (2008). Students' Positions and Considerations of Scientific Evidence about a Controversial Socioscientific Issue. *Science & Education, 17*, 805–827.

Aufschnaiter, C. von, Erduran, S., Osborne, J. & Simon S. (2008). Arguing to Learn and Learning to Argue: Case Studies of How Students' Argumentation Relates to Their Scientific Knowledge. *Journal of Research in Science Teaching, 45* (1), 101–131.

Auyang, S. Y. (1998). *Foundations of complex-system theories: in economics, evolutionary biology, and statistical physics.* Cambridge: Cambridge University Press.

Böttcher, F. & Meisert, A. (2011). Argumentation in science education: a model-based framework. *Science & Education, 20* (2), 103–140.

Bricker, L. A. & Bell, P. (2008). Conceptualizations of Argumentation from Science Studies and the Learning Sciences and their Implications for the Practices of Science Education. *Science Education, 92*, 473–498.

Clement, J. J. (2008). Student/Teacher Co-construction of Visualizable Models in Large Group Discussion. In J. J. Clement & M. A. Rea-Ramirez (Hrsg.), *Model Based Learning and Instruction in Science* (S. 11–23). Dordrecht u.a.: Springer.

Clement, J. J. & Rea-Ramirez, M. A. (Hrsg.). (2008). *Model Based Learning and Instruction in Science.* Dordrecht u.a.: Springer.

Dean, D. & Kuhn, D. (2007). Direct Instruction vs. Discovery: The Long View. *Science Education, 91*, 384–397.

Driver, R., Newton, P. & Osborne, J. (2000). Establishing the Norms of Scientific Argumentation in Classrooms. *Science Education, 84*, 287–312.

Eemeren, F. H. van & Grootendorst, R. (2004). *A Systematic Theory of Argumentation. The Pragma-dialectical Approach.* Cambridge u.a.: Cambridge University Press.

Erduran, S. (2008). Methodological Foundations in the Study of Argumentation in Science Classrooms. In S. Erduran & M. P. Jiménez-Aleixandre (Hrsg.), *Argumentation in Science Education* (S. 47–69). Dordrecht u.a.: Springer.

Erduran, S. & Jiménez-Aleixandre, M. P. (Hrsg.). (2008). *Argumentation in Science Education.* Dordrecht u.a.: Springer.

Erduran, S., Simon, S. & Osborne, J. (2004). TAPing into Argumentation: Developments in the Application of Toulmin's Argument Pattern for Studying Science Discourse. *Science Education, 88*, 915–933.

Fraassen, B. van (1980). *The Scientific Image.* Oxford: Oxford University Press.

Garcia-Mila, M. & Andersen, C. (2008). Cognitive Foundations of Learning Argumentation. In S. Erduran & M. P. Jiménez-Aleixandre (Hrsg.), *Argumentation in Science Education* (S. 29–46). Dordrecht u.a.: Springer.

Giere, R. (1988). *Explaining Science: A Cognitive Approach.* Chicago, London: University of Chicago Press.

Giere, R. (1992). The Cognitive Construction of Scientific Knowledge. *Social Studies of Science, 22*, 95–107.

Giere, R. (1999). *Science without Laws.* Chicago, London: University of Chicago Press.

Giere, R. (2004). How Models Are Used to Represent Reality. *Philosophy of Science, 71*, 742–752.

Giere, R., Bickle, J. & Mauldin, R. F. (2006). *Understanding Scientific Reasoning.* Belmont u.a.: Thomson Wadsworth.

Gilbert, S. W. (1991). Model building and a definition of science. *Journal of Research in Science Teaching, 28* (1), 73–79.

Grandy, R. E. (1997). Constructivisms and Objectivity: Disentangling Metaphysics from Pedagogy. *Science & Education, 6,* 43–53.

Held, C., Knauff, M. & Vosgerau, G. (Hrsg.). (2006). *Mental Models and the Mind.* Amsterdam u.a.: Elsevier.

Hildebrand, D., Bilica, K. & Capps, J. (2008). Addressing Controversies in Science Education: A Pragmatic Approach to Evolution Education. *Science & Education, 17,* 1033–1052.

Hoyningen-Huene, P. (2008). Systematicity: The Nature of Science. *Philosophia, 36,* 167–180.

Jiménez-Aleixandre, M. P. & Erduran, S. (2008). Argumentation in Science Education. An Overview. In S. Erduran & M. P. Jiménez-Aleixandre (Hrsg.), *Argumentation in Science Education* (S. 3–28). Dordrecht u.a.: Springer.

Johnson-Laird, P. N. (1983). *Mental Models: Towards a Cognitive Science of Language, Inference, and Consciousness.* Cambridge u.a.: Cambridge University Press.

Johnson-Laird, P. N. (2006). Mental Models, Sentential Reasoning, and Illusory Inferences. In C. Held, M. Knauff & G. Vosgerau (Hrsg.), *Mental Models and the Mind.* Amsterdam u.a.: Elsevier.

Johnson-Laird, P. N. (2009). *How We Reason.* Oxford u.a.: Oxford University Press.

Kelly, G. J., Druker, S. & Chen, C. (1998). Students' Reasoning about Electricity: Combining Performance Assessments with Argumentation Analysis. *International Journal of Science Education, 20* (7), 849–871.

Kelly, G. J. & Takao, A. (2002). Epistemic Levels in Argument: An Analysis of University Oceanography Students' Use of Evidence in Writing. *Science Education, 86* (3), 314–342.

Kirschner, P., Sweller, J. & Clark, R. (2006). Why minimal guidance during instruction does not work: An analysis of the failure of constructivist discovery, problem-based, experiential, and inquiry-based teaching. *Educational Psychologist, 41,* 75–86.

Klahr, D. & Nigam, M. (2004). The equivalence of learning paths in early science instruction: Effects of direct instruction and discovery learning. *Psychological Science, 15,* 661–667.

Kuhn, D. (1991). *The Skills of Argument.* Cambridge u.a.: Cambridge University Press.

Kuhn, D. (1993). Science as Argument: Implications for Teaching and Learning Scientific Thinking. *Science Education, 77* (3), 219–337.

Kuhn, D. (2000). Metacognitive Development. *Current Directions in Psychological Science, 9* (5), 178–181.

Kuhn, D. (2001). How Do People Know? *Psychological Science, 12* (1), 1–8.

Kuhn, D. (2005). *Education for Thinking.* Cambridge [u.a.]: Harvard University Press.

Kuhn, D. & Dean Jr., D. (2004). Metacognition: A Bridge between Cognitive Psychology and Educational Practice. *Theory into Practice, 43* (4), 268–273.

Kuhn, D. & Franklin, S. (2006). The Second Decade: What Develops (and How). In W. Damon, R. M. Lerner, D. Kuhn & R. S. Siegler (Hrsg.), *Handbook of Child Psychology 2 – Cognition, Perception, and Language* (S. 953–994). Hoboken, New Jersey: Wiley & Sons.

Matthews, M. R. (1997). Introductory Comments on Philosophy and Constructivism in Science Education. *Science & Education, 6,* 5–14.

Matthews, M. R. (2007). Models in Science and in Science Education: An Introduction. *Science & Education, 16,* 647–652.

Meisert, A. & Böttcher, F. (2011). *Indirekte Instruktionen im naturwissenschaftlichen Unterricht und ihre epistemologische Fundierung.* Schriftenreihe Fachdidaktische Forschung, 3.

Meisert, A. & Böttcher, F. (2014). Argumentieren. In U. Spörhase & W. Ruppert (Hrsg.), *Biologiemethodik* (S. 225–231). Berlin: Cornelsen.

Mendonça, P. C. C. & Justi, R. (2014). An Instrument for Analyzing Arguments Produced in Modeling-Based Chemistry Lessons. *Journal of Research in Science Teaching, 51* (2), 192–218.

Nersessian, N. J. (2002). The Cognitive Basis of Model-based Reasoning in Science. In P. Carruthers, S. Stich & M. Siegal (Hrsg.), *The Cognitive Basis of Science* (S. 133–153). Cambridge: Cambridge University Press.

Nersessian, N. J. (2008a). *Creating Scientific Concepts.* Cambridge u.a.: MIT Press.

Nersessian, N. J. (2008b). Mental Modelling in Conceptual Change. In S. Vosniadou (Hrsg.), *International Handbook of Research on Conceptual Change* (S. 391–416). New York u.a.: Routledge.

Nersessian, N. J. (2008c). Model-based reasoning in scientific practice. In R. A. Duschl & R. E. Grandy (Hrsg.), *Teaching Scientific Inquiry: Recommendations for Research and Implementation* (S. 57–79). Rotterdam: Sense Publishers.

Núñez Oviedo, M. C. & Clement, J. (2003). *Model Competition: A Strategy Based on Model Based Teaching and Learning Theory, Proceedings of NARST.* Verfügbar unter: http://www-unix.oit.umass.edu/%7Eclement/pdf/model_competition.pdf [12.11.2014].

Osborne, J., Erduran, S. & Simon, S. (2004). Enhancing the Quality of Argumentation in School Science. *Journal of Research in Science Teaching, 41* (10), 994–1020.

Passmore, C., Gouvea, J. S. & Giere, R. (2014). Models in Science and in Learning Science: Focusing Scientific Practice on Sense-making. In M. R. Matthews (Hrsg.), *International Handbook of Research in History, Philosophy and Science Teaching* (S. 1171–1202). Dordrecht u.a.: Springer.

Patronis, T. (1999). Students' Argumentation in Decision-making on a Socio-scientific Issue: Implications for Teaching. *International Journal of Science Education, 21* (7), 745–754.

Sadler, T. D. & Donelly, L. A. (2006). Socioscientific Argumentation: The Effects of Content Knowledge and Morality. *International Journal of Science Education, 28* (12), 1463–1488.

Sadler, T. D. & Zeidler, D. L. (2005). Patterns of Informal Reasoning in the Context of Socioscientific Decision Making. *Journal of Research in Science Teaching, 42* (1), 112–138.

Sampson, V. & Clark, D. B. (2008). Assessment of the Ways Students Generate Arguments in Science Education: Current Perspectives and Recommendations for Future Directions. *Science Education, 92,* 447–472.

Seel, N. M. (2006). Mental Models in Learning Situations. In C. Held, M. Knauff & G. Vosgerau (Hrsg.), *Mental Models and the Mind* (S. 85–110). Amsterdam u.a.: Elsevier.

Silva, C. C. (2007). The Role of Models and Analogies in the Electromagnetic Theory: A Historical Case Study. *Science & Education, 16,* 835–848.

Simon, S., Erduran, S. & Osborne, J. (2006). Learning to Teach Argumentation: Research and Development in the Science Classroom. *International Journal of Science Education, 28* (2/3), 235–260.

Suppe, F. (2000). Understanding Scientific Theories: An Assessment of Developments 1969–1998. *Philosophy of Science, 67,* 102–115.

Tamayo, O. & Sanmartí, N. (2007). High-school Students' Conceptual Evolution of the Respiration Concept from the Perspective of Giere's Cognitive Science Model. *International Journal of Science Education, 29* (2), 215–248.

Toulmin, S. E. (1958). *The Uses of Argument.* Cambridge: Cambridge University Press.

Toulmin, S. E. (2003). *The Uses of Argument.* Cambridge u.a.: Cambridge University Press.

Walton, D. N. (1996). *Argumentation Schemes for Presumptive Reasoning.* Mahwah, N.J.: Erlbaum.

Zohar, A. & Nemet, F. (2002). Fostering Students' Knowledge and Argumentation Skills Through Dilemmas in Human Genetics. *Journal of Research in Science Teaching, 39* (1), 35–62.

Teil VI
Fächervergleichende Argumentation

Alexandra Budke, Angelika Creyaufmüller, Miriam Kuckuck, Michael Meyer, Frank Schäbitz,
Kirsten Schlüter, Günther Weiss

Argumentationsrezeptionskompetenzen im Vergleich der Fächer Geographie, Biologie und Mathematik

1. Einleitung

Die hier dargelegten Überlegungen schließen an den Einführungsartikel von Budke & Meyer in diesem Band an. Dort wurde die fundamentale Bedeutung des Argumentierens für Lernprozesse beschrieben. Im Folgenden wird nun ein gemeinsames Projekt der Fachgruppe Didaktiken der Mathematisch-Naturwissenschaftlichen Fakultät der Universität zu Köln präsentiert, bei dem der Vergleich der fächerübergreifenden Argumentationsrezeptionskompetenzen der Lernenden im Mittelpunkt der Betrachtungen steht.

Zum Argumentieren existieren diverse fachdidaktische Studien, die sich dieser prozessbezogenen Kompetenz unter verschiedenen Blickwinkeln fachspezifisch nähern. In der Mathematik zählen hierzu beispielsweise die (eher quantitativ orientierten) Studien von Reiss, Heinze, Kessler, Rudolph-Albert & Renkl, 2007 bzw. eher qualitativ orientierte Studien von Meyer, 2007 und 2015, Schwarzkopf, 2000, Winter, 1983 etc. Innerhalb der Geographiedidaktik sind u.a. Budke, Schiefele & Uhlenwinkel, 2010, Budke, 2012 und Kuckuck, 2014 zu nennen. In der Biologiedidaktik finden sich Studien und Konzepte sowohl im Bereich der faktischen als auch der normativen Argumentation, s. u.a. Basel, Harms & Prechtl, 2013, Böttcher & Meisert, 2011, Riemeier, von Aufschnaiter, Fleischhaur & Rogge, 2012, Mittelsten Scheid & Hößle, 2008 sowie Bögeholz, Hößle, Langlet, Sander & Schlüter, 2004.

Die verschiedenen fachspezifischen Studien deuten an, dass eine Vielzahl an Aspekten berücksichtigt werden kann, wenn man das Argumentieren von Lernenden analysieren will: Neben dem fachlichen Inhalt, der Erklärungskraft, der Darstellungsform, der sprachlichen Verständlichkeit für einen Rezipienten etc. tritt hierbei insbesondere die Struktur von Argumenten in den Vordergrund. Denn unabhängig von verschiedenen Aspekten des Inhaltes, der Rezipientenorientierung etc. zeigen diverse der oben angeführten AutorInnen und ebenso die weiteren Beiträge in diesem Band, dass es ein einheitliches, fächerübergreifendes Kriterium für die Güte von Argumentationen gibt: ihren philosophisch-logischen Aufbau, welcher häufig mittels des von Toulmin erstellten Argumentschemas betrachtet wird (Toulmin, 1996, siehe Einführungsartikel von Budke & Meyer).

Der Vielzahl fachspezifischer Studien stehen jedoch nur wenige Arbeiten gegenüber, welche das fächerübergreifende Argumentieren thematisieren. Als ein Beispiel sei hierfür der Beitrag von Hanna & Jahnke (2002) angeführt (s. Einführungsbeitrag von Budke & Meyer). Empirische Studien, welche die Kompetenzen der Lernenden hinsichtlich des Argumentieren-Könnens in verschiedenen Fachkontexten vergleichend analysieren, sind uns nicht bekannt. Daher haben wir hierzu eine Studie durchgeführt, durch welche die Argumentationskompetenzen von SchülerInnen in den Fächern Mathematik, Biologie und Geographie bestimmt und verglichen werden können. Durch diese Fächerauswahl wurden natur-, sozial- und geisteswissenschaftliche Argumentationen in ihrer Repräsentation im Schulunterricht abgedeckt.

Es sollten die folgenden Fragen beantwortet werden:

- Inwiefern zeigen die untersuchten SchülerInnen in den Fächern Geographie, Biologie und Mathematik ähnliche Argumentationsrezeptionskompetenzen?
- Welche Art von Argumentationen sind für die SchülerInnen in den Fächern Biologie, Geographie und Mathematik besonders leicht bzw. schwierig richtig[1] zu beurteilen?
- Inwiefern nutzen die SchülerInnen zur Beurteilung vorgelegter biologischer, geographischer und mathematischer Argumente ähnliche Kriterien?

2. Theoretische Zugänge

Unter dem gemeinsamen Forschungsinteresse der Rekonstruktion, Diagnose und Förderung des Argumentierens kamen wir – Vertreterinnen und Vertreter der Fachdidaktiken der Fächer Biologie, Geographie und Mathematik der Universität zu Köln – zusammen. Zunächst konzentrierten wir uns auf die Fragestellung, ob sich die Argumentationskompetenzen von Lernenden zwischen den Fächern vergleichen lassen. Ausgehend von den im europäischen Referenzrahmen für Sprachen definierten kommunikativen Teilbereichen (vgl. Europarat, 2001) unterschieden wir Argumentationsproduktions-, Argumentationsrezeptions- und Argumentationsinteraktionskompetenzen (vgl. auch Budke, Schiefele & Uhlenwinkel, 2010) und beschlossen, uns in einem ersten Schritt auf die Erforschung der schriftlichen Argumentationsrezeptionskompetenzen zu konzentrieren. Diese bedeuten in Anlehnung an die allgemeine Kompetenzdefinition von Weinert (2001, S. 27), dass die SchülerInnen über Fähigkeiten und Fertigkeiten verfügen, schriftliche Argumentationen in verschiedenen fachlichen Kontexten zu verstehen und in ihrer Qualität zu bewerten, sowie auch, dass sie die damit verbundenen motivationalen, volitionalen und sozialen Bereitschaften aufweisen, diese Argumentationsfähigkeiten in variablen Situationen erfolgreich und verantwortungsvoll zu nutzen.

Zum Vergleich der Argumentationsrezeptionskompetenzen von Lernenden wurde auf der Grundlage des Strukturmodells von Toulmin (1996) auf ein fächerübergreifendes Gütekriterium abgehoben: das Erkennen der Explizitheit der verschiedenen funktionalen Bestandteile eines Arguments, deren inhaltliche Korrektheit und die Komplexität des Argumentes.

---

1 Die Qualität der Beurteilung von Argumentationen durch die SchülerInnen wurde durch den Vergleich mit Expertenbeurteilungen in jedem Fach bestimmt.

Hinsichtlich der sich von den Lernenden in der Bearbeitung als bedeutsam herausgestellten Kriterien zur Feststellung der Glaubwürdigkeit eines Argumentes wurden bei der Analyse fächerübergreifend drei Kriterien von Kopperschmidt (2000, S. 62–64) verwendet. Das erste Kriterium, die *Gültigkeit* der Inhalte der funktionalen Bestandteile, besagt, dass eine Aussage als gültig erkannt werden muss, um glaubwürdig zu sein. Hierbei kann zwischen der faktischen *Gültigkeit* (als Vergleichsnorm) einerseits und der (subjektiven) Gültigkeit für das Individuum andererseits unterschieden werden. Das zweite Kriterium, die *Eignung*, lässt die Passung zwischen den Inhalten der funktionalen Bestandteile (z.B. Datum und (Schluss-)Regel) analysieren. Mit anderen Worten: Eignet sich beispielsweise diese (Schluss-)Regel, um von diesem Datum auf diese Konklusion zu schließen? Letztlich muss die vorgebrachte Begründung zu dem gestellten (Problem-)Kontext passen (Kriterium: *Relevanz*). Wird beispielsweise nach der Funktionalität verschiedener Materialien zur Filterung von Wasser gefragt, so wäre die Angabe der Länge der Filterzeit nicht von Relevanz für den Reinheitsgrad des Wassers.

Neben den fächerübergreifenden Kriterien wurden zur Analyse auch solche Perspektiven eingenommen, die sich u.a. in vorhergehenden, zumeist fachspezifischen Untersuchungen oder auch rein fachlichen Überlegungen als sinnvoll ergeben haben.

In der *Mathematik* steht das Argumentieren in einem engen Zusammenhang zum Beweisen. Unter einem Beweis versteht man dabei gemeinhin einen Vorgang, „bei dem eine Behauptung in gültiger Weise Schritt für Schritt formal deduktiv aus als bekannt vorausgesetzten Sätzen und Definitionen gefolgert wird" (Meyer, 2007, S. 21). Hierbei kann neben der formalen auch die formelle Darstellung von Inhalten eine wichtige Rolle spielen. Im Extremfall hängt dabei die Wahrheitsübertragung nur von der Form ab (s. Buth, 1996). Unter dem Begriff des Argumentierens erfolgt eine Dehnung dieses Verständnisses: „Man benutzt diesen Terminus [Argumentieren, M. M.] meist im Sinne von ‚begründen' und will damit zum Ausdruck bringen, dass [sic!] man das Begründen nicht auf die mathematisch eingeengte Form des Beweisens beschränken möchte" (Vollrath, 1980, S. 28). Neben den formal-deduktiven Beweisen treten somit auch experimentelle bzw. inhaltlich-anschauliche Begründungen in den Fokus des (schul-)mathematischen Interesses. Während unter Ersteren etwa Plausibilitätsbetrachtungen oder Veranschaulichungen (Erklärungen an Beispielen etc.) zu verstehen sind, stützen sich Letztere auf „[…] Konstruktionen und Operationen, von denen intuitiv erkennbar ist, dass [sic!] sie sich auf eine ganze Klasse von Beispielen anwenden lassen und bestimmte Folgerungen nach sich ziehen" (Wittmann & Müller, 1988, S. 249). Bei den inhaltlich-anschaulichen Begründungen ist dabei zu beachten, dass sie „vom konkreten, inhaltlich-anschaulichen Fall direkt verallgemeinerbar sein [müssen], wobei diese Übertragbarkeit auf den allgemeinen Fall intuitiv erkennbar sein soll, und sie müssen bei Formalisierung der jeweiligen Prämissen korrekten formal-mathematischen Argumenten entsprechen" (Blum & Kirsch, 1989, S. 202).

Abgesehen von der Betrachtung bzw. Modellierung außermathematischer Gegebenheiten sind mathematische Argumente faktische Argumente und können sehr umfangreich sein, wenn man voraussetzt, dass diese bis auf die Grundlagen der betreffenden Theorie zurückgehen. Zum Beispiel besitzt allein der Beweis der Klassifikation der einfachen Gruppen ca. 15 000 Seiten, wobei immer noch anderswo bewiesene Sätze verwendet werden (Dreyfus, 2002, S. 16). Hersh (1993, S. 395) behauptet zudem, dass jeder mathematische Beweis, so er nur lang genug ist, mindestens einen Fehler enthält (s. die Entwicklung des Beweises des Vierfarbensatzes). Ob ein Argument als Beweis angenommen wird, hängt dann auch von der sozialen Gemeinschaft der Mathematiker ab, die ihn als gültig akzeptieren (s. Diskussion in Hersh, 1993 bzw. Davis & Hersh, 1986). Neben obigen und den Gütekriterien nach Kopperschmidt sind in der Literatur verschiedene weitere Kriterien zu erkennen, die besagen, wann ein mathematisches Argument aus fachlicher Perspektive bevorzugt und somit „gut" geheißen werden kann: u.a. wenn es interdisziplinäre Vernetzungen beinhaltet bzw. ermöglicht, prägnant ist (vgl. Schelldorfer & Spies, 2013, S. 3f) oder einen Sachverhalt verständlich erklärt (s. de Villiers, 1990, S. 1).

In der *Geographie* werden zumeist „offene" Argumentationen durchgeführt, was bedeutet, dass das Ergebnis nicht von vornherein feststeht, sondern im Prozess ausgehandelt wird. Dies liegt auch daran, dass häufig gesellschaftlich kontrovers diskutierte Fragestellungen aufgegriffen werden, welche auf der Grundlage unterschiedlicher Weltbilder, Interessen der Akteure sowie derer Werte und Normen beantwortet werden. Zumeist gibt es auch kein „richtiges" Ergebnis, sondern die Argumentation wird danach beurteilt, inwiefern sie vielschichtige Perspektiven, komplexe Begründungen und differenzierte Wahrnehmungen beinhaltet. Je nach Themengebiet werden faktische oder normative Argumentationen anerkannt. Es ist aus der Fachidentität ferner von großer Bedeutung, dass mit räumlicher Perspektive auf das jeweilige Problem gesehen wird. Dabei finden die unterschiedlichen Raumkonzepte ihre Anwendung (u.a. Wardenga, 2006; Weichhart, 2008; Hard, 1986). In diesem Kontext sind auch der räumliche Maßstabswechsel und der Gebrauch „geographischer" Medien wie Karten, Satellitenbilder oder GIS relevant. Außerdem sollten unterschiedliche Perspektiven auf den zu untersuchenden Gegenstand berücksichtigt werden. Viele geographische Probleme (u.a. Raumnutzungskonflikte, Ressourcennutzungen, Klimawandel und dessen humangeographische Implikationen etc.) lassen sich aus „neutraler" Perspektive nicht erfassen. Sie können erst durch den Blick auf die Akteure und deren alltägliches „Geographiemachen" (Werlen, 1995; 1997) sowie deren unterschiedliche Interessen und Perspektiven (Rhode-Jüchtern, 1995), die sie im Rahmen gesellschaftlicher Diskurse durch Argumentationen ausdrücken (Felgenhauer, 2007; Kuckuck, 2014), analysiert und verstanden werden. Räumliche Perspektive, zeitliche Entwicklung und Sichtweisen der Akteure können in Argumentationen u.a. durch Bedingungen bzw. Ausnahmebedingungen eingeführt werden. Dies bedeutet, dass explizit gesagt wird, wo, wann und für wen die jeweilige Argumentation gilt. Damit kann man festhalten, dass es sich im Rahmen der Geographie um ergebnisoffene Argumentationsprozesse handelt, welche dann im Kontext des Faches als qualitativ hochwertig anzusehen sind, wenn sie die räumliche Perspektive berücksichtigen, multiperspektivisch und auch komplex begründet sind.

In der *Biologie* werden Argumentationen je nach Themengebiet in faktische und normative aufgeteilt[2]. Mit faktischen Argumenten werden Sachverhalte und ihre Folgen erschlossen (Reitschert, Langlet, Hössle, Mittelsten Scheid & Schlüter, 2007) und Fakten oder rivalisierende Modellvorstellungen miteinander in Beziehung gesetzt und gegeneinander abgewogen (Jiménez-Aleixandre & Puig, 2012). Laut Böttcher und Meisert (2011) basieren faktische Argumentationen immer auf Modellvorstellungen, mithilfe derer man naturwissenschaftliche Phänomene erklären und vorhersagen kann. Die möglichst umfassende Beleuchtung aller relevanten Aspekte wird in einer Vielzahl von Fakten (Datum) und Erläuterungen ((Schluss-)Regeln) oder Einwänden (Ausnahmebedingungen) deutlich (vgl. Osborne, Erduran & Simon, 2004; Riemeier, Aufschnaiter, Fleischhaur & Rogge, 2012). Die beschriebene faktische Basis kann nun im Sinne des praktischen Syllogismus um normative Argumente ergänzt werden (Visser & Hößle in diesem Band). Die dadurch entstandenen normativen Argumentationen beschreiben und bewerten die möglichen Folgen einer Handlungsoption aus gesellschaftlicher Perspektive (Reitschert et al., 2007), wobei ggf. verschiedene ethische Grundpositionen berücksichtigt werden (Utilitarismus vs. Deontologismus, vgl. Bögeholz et al., 2004). Es wird also unterschieden, ob Argumentationen zur Wissensgenerierung oder weiterführend für gesellschaftliche Entscheidungsprozesse genutzt werden (Bögeholz, 2013).

Durch die Nähe der Biologie zur Physik und Chemie wird in biologischen Argumentationen immer wieder auch auf Erkenntnisse der anderen beiden Naturwissenschaften zurückgegriffen und umgekehrt (Heitzmann, 2010). Deshalb erscheint es sinnvoll, generell von naturwissenschaftlichen Argumentationen zu sprechen.

Die Grundlage der naturwissenschaftlichen Argumentation ist das naturwissenschaftliche Wissen. Dieses setzt sich aus drei Wissensbereichen zusammen (Bell, 2009): (i) dem fachspezifischen Wissen, das auf Fakten, Konzepten, Theorien und Gesetzen basiert, (ii) dem Methoden- und Prozesswissen, das sich auf naturwissenschaftliche Arbeitsweisen (z.B. Beobachten, Experimentieren) und Elemente des naturwissenschaftlichen Erkenntnisprozesses (z.B. Hypothesenbilden, Vorhersagen, Schlussfolgern) bezieht, und (iii) dem Wissen über die Natur der Naturwissenschaften („nature of science"/NOS) (Bell, 2009; Lederman, 2010), welches als ein zentrales Kriterium (neben sechs weiteren) die empirische Ausrichtung der Naturwissenschaften beinhaltet. Das heißt, dass naturwissenschaftliche Erkenntnisse im Wesentlichen erfahrungsbasiert sind und selbst rein theoretische Überlegungen nachfolgend anhand von Daten zu überprüfen und ggf. zu revidieren sind.

Auf der Grundlage der vorgestellten Überlegungen und entsprechend der Betrachtungen von Budke et al., 2010, Kuckuck, 2014, S. 164 (vgl. hierzu auch die strukturellen Kompetenzmodelle von Osborne, Erduran, Simon & Monk, 2001 sowie Dawson & Venville, 2009) wurde in der vorliegenden Arbeit – die als Vorstudie für weitergehende Untersuchungen dienen soll – die fächerübergreifende Argumentati-

---

2   Mittelsten Scheid (2009) spricht von naturwissenschaftlichen und ethischen Argumentationen. In der englischsprachigen Literatur werden die Begriffe *scientific* und *socio-scientific contexts* verwendet (McDonald & McRobbie, 2012).

onsrezeptionskompetenz der Lernenden mit dem folgenden Modell deskriptiv zu erfassen versucht:

Kompetenzstufe 1: Die Lernenden erkennen und bewerten, dass in dem zu rezipierenden Argument lediglich eine unbegründete Behauptung (Konklusion) gegeben ist. Die anderen funktionalen Bestandteile fehlen völlig, sodass eigentlich kein Argument, sondern lediglich eine Behauptung vorliegt.

Kompetenzstufe 2: Die Lernenden erkennen und bewerten, dass eine Behauptung geäußert wird, die mit geeigneten, relevanten und gültigen Argumenten begründet wird. Sie erkennen, dass die gegebene Behauptung (Konklusion) lediglich durch die Angabe eines Belegs (Datum) begründet ist. Die Kriterien Relevanz, Gültigkeit und Eignung sind erfüllt. Es sind nur sehr einfache (Schluss-)Regeln angeführt, die keinen inhaltlichen Bezug zum eigentlichen Thema aufweisen.

Kompetenzstufe 3: Die Lernenden erkennen und bewerten, dass die gegebene Behauptung (Konklusion) mittels falscher Belege (Datum) bzw. falscher (Schluss-)Regeln begründet ist. Auch können die angegebenen Belege (Datum) bzw. die (Schluss-)Regeln nicht ausreichend sein, um die gegebene Konklusion begründen zu können. Zudem kann die Argumentation in Bezug auf den (Problem-)Kontext nicht relevant sein.

Kompetenzstufe 4: Die Lernenden erkennen und bewerten, dass die angegebene Konklusion aus struktureller Perspektive ausreichend mittels Datum, (Schluss-)Regel und ggf. auch Stützung begründet ist. Die Kriterien Relevanz, Gültigkeit und Eignung sind erfüllt. Die gegebenen Ausnahmebedingungen (die sich auch als Gegenargumente rekonstruieren lassen) sind jedoch falsch oder unzureichend bzw. ungenau.

Kompetenzstufe 5: Die Lernenden erkennen, dass das gegebene Argument aus fachlicher Sicht passend begründet ist, wobei alle funktionalen Bestandteile explizit gegeben sind. Die Kriterien Relevanz, Gültigkeit und Eignung sind erfüllt. Zudem werden fachspezifische Gütekriterien erfüllt: Geographie: Gegenargumente, Bedingungen, Raumbezug und Multiperspektivität. Biologie: Bei faktischen Argumenten: Berücksichtigung verschiedener Wissensbereiche (Fach-, Methoden- und NOS-bezogenes Wissen), Vorliegen einer in sich logischen Argumentationskette, Gegenüberstellung rivalisierender Erklärungsansätze und Überprüfung ihrer empirischen Stichhaltigkeit.[3] Mathematik: Ausnahmebedingungen bzw. zusätzliche Einschränkungen innerhalb des Datums werden in der stringenten, vollständigen Argumentkette berücksichtigt.

---

3 Bei normativen biologischen Argumenten sind in der fünften Kompetenzstufe noch der Perspektivwechsel und die Unterscheidung unterschiedlicher ethischer Grundpositionen zu ergänzen. Diese Aspekte waren allerdings in der vorliegenden Untersuchung nicht relevant, da auf faktische Argumentationen fokussiert wurde.

3. Methodisches Vorgehen

Die Rezeptionsfähigkeit[4] der SchülerInnen von geographischen[5], biologischen[6] und mathematischen[7] Argumenten wurde mit standardisierten Erhebungsbögen der Fächer Geographie, Biologie und Mathematik untersucht. Jedes der drei Fächer hat ein relevantes Thema gewählt, welches typischerweise im Unterricht der Klasse 7 behandelt wird und dazu in Anlehnung an die beschriebenen Kompetenzmodelle Argumentationen entwickelt (siehe Tab. 1).

Es wurden zu jeder Kompetenzstufe jeweils mindestens zwei Argumente/Argumentationsketten gebildet, sodass es für jede Stufe immer mindestens einen Vergleichswert bei der Auswertung gab.

Tab. 1: Konzeption der Fragebögen

	Fiktive Argumente	1 sehr gut	2 gut	3 mit wenigen Mängeln	4 mit einigen Mängeln	5 schlecht	(6) sehr schlecht
1	Vorgegebenes Schülerargument zum Thema	o	o	o	o	o	o
2	Vorgegebenes Schülerargument zum Thema	o	o	o	o	o	o
3	Vorgegebenes Schülerargument zum Thema	o	o	o	o	o	o
...	...	...	...	...	...	...	...

Die gebildeten Argumentationen wurden in mehrfachen Verfahren jeweils durch Fachexperten validiert, wodurch die Notation und der Inhalt der Argumentationen überprüft und modifiziert werden konnten.[8] Die ExpertInnen bewerteten die Argu-

---

4   Im Fach Geographie wurde das Thema Nutzung des Regenwaldes, im Fach Biologie ein Experiment zum Bau einer Wasserreinigungsanlage und im Fach Mathematik die Thematik Wahrscheinlichkeits- und Bruchrechnung gewählt.

5   Die Behandlung des Tropischen Regenwalds ist ein „Standardthema" des Geographieunterrichts, bei dem sowohl physisch-geographische Argumente als auch humangeographische eine Rolle spielen.

6   In der Biologie wurde der Themenbereich „Experimentieren" ausgewählt, da das Experiment ein wesentliches Kennzeichen der naturwissenschaftlichen Forschung ist (Gropengießer, 2013, S. 288) und somit Bestandteil jedweden Biologieunterrichts sein sollte (Berck & Graf, 2010, S. 168). Den zu beurteilenden biologischen Argumenten wurden Vorabinformationen (Aufgabenstellung und Lösungshinweise) vorangestellt, um die ProbandInnen auf einen einheitlichen Vorwissensstand zu bringen, da die vorliegende Untersuchung ohne vorherige Unterrichtsstunde und außerhalb des Lehrplanes erfolgte.

7   Bei der Bruchrechnung handelt es sich um ein zentrales Thema des schulischen Mathematikunterrichts, welches die Lernenden gerade behandelt haben. Die Nähe zum Unterricht und die verschiedenen möglichen Darstellungsformen innerhalb dieses Themas gaben den Ausschlag, dieses zu wählen. Mit der Wahrscheinlichkeitsrechnung wurde weiterhin ein Thema ausgewählt, welches nicht nur verschiedene Darstellungsweisen, sondern besonders die Nutzung von Ausnahmebedingungen zulässt, um auch dieses Charakteristikum zum Vergleich mit den anderen Fächern in den Blick nehmen zu können.

8   Anzahl der ExpertInnen je Fach: Geographie: n= 17, Biologie: n= 18, Mathematik: n= 8.

mente auf einer Notenskala und konnten zudem Anmerkungen zu den Argumenten machen. Die Argumente in unseren Fragebögen wurden daraufhin entsprechend modifiziert und in einer neuen Befragungsrunde erneut von ExpertInnen validiert. Dieser iterative Prozess wurde so lange wiederholt, bis ein hoher Grad an Übereinstimmung der Bewertungen durch die ExpertInnen erreicht war. Diejenigen Argumente über deren Qualität die ExpertInnen sich nicht einig waren, wurden im abschließenden Erhebungsbogen nicht verwendet. Die gerundeten Noten der ExpertInnen, die im Folgenden als „Normnote" bezeichnet werden, wurden als „Standard im Fach" definiert, zu dem die Antworten der SchülerInnen in Beziehung gesetzt wurden. Vor der Untersuchung wurden die Erhebungsbögen noch auf ihre Verständlichkeit bei SchülerInnen geprüft.

An der Hauptuntersuchung nahmen schließlich 28 SchülerInnen einer 7. Klasse eines städtischen Gymnasiums in Köln teil. Damit ist die Untersuchung natürlich nicht als repräsentativ anzusehen. Die ProbandInnen erhielten die Aufgabe, die Argumentationen auf den drei Erhebungsbögen mit den ihnen bekannten Schulnoten von 1 bis 5 bzw. 6 zu bewerten.

Diese Bewertungen wurden mithilfe der statistischen Programme SPSS und Excel quantitativ ausgewertet. Die Identifikation der einzelnen SchülerInnen erfolgt über Codes, die diese selber auf dem Fragebogen eingetragen hatten, damit sie anonymisiert behandelt werden konnten. Die Mängel eines standardisierten Erhebungsbogens traten auch bei dieser Untersuchung auf. Aufgrund der Starrheit der Methode konnte während des Erhebungsprozesses nicht flexibel auf Anmerkungen eingegangen werden. Ein weiteres Problem des Forschungsdesigns war die Bewertung anhand von Schulnoten. Zum einen, weil Schulnoten ordinalskalierte Werte sind, die viele Berechnungen ausschließen (wir behandeln sie hier dennoch als metrisch skaliert), und zum anderen, da dieses Design die Antwortmöglichkeit „weiß nicht" ausschließt. Dafür sind Schulnoten aber ein für SchülerInnen leicht zu verstehendes Bewertungsschema, so dass die damit getroffenen Aussagen wirklich die Einschätzung der SchülerInnen widerspiegeln.

Um die beschriebenen Schwächen der Erhebungsbögen auszugleichen, wurde synchron noch die Methode des „Lauten Denkens" eigesetzt. Bei der Lösung einer Aufgabe sprechen die ProbandInnen bei dieser Methode alle Gedanken, Ideen und Empfindungen laut aus, was aufgenommen und später transkribiert wird (Weidle & Wagner, 1994, S. 81). In einer Vielzahl an Studien wurde dieses Datenerhebungsinstrument bereits genutzt (Weidle & Wagner, 1994; Völzke, 2012; Buber, 2007; Konrad, 2010; Göpferich, 2007; Heine & Schramm, 2007; Huber & Mandl, 1982; Bise, 2008; Würffel, 2001; Sandmann, 2014; Kuckuck, 2014). Einer der wesentlichsten Kritikpunkte an der Methode ist, dass die Verbalisierung eventuell den Problemlöseprozess beeinflussen kann. Daher wurden die Versuchspersonen in unserer Untersuchung lediglich aufgefordert laut zu denken und nicht ihre Bewertungen zu reflektieren. Dadurch wird nur die Lösungsgeschwindigkeit, kaum jedoch die Lösung selbst beeinflusst (Völzke, 2012; Ericsson & Simon, 1993; Deffner, 1984). An ihre Grenzen stößt die Methode in Bezug auf die Kapazitäten, die während des Denkprozesses entstehen. Denn oft treten Gedanken auf und verschwinden direkt wieder, oder Ideen, Bilder und Gefühle treten gleichzeitig auf, können aber nicht zeitgleich geäußert werden. Des Weiteren sind nicht alle Gedanken der Versuchsperson direkt bewusst, sodass diese ebenfalls nicht verbalisiert werden können. In unserem Kontext diente die Methode „Lautes Denken" dazu herauszufinden, welche Gütekriterien die SchülerInnen jeweils bei der Bewertung der vorgegebenen Argumentationen in den drei Fächern anwenden. Die „Lautes Denken"-Protokolle wurden transkribiert und konnten dann mithilfe der qualitativen Inhaltsanalyse nach Mayring (2002) untersucht werden. Die erfassten Daten wurden strukturiert und generalisiert, aus den Aussagen konnten Kriterien gebildet werden, mit deren Hilfe die SchülerInnen Argumentationen bewerteten und welche im Laufe der Analyse immer wieder überprüft wurden (Mayring, 2002; Flick, 2007; Flick, von Kardoff & Steinke, 2000).

Die Triangulation der verschiedenen Methoden hat dazu beigetragen, die mit der jeweils anderen Methode erzielten Ergebnisse zu überprüfen und zu bereichern (Flick, 2010). Die erhobenen Daten konnten somit jeweils verifiziert werden und es ergaben sich neue Forschungsfragen. Die statistisch auswertbaren Antworten auf den Argumentationserhebungsbögen sollten Aufschluss über die quantitative Verteilung der Antworten liefern sowie die Identifizierung von Argumentationsarten ermöglichen, die für die SchülerInnen besonders einfach oder besonders schwer zu bewerten waren. Dies sollte auch dazu dienen, das theoretisch erstellte Kompetenzmodell (siehe 2.) zu validieren. Die transkribierten Protokolle des „Lauten Denkens" erlaubten es, bei jeder Versuchsperson diejenigen Items zu erkennen, die von ihr nicht verstanden und zufällig angekreuzt wurden. Diese wurden dann von der statistischen Berechnung ausgenommen. Die Protokolle dienten allerdings nicht nur der „Bereinigung" der quantitativen Daten, sondern auch zu deren besserem Verständnis. Sie gaben zudem noch Aufschluss über die individuellen Gründe, welche der Beurteilung der SchülerInnen zugrunde lagen. Die Gütekriterien der SchülerInnen bei der Beurteilung von vorgelegten Argumentationen konnten so identifiziert werden.

Die erhobenen Daten konnten sowohl im jeweiligen Fach als auch fächervergleichend ausgewertet werden. Damit konnte untersucht werden, welche Kriterien fächerübergreifend und welche fachintern von den SchülerInnen zur Bewertung der Argumentationen angewendet wurden. Zudem konnten die statistischen Daten Aufschluss über die Bewertungsfähigkeiten der einzelnen SchülerInnen im speziellen Fach geben; sie ermöglichten aber auch die vergleichende Analyse aller Daten, um SchülerInnengruppen ähnlicher Merkmalsausprägung bilden zu können oder um einzelne SchülerInnen im Fächervergleich zu untersuchen. Mithilfe dieser Verfahren konnten Aussagen zu den Rezeptionskompetenzen individueller aber auch aller SchülerInnen gemittelt für die drei beteiligten Fächer erfolgen, um Unterschiede sowie Ähnlichkeiten in den Argumentationsrezeptionskompetenzen zwischen den Fächern herauszuarbeiten.

4. Ergebnisse

4.1 Argumentationen, die von den SchülerInnen besonders leicht zu bewerten waren

Nach dem Kompetenzmodell (siehe 2.) wurde erwartet, dass unvollständige Argumentationen, die nur aus einer Behauptung bestehen (Kompetenzstufe 1), für die SchülerInnen leicht zu erkennen sind und als unzureichend bewertet werden.

Die Ergebnisse entsprechen zu einem großen Teil den genannten Erwartungen: In der einfachsten Kompetenzstufe 1 bewerteten in der Geographie im Durchschnitt 70 % der SchülerInnen die Argumente entsprechend der Normnote mit einer 5. Die Übereinstimmungen mit der Normnote fallen in der Mathematik mit 65 % und in der Biologie mit 47 % dagegen geringer aus (siehe Abb. 1).

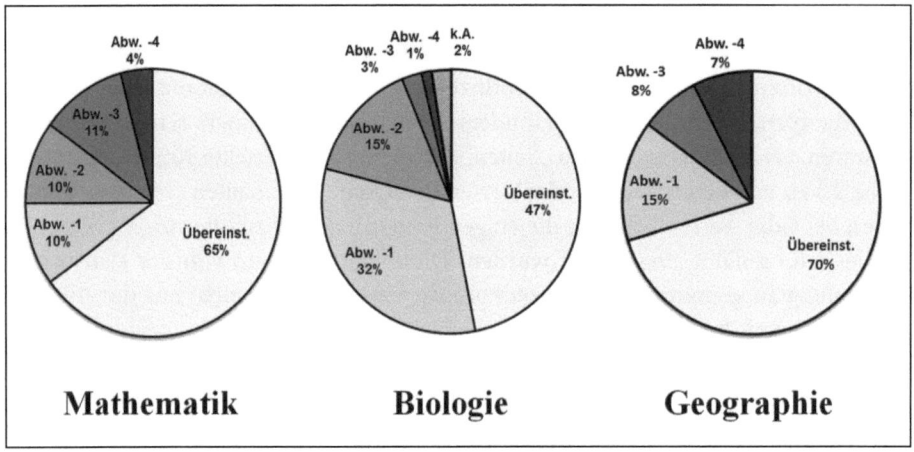

Abb. 1: Prozentualer Anteil der Übereinstimmung der Schüler-Noten mit den theoriebasierten und anschließend expertenvalidierten Normnoten in der Kompetenzstufe 1 (Bei Argumenten der Kompetenzstufe 1 sollen die Lernenden erkennen, dass in dem zu rezipierenden Argument lediglich eine Konklusion gegeben ist. Die anderen funktionalen Bestandteile fehlen vollständig, so dass eigentlich kein Argument, sondern lediglich eine Behauptung vorliegt. Negative Abweichungen bedeuten, dass die SchülerInnen bessere Noten im Vergleich zu den Normnoten vergeben. Positive Abweichungen verweisen auf schlechtere Schüler-Noten im Vergleich zu den Normnoten.) (eigene Darstellung)

Anhand der vorliegenden Ergebnisse lässt sich sagen, dass offenbar ein Großteil der SchülerInnen über ausreichendes inhaltlich-strukturelles Wissen verfügt, um die Konklusionsäußerungen von (vollständigeren) Argumenten zu unterscheiden. Sie können also unabhängig vom Fachkontext die jeweils vertretene Behauptung erfassen und folgern, dass die Begründungen (Datum und (Schluss-)Regel) fehlen.

4.2 Argumentationen, die von den SchülerInnen besonders schwierig zu bewerten waren

Es wurde erwartet, dass vollständige Argumentationen, die über komplexe Strukturen verfügen und sowohl die fachübergreifenden als auch die fachspezifischen Gütekriterien erfüllen (Kompetenzstufe 5), von den SchülerInnen besonders schwierig zu bewerten sind.

Die Ergebnisse zeigen jedoch, dass diese Erwartung nicht bestätigt werden konnte. Die größten Abweichungen der Schüler-Noten von den Normnoten traten bei der Kompetenzstufe 3 auf (siehe Abb. 2).

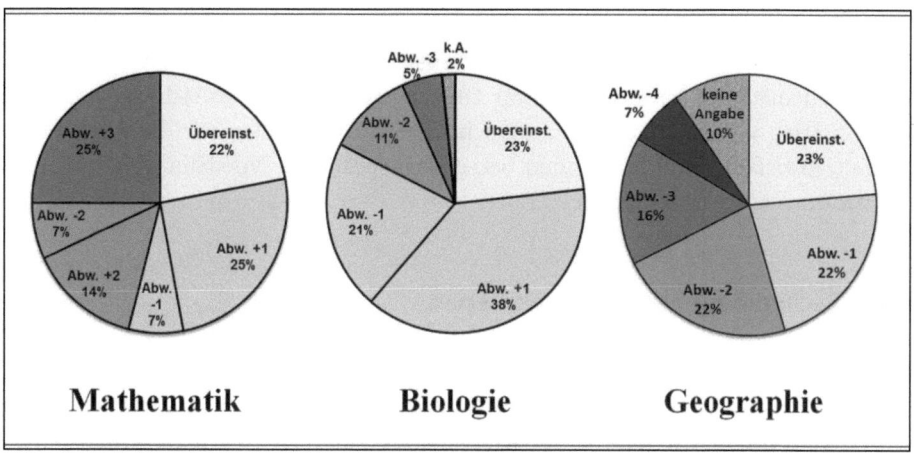

Abb. 2: Prozentualer Anteil der Übereinstimmung der Schüler-Noten mit den Normnoten in der Kompetenzstufe 3 (Bei Argumenten der Kompetenzstufe 3 sollen die Lernenden erkennen, dass die gegebene Konklusion mittels falscher Belege als Datum bzw. falscher (Schluss-)Regeln begründet ist. Auch können die angegebenen Belege als Datum des Arguments bzw. die (Schluss-)Regeln nicht ausreichend sein, um die gegebene Konklusion begründen zu können. Zudem kann die Argumentation in Bezug auf den (Problem-)Kontext nicht relevant sein. Positive Abweichungen verweisen auf schlechtere Schüler-Noten im Vergleich zu den Normnoten – negative auf bessere.) (eigene Darstellung)

Für die mittlere Kompetenzstufe 3 war ursprünglich angenommen worden, dass SchülerInnen diese strukturell vollständigen, aber unzureichenden Argumente, bei denen eine Behauptung mit nicht relevanten, unvollständigen oder ungültigen Begründungen belegt wird, relativ leicht erkennen können. Dies wurde jedoch widerlegt (siehe Abb. 2). Tatsächlich haben nur 22 bzw. 23 % der SchülerInnen eine Bewertung der vorgelegten Argumentationen abgegeben, welche mit der Experteneinschätzung übereinstimmte. In Bezug auf die geographischen und die biologischen Argumentationen lässt sich beobachten, dass die SchülerInnen die Argumentationen größtenteils besser als die ExpertInnen bewerteten. Eine Ursache dieses Ergebnisses könnte fehlendes Fachwissen der SchülerInnen sein, das dazu führte, dass den vorhandenen Belegen getraut wurde, obwohl diese aus Expertensicht keinesfalls Tatsachen darstellten. Zudem ist es möglich, dass die SchülerInnen nur die formal vollständige Argumentationsstruktur wahrgenommen haben und dieser den Vorrang vor den inhaltlichen Aspekten eingeräumt haben. Bei den mathematischen Argumentationen scheint dies allerdings nicht der Fall zu sein, da ein Großteil der ProbandInnen die vorgelegten Argumentationen kritischer als die Experten beurteilte. Die Aussagen der Lernenden deuten darauf hin, dass bei ihnen das Fachwissen vorhanden ist, nicht jedoch die Akzeptanz für die Verwendung inhaltlich unzureichender bzw. falscher (Schluss-)Regeln.

4.3 Kriterien, nach denen die SchülerInnen biologische, mathematische und geographische Argumentationen bewerten

Durch die Untersuchung sollte u.a. herausgefunden werden, welche Gütekriterien die SchülerInnen anwenden, um Argumentationen in den Fächern Geographie, Biologie und Mathematik zu bewerten. Es war zudem von Interesse, ob sich die relevanten Gütekriterien von Fach zu Fach unterscheiden. Damit wollten wir die Frage beantworten, inwiefern die SchülerInnen bereits fachspezifische Vorstellungen von Argumentationen ausgebildet haben.

4.3.1 Fächerübergreifende Gütekriterien

Unserer Untersuchung lag die Hypothese zugrunde, dass sich die durch Toulmin (1996) definierte allgemeine Argumentationsstruktur in allen Argumenten unabhängig vom fachlichen Kontext wiederfinden lässt und auch dazu eingesetzt werden kann, die Güte von Argumenten zu beurteilen. „Schlechte" Argumente haben in dieser Hinsicht eine unvollständige Struktur. Es werden z.B. nur unbegründete Behauptungen benannt oder Konklusion und Datum sind nicht durch eine (Schluss-)Regel logisch miteinander verbunden.

Diese Hypothese konnte bestätigt werden. Tatsächlich untersuchten die SchülerInnen die vorgelegten Argumente in allen drei Fächern auf *strukturelle Vollständigkeit*. Sie taten dies allerdings zumeist inhaltsspezifisch und implizit, d.h., die Protokolle des „Lauten Denkens" zeigen, dass sie nicht über die Struktur der Argumente sprachen, sondern die Existenz von „Begründungen" und die „Logik" des Arguments untersuchten. Die vorhandenen Äußerungen bezogen sich allerdings größtenteils auf die Basisstruktur (Datum, (Schluss-)Regel, Konklusion) und seltener auf weitere Elemente wie Bedingungen/Ausnahmebedingungen, Stützungen, Operatoren oder Gegenargumente. Die SchülerInnen verfügten dagegen größtenteils über die Fähigkeit, die vertretene These/Meinung zu identifizieren, und konnten auch erkennen, ob diese begründet wurde:[9]

> Beispiel aus der Biologie: „*Dieses Argument finde ich mangelhaft, weil das eine etwas ziemlich kurze Aussage ist und eben keine wirkliche Begründung dafür gibt, wieso die das so gemacht haben.*" (Ga7M-Item7)

---

9   Die folgenden Transkripte von Schüleräußerungen wurden sprachlich geglättet.

Auch fehlende Geltungsbeziehungen konnten die SchülerInnen größtenteils richtig erkennen. Sie fanden die Argumentation dann häufig „unlogisch" und beurteilen sie als schlecht.

> Beispiel aus der Mathematik: *„Das verstehe ich nicht. Da, die Säulen – die lila, blauen, rosa Säulen die für Derya stehen sollen eigentlich zu den – bei den Sachen stehen die Basti hat – und deswegen is das für mich ziemlich unlogisch."* (SA12O-S7)

Häufig äußerten die SchülerInnen, dass sie eine Aussage „logisch" finden und begründeten dies nicht weiter. Sie beurteilten sie dann als gut.

> Beispiel aus der Geographie: *„Hört sich logisch an, deswegen gut"* (Ka9D-D25)

Waren Belege in der Argumentation vorhanden, versuchten die SchülerInnen deren Güte nach fachlichen oder „wissenschaftlichen" Kriterien einzuschätzen:

> Beispiel aus der Geographie: *„Das, ähm, ist eigentlich schlau oder logisch, aber ähm man weiß ja nicht so, also wenn das für Eis genutzt würde, ob das klappen würde, das weiß man nicht, das hat ja noch keiner getestet, deswegen würde ich auch schlecht sagen."* (Ut37Z-D27)

Sie versuchten zudem, die vorgelegten Belege vor dem Hintergrund ihrer eigenen Lebenswelt zu verstehen und zu beurteilen. Zur geographischen These, dass der Tropische Regenwald geschützt werden müsse, da sonst die Indianer kein Holz zum Bau ihrer Hütten mehr hätten, sagt z.B. eine Person:

> *„Ja, für die ist das ihr Leben und wenn man ihr Leben zerstört, stellt euch mal vor euer Kinderzimmer wird einfach abgerissen ohne euch zu fragen, ja dann steht ihr da „Ja, wo soll ich jetzt schlafen, wo soll ich was machen" aber ihr stellt euch nicht die Frage, wo soll ich denn jetzt mein neues Spielzeug herkriegen. Also das glaub ich nicht"* (lacht) (Is11S-A6)

Neben der eigenen Lebenswelt nahmen die SchülerInnen auch Bezug zum Unterricht und zum Fernsehen. Wenn die SchülerInnen sich nicht sicher über die Güte eines Belegs (Datum) waren, beurteilen sie die Wahrscheinlichkeit, mit der er richtig sein könnte. Aufgrund fehlenden Fachwissens kamen die SchülerInnen allerdings häufig zu falschen Urteilen.

4.3.2 Fachspezifische Gütekriterien

Bei der Bewertung von Argumentationen wandten die SchülerInnen zudem fachspezifische Gütekriterien an bzw. ähnliche Gütekriterien hatten für die SchülerInnen je nach Fach eine unterschiedlich große Bedeutung (siehe Tab. 2).

Tab. 2: Bedeutung der Gütekriterien zur Beurteilung von Argumentationen in den Fächern Biologie, Geographie und Mathematik

Gütekriterien	wichtig ⟶			unwichtig
Relevanz	Mathematik Biologie			Geographie
Darstellungsformen	Mathematik			Biologie, Geographie
Multiperspektiviät	Geographie	Biologie		Mathematik
Übereinstimmung zwischen eigener Meinung und These der Argumentation	Geographie	Mathematik, Biologie		
Lösung	Geographie, Mathematik Biologie			

In vielen Protokollen des „Lauten Denkens" lässt sich nachvollziehen, dass die SchülerInnen die Argumentationen in der Mathematik häufig auch danach beurteilten, ob sie „mathematisch" sind. Das Kriterium „Relevanz", die Passung zwischen der Argumentation und dem Fachkontext, war den SchülerInnen bei der Beurteilung mathematischer Argumentationen wichtig. Auch in der Biologie wiesen SchülerInnen auf nicht zum Kontext passende Inhaltsaspekte in den Argumenten hin. In Bezug auf geographiespezifische Argumentationen war dieses Gütekriterium mit einer Ausnahme inexistent.

> Beispiel Mathematik: *„Weil das is einfach top. Das is mathematisch gut gerechnet. So will man es doch sehen. Ne? Is das nich wahr? So will man es doch sehen – ne?"* (Si358B-A5)

> Beispiel Biologie: *„Das kann vielleicht sein, dass die [Wasserreinigungsanlage] sonst umkippt, aber das hat ja dann überhaupt nichts mit der Reinigung zu tun, […] es hat nichts mit dem Thema zu tun."* (Ut37Z-Item12)

Auch die „Art der Darstellung" war lediglich bei der Beurteilung mathematischer Argumentationen relevant. Bei der Bearbeitung der Argumente zur Wahrscheinlichkeitsrechnung zeigte sich, dass einige SchülerInnen symbolisch-algebraische Lösungen zumindest als Bestandteil des Argumentes einforderten (Beispiel: *„Er hat gar nicht gerechnet daher Fünf bis Sechs, und – what?"* (Ve30N-W10)) und Argumente mit solchen Elementen tendenziell auch besser bewerteten als die ExpertInnen. Insbesondere im Kontext der Bruchrechnung (und bei einigen SchülerInnen ebenso zur Wahrscheinlichkeitsrechnung) konnte hingegen auch ein umgekehrter Zusammenhang beobachtet werden, zumal die Lernenden im Mittel die Argumente besser bewerteten, die ikonische Elemente enthielten. Diese Elemente wurden zum Teil auch bei ansonsten vollständig korrekten Argumenten gefordert (Beispiel: *„Naja, er hätte das vielleicht mit ner Tabelle oder nem Diagramm oder so erklären können. Aber ansonsten is das schon gut."* (He1L-W17)). Insofern deuten die Ergebnisse an, dass das von Healy & Hoyles (2000) beobachtete Phänomen (die Präferenz für symbolische Argumente) bereichsspezifisch zu sein scheint.

Die „Multiperspektivität" der Argumentation war entsprechend unserer theoretischen Annahmen vor allem bei der Bewertung von geographischen Argumentationen für die SchülerInnen wichtig. Zumeinst wurden die in den Argumentationen enthaltenen Perspektiven der Akteure erkannt und diese Multiperspektivität wurde positiv beurteilt. Bei dem gewählten Beispiel der Biologie (Materialauswahl und Schichtung beim Bau einer Wasserreinigungsanlage) spielen gesellschaftliche Aspekte und damit Perspektiven von Akteuren so gut wie keine Rolle.

> Beispiel aus der Geographie: *„Diese Aussage finde ich sehr gut, weil sie auch denkt, dass der tropische Regenwald geschützt werden muss, aber beachtet halt auch die Familien, die sich ernähren müssen (…)"* (Ga7M-D21)

Da viele SchülerInnen den Schutz des Regenwaldes für unbedingt notwendig erachteten, beurteilten sie diejenigen geographischen Argumentationen als positiv, welche den Erhalt des Waldes unter gleichzeitiger Berücksichtigung der Interessen der Ureinwohner vertraten. Sehr auffällig ist, dass viele SchülerInnen die Bi- bzw. Multiperspektivität der vorgelegten geographischen Argumentationen zwar erkannten und positiv beurteilten, sie dieses Kriterium zumeinst allerdings nicht auf eindimensionale Argumentationen anwandten. Diese wurden also nicht negativ beurteilt, weil sie nur aus einer einzigen Perspektive formuliert waren.

Auch die „eigene Meinung" floss besonders stark in die Beurteilung der geographischen Argumentationen ein. Stimmten diese mit ihren eigenen Überzeugungen überein, wurde die gesamte Argumentation häufig als gut bewertet.

> Beispiel aus der Geographie: *„Sehr gut, ich bin der gleichen Meinung"* (Ka9D-D25)

Der Erhalt der Tier- und Pflanzenwelt im tropischen Regenwald war für viele SchülerInnen wichtig und geographische Thesen, die dies vertraten, wurden positiv beurteilt. Häufig fand die Befürwortung der SchülerInnen auch vor dem Hintergrund des Nutzens für sie selbst statt. Hier war den SchülerInnen besonders die Sauerstoffproduktion im tropischen Regenwald sehr wichtig, von der sie selbst profitieren.

In Einzelfällen führten die SchülerInnen auch bei der Bewertung der biologischen Argumente lediglich die eigene Meinung als Bewertungsgrundlage für ein Argument an. Warum die Begründung fehlt, könnte verschiedene Ursachen haben. Womöglich fehlte den SchülerInnen das Hintergrundwissen für eine passende Begründung oder ihnen erscheint die Begründung banal bzw. überflüssig, weil sie als offensichtlich angesehen wurde.

> Beispiel aus der Biologie: *„Das stimmt, weil ja, es stimmt halt. […]"* (Ma52K-Item20)

Das Kriterium „Lösung" hatte in geographischen, biologischen und mathematischen Kontexten Bedeutung. In Bezug auf die geographischen Argumentationen war aus den Protokollen des „Lauten Denkens" erkennbar, dass diejenigen Argumente als positiv beurteilt wurden, welche eine „Lösung" für das von den Kindern wahrgenommene Problem der nachhaltigen Nutzung des tropischen Regenwaldes anboten. Argumentationen, die stärker den Erhalt des tropischen Regenwaldes und die Schaffung von Arbeitsplätzen für die Ureinwohner in den Vordergrund stellten, wurden dementsprechend von vielen Kindern als positiv beurteilt, da sie diese „Lösung" vor dem Hintergrund ihrer eigenen Meinung befürworteten. In der Mathematik äußerte sich dies insofern, als in mehr als der Hälfte der Aussagen der SchülerInnen die Worte „falsch" oder „richtig" vorkamen. Auch kleine Fehler (zum Beispiel die Annahme einer falschen Grundgesamtheit in einem ansonsten vollständig richtigen Argument) wurden eher negativ bewertet. Dies ist auch ein wesentlicher Grund für die deutlichen Abweichungen zu den Bewertungen der ExpertInnen. In der Biologie ging es bei jedem Argument um einen Lösungsvorschlag zum Problem der Wasserreinigung, der von den SchülerInnen bewertet werden musste. Von daher spielt die Problemlösung durchweg eine wichtige Rolle. In Einzelfällen wurden die vorgegebenen Argumente durch Verbesserungsvorschläge ergänzt.

> Beispiel Biologie: *„Das finde ich gut, das könnte eigentlich auch sehr gut sein, aber ich finde das stimmt, weil Sand ist, das dauert zwar länger, aber es wird dann halt sauberer. Aber man könnte vielleicht mehrere Schichten machen, dann wär es vielleicht noch perfekter, als wenn man nur Sand nimmt."* (Mu18K-Item13)

Insgesamt zeigt sich, dass die getesteten SchülerInnen größtenteils über Argumentationsrezeptionskompetenzen verfügen, die sie in den verschiedenen fachlichen Kontexten anwenden können. Sie sind größtenteils fähig, die Struktur einfacher Argumente unabhängig vom fachlichen Inhalt und der Darstellung des Arguments zu erkennen und entsprechend der Vollständigkeit zu beurteilen. Bei der Evaluation der Belege (Datum) und der Geltungsbeziehung ((Schluss-)Regeln, Stützungen) wurde allerdings fehlendes Fachwissen in allen Fächern offensichtlich. Deshalb bereitete die Beurteilung komplexerer Argumente auch größere Probleme.

Neben dem strukturellen Wissen wandten die SchülerInnen auch fachspezifische Gütekriterien an, was darauf hindeutet, dass ihnen bewusst war, dass die Güte von Argumenten auch in Bezug auf ihren (fachlichen) Kontext beurteilt werden muss. Die fachbezogenen Gütekriterien stimmen allerdings nicht vollständig mit den Gütekriterien der „ExpertInnen" und mit denjenigen, welche im Fach diskutiert werden, überein (siehe 2.).

4.4 Quantitativer Vergleich der Argumentationskompetenzen

Wir gingen auch der Frage nach, inwiefern die Argumentationsrezeptionskompetenzen der SchülerInnen in den untersuchten Fächern ähnlich ausgeprägt sind. Abbildung 3 zeigt die gemittelten realen Abweichungen von der Normnote der ExpertInnen für alle ProbandInnen und alle drei beteiligten Fächer. Eine Abweichung von z.B. -0,5 bedeutet, dass die betreffende Person die vorgelegten Argumentationen im Durchschnitt um eine halbe Note besser bewertet hat als die ExpertInnen. Grundsätzlich sind die Abweichungen der SchülerInnen von der „Norm" in den drei Fächern relativ ähnlich. Es dominiert eine leicht negative Abweichung, d.h., die SchülerInnen bewerten die Argumentationen in allen Kompetenzstufen gemittelt etwas besser als die ExpertInnen der Fächer. Anders ausgedrückt heißt das, dass die SchülerInnen nicht so kritisch waren wie die ExpertInnen und auch schwache Argumentationen positiver einschätzten, was natürlich auch mit dem unterschiedlichen Wissensstand und der Erfahrung beider Gruppen zusammenhängt. Berechnet man die absoluten Abweichungen der Schülerbewertungen von den Experteneinschätzungen, also ohne Berücksichtigung der Abweichungsrichtung, liegt der größte gemittelte Wert (über alle Kompetenzstufen) bei einem Schüler knapp über zwei Notenstufen, die meisten SchülerInnen liegen zwischen 0,5 und 1,5 Notenstufen. Betrachtet man dabei die einzelnen Fächer, so fällt auf, dass die Mittelwerte dieser absoluten Abweichungen in der Geographie mit 1,39 Notenstufen höher ausfallen als in den anderen beiden Fächern (Mathematik: 1,07; Biologie: 0,94).

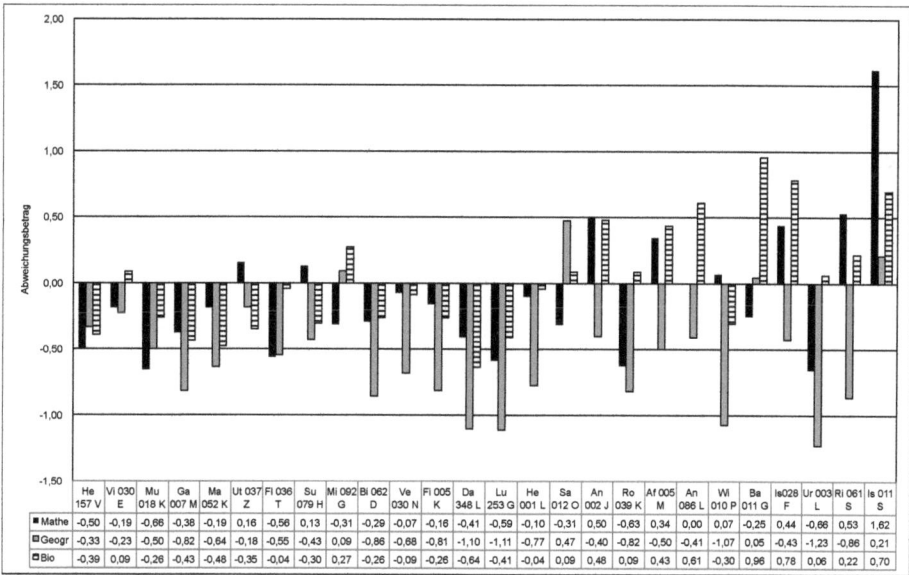

Abb. 3: Mittlere reale Abweichungen zwischen Schüler- und Expertenbenotungen für alle Kompetenzstufen, differenziert nach den untersuchten Fächern und nach ProbandInnen. Diese sind durch Codes wie z.B. He157V repräsentiert. Schwarze Balken = Mathematik; Graue Balken = Geographie; Schraffierte Balken = Biologie (n=27), (eigene Darstellung)

Deshalb kann man zusammenfassend festhalten, dass die Beurteilungen der vorgelegten Argumentationen durch die SchülerInnen im Durchschnitt nur gering von den ExpertInneneinschätzungen abwichen. Dieses Ergebnis belegt, dass ein Großteil der untersuchten SchülerInnen grundsätzlich in allen Fächern über Kompetenzen verfügt, um fachspezifische Argumentationen zu beurteilen. Dies bestätigt noch einmal die Ergebnisse aus Kapitel 4.3.1. Allerdings waren die Übereinstimmungen zwischen ExpertInnen- und SchülerInneneinschätzung je nach vorgelegter Argumentationsart unterschiedlich ausgeprägt (siehe 4.1 und 4.2).

Die Ergebnisse lassen kein deutliches fachspezifisches Muster erkennen; allenfalls bestehen etwas größere negative Abweichungen bei den SchülerInnenwertungen von Argumentationen der Geographie gegenüber denjenigen aus Biologie und Mathematik. Nur wenige SchülerInnen weisen starke Abweichungen (im Mittel mehr als eine Notenstufe) auf, die mehrheitlich im negativen Bereich liegen, d.h., SchülerInnen mit stark abweichenden Bewertungen haben Argumentationen deutlich besser eingeschätzt als die ExpertInnen. Dabei umfassen diese großen Abweichungen beim jeweiligen Schüler/bei der jeweiligen Schülerin jedoch nie alle drei Fächer, sondern jeweils nur ein Fach (viermal Geographie, nie die Biologie, einmal Mathematik). Daraus lässt sich schließen, dass hier keine generellen, fächerübergreifenden Unsicherheiten, sondern dass offenbar fachgebundene Effekte vorliegen.

Korreliert man die Abweichungen der SchülerInnen in den verschiedenen Fächern, erhält man folgende Werte: Mathe/Geographie=0,33, Mathe/Biologie=0,51, Biologie/Geographie=0,48.

Hier zeigen die Korrelationen, dass die Abweichungstendenzen in Mathe/Biologie und Biologie/Geographie relativ gut korrelieren. Das bedeutet, dass die SchülerInnen in diesen Fächern die Argumentationen ähnlich einschätzen. Hier zeichnen sich die strukturellen Beurteilungskriterien, über die die SchülerInnen in allen Fächern verfügen, deutlich ab (siehe Kapitel 4.3.1). Offenbar sind die Argumentationen in Mathematik und Biologie (für das gewählte Beispiel) am ähnlichsten, zwischen Geographie und Mathematik besteht womöglich nur eine geringere Ähnlichkeit. Möglicherweise sind die Unterschiede zwischen der mathematischen und der geographischen Beurteilungslogik von Argumentationen in diesem Drei-Fächer-Vergleich am größten.

In Abbildung 4 ist für alle SchülerInnen, differenziert nach den drei betrachteten Fächern, der Koeffizient für die Korrelation zwischen den SchülerInnen- und den ExpertInnenbenotungen dargestellt. Würden die SchülerInnenurteile mit den ExpertInnenmeinungen vollständig übereinstimmen, müsste ein Koeffizient von „1" erreicht sein, keine Übereinstimmung würde sich in einem Wert von „0" niederschlagen. Im Fächervergleich schneidet hier die Geographie am schlechtesten ab, d.h., in diesem Fach wurden die Argumentationen gemäß der ExpertInnennorm am wenigsten richtig bewertet. Am besten kamen die SchülerInnen mit den Bewertungen im Fach Biologie zurecht, während das Fach Mathematik in diesem Ranking eine mittlere Stellung einnimmt. Dieses Ergebnis der Studie könnte darin begründet sein, dass die Geographie mit sozial- und naturwissenschaftlichem Hintergrund ein sehr komplexes Fach ist und sehr viel heterogenes Fachwissen enthält, welches nachweislich

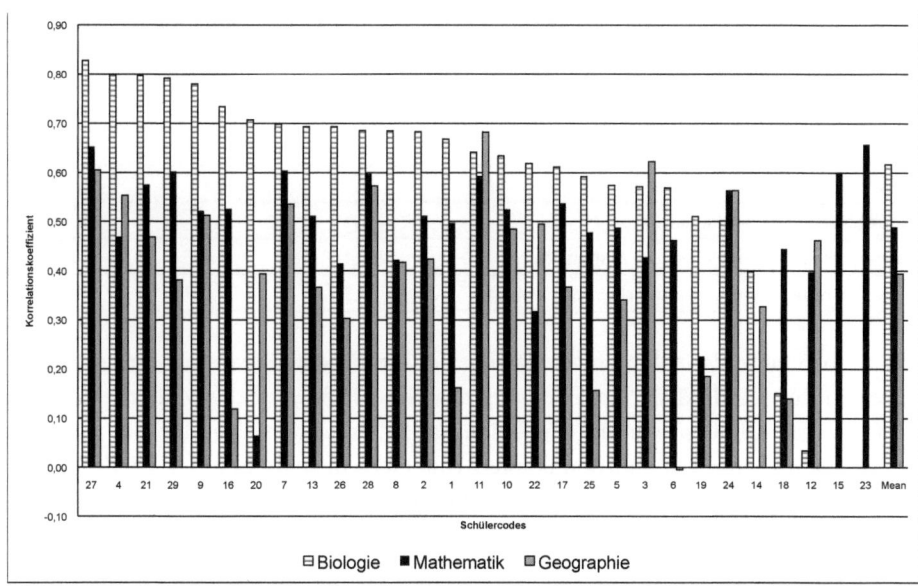

Abb. 4: Koeffizienten für die Korrelation zwischen Schüler- und Expertenurteilen zu vorgegebenen Argumentationen, differenziert nach Fächern und einzelnen SchülerInnen, sowie der Mittelwert der Korrelation für jedes Fach. N= 27, Schwarze Balken = Mathematik; Graue Balken = Geographie; Schraffierte Balken = Biologie (eigene Darstellung)

durch die „Lautes-Denken"-Protokolle nicht bei jeder/m SchülerIn vorhanden war. Dies spielte vermutlich bei der Beurteilung der biologischen Argumentationen keine so große Rolle, da hier ein inhaltlicher Lösungsbogen zur Verfügung gestellt wurde. Zudem bezogen sich alle in der Biologie und Mathematik zu bewertenden Argumente jeweils nur auf eingegrenzte Sachverhalte (Bau einer Anlage zur Reinigung von Schmutzwasser; Aufgaben zur Wahrscheinlichkeits- und Bruchrechnung), während sich das geographische Thema Regenwald in verschiedene Subthemen mit spezifischen Wissensbeständen auffächerte (z.B. Wirtschaftlichkeit, Klimamechanismen, Pflanzenökologie, Verwendung von Nutzpflanzen etc.).

Die Betrachtung einzelner SchülerInnen belegt ebenfalls, dass hier die Facheffekte größer sind als die Effekte individueller Qualifikationen. So seien beispielsweise die sechs SchülerInnen, welche im Fach Geographie die schlechtesten Korrelationswerte zu den Expertenurteilen aufweisen, herausgegriffen. Diese befinden sich mit jeweils einer Ausnahme in den beiden anderen Fächern nicht unter den Personen mit den schlechtesten Korrelationswerten; vier weisen dort zwar Korrelationswerte unter dem Fachdurchschnitt auf, aber in breiterer Streuung, zwei liegen jeweils über dem Fachdurchschnitt. Umgekehrt liegen von den drei „besten" SchülerInnen der Geographie im Fach Biologie zwei unter dem Korrelationsmittelwert des Faches und in Mathematik etwas darüber. Lediglich ein Schüler (Ve030N) gehört in allen drei Fächern zu den drei SchülerInnen mit dem höchsten Korrelationskoeffizienten.

Tab. 3: Koeffizienten für die Korrelation zwischen Schüler- und Expertenurteilen zu vorgegebenen Argumentationen, differenziert nach Fächern sowie Geschlecht und Muttersprachlichkeit (n= 27), (eigene Darstellung)

	Geographie	Biologie	Mathematik
Korrelationsmittelwert aller SchülerInnen	0,39	0,62	0,49
Korrelationsmittelwert Mädchen	0,36	0,61	0,47
Korrelationsmittelwert Jungen	0,45	0,63	0,52
Korrelationsmittelwert Deutsch als Muttersprache	0,41	0,60	0,48
Korrelationsmittelwert Muttersprache nicht Deutsch	0,31	0,68	0,49

Als unabhängige Variablen zur Erklärung der Argumentationsrezeptionskompetenz waren in der standardisierten Erhebung das Geschlecht und die Muttersprache der SchülerInnen erhoben worden. Für beide Variablen zeigten sich aber bei allen drei betrachteten Fächern keine signifikanten Unterschiede zwischen den Merkmalsausprägungen (vgl. Tab. 3): Die Übereinstimmung der SchülerInnenurteile mit den ExpertInnenurteilen ist bei den Jungen in allen drei Fächern nur wenig höher als bei den Mädchen. SchülerInnen mit einer anderen Muttersprache als Deutsch zeigen nur im Fach Geographie etwas schlechtere Übereinstimmungen mit den Normnoten, in Biologie und Mathematik sind deren Korrelationen sogar leicht besser als bei den SchülerInnen, bei denen Deutsch die Muttersprache ist. Insofern erweisen sich in der untersuchten Stichprobe die SchülerInnen durch eine andere Muttersprache als Deutsch hinsichtlich ihrer Argumentationsrezeptionskompetenz nicht als benachteiligt.

5. Fazit

Im hier beschriebenen Projekt ging es um den Vergleich von Argumentationsrezeptionskompetenzen der SchülerInnen in den Fächern Biologie, Geographie und Mathematik. In der empirischen Studie wurden 27 SchülerInnen einer siebten Gymnasialklasse standardisierte Erhebungsbögen mit vorgegebenen Argumentationen zu spezifischen Themen der Fächer Geographie, Biologie und Mathematik vorgelegt. Die SchülerInnen waren aufgefordert, die Argumentationen mit einer Schulnote zu bewerten und bei ihrem Bewertungsprozess über ihre Gründe und Gütekriterien nachzudenken und diese laut auszusprechen. Anschließend erfolgten eine statistische Auswertung der Argumentationsbenotungen sowie eine qualitative Inhaltsanalyse der „Lautes-Denken"-Protokolle.

Die quantitative Analyse ergab, dass SchülerInnen- und ExpertInnenbewertungen durchschnittlich nur in geringem Umfang voneinander abwichen, allerdings waren diese Übereinstimmungen je nach Art des vorgelegten Arguments unterschiedlich groß. Offensichtlich verfügten die SchülerInnen größtenteils über die nötigen Kompetenzen, um die Qualitäten der vorgelegten Argumentationen in allen drei Fächern einschätzen zu können. Unvollständige Argumentationen wurden von den SchülerInnen mehrheitlich als schlecht bewertet. Hier gab es auch die größten Übereinstimmungen mit den Expertenurteilen. Die größten Bewertungsschwierigkeiten bereiteten den SchülerInnen nicht Argumentationen höchster Komplexität (Stufe 5), sondern die der „mittleren" Kompetenzstufe 3, d.h. Thesen mit unzureichenden, unvollständigen, irrelevanten oder ungültigen Begründungen. Diese Probleme sind möglicherweise auf unzureichendes Fachwissen zurückzuführen.

In der qualitativen Analyse konnte gezeigt werden, dass SchülerInnen strukturell unterschiedlich komplex angelegte Argumente erkennen konnten und somit unterschiedlich bewerteten. Somit kann geschlussfolgert werden, dass bei den SchülerInnen ein implizites Wissen über die Vollständigkeit des Aufbaus von Argumenten gemäß des Toulmin-Schemas (1996) in allen drei beteiligten Fächern vorhanden war.

Die Bewertung der Belege (Datum des Arguments) ist geprägt von Vorwissen, Erfahrungen aus dem Alltag, wissenschaftlichen Kriterien sowie Vermutungen über die Wahrscheinlichkeit, dass etwas stimmt. Als fachspezifische Gütekriterien von hoher Bedeutung für die untersuchten SchülerInnen erwiesen sich beim Fach Mathematik Darstellungsform, Lösungsweg und Relevanz (fachlich typisches Vorgehen). Bei geographischen Argumentationen waren Multiperspektivität, Übereinstimmung mit der eigenen Meinung und Aufzeigen von Lösungen wichtige Kriterien. Im Fach Biologie spielten die Relevanz und der Lösungsweg eine wichtige Rolle. Die Multiperspektivität war aufgrund des inhaltlich eng umgrenzten Themas nicht zentral.

Die Gütekriterien der SchülerInnen sind somit von struktureller und fachlicher Natur, allerdings stimmen die fachlichen nicht immer mit denen der FachexpertInnen überein.

Die vorgelegte Studie konnte nachweisen, dass SchülerInnen sowohl fächerübergreifende als auch fachspezifische Bewertungskriterien bei der Rezeption von Argumentationen anwenden. Diese stimmen allerdings nicht in allen Punkten mit den im jeweiligen Fach diskutierten und durch die ExpertInnen bestätigten Kriterien überein. Die Schwierigkeiten der SchülerInnen gerade mit Argumentationen, die zwar strukturell vollständig, inhaltlich jedoch problematisch sind (Kompetenzstufe 3), legen nahe, den spezifischen Charakter der Herausforderungen von SchülerInnen bei der Beurteilung von Argumentationen „mittlerer Schwierigkeit" zu erfassen, z.B. durch einen Fokus auf den Umgang mit spezifischen „Argumentationsfehlern", die variiert werden (z.B. falsches Datum, falsche (Schluss-)Regel, falsche Ausnahmebedingung), während andere Elemente einer Argumentation konstant bleiben. Das in der Studie teilweise identifizierte Problem mangelnder fachlicher Kenntnisse verlangt eine stärkere Beachtung der Wissensbestände bei den SchülerInnen.

Es wäre möglich, die Ergebnisse dieser Studie, die sich auf eine kleine Stichprobe beziehen und womöglich durch die Schulstufe, die Schulart und durch die gewählten Beispielthemen beeinflusst wurden, durch eine größer angelegte Studie zu verifizieren. Dabei könnten das Forschungsdesign und die Erhebungsmethoden dieser Arbeit allerdings gewinnbringend genutzt werden. Forschungsdesiderate einer fächervergleichenden Argumentationsforschung beziehen sich zudem auf eine Erweiterung des zu vergleichenden Fächerspektrums. Des Weiteren wäre die Untersuchung von SchülerInnen unterschiedlicher Klassenstufen interessant, um herauszufinden, wie sich die Argumentationsrezeptionskompetenzen bei den SchülerInnen entwickeln.

Anzustreben ist weiterhin eine Expansion der Analyse auf die Felder der (schriftlichen und mündlichen) Argumentationsproduktion und -interaktion im Fächervergleich. Am Ende könnte ein allgemeines Modell stehen, das aufzeigt, welche Argumentationskompetenzen fachspezifisch und welche fächerübergreifend geschult werden könnten, inklusive der Entwicklung spezieller Förderstrategien für den Unterricht.

Literatur

Basel, N., Harms, U. & Prechtl, H. (2013). Analysis of students' arguments on evolutionary theory. *Journal of biological education, 47* (14), 192–199.

Bell, R. L. (2009). *Teaching the Nature of Science: Three Critical Questions.* Verfügbar unter: http://ngl.cengage.com/assets/downloads/ngsci_pro0000000028/am_bell_teach_nat_sci_sc122-0449a_.pdf (27.04.2015).

Berck, K.-H. & Graf, D. (2010). *Biologiedidaktik. Grundlagen und Methoden.* 4. Aufl. Wiebelsheim: Quelle & Meyer.

Bise, V. (2008). *Problemlösen im Dialog mit sich selbst.* Marburg: Tectum.

Blum, W. & A. Kirsch (1989). Warum haben nicht-triviale Lösungen von f' = f keine Nullstellen? Beobachtungen und Bemerkungen zum ‚inhaltlich-anschaulichen' Beweisen. In H. Kautschitsch & W. Metzler (Hrsg.), *Anschauliches Beweisen* (S. 199–209). Wien: Hölder-Pichler-Tempsky.

Bögeholz, S. (2013). Bewerten der Anwendung biologischer Erkenntnisse. In H. Gropengießer, U. Harms & U. Kattmann (Hrsg.), *Fachdidaktik Biologie.* 9. Aufl. (S. 71–77). Hallbergmoos: Aulis.

Bögeholz, S., Hößle, C., Langlet, J., Sander, E. & Schlüter, K. (2004). Bewerten – Urteilen – Entscheiden im biologischen Kontext: Modelle in der Biologiedidaktik. *Zeitschrift für Didaktik der Naturwissenschaften (ZfDN), 10,* 89–115.

Böttcher, F. & Meisert, A. (2011). Argumentation in Science Education: A model-based Framework. *Science & Education, 20* (2), 103–140.

Buth, M. (1996). *Einführung in die formale Logik unter der besonderen Fragestellung: Was ist die Wahrheit allein aufgrund der Form.* Frankfurt am Main: Lang.

Buber, R. (2007). Denke-Laut-Protokolle. In R. Buber & H. H. Holzmüller (Hrsg.), *Qualitative Marktforschung Konzepte – Methoden – Analysen* (S. 557–568). Göttingen: Hogrefe.

Budke, A. (2012). Argumentationen im Geographieunterricht. *Geographie und ihre Didaktik / Journal of Geography Education, 40* (1), 23–34.

Budke, A., Schiefele, U. & Uhlenwinkel, A. (2010). Entwicklung eines Argumentationskompetenzmodells für den Geographieunterricht. *Geographie und ihre Didaktik / Journal of Geography Education, 38* (3), 180–190.

Davis, J. & Hersh, R. (1986): *Erfahrung Mathematik.* Basel: Birkhäuser.

Dawson, V. & Vanville, G. J. (2009). High-school students' informal reasoning and argumentation about biotechnology: An indicator of scientific literacy? *International journal of science education, 31* (11), 1421–1445.

Deffner, G. (1984). *Lautes Denken – Untersuchung zur Qualität eines Datenerhebungsverfahrens.* Frankfurt am Main: Lang.

Ericsson, K. A. & Simon, H. A. (1993). *Protocol analysis: Verbal reports as data.* Cambridge: MIT Press.

Europarat (2001): Gemeinsamer europäischer Referenzrahmen für Sprachen: Lernen, lehren, beurteilen. Verfügbar unter: http://kgg.german.or.kr/kr/kzg/kzgtxt/99-19.pdf.

Felgenhauer, T. (2007). *Geographie als Argument: eine Untersuchung regionalisierender Begründungspraxis am Beispiel" Mitteldeutschland".* Stuttgart: Steiner.

Flick, U. (2007). *Qualitative Sozialforschung.* Reinbek: Rowohlt.

Flick, U. (2010). Triangulation. In G. Mey & K. Mruck (Hrsg.), *Handbuch Qualitative Forschung in der Psychologie* (S. 278–289). Wiesbaden: Verlag für Sozialwissenschaften.

Flick, U., Kardorff, E. von & Steinke, I. (2000). Was ist qualitative Forschung? Einleitung und Überblick. In U. Flick, E. von Kardirff & I. Steinke (Hrsg.), *Qualitative Forschung. Ein Handbuch* (S. 13–29). Reinbek: Rowohlt.

Göpferich, S. (2007). *Praktische Handreichungen für Studien mit lautem Denken und Translog (2000 und 2006).* Verfügbar unter: http://www.susanne-goepferich.de/Handreichung.pdf [26.03.2013].

Gropengießer, H. (2013). Experimentieren. In H. Gropengießer, U. Harms & U. Kattmann (Hrsg.), *Fachdidaktik Biologie.* 9. Aufl. (S. 284–293). Hallbergmoos: Aulis.

Hanna, G. & Jahnke, H. N. (2002). Arguments from physics in mathematical proofs: An educational perspective. *For the learning of mathematics, 22* (3), 38–45.

Hard, G. (1986). Der Raum – einmal systemtheoretisch gesehen. *Geographica Helvetica, 41* (2), 77–83.

Harms, U. & Kattmann, U. (2013). Kommunikation biologischer Phänomene und Erkenntnisse. In H. Gropengießer, U. Harms & U. Kattmann (Hrsg.), *Fachdidaktik Biologie.* 9. Aufl. (S. 62–70). Hallbergmoos: Aulis.

Healy, L. & Hoyles, C. (2000). A study of proof conceptions in algebra. *Journal for research in mathematics education, 31* (4), 396–428.

Heine, L. & Schramm, K. (2007). Lautes Denken in der Fremdsprachenforschung: Eine Handreichung für die empirische Praxis. In H. J. Vollmer (Hrsg.), *Synergieeffekte in der Fremdsprachenforschung. Empirische Zugänge, Probleme, Ergebnisse* (S. 167–206). Frankfurt am Main: Lang.

Heitzmann, A. (2010). Die „Natur" der Naturwissenschaft hinterfragen. In P. Labude (Hrsg.), *Fachdidaktik Naturwissenschaften. 1.-9. Schuljahr.* (S. 211–226). Bern: Haupt.

Huber, G. L. & Mandl, H. (1982). *Verbale Daten: Eine Einführung in die Grundlagen und Methoden der Erhebung und Auswertung.* Weinheim: Beltz.

Jiménez-Aleixandre, M. P. & Puig, B. (2012). Argumentation, Evidence Evaluation and Critical Thinking. In B. J. Fraser, K. G. Tobin & C. J. McRobbie (Hrsg.), *Second International Handbook of Science Education* (S. 1001–1015). Dordrecht: Springer.

Konrad, K. (2010). Lautes Denken. In G. Mey & K. Mruck (Hrsg.), *Handbuch Qualitative Forschung in der Psychologie* (S. 476–490). Wiesbaden: Verlag für Sozialwissenschaften.

Kopperschmidt, J. (2000). *Argumentationstheorie.* Hamburg: Junius.

Kuckuck, M. (2014). *Konflikte im Raum – Verständnis von gesellschaftlichen Diskursen durch Argumentation im Geographieunterricht.* Geographiedidaktische Forschungen, Bd. 54. Münster: Monsenstein und Vannerdat.

Kultusministerkonferenz (Hrsg.). (2004). *Bildungsstandards im Fach Biologie für den Mittleren Schulabschluss.* Neuwied: Luchterhand.

Kultusministerkonferenz (Hrsg.). (2005). *Beschlüsse der Kultusministerkonferenz. Bildungsstandards im Fach Biologie für den Mittleren Schulabschluss. Beschluss vom 16.12.2014.* Neuwied: Luchterhand.

Lederman, N. G. (2010). Nature of Science: Past, Present, and Future. In S. K. Abell & N. G. Lederman (Hrsg.), *Handbook of Research on Science Education* (S. 831–880). New York: Routledge.

Mayring, P. (2002). *Einführung in die qualitative Sozialforschung. Eine Anleitung zu qualitativem Denken.* 5. Aufl. Weinheim/Basel: Beltz.

McDonald, C. V. & McRobbie, C. J. (2012). Utilising Argumentation to Teach Nature of Science. In B. J. Fraser, T. Kenneth & C. J. McRobbie (Hrsg.), *Second International Handbook of Science Education* (S. 969–986). Dordrecht: Springer.

Meyer, M. (2007). *Entdecken und Begründen im Mathematikunterricht. Von der Abduktion zum Argument.* Hildesheim: Franzbecker.

Meyer, M. (2015). *Vom Satz zum Begriff. Philosophisch-logische Perspektiven auf das Entdecken, Prüfen und Begründen.* Berlin: Springer.

Mittelsten Scheid, N. & Hössle, C. (2008). Wie Schüler unter Verwendung syllogistischer Elemente argumentieren. *Zeitschrift für Didaktik der Naturwissenschaften, 14,* 145–165.

Mittelsten Scheid, N. (2009). Argumentation aus metakognitiver Perspektive – Leitlinien für Maßnahmen zur Professionsentwicklung naturwissenschaftlicher Lehrkräfte. *Zeitschrift für Didaktik der Naturwissenschaften (ZfDN), 15,* S. 173–193.

Osborne, J., Erduran, S. & Simon, S. (2004). Enhancing the Quality of Argumentation in School Science. *Journal of Research in Science Teaching, 41* (10), 994–1020.

Osborne, J., Erduran, S., Simon, S. & Monk, M. (2001). Enhancing the quality of argument in school science. *School Science Review, 82* (201), 63–70.

Reiss, K., Heinze, A., Kessler, S., Rudolph-Albert, F. & Renkl, A. (2007). Fostering argumentation and proof competencies in the mathematics classroom. In M. Prenzel (Hrsg.), *Studies on the educational quality of schools. The final report on the DFG Priority Programme* (S. 251–264). Münster: Waxmann.

Reitschert, K., Langlet, J., Hössle, C., Mittelsten Scheid, N. & Schlüter, K. (2007). Dimensionen Ethischer Urteilskompetenz. *MNU, 60* (1), 43–51.

Riemeier, T., Aufschnaiter, C. von, Fleischhaur, J. & Rogge, C. (2012). Argumentationen von Schülern prozessbasiert analysieren: Ansatz, Vorgehen, Befunde und Implikationen. *Zeitschrift für Didaktik der Naturwissenschaften (ZfDN), 18,* 141–180.

Rhode-Jüchtern, T. (1995). *Raum als Text. Perspektiven einer konstruktiven Erdkunde.* Wien: Institut für Geographie der Universität Wien.

Sandmann, A. (2014). Lautes Denken – die Analyse von Denk-, Lern- und Problemlöseprozessen. In D. Krüger, I. Parchmann & H. Schecker (Hrsg.), *Methoden in der naturwissenschaftsdidaktischen Forschung* (S. 179–188). Heidelberg/Berlin: Springer.

Schelldorfer, R. & Spies, S. (2013). Mathematik genießen – „Schöne Mathematik". *Praxis der Mathematik, 55* (54), 2–8.

Schwarzkopf, R. (2000). *Argumentationsprozesse im Mathematikunterricht. Theoretische Grundlagen und Fallstudien.* Hildesheim: Franzbecker.

Toulmin, S. (1996). *Der Gebrauch von Argumentation.* Weinheim: Beltz.

Vollrath, H.-J. (1980). Eine Thematisierung des Argumentierens in der Hauptschule. *Journal für Mathematikdidaktik, 1* (1/2), 28–41.

Völzke, K. (2012). *Lautes Denken bei kompetenzorientierten Diagnoseaufgaben zur naturwissenschaftlichen Erkenntnisgewinnung.* Kassel: Kassel Univ. Press.

Wardenga, U. (2006). Raum- und Kulturbegriffe in der Geographie. In M. Dickel & D. Kanwischer (Hrsg.), *TatOrte. Neue Raumkonzepte didaktisch inszeniert* (S. 21–47). Münster: Lit.

Weichhart, P. (2008). *Entwicklungslinien der Sozialgeographie*. Stuttgart: Steiner.

Weidle, R. & Wagner, A. C. (1994). Die Methode des Lauten Denkens. In G. L. Huber & H. Mandl (Hrsg.), *Verbale Daten. Eine Einführung in die Grundlagen und Methoden der Erhebung und Auswertung* (S. 81–103). Weinheim: Beltz.

Weinert, F. E. (Hrsg.). (2001): Leistungsmessungen in Schulen. Weinheim.

Werlen, B. (1995). *Sozialgeographie alltäglicher Regionalisierungen. Bd. 1. Zur Ontologie von Gesellschaft und Raum.* Stuttgart: Steiner.

Werlen, B. (1997). *Sozialgeographie alltäglicher Regionalisierungen. Bd. 2. Globalisierung, Region und Regionalisierung.* Stuttgart: Steiner.

Winter, H. (1983). Zur Problematik des Beweisbedürfnisses. *Journal für Mathematikdidaktik, 4* (1), 59–95.

Wittmann, E. C. & Müller, G. N. (1988). Wann ist ein Beweis ein Beweis? In P. Bender (Hrsg.), *Mathematikdidaktik – Theorie und Praxis. Festschrift für Heinrich Winter* (S. 237–258). Berlin: Cornelsen.

Würffel, N. (2001). Protokolle Lauten Denkens als Grundlage für die Erforschung von hypertextgeleiteten Lernprozessen im Fremdsprachenunterricht. In A. Müller-Hartmann & M. Schocker-von-Ditfurth (Hrsg.), *Qualitative Forschung im Bereich Fremdsprachen* (S. 163–186). Tübingen: Narr.

Jelko Peters

Schriftliches Argumentieren in den Fächern Deutsch und Geschichte
Ein Vergleich der Operatoren für die Abiturprüfung

1. Die Aufgabenarten im schriftlichen Abitur und die Bedeutung der Operatoren

Prüfungszeit. Das schriftliche Abitur steht an. Mehr oder weniger wohl präpariert erwarten die Abiturientinnen und Abiturienten die Klausuren. Wie in jedem Fach, so fragen sich auch die Prüflinge in den Fächern Deutsch und Geschichte, zu welchen Themen die Aufgaben gestellt werden und was für Aufgabentypen für die Klausuren ausgewählt wurden, da die Kandidatinnen und Kandidaten nicht nur mit divergenten inhaltlichen Schwerpunkten, sondern auch mit verschiedenen Aufgabenformaten konfrontiert werden. Die Kultusministerkonferenz schlägt für das Fach Deutsch sechs Aufgabenarten vor:

Tab. 1: Aufgabenarten für das Fach Deutsch (Quelle: KMK, 2012, S. 31)

Aufgabenart textbezogenes Schreiben			
Interpretation literarischer Texte	Analyse pragmatischer Texte	Erörterung literarischer Texte	Erörterung pragmatischer Texte
Aufgabenart materialgestütztes Schreiben			
Materialgestütztes Verfassen informierender Texte		Materialgestütztes Verfassen argumentierender Texte	

Diese Aufgabenformate werden entweder von den Ländern übernommen oder dienen als Anregung für die Konstruktion eigener Aufgabenarten. Exemplarisch sei hier auf Bayern und Nordrhein-Westfalen verwiesen: Bayern unterscheidet zwischen den Aufgabentypen *Erschließen literarischer Texte* (entweder zur Lyrik, Drama oder Epik), *materialgestütztes Verfassen eines informierenden Textes* und *textgebundenes Verfassen eines argumentierenden Textes* (Staatsinstitut für Schulqualität, 2014) und Nordrhein-Westfalen zwischen den Aufgabentypen *Analyse eines literarischen Textes oder eines Sachtextes* (ggf. mit weiterführendem Schreibauftrag), *vergleichende Analyse literarischer Texte oder von Sachtexten, Erörterung von Sachtexten* bzw. *Erörterung von Sachtexten mit Bezug auf einen literarischen Text* und *materialgestütztes Verfassen eines Textes mit fachspezifischem Bezug* (Ministerium für Schule und Weiterbildung des Landes Nordrhein-Westfalen, 2014a, S. 46).

Ungeachtet der differierenden Bezeichnungen für die Aufgabentypen fällt grundsätzlich die immense Bedeutung des argumentierenden Schreibens auf. Denn jedes Aufgabenformat verlangt entweder eine Analyse, eine Interpretation, einen Vergleich und/oder eine Erörterung von Text(en) oder Materialien seitens der Prüflinge und damit Tätigkeiten, bei denen die Prüflinge argumentieren müssen.

In der Abiturprüfung im Fach Geschichte spielt das argumentierende Schreiben ebenfalls eine große Rolle. Die Kultusministerkonferenz stellt als materialbasierte Aufgabentypen zum einen die *Interpretation einer Quelle* bzw. die *vergleichende Interpretation von Quellen* oder zum anderen die *Erörterung einer Deutung einer historischen Darstellung* bzw. die *Erörterung verschiedener Deutungen aus unterschiedlichen Darstellungen* vor. In der Regel ohne Material soll die *Entwicklung einer historischen Darstellung zu einem historischen Problem oder einer historischen These* erfolgen (Kultusministerkonferenz, 2005, S. 10). Vor allem die materialbasierten Aufgabenformate werden von den Ländern übernommen. Nordrhein-Westfalen unterscheidet zum Beispiel zwischen den Aufgabentypen *Interpretation sprachlicher oder nichtsprachlicher historischer Quellen* und *Analyse von Darstellungen und kritische Auseinandersetzung mit ihnen* (Ministerium für Schule und Weiterbildung des Landes Nordrhein-Westfalen, 2014b, S. 51).

Für beide Fächer in der Abiturprüfung gilt: Die textbezogenen Aufgabentypen implizieren eine argumentative Auseinandersetzung mit einem (oder mehreren) Text(en). Die Konfrontation mit dem Material wird durch die Aufgabenstellung initiiert und fokussiert. Dabei übernehmen die verwendeten Operatoren eine entscheidende Funktion, da jene als Anweisung die durchzuführende Handlung in einem Arbeitsauftrag festlegen und damit die Art und Weise der Ausgestaltung der Lösung steuern.

Um einen Arbeitsauftrag optimal zu bearbeiten, müssen die Prüflinge um die Bedeutung und Anforderungen der Operatoren wissen. Doch woher ist ihnen bekannt, welche Tätigkeit mit einem Operator verbunden ist? Wurden die Operatoren entsprechend eindeutig definiert? Wie wird *ein* Operator in *verschiedenen* Fächern genutzt? Gelten die Definitionen gleichlautender Operatoren fachübergreifend oder gibt es Unterschiede zwischen den Fächern? Und wenn Differenzen vorzufinden sind: Welche Auswirkungen haben die in den Fächern verschieden definierten Operatoren auf die Lernenden? Können diese mit jener Vielfalt umgehen? Weiter gefragt: Bedeuten die Operatoren in jedem Bundesland dasselbe oder werden sie in jedem Land eigens definiert? – Diese Fragen nach der Bedeutung der Operatoren für das schriftliche Argumentieren und ihrer Vergleichbarkeit rücken im Folgenden in den Fokus des Interesses. Dazu werden für den Vergleich exemplarisch die Operatoren der Fächer Deutsch und Geschichte untersucht. Diese Fächer bieten sich an, weil in beiden Fächern fast ausschließlich textbezogene Aufgabenarten im Abitur gestellt werden, die eine schriftliche Argumentation von den Prüflingen fordern, die Fächer aber unterschiedlichen Aufgabenfeldern angehören (Deutsch dem sprachlich-künstlerischen, Geschichte dem gesellschaftswissenschaftlichen Bereich) und beide Fächer eine lange Tradition des erörternden Schreibens besitzen. Bei einem Vergleich sind daher sowohl Gemeinsamkeiten als auch fachlich gewachsene Unterschiede bei der Erklärung der Operatoren zu erwarten. Der Vergleich soll einerseits einen Baustein für weitere Vergleiche mit anderen Fächern liefern und andererseits einen Diskussionsbeitrag zu der Frage abgeben, inwiefern einheitliche, überfachliche Operatorenkataloge für die Fächer, die textbezogene Abituraufgaben stellen, wünschenswert wären oder ob man fachspezifische Operatorenlisten führen sollte.

2. Operatoren in prüfungsrelevanten, wissenschaftlichen und ministeriellen Kontexten

In den meisten Fällen kennen die Lernenden die Operatoren wie *analysieren, begründen, erörtern, interpretieren* etc. aus ihrem (schulischen) Alltag. Sollte dennoch eine spezielle Anforderung mit einem Operator verbunden sein, so erlernen sie diese Tätigkeit im Laufe ihrer Schullaufbahn oder sie erhalten von der Lehrkraft oder durch den Arbeitsauftrag Hinweise, wie die Aufgabe zu bearbeiten ist.

Woher wissen die Unterrichtenden, was ein Operator bedeutet? Zuerst begegneten sie den Operatoren als Lernende in der Schule. Beginnen sie ihr Studium, bringen sie eine Vorstellung von den Operatoren aus Schülersicht und ihrer Lebenswelt mit. Auf der Universität erweitern sie ihr Wissen in Bezug auf die Bedeutung einiger fachspezifischer Operatoren im Kontext der von ihnen studierten Disziplinen. Allerdings gelingt es den Wissenschaften nicht immer, zentrale Operatoren eindeutig für ihre Fächer und Didaktiken zu definieren (vgl. Bremerich-Vos, 2013). Die Semantik der Operatoren differiert innerhalb der Fachwissenschaften und Fachdidaktiken. Im Schuldienst erschließen die Lehrpersonen für ihren Unterricht die konkrete Bedeutung der Operatoren durch ministerielle Vorgaben, Lehrpläne, Prüfungen, Lehrerfortbildungen und kollegialen Austausch.

Daraus ergibt sich die Frage: Wer legt die Bedeutung der Operatoren für die Abiturprüfung fest? Fachwissenschaften und Fachdidaktiken unterbreiten allenfalls Vorschläge, wie Operatoren verstanden werden könnten. Die endgültigen Operatoren jedoch, die eine normative Geltung besitzen, definieren die bildungspolitischen Entscheidungsträger. Da aber zahlreiche Entscheidungsträger vorhanden sind, ist eine Vielzahl von normierten Erklärungen der Operatoren zu erwarten. Zwar kann die Kultusministerkonferenz Operatoren definieren und so Empfehlungen aussprechen, doch das letzte Wort über die Operatoren besitzen die Länder. Deshalb entscheidet die Kultusministerkonferenz von Fach zu Fach, ob sie überhaupt Operatorenlisten veröffentlicht. Während etwa für das Fach Deutsch keine Liste publiziert wurde, so hat die Kultusministerkonferenz für das Fach Geschichte einen Katalog mit Operatoren zusammengestellt (Kultusministerkonferenz, 2005, S. 7f.).

Die Operatorenlisten erscheinen als ministerielle Veröffentlichungen auf den Internetseiten der Kultusministerien, selten als Anhang in den Lehrplänen (vgl. Senatorin für Bildung und Wissenschaft, 2008a & 2008b).[1] Sie werden mit Blick auf das

---

1 Nicht alle Länder machen von der Möglichkeit Gebrauch, Operatorenlisten auf ihren Bildungsservern oder in den Lehrplänen zu veröffentlichen. Allerdings bedeutet die Tatsache nicht, dass keine Operatorenlisten für diese Länder existieren. So erwähnen Deile & Sobich Listen für das Fach Geschichte aus dem Jahr 2012, die aber im Dezember 2014 nicht mehr online sind, aber trotzdem Gültigkeit besitzen (2014, S. 191f.). – Für den vorliegenden Vergleich werden die aktuellen Listen aus Baden-Württemberg, Bremen, Hamburg, Hessen, Niedersachsen und Nordrhein-Westfalen herangezogen.

Abitur veröffentlicht,[2] um so für die Prüflinge und Unterrichtenden Transparenz zu schaffen und eine gezielte Prüfungsvorbereitung zu ermöglichen. Aufgrund ihrer Anwendung im Abitur sind die Operatoren normativ; die Schülerinnen und Schüler müssen ihre Bedeutung kennen und in den Prüfungen umsetzen. Operatoren sind vor allem mit Blick auf die Konstruktion von schriftlichen Aufgabenformaten definiert worden und sollen die Erstellung und Lösung von standardorientierten Aufgaben ermöglichen. Daher sucht man in den Katalogen vergebens nach Anweisungen wie *unterstreichen, ankreuzen, verbinden*, die keinen schriftlichen Text als Lösung verlangen. Ebenso fehlen offene Aufforderungen wie *einfühlen, aufspüren* und *verstehen*, die keine eindeutig standardisierbare Antwort nach sich ziehen.[3]

Die Auswahl, Beschreibung und Erklärung der Operatoren sind Setzungen der jeweiligen Kultusministerien der Länder. Die Operatoren werden ohne Nennung von Autorinnen oder Autoren entdidaktisiert und ohne Herleitung veröffentlicht, so dass sie weder eine fachwissenschaftliche oder didaktische Begründung noch Zuordnung zu einer wissenschaftlichen Schule erfahren. Wie Auswahl und Erklärung zustande gekommen sind, bleibt im Dunkeln und kann nur wissenschaftsgeschichtlich oder durch Insiderwissen ermittelt werden. Zu beachten ist, dass bei der Definition der Operatoren nicht nur wissenschaftliche Aspekte, sondern auch die Traditionen der Fächer in den Ländern zur Geltung kommen. Die mit den Operatoren verbundenen Anweisungen finden schließlich seit Jahrzehnten Anwendung in den Richtlinien, im Unterricht und Abitur.

Die Operatoren werden Schulfächern zugeordnet. Meistens wird für jedes Fach ein eigener Operatorenkatalog geführt. Das bedeutet, dass ein Operator in verschiedenen Fächern unterschiedlich erklärt und verwendet werden kann. In einigen Ländern werden die Operatorenlisten überfachlich geführt. In Baden-Württemberg existiert jeweils eine Liste für das Fach Deutsch und ein „Basisoperatorenkatalog" für die gesellschaftswissenschaftlichen Fächer, zu denen Geschichte gehört. Ähnlich verhält es sich in Niedersachsen. Dort wird eine Liste für das Fach Deutsch und eine gemeinsame Liste für die Fächer Erdkunde, Geschichte und Politik geführt. Allerdings wird für jeden Operator ausgewiesen, in welchem Fach er Anwendung findet. Während in Nordrhein-Westfalen, Hamburg und Bremen je eine Liste für das Fach Deutsch und Geschichte vorliegt, werden in Hessen die Operatoren für die Fächer Deutsch, Griechisch, Latein, Musik, Geschichte, Politik und Wirtschaft, Wirtschaftswissenschaften, Philosophie, Erdkunde, Ethik sowie evangelische und katholische Religionslehre in einem Katalog zusammengefasst und in der Darstellung nicht differenziert.

---

2 Operatorenlisten für die Sekundarstufe I sind unüblich. Nichtsdestoweniger werden im Unterricht und in der Abschlussprüfung Deutsch für den mittleren Schulabschluss Operatoren in den Prüfungsaufgaben verwendet und sind Gegenstand der schulischen Prüfungsvorbereitung. Vgl. Peters, 2011, S. 154–156.
3 Die Vielfalt der Operatoren beschreiben für das Fach Deutsch Schäfers (2006) und für Geschichte Hartung (2013, S. 33–46).

Die Gestaltung der Operatorenkataloge fällt schlicht und knapp aus. In einer Tabelle wird der Operator in dem einen Feld benannt, in dem anderen definiert. In Ausnahmen enthält ein drittes Feld Beispielaufgaben (vgl. Hessisches Kultusministerium, 2013; Senatorin für Bildung und Wissenschaft, 2008a, S. 21f.).

Schließlich geschieht eine Zuordnung des Operators zu mindestens einem der drei Anforderungsbereiche. Die eindeutige Zuweisung der Operatoren zu *einem* Anforderungsbereich erweist sich des Öfteren als problematisch. So ist im Vergleich der Operatorenkataloge der Länder festzustellen, dass der gleiche Operator eines Faches verschiedenen Anforderungsbereichen zugeordnet werden kann. Des Weiteren kann innerhalb eines Landes ein Operator in Deutsch und Geschichte (und in noch weiteren Fächern) verschiedenen Anforderungsbereichen zugewiesen sein und daher Unterschiedliches bedeuten. Schließlich gehören manche Operatoren mehreren Anforderungsbereichen an, einige wie *interpretieren* und *erörtern* decken sogar alle Anforderungen ab.

Nach dieser äußeren Beschreibung der Operatorenlisten werden nun die Operatoren aufsteigend nach den Anforderungsbereichen zum argumentierenden Schreiben für die Fächer Deutsch und Geschichte vorgestellt und ihre Erklärungen miteinander verglichen.

3. Operatoren für das schriftliche Argumentieren in den Anforderungsbereichen I bis III

Die Operatoren des Anforderungsbereiches I fordern von den Schülerinnen und Schülern eine reproduktive Leistung. Die Reproduktion besteht in der Aufgabe, einen Text zusammenzufassen oder ein anderes Material zu beschreiben bzw. einen Sachverhalt wiederzugeben. Typische Operatoren für diese Handlungen sind *aufzählen, aufzeigen, (be)nennen, beschreiben, schildern, skizzieren, wiedergeben, zusammenfassen*. Die Unterschiede in den Erklärungen zu den Operatoren zwischen den Fächern und Ländern sind marginal und betreffen oft nur den Wortlaut der Erklärung. Wer weiß, was *zusammenfassen* im Fach Deutsch bedeutet, kann dieses Wissen im Fach Geschichte anwenden und umgekehrt.

Aufgrund ihres reproduktiven Charakters gestatten die Operatoren per definitionem kein argumentierendes Schreiben. Tatsächlich wird in den Erklärungen darauf hingewiesen, dass die Schülerinnen und Schüler die Sachverhalte und Inhalte zwar strukturiert und in eigenen Worten unter Verwendung der Fachsprache darlegen sollen, aber keine Wertungen oder Kommentare abgeben dürfen.

Einige Operatoren aus dem Anforderungsbereich I wie *wiedergeben* und *zusammenfassen* werden zugleich dem Anforderungsbereich II zugeordnet, der von den Schülerinnen und Schülern eine Erklärung, Reorganisation oder Transfer bekannter Inhalte oder die Anwendung eingeführter Methoden verlangt. Des Weiteren dienen

Operatoren wie *analysieren*[4], *darstellen*[5], *herausarbeiten*, *charakterisieren*, *einordnen*, *erklären* und *erläutern* dazu, dass Prüflinge Wissen und Arbeitstechniken in Beziehung zu dem Material setzen. Deutlich wird aber auch, dass diese Operatoren noch weiterer Konkretisierung bedürfen, damit eine Aufgabe für die Schülerinnen und Schüler transparent wird. Der Operator *erklären* etwa, der im Fach Geschichte mit den Worten „historische Sachverhalte durch Wissen und Einsichten in einen Zusammenhang (Theorie, Modell, Regel, Gesetz, Funktionszusammenhang) einordnen und begründen" (Bildungsportal Nordrhein-Westfalen, 2006; ähnlich Niedersächsisches Kultusministerium, 2009) definiert wird, muss im Arbeitsauftrag spezifiziert werden, damit die Lernenden wissen, worauf sie Bezug nehmen sollen. Gleiches gilt für *erläutern*, das eine Erklärung von Sachverhalten durch Beispiele verlangt. Die zu erläuternden Sachverhalte sind oftmals zu benennen oder einzugrenzen, damit die Schülerinnen und Schüler wissen, wozu sie schreiben sollen. Die Prüflinge können nur dann etwas *einordnen*, wenn ihnen der zeitliche oder thematische Rahmen bekannt ist. Aufgrund der Tatsache, dass auch die anderen Operatoren eine Konkretisierung erfahren müssen, fallen die Unterschiede in den Formulierungen kaum ins Gewicht. Mit den Operatoren ist in jedem Land in den meisten Fällen etwas Ähnliches gemeint. Auch zwischen den Fächern differieren die Erklärungen kaum.

Die meisten Operatoren des Anforderungsbereichs II – sowohl in Deutsch als auch in Geschichte – beinhalten noch keine Argumentation, die auf die Darlegung eines Standpunktes hinausläuft. Allenfalls fordern sie Begründungen zu Sachverhalten durch Belege. Nichtsdestoweniger zählen zu diesem Anforderungsbereich einige Operatoren, die eine argumentative Erschließung von Positionen und Sachverhalten verlangen. Zu ihnen gehört der Operator *begründen*, der von den Schülerinnen und Schülern erwartet, dass sie eine Aussage argumentativ stützen. Dabei wird zusätzlich in Nordrhein-Westfalen und Niedersachsen darauf hingewiesen, dass die Absicherung durch Belege und Beispiele geschehen soll. Die vielen Möglichkeiten der Darstellung der Aussage als „Urteil", „These", „Wertung", „Sachverhalt", „Analyseergebnis", „Einschätzung", „Position", „Auffassung", „Meinung", „Argumentation" zeigen, dass man sich nicht begrifflich festlegen will. Die Vielfalt impliziert die Notwendigkeit der Präzisierung in der konkreten Aufgabenstellung.

---

4   Der Operator *analysieren* wird im Fach Deutsch in Bezug auf literarische Texte als Grundlage für eine Interpretation und bei Sachtexten oder anderem Material in den Fächern Deutsch und Geschichte (dort teilweise synonym mit *untersuchen*) als Basis für einen weiteren argumentativen Text verstanden. Nur in Nordrhein-Westfalen wird im Fach Deutsch der Operator *analysieren* mit *interpretieren* gleichgesetzt (vgl. Bildungsportal Nordrhein-Westfalen, 2007). Vgl. zum uneinheitlichen Gebrauch der Operatoren *analysieren* und *interpretieren* die Ausführungen von Bremerich-Vos, 2013.
5   Der Operator *darstellen* kommt nicht in jedem Fach zum Zuge. Beispielsweise wird er in Baden-Württemberg nur für Geschichte, in Niedersachsen nur für Deutsch notiert. Lediglich Nordrhein-Westfalen nutzt den Operator für Geschichte dezidiert fachlich für die Erstellung einer historischen Darstellung und erwartet, dass die Schülerinnen und Schüler „historische Entwicklungszusammenhänge und Zustände mit Hilfe von Quellenkenntnissen und Deutungen beschreiben, erklären und beurteilen" (Bildungsportal Nordrhein-Westfalen, 2006). Der Operator deckt in Nordrhein-Westfalen alle Anforderungsbereiche ab.

Es fällt auf, dass der Operator *begründen* entweder dem Anforderungsbereich II oder den Anforderungsbereichen II und III zugewiesen wird. Der Anforderungsbereich III verlangt auf der Basis einer selbstständig und reflektiert erfolgten Auswahl der Methode eine fachliche und wertende Auseinandersetzung, bei der die Schülerinnen und Schüler zu einer begründeten Lösung einer Problemstellung gelangen. Aufgrund dessen können mit dem Operator *begründen* durchaus unterschiedliche Ansprüche verbunden sein. Gemäß dem Anforderungsbereich II würde es genügen, dass die Lernenden eine fremde Position aus einem Material erschließen, nachvollziehen und in ihren Ausführungen darstellen. So scheint es in Baden-Württemberg der Fall zu sein, wo die Schülerinnen und Schüler im Fach Deutsch „Positionen, Auffassungen, Urteile usw. kausal bestimmen, argumentativ herleiten und stützen" (Ministerium für Kultus, Jugend und Sport Baden-Württemberg, o.J.) und im Fach Geschichte „Grundgedanken argumentativ schlüssig entwickeln und im Zusammenhang darstellen" müssen (Basisoperatorenkatalog, o.J.). Dagegen würde man mit Blick auf den Anforderungsbereich III erwarten, dass die Lernenden eine eigene oder vorgegebene Position argumentativ entwickeln, wie dies in Nordrhein-Westfalen in Deutsch (aber nicht in Geschichte) verlangt wird: Dort sollen die Schülerinnen und Schüler „ein Analyseergebnis, Urteil, eine Einschätzung, eine Wertung fachlich und sachlich absichern (durch einen entsprechenden Beleg, Beispiele, eine Argumentation)" (Bildungsportal Nordrhein-Westfalen, 2007).

Die Anforderungen aus dem Bereich der Reorganisation einer Position und dem Bereich der Urteilsbegründung sind aufgrund der Formulierungen des Operators möglich und in der Praxis sinnvoll. Allerdings benötigt der Operator in der Aufgabenstellung eine Spezifizierung, damit den Schülerinnen und Schülern verständlich ist, ob sie eine Position aus einem Material nachvollziehen oder eine (eigene) Position entfalten sollen, da der Operator in dieser Hinsicht nicht eindeutig formuliert ist.

Ähnlich wie bei *begründen*, so wird auch bei *vergleichen* der mögliche Untersuchungsgegenstand sehr weit gefasst und damit eher umrissen als festgelegt. Die Schülerinnen und Schüler sollen für beide Fächer je nach Material „Texte", „Textaussagen", „Problemstellungen", „Sachverhalte" vor allem auf Gemeinsamkeiten und Unterschiede hin untersuchen, wobei in Bremen, Hamburg, Hessen, Niedersachen und Nordrhein-Westfalen „Ähnlichkeiten" mit hinzugezogen werden, was einen differenzierteren Vergleich zur Folge haben kann. Die Kriterien, die dem Vergleich zugrunde liegen, können den Schülerinnen und Schülern vorgegeben oder von ihnen selbst festgelegt werden; die Formulierungen behalten sich beide Optionen offen. Die Zuweisungen von *vergleichen* zu einem Anforderungsbereich sind nicht eindeutig. Der Operator wird sowohl in Deutsch als auch in Geschichte dem zweiten und/oder dritten Anforderungsbereich zugeteilt. Auch innerhalb eines Bundeslandes kann der Anspruch in den Fächern divergierend ausgelegt werden. Die Differenzen ergeben sich aus der Tatsache, dass der Vergleich unterschiedlich komplex ausgeführt wird. So genügt es für den zweiten Anforderungsbereich Gemeinsamkeiten, Unterschiede, Ähnlichkeiten festzustellen, zu beschreiben und darzustellen. Um die Ansprüche des dritten Anforderungsbereichs zu erfüllen, ist der Vergleich mit einem Urteil abzuschließen. Die Prüflinge müssen daher genau wissen, welche Handlungen mit dem

Operator umzusetzen sind, um den Arbeitsauftrag vollständig, aber auch nicht zu ausführlich auszuführen.

Im Bereich der Reproduktion und Reorganisation geht es vor allem darum, mithilfe der Operatoren Inhalte, Gedankengänge und Argumentationen zu erschließen, Sachverhalte zu erläutern und vorgefundene Standpunkte zu erklären. Es wird so eine Basis gelegt, von der ein argumentatives Schreiben ausgehen kann. Das urteilende bzw. wertende Schreiben verlangen schließlich fast alle Operatoren des Anforderungsbereichs III.[6] Um den Anspruch einer Problemlösung zu erfüllen, reicht es nicht aus, wenn die Schülerinnen und Schüler die unterschiedlichen Positionen vorstellen, gegenüberstellen, vergleichen oder gewichten; sie müssen zu einem Problem oder Sachverhalt Stellung beziehen und ihre Position bekennen und begründen. Die Argumentation initiieren die Operatoren *beurteilen, bewerten, (kritisch) Stellung nehmen, auseinandersetzen, erörtern, diskutieren, (über-)prüfen* und *interpretieren*.

Der Operator *beurteilen* wird in Hamburg, Niedersachsen, Nordrhein-Westfalen und Hessen dazu verwendet, dass die Schülerinnen und Schüler ein Sachurteil formulieren. Im Fach Geschichte gelten als historische Sachurteile „Antworten auf historische Fragen, die auf der Basis einer Analyse historischer Sachverhalte entstehen" (Peters, 2014, S. 152). Es werden Handlungen, Ereignisse und Prozesse in ihrem historischen Kontext beurteilt. Im Fach Deutsch werden Sachurteile zu einem inhaltlichen, literaturwissenschaftlichen, sprachlichen oder ästhetischen Aspekt von einem fachlichen Standpunkt aus getroffen. Für beide Fächer wird betont, dass das Urteil ohne persönlichen/subjektiven Wertebezug zu fällen ist. Die Kriterien zur Urteilsfindung können den Schülerinnen und Schülern vorgegeben werden, allerdings kann man auf die Nennung der Bezugspunkte in der Aufgabenstellung auch bewusst verzichten und die Schülerinnen und Schüler die Kriterien selbst finden und bestimmen lassen, so wie es in Geschichte in Baden-Württemberg und Bremen der Fall sein soll.

In Hamburg, Hessen, Niedersachsen und Nordrhein-Westfalen bauen für Geschichte die synonym verwendeten Operatoren *bewerten* und *Stellung nehmen* auf dem Operator *beurteilen* auf.[7] Die Operatorenlisten greifen damit eine bedeutende Tradition des Geschichtsunterrichtes auf, für den die Trennung, aber auch das Zusammenwirken von Analyse, Sachurteil und Werturteil eine fundamentale Rolle bei der Entwicklung des Geschichtsbewusstseins der Schülerinnen und Schüler spielt. Ein historisches Werturteil bewertet einen historischen Sachverhalt aus einer gegenwärtigen Perspektive; der Bewertung liegt ein gesellschaftlich akzeptiertes Normen- und Wertesystem wie die Verfassungswerte zugrunde. Auch im Fach Deutsch erfolgt die Bewertung von einem gegenwärtigen Standpunkt aus.

Sowohl für Sach- als auch für Werturteile gilt die untrennbare Verbundenheit mit ihrer Urheberin oder ihrem Urheber und deren bzw. dessen Standpunkt. Beide Urteilsformen sind subjektiv und müssen triftig begründet werden, um eine intersubjektive Anerkennung zu finden. Problematisch erscheint die in Baden-Württemberg

---

6 Nur die Operatoren *gestalten, entwerfen, verfassen*, die auf eine Textproduktion abzielen, erfordern nicht dezidiert ein argumentierendes Schreiben.

7 Niedersachen hat den Operator *bewerten* nicht in seine Liste für Geschichte aufgenommen.

für das Fach Geschichte und in Niedersachsen für das Fach Deutsch eröffnete Möglichkeit, dass die Schülerinnen und Schüler für die Bewertung eines Problems oder Sachverhaltes eine nach „selbst gewählten Werten bzw. Normen betont subjektiv formulierte Ansicht vertreten" dürfen, da diese Wertmaßstäbe nicht demokratisch bzw. im Sinne des Grundgesetzes sein müssen (Basisoperatorenkatalog, o.J., Niedersächsisches Kultusministerium, 2011).

Ein Sonderfall stellt in diesem Kontext die Definition der Operatoren *beurteilen* und *bewerten* in Baden-Württemberg für Deutsch dar. Man hat die klassische Trennung von Sach- und Werturteil aufgegeben und die Operatoren mit derselben Erklärung versehen. Baden-Württemberg reagiert damit auf die Schwierigkeit, die beiden Urteilsformen auseinanderzuhalten, gibt aber auch eine lange Tradition des Deutschunterrichtes auf. Durch den Wegfall der Unterscheidung von Sach- und Werturteil fehlen den Schülerinnen und Schülern methodische Kompetenzen, was zu einer Beliebigkeit oder Einseitigkeit bei der Argumentation führen kann.

Der bereits erwähnte Operator (*kritisch*) *Stellung nehmen* besitzt eine enge Verwandtschaft mit dem Operator *bewerten*. Beim Stellungnehmen sollen die Schülerinnen und Schüler sowohl in Deutsch als auch Geschichte gezielt und pointiert in der Regel einen oder wenige Aspekt(e) abwägend bewerten. Der Operator wird daher oft zum Abschluss einer gegliederten Aufgabenstellung verwendet. Er verlangt vor allem eine „Einschätzung", „Einsicht", die nicht so umfassend und umfangreich formuliert werden muss, wie eine „Argumentation", wie sie etwa von den Operatoren *auseinandersetzen*, *diskutieren* und *erörtern* gefordert wird. *Auseinandersetzen* wird zwar wie *Stellung nehmen* in beiden Fächern als Abschluss einer gegliederten Aufgabenstellung positioniert, eine Auseinandersetzung umfasst aber in der Regel eine längere Lösung, weil die Schülerinnen und Schüler auseinanderliegende, polare Positionen differenzieren und nachvollziehbar darstellen müssen. *Erörtern* schließlich beinhaltet in beiden Fächern eine umfassende, kohärente, perspektivische, die jeweiligen Argumente prüfende und abwägende Argumentation mit Schlussfolgerung. Eine Aufgabe mit dem Operator *erörtern* wird entsprechend hoch bewertet (teilweise 60 % der Prüfungsleistung). In Niedersachen und Nordrhein-Westfalen wird *erörtern* allen Anforderungsbereichen zugewiesen.

Eine Variante zu *auseinandersetzen* und *erörtern* ist *diskutieren*. In der Praxis stiftet der Operator zunächst oft Verwirrung, da die Schülerinnen und Schüler eine Diskussion vor allem mündlich verorten. In Hessen versucht man ihn als Alternative zum formal strikt geregelten *erörtern* zu etablieren, indem man versucht, sich das „Mündliche" für das schriftliche Argumentieren zu Nutze zu machen und beispielsweise ein eher essayistisches Schreiben ermöglicht (Hessisches Kultusministerium, 2013). Nur in Baden-Württemberg wird für Deutsch der Operator *kommentieren* erwähnt. Die Schülerinnen und Schüler sollen dazu einen „Sachverhalt kritisch erläutern und bewerten" (Ministerium für Kultus, Jugend und Sport Baden-Württemberg, o.J.). *Kommentieren* konnte sich als Operator wohl aufgrund seiner Nähe zur Textsorte Kommentar nicht durchsetzen. Ohnehin verweisen Operatoren nicht auf eine bestimmte Textsorte. Wenn die Schülerinnen und Schüler produktionsorientiert schreiben sollen, wird vor allem der Operator *gestalten* gewählt und die dazu gehörige Textsorte in der Aufgabenstellung vorgegeben.

Der Operator *prüfen* bzw. *überprüfen* zielt in allen Bundesländern mindestens auf das Erstellen eines Sachurteils ab. Dazu müssen die Schülerinnen und Schüler die sachliche Richtigkeit, also Inhalte und/oder die Argumentation des Materials untersuchen. Dabei können den Prüflingen Kriterien genannt werden, die ihnen eine Orientierung für ihre Überprüfung geben. Wenn sie die Angemessenheit von Aussagen und Argumentationen überprüfen, wird ihnen die Möglichkeit eines Werturteils eröffnet. Damit zielt der Operator letztlich auf Sach- und Werturteile. Der Operator wird im Fach Geschichte vor allem bei der Interpretation von Prognosen, Kommentaren und ideologischen Texten und im Fach Deutsch bei Deutungen verwendet.

Der Operator *interpretieren* fungiert meistens als Basisoperator und eröffnet eine gegliederte Aufgabenstellung (Interpretieren Sie den vorliegenden Text, indem Sie 1. …). Aufbauend auf einer Analyse wird in Deutsch eine erklärende und wertende Textauslegung und durch die Synthese der analytisch gewonnenen Erkenntnisse eine Gesamtdeutung gefordert. In Geschichte umschließt *interpretieren* die Analyse, Erläuterung/Einordnung und Beurteilung/Bewertung von Materialien, deren Sinnzusammenhänge die Prüflinge erschließen müssen, um eine begründete Stellungnahme oder Auseinandersetzung abgeben zu können.

4. Ergebnisse und Perspektiven

Welche Ergebnisse und Perspektiven lassen sich aus dieser Tour d'Horizon zu den Operatoren ziehen? Für eine Beurteilung der Operatoren in den Fächern Deutsch und Geschichte spielt der Standpunkt des Betrachters eine entscheidende Rolle. Aus der Ferne lassen sich wenige Unterschiede sowohl zwischen den Operatoren für die Fächer als auch zwischen den Ländern ausmachen. Die genannten Operatoren sind in Deutsch und Geschichte fast identisch und werden ähnlich erklärt. Große Unterschiede sind bis auf wenige Ausnahmen in den Definitionen und Zuordnungen zu den Anforderungsbereichen nicht zu erkennen. Kein Land wartet mit einem völlig anderen Operatorenkatalog auf. Dem schriftlichen Argumentieren wird ein hoher Stellenwert zugewiesen. Fast alle Operatoren des dritten Anforderungsbereichs verlangen von den Schülerinnen und Schülern eine Argumentation.

Aus der Nähe betrachtet werden die Differenzen zwischen den Fächern und den Ländern deutlicher. Sie betreffen insbesondere das divergente Verständnis von *analysieren* in Nordrhein-Westfalen und die Gleichsetzung von *bewerten* und *beurteilen* in Baden-Württemberg. Die mit den Operatoren *begründen* und *vergleichen* verbundenen Anforderungen unterscheiden sich insofern, dass die Operatoren entweder eine Reorganisation oder eine Argumentation mit abschließendem Urteil verlangen können. Des Weiteren fällt auf, dass zwar jedes Land fast immer eigene Formulierungen für die Operatoren findet, aber auch dass die Operatoren in der Regel begrifflich vielschichtig formuliert werden und Spielräume für die Konkretisierung in der Aufgabenstellung offenlassen. Obgleich die Operatoren im Hinblick auf das Abitur eine normative Funktion besitzen, beschreiben sie doch eher Handlungsfelder als exakte Anweisungen. Auf diese Weise nivellieren sich oftmals die Unterschiede zwischen den Fächern und Ländern. Das bedeutet allerdings auch, dass ein Operator einer genauen Aufgabenstellung bedarf, um seine Bedeutung und Funktion zu entfalten. Ohne eine Konkretisierung im Arbeitsauftrag bleibt ein Operator oft abstrakt und für die Schülerinnen und Schüler kaum verständlich.

Im Unterricht begegnen die Lernenden einer Vielzahl von Operatoren, nur die wenigsten können in der Abiturprüfung zum Einsatz kommen. Den Schülerinnen und Schülern eine Liste mit Operatoren an die Hand zu geben, schafft zwar eine gewisse Transparenz, ersetzt aber nicht die langfristige und wiederholte Anwendung der Operatoren im Unterricht und in Klausuren. Erst durch einen bewussten Umgang mit den Operatoren in konkreten Aufgabenstellungen wird den Lernenden einsichtig, worin etwa die Unterschiede zwischen *erläutern* und *einordnen* bestehen oder wie ihre durch die Operatoren *Stellung nehmen, auseinandersetzen* und *erörtern* initiierte schriftliche Argumentation ausfallen soll. Erst wenn sie wissen, dass *diskutieren* ein Operator für eine Schreibhandlung sein kann und was er beinhaltet, können sie ihn umsetzen. In diesem Zusammenhang müssen die Schülerinnen und Schüler lernen, Aufgaben zu verstehen, die in der Regel aus zwei oder mehr Operatoren bestehen sowie konkrete inhaltliche und strukturelle Hinweise enthalten.

Im Unterricht genügt es also nicht, den Lernenden eine Operatorenliste in die Hand zu drücken, sondern die Lehrperson muss mit den Schülerinnen und Schülern die Bedeutung der einzelnen Operatoren erarbeiten und im Kontext von Aufgabenstellungen verdeutlichen. Ist ihnen bewusst geworden, was die jeweiligen Operatoren in ihrem Fach bedeuten und welche Handlungen mit ihnen verknüpft sind, können Schülerinnen und Schüler ihre Kompetenzen (auch zum argumentierenden Schreiben) gezielter nutzen. Die gleichlautenden aber unterschiedlich erklärten Operatoren der verschiedenen Fächer stiften dann auch keine Verwirrung mehr, sondern erhalten eine Kontur. Dagegen würde eine überfachliche Operatorenliste für textbezogene und materialbasierte Aufgabenstellungen vor allem im Hinblick auf das argumentierende Schreiben bedeutsame Unterschiede zwischen den Fächern einebnen und der fachspezifischen Kompetenzorientierung widersprechen.

Bei der Formulierung der Operatoren seitens der Ministerien steht die Funktion im Fokus, für die Abiturprüfung brauchbare Handlungsanweisungen zu fixieren; fachliche Spezifika und Vorstellungen scheinen zwar durch, bleiben aber angesichts des Einsatzes der Operatoren in Prüfungen im Hintergrund. So wird für Geschichte zwar in den Operatoren zwischen Sachurteil (*beurteilen*) und Werturteil (*bewerten, Stellung nehmen*) unterschieden und zumindest in Nordrhein-Westfalen fordert man mit dem Operator *darstellen* das Schreiben einer historischen Darstellung ein; einen Operator *erzählen* aber, der die für den Geschichtsunterricht zentrale narrative Kompetenz umschreibt (Peters, 2014, S. 28), sucht man vergebens. Hier müssten die Fachdidaktiken ansetzen und fachspezifische Operatoren festlegen, beschreiben und definieren,[8] um so das Profil des Faches im Hinblick auf eine fachlich fundierte Didaktik und Methodik des Unterrichts, die über die Anforderungen der Abiturprüfung hinausgeht, zu schärfen.

Literatur

Altmann, G., Büchel, U., Ewald-Spiller, U., Mühle-Bohlen, F., Peters, J. & Zwernemann, J. (2010). *deutsch ideen. Kursstufe. Arbeitsheft für die gymnasiale Oberstufe.* Braunschweig: Schroedel.

Basisoperatorenkatalog in den gesellschaftswissenschaftlichen Fächern in Baden-Württemberg (o.J.). Verfügbar unter: http://lehrerfortbildung-bw.de/faecher/gwg/fb1/modul1/geo/operator/basisoperatorenkatalog_zpg.pdf [10.12.2014].

Bildungsportal des Landes Nordrhein-Westfalen (Hrsg.). (2006). *Geschichte. Übersicht über die Operatoren.* Verfügbar unter: http://www.standardsicherung.schulministerium.nrw.de/abitur-gost/fach.php?fach=12 [10.12.2014].

Bildungsportal des Landes Nordrhein-Westfalen (Hrsg.). (2007). *Deutsch. Übersicht über die Operatoren.* Verfügbar unter: http://www.standardsicherung.schulministerium.nrw.de/abitur-gost/fach.php?fach=1 [26.02.2015].

Bremerich-Vos, A. (2013). Schülerinnen und Schüler analysieren und interpretieren literarische Texte – Anmerkungen zu zwei „Operatoren", insbesondere zur Zumutung, Formmerkmale zu semantisieren. In H. Feilke, J. Köster, M. Steinmetz (Hrsg.), *Textkompetenzen in der Sekundarstufe II* (S. 21–40). Stuttgart: Klett.

Deile, L. & Sobich, F. O. (2014). *Arbeitsblätter im Geschichtsunterricht. Konzeption und Einsatz.* Schwalbach am Taunus: Wochenschau.

Hartung, O. (2013). *Geschichte Schreiben Lernen. Empirische Erkundungen zum konzeptionellen Schreibhandeln im Geschichtsunterricht.* Münster: Lit.

Hessisches Kultusministerium (Hrsg.). (2013). *Operatoren in den Fächern Deutsch, Griechisch, Latein, Musik, Sport und in den Fächern des Fachbereichs II.* Verfügbar unter: http://verwaltung.hessen.de/irj/servlet/prt/portal/prtroot/slimp.CMReader/HKM_15/HKM_Internet/med/d67/d6770044-ff6a-da01-be59-2697ccf4e69f,22222222-2222-2222-2222-222222222222 [10.12.2014].

Kultusministerkonferenz (Hrsg.). (2005). *Einheitliche Prüfungsanforderungen in der Abiturprüfung Geschichte. Beschluss der Kultusministerkonferenz vom 01.12.1989 i. d. F. vom 10.02.2005.* Verfügbar unter: http://www.kmk.org/fileadmin/veroeffentlichungen_beschluesse/1989/1989_12_01-EPA-Geschichte.pdf [26.02.2015].

Kultusministerkonferenz (Hrsg.). (2012). *Bildungsstandards im Fach Deutsch für die Allgemeine Hochschulreife. Beschluss der Kultusministerkonferenz vom 18.10.2012.* Verfügbar unter: http://www.kmk.org/fileadmin/veroeffentlichungen_beschluesse/2012/2012_10_18-Bildungsstandards-Deutsch-Abi.pdf [26.02.2015].

Ministerium für Kultus, Jugend und Sport Baden-Württemberg (Hrsg.). (o.J.). *Operatorenkatalog für die schriftliche Abiturprüfung im Fach Deutsch in Baden-Württemberg.* Verfügbar unter: http://www.rp.baden-wuerttemberg.de/servlet/PB/show/1258973/rpt-75-d-operatoren-deutsch.pdf [10.12.2014].

---

8   Vgl. die länderübergreifenden Beispiele für Deutsch von Altmann, Büchel, Ewald-Spiller, Mühle-Bohlen, Peters & Zwernemann, 2010, S. 7–9 und für Geschichte von Deile & Sobich, 2014, S. 183–192.

Ministerium für Schule und Weiterbildung des Landes Nordrhein-Westfalen (Hrsg.). (2014a). *Kernlehrplan für die Sekundarstufe II. Gymnasium / Gesamtschule in Nordrhein-Westfalen. Deutsch.* Verfügbar unter: http://www.schulentwicklung.nrw.de/lehrplaene/upload/klp_SII/d/KLP_GOSt_Deutsch.pdf [10.12.2014].

Ministerium für Schule und Weiterbildung des Landes Nordrhein-Westfalen (Hrsg.). (2014b). *Kernlehrplan für die Sekundarstufe II. Gymnasium / Gesamtschule in Nordrhein-Westfalen. Geschichte.* Verfügbar unter: http://www.schulentwicklung.nrw.de/lehrplaene/upload/klp_SII/ge/KLP_GOSt_Geschichte.pdf [10.12.2014].

Niedersächsisches Kultusministerium (Hrsg.). (2009). *Operatoren für Erdkunde, Geschichte und Politik.* Verfügbar unter: http://www.nibis.de/nli1/gohrgs/operatoren/operatoren_ab_2012/2009_10Ek_Ge_Po_neu.pdf [10.12.2014].

Niedersächsisches Kultusministerium (Hrsg.). (2011). *Operatoren für das Fach Deutsch.* Verfügbar unter: http://www.nibis.de/nli1/gohrgs/operatoren/operatoren_ab_2012/2009_10Deutsch_aktualisiert.pdf [10.12.2014].

Peters, J. (2011). *Finale Prüfungstraining. Mittlerer Schulabschluss. Basiswissen Deutsch.* Braunschweig: Westermann.

Peters, J. (2014). *Geschichtsstunden planen.* St. Ingbert: Röhrig Universitätsverlag.

Schäfers, S. (2006). *Aufgabenstellungen im Deutschunterricht. Eine Anleitung zur Formulierung verständlicher schriftlicher Aufgaben in der gymnasialen Oberstufe aus der Sicht der Sprachwissenschaften.* Münster: Lit.

Die Senatorin für Bildung und Wissenschaft (Hrsg.). (2008a). *Die Gymnasiale Oberstufe im Land Bremen. Deutsch. Bildungsplan für die Gymnasiale Oberstufe – Qualifikationsphase.* Verfügbar unter: http://www.lis.bremen.de/sixcms/media.php/13/DEU_GyQ_2008.pdf [10.12.2014].

Die Senatorin für Bildung und Wissenschaft (Hrsg.). (2008b). *Die Gymnasiale Oberstufe im Land Bremen. Geschichte. Bildungsplan für die Gymnasiale Oberstufe – Qualifikationsphase.* Verfügbar unter: http://www.lis.bremen.de/sixcms/media.php/13/GES_GyQ_2008.pdf [10.12.2014].

Staatsinstitut für Schulqualität und Bildungsforschung (ISB) (2014). *Musterabitur Deutsch. Hinweise und Beispielaufgaben zur bayerischen Abiturprüfung im Fach Deutsch.* Verfügbar unter: https://www.isb.bayern.de/gymnasium/uebersicht/musterabitur-deutsch/ [10.12.2014].

Teil VII
Kurzbeiträge

Veit Maier

Planungsaufgaben in deutschen Geographieschulbüchern

In diesem Artikel werden Teile bisheriger Forschungsergebnisse eines Dissertations-projekts über „Die Planung von Zukunft im Geographieunterricht" vorgestellt. Die ersten Untersuchungen beschreiben und interpretieren die Bedeutung von Planungs-aufgaben in deutschen Geographieschulbüchern.

Zukunft und Planung in der Geographie

Eine genaue Vorhersage der Zukunft ist zumeist nicht möglich. Deshalb sollten wir aber nicht die Augen vor ihr verschließen (vgl. de Haan, 2014, S. 382). Besser vor-hersagbar wird Zukunft durch Planung. In der Geographie versteht man unter ihr die „gedankliche Vorwegnahme beabsichtigten Handelns" (Leser, 2005, S. 682). Pla-nung ist also per se zukunftsgewandt. Geplant wird Zukunft durch den argumenta-tiven Austausch in Diskursen, bei dem Normen und Macht ihren Einfluss geltend machen. Die Kritische Geopolitik (*Critical Geopolitics*) untersucht dieses Spannungs-verhältnis und kann den Blick für den Planungsprozess schärfen. Die sich für das Forschungsprojekt ergebende Fragestellung lautet: *Inwieweit kann mit dem Geogra-phieschulbuch Zukunft geplant werden?*

Planung in der Geographiedidaktik

In den Bildungsstandards im Fach Geographie für den Mittleren Schulabschluss wird das Planen von Handlungen und deren Auswirkungen als ein Ziel des Geogra-phieunterrichts aufgeführt (vgl. DGfG, 2012, S. 26). Allerdings wird dies nicht nä-her erläutert. Daher musste als eines der ersten Vorhaben „planen" auf der Grundla-ge bestehender Definitionen im Kontext des Geographieunterrichts definiert werden (vgl. z.B. Albers & Wékel, 2008, S. 15; Leser, 2005, S. 682; Luhmann, 2007, S. 67). Im Geographieunterricht ist Planung raumbetreffende, wertorientierte und kreative Ge-staltung von Zukunft. Durch systematisches Entwickeln von Handlungszielen und das Vorbereiten von Entscheidungen ist Planung Teil des Problemlöseprozesses.

Methodik

Um die Bedeutung von Planung in Geographieschulbüchern zu untersuchen, wurde auf die Analyse von Aufgaben zurückgegriffen. Aufgaben aus Schulbüchern eignen sich dabei besonders, um den Planungsprozess und dessen Anleitung in den Blick zu nehmen. Die Kategorien zur Analyse der Schulbücher wurden zum einen deduktiv aus Literatur und zum anderen induktiv aus dem Material heraus entwickelt. Das Vorgehen bei der Auswertung orientiert sich an der qualitativen Inhaltsanalyse (vgl. Mayring, 2010, S. 83). Die hier dargestellten Ergebnisse beziehen sich auf die Untersuchung von neun Geographieschulbüchern für die Unter- und Oberstufe aus NRW.

Ergebnisse

Etwa 0,19 % der 3 173 analysierten Aufgaben aus den Schulbüchern enthalten den Operator „planen" und „zeichne einen Plan". Insgesamt konnten unter der Hinzunahme weiterer Operatoren wie „erörtern", „entwickeln", „erstellen" u.a. 3,9 % aller Aufgaben als Planungsaufgaben identifiziert werden.

Beispiel 1:
„Überlege, wie du einen Retentionsraum gestalten würdest und zeichne einen Plan, in den du die Grenzen des Retentionsraums einträgst." (Terra Erdkunde 2 Gymnasium NRW, 2008, S. 125; Aufgabe 6a)

Das bedeutet, dass trotz der Vorgaben in den Bildungsstandards kaum Planungsaufgaben in die Schulbücher Eingang gefunden haben. Eine mögliche Erklärung hierfür ist, dass SchulbuchautorInnen Aufgaben mit klaren Lösungen bevorzugen. Da es sich bei der Planung jedoch um einen komplexen und kreativen Prozess handelt, in dem die relevanten Elemente unterschiedlich gewichtet werden können, ergeben sich zwangsläufig unterschiedliche Planungsergebnisse. Ein weiterer Grund könnte darin liegen, dass für die Ausgestaltung von Planungsaufgaben umfangreiches Material vorliegen muss, was sich nicht mit dem „Doppelseitenprinzip" der Schulbücher vereinbaren lässt.

Bei etwa 63,4 % der Planungsaufgaben, die einen Operator verwenden, werden Operatoren des Anforderungsbereichs III benutzt, die Argumentation fordern.

Beispiel 2:
„Erklären Sie die Zusammenhänge zwischen Suburbanisierung und Gemeindefinanzierung. Diskutieren Sie Ansätze für einen Interessenausgleich." (Praxis Geographie Qualifikationsphase S II, 2011, S. 205; Aufgabe 2)

Schulbuchautoren verwenden den Operator „diskutieren" bei Planungsaufgaben häufig. Er wird in den Bildungsstandards synonym zum Operator „erörtern" aus dem Anforderungsbereich III (Reflexion und Problemlösung) aufgeführt und beide fordern die Bildung eines Urteils oder der eigenen Meinung durch Argumentation in einer Pro-Kontra-Diskussion (vgl. DGfG, 2012, S. 32). Der Operator „planen" wird in den Bildungsstandards aber unter dem weniger anspruchsvollen Anforderungsbereich II (Reorganisation und Transfer) aufgeführt, zu dem sich insgesamt etwa 24 % der Planungsaufgaben zuordnen lassen. In der mit dieser Diskrepanz verbundenen

Unsicherheit der richtigen Benutzung könnte eine weitere Begründung für die geringe Benutzung des Operators „planen" liegen.

Die Planungsaufgaben stammen zu 60 % aus der Teildisziplin Humangeographie. Mensch-Umwelt-Beziehungen stellen etwa 37,6 % und Physische Geographie betreffen lediglich etwa 2,4 % der Planungsaufgaben.

Ein Grund für diese Ergebnisse liegen in der allgemeinen humangeographischen Dominanz der Schulbuchthemen in NRW, was durch die Inhaltsfelder des Kernlehrplans bedingt ist (vgl. MSW NRW, 2007). Auch Budke (2011, S. 259) konnte ähnliche Ergebnisse bei ihren Untersuchungen zur Bedeutung von Argumentation in den Geographieschulbüchern von NRW feststellen. Argumentationsaufgaben sind zur Vermittlung von Werten und zur Meinungsbildung geeignet und können daher vermehrt in der Humangeographie und in dem Bereich der Mensch-Umwelt-Beziehung eingesetzt werden. In der Physischen Geographie scheint dies in der Schule weniger von Bedeutung zu sein.

Ausblick

Die Untersuchung wird auf Geographieschulbücher in Großbritannien ausgeweitet. Im weiteren Verlauf des Dissertationsprojekts sollen die Durchführung und Analyse von Unterrichtseinheiten erfolgen. Dabei soll der Fokus auf den Argumentationsprozess beim Planen gerichtet werden.

Literatur

Albers, G. & Wékel, J. (2008). *Stadtplanung*. Darmstadt: Primus.

Budke, A. (2011). Förderung von Argumentationskompetenzen in aktuellen Geographieschulbüchern. In E. Matthes & C. Heinze (Hrsg.), *Aufgaben im Schulbuch* (S. 253–263). Bad Heilbrunn: Klinkhardt.

DGfG (Hrsg.). (2012). *Bildungsstandards im Fach Geographie für den mittleren Schulabschluss – mit Aufgabenbeispielen*, 7. Aufl. Bonn.

Haan, G. de (2014). Zukunft. In C. Wulf & J. Zirfas (Hrsg.), *Handbuch Pädagogische Anthropologie* (S. 375–384). Wiesbaden: Springer Fachmedien.

Leser, H. (Hrsg.). (2005). *Diercke-Wörterbuch allgemeine Geographie*. 13. Aufl. Braunschweig: Westermann.

Luhmann, N. (2007). Politische Planung. In Ders. (Hrsg.), *Politische Planung. Aufsätze zur Soziologie von Politik und Verwaltung* (S. 66–89). Wiesbaden: Verlag für Sozialwissenschaften.

Mayring, P. (2010). *Qualitative Inhaltsanalyse. Grundlagen und Technik*. 11. Aufl. Weinheim: Beltz.

Ministerium für Schule und Weiterbildung des Landes Nordrhein-Westfalen (Hrsg.). (2007). *Kernlehrplan für das Gymnasium – Sekundarstufe I (G8) in Nordrhein-Westfalen*. Frechen: Ritterbach.

Sarah Göbert

Die Fach(un-)spezifik des argumentierend-erörternden Schreibens – vergleichende Untersuchung der Fächer Deutsch, Geschichte und Biologie

1. Erkenntnisinteresse

Schriftliches Argumentieren wird als eine zentrale Kommunikationskompetenz angesehen, die im schulischen Kontext gefördert werden sollte (vgl. z.B. Peters, 2004,
S. 11; Budke & Uhlenwinkel, 2012, S. 344). Ziel ist es nicht nur, dass Schülerinnen
und Schüler sich durch schriftliche Argumentationen neue Wissensbereiche erschließen (heuristisch-epistemische Funktion), sondern dass sie Argumentieren auch als
Fertigkeit des Überzeugens (kommunikativ-persuasive Funktion) erlernen (vgl. u.a.
Friedrich, 1988, S. 152; Winkler, 2005, S. 93; Pohl, 2014, S. 298ff.). Bezüglich dieser
Kompetenzen wird insbesondere dem Deutschunterricht eine orientierende Funktion zugesprochen und seine zentrale Rolle bei der Vermittlung von fächerübergreifenden Argumentationsfähigkeiten herausgestellt (vgl. Peters, 2004, S. 11; Becker-
Mrotzek et al., 2014, S. 1). Betrachtet man jedoch die Position von Feilke (2012b,
S. 12), so scheint eine Anbahnungsfunktion von schriftlichen Argumentationskompetenzen durch den Deutschunterricht, die dann in anderen Fachkontexten eingesetzt werden können, zumindest im Hinblick auf die Verwendung der Operatoren
und deren zugrunde gelegter Konzeptualisierungen bzw. Normierungen des argumentierenden Schreibens fraglich, da „vermeintlich gleiche Operatoren dann auch
sprachlich sehr unterschiedliches [sic!] bedeuten" können. Es erscheint folglich unklar, ob das argumentierend-erörternde Schreiben in der Schule einer fächer- sowie
jahrgangsübergreifenden oder einer fach- sowie jahrgangsspezifischen Konzeptualisierung und Normierung unterliegt.

2. Forschungsstand

Versucht man der Frage auf den Grund zu gehen, welche Konzeptualisierungen vom
argumentierend-erörternden Schreiben in den einzelnen Fächern dominant gesetzt
werden, so findet man hierzu eine Vielzahl von Forschungsbeiträgen. Im Fach *Biologie* haben z.B. Mittelsten Scheid & Hößle (2008) sowie Hößle & Menthe (2013) Beiträge zum Argumentieren veröffentlicht. Im Fach *Geschichte* ist abgesehen von dem
Beitrag Jeismanns (1980), der sich mit dem ‚klassischen' Erkenntnisdreischritt (Sach-
analyse, Sachurteil, Werturteil) beschäftigt, dem Beitrag Rüsens (1994), der für das
historische Lernen die Argumentationskompetenz als zentrales Element herausstellt,
sowie dem Beitrag Mierwalds (in diesem Band) die Ausprägung der deutschsprachigen wissenschaftlichen Beschäftigung mit der Textsorte *Argumentation* sehr nied-

rig. Eine umfangreiche wissenschaftliche Auseinandersetzung findet sich hingegen im Fach *Deutsch* (z.B. Augst & Faigel, 1986; Feilke, 1988, 2013; Winkler, 2005; Peters, 2004; Grundler & Vogt, 2006). Augst und Faigel (1986) untersuchten das argumentierende Schreiben von Schülerinnen und Schülern der 7. Klasse bis zum Studium und konnten dabei unter anderem verschiedene *Textordnungsmuster*[1] identifizieren. Diese Textordnungsmuster sollen Kennzeichen der Fokussierung des Schreibers auf eine der vier von ihnen in Anlehnung an Bühlers *Organonmodell* (1934) bestimmten *Handlungsprobleme (expressive, kognitive, soziale und textuelle Problemdimension)* sein. Die *Problemdimensionen* definieren Augst & Faigel hierbei in Abgrenzung zur Mündlichkeit. Fraglich bleibt jedoch, ob sich diese nicht nur durch die Differenz *Mündlichkeit – Schriftlichkeit* unterscheiden, sondern auch durch die verschiedenen Konzeptualisierungen des argumentierenden Schreibens und letztendlich durch die *transitorischen Normen* (im Sinne Feilkes, 2012a)[2] der jeweiligen Fächer. Dies würde bedeuten, dass sich in den unterschiedlichen Jahrgangsstufen z.B. die kognitive Problemdimension im Fach *Deutsch* anders darstellt als im Fach *Biologie* oder *Geschichte*. Resultieren würde dies in unterschiedlichen Textformen (im Sinne von *Textformen als Lernformen* als Reaktion auf eine konkrete schreibdidaktische Situierung nach Pohl & Steinhoff, 2010, S. 21), da die Argumentationen dann fachspezifisch realisiert werden würden.

Was letztendlich für die Beantwortung der Ausgangsfrage fehlt, ist eine fächerübergreifende Betrachtung des Argumentierens. Schließlich lässt sich die Frage, ob das Argumentieren im Fach *Biologie* einer anderen Konzeptualisierung unterliegt, mithin anders normiert und realisiert wird als in den Fächern *Deutsch* und *Geschichte*, nur beantworten, wenn das Argumentieren in den drei Fächern vergleichend betrachtet wird.

3. Fragestellung(en)

Der Forschungsstand und die darin aufscheinenden Desiderata führen zu der Forschungsfrage, ob sich das argumentierend-erörternde Schreiben in *Deutsch, Geschichte* und *Biologie* fachunspezifisch bzw. fächerübergreifend oder fachspezifisch darstellt. Um diese Frage beantworten zu können, müssen drei Subfragen, die sich an den Ecken des *Didaktischen Dreiecks*[3] orientieren, beantwortet werden:

I. Welche Zielvorgaben stellen die Fächer *Deutsch, Geschichte* und *Biologie* an das argumentierend-erörternde Schreiben? (die Sache)

---

1 In Anlehnung an Augst & Faigel (1986) konnte Feilke (1988) vier verschiedene Muster identifizieren: linear-entwickeltes, material-systematisches, linear-dialogisches und formal-systematisches Textordnungsmuster.

2 Transitorische Normen im Sinne Feilkes sind Anforderungen, die zum Ziel der Erwerbsförderung gestellt werden, wie z.B. bei der Grundschrift. „Sie werden also erworben, um vorübergehend bestimmte Fähigkeiten zu fördern, aber auch mit dem Ziel, im Zuge des Kompetenzfortschritts wieder überwunden und selbst überflüssig zu werden" (Feilke 2012a, 167).

3 Der Ursprung des *didaktischen Dreiecks* ist unklar. Hinweise auf dieses Modell lassen sich bei August Hermann Niemeyer (1802) und Johann Friedrich Herbart (1806) finden.

II. Wie werden die Aufgaben (im Unterricht und in Lehrwerken) im Fach *Deutsch/ Geschichte/Biologie* zum argumentierend-erörternden Schreiben in den unterschiedlichen Jahrgangsstufen gestellt? (der/die Lehrer/-in)

III. Wie sehen die Textprodukte aus, die die einzelnen Schüler/-innen in *Deutsch, Geschichte* und *Biologie* in den unterschiedlichen Jahrgangsstufen produzieren? (der/die Schüler/-in)

4. Untersuchungsdesign

Das Forschungsvorhaben soll als qualitative Untersuchung durchgeführt werden. Hierbei werden eine Querschnitts- und eine Vergleichsstudie miteinander kombiniert (siehe Abb. 1). Die Querschnittsstudie setzt sich aus Erhebungen in drei verschiedenen Jahrgangsstufen eines Gymnasiums zusammen. Um die Konzeptualisierungen des argumentierend-erörternden Schreibens in den drei Fächern ermitteln zu können, werden Lehrwerke, Curricula, Erwartungshorizonte sowie Bewertungen analysiert. Zudem werden Schreibaufgaben zum Argumentieren/Erörtern (*Aufgabenschemata* im Sinne von Chenoweth & Hayes, 2001) und argumentierend-erörternde Schreibprodukte in den Fächern untersucht. Die durch die Querschnittsstudie gewonnenen Daten werden schließlich miteinander verglichen.

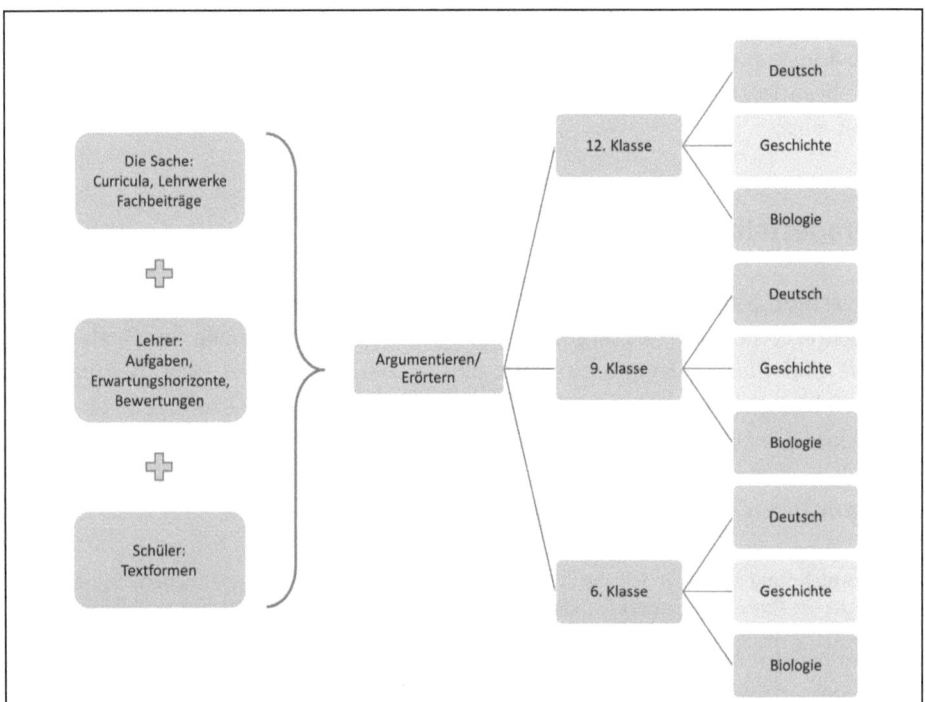

Abb. 1: Untersuchungsdesign

Literatur

Augst, G. & Faigel, P. (1986). *Von der Reihung zur Gestaltung. Untersuchungen zur Ontogenese der schriftsprachlichen Fähigkeiten von 13–23 Jahren.* Frankfurt am Main: Lang.

Becker-Mrotzek, M., Schneider, F. & Tetling, K. (2014). *Argumentierendes Schreiben lehren und lernen: Vorschläge für einen systematischen Kompetenzaufbau in den Stufen 5 bis 8.* Verfügbar unter: http://www.standardsicherung.schulministerium.nrw.de/cms/upload/netzwerk_NfUE/deutsch/argumentieren_einfuehrung_kurz.pdf [15.05.2014].

Budke, A. & Uhlenwinkel, A. (2012). Kommunikationskompetenz trainieren. In J.-B. Haversath (Hrsg.), *Geographiedidaktik: Theorie – Themen – Forschung* (S. 344–354). Braunschweig: Westermann.

Bühler, K. (1999) [1934]. *Sprachtheorie: Die Darstellungsfunktion der Sprache.* 3. Aufl. Stuttgart et al.: G. Fischer.

Chenoweth, A. N. & Hayes, J. R. (2001). Fluency in Writing. Generating Text in L1 and L2. *Written Communication, 18* (1), 80–98.

Feilke, H. (1988). Ordnung und Unordnung in argumentativen Texten: Zur Entwicklung der Fähigkeit, Texte zu strukturieren. *Der Deutschunterricht, 40,* 65–81.

Feilke, H. (2012a). Schulsprache – Wie Schule Sprache macht. In S. Günthner, W. Imo, D. Meer & J. G. Schneider (Hrsg.), *Kommunikation und Öffentlichkeit. Sprachwissenschaftliche Potenziale zwischen Empirie und Norm* (S. 149–175). Berlin und Boston: de Gruyter.

Feilke, H. (2012b). Bildungssprachliche Kompetenzen – fördern und entwickeln. *Praxis Deutsch, 233,* 4–13.

Friedrich, B. (1988). Information zur Durchsicht und Korrektur der Lehrpläne für den Muttersprachunterricht der Klassen 5–10. *Deutschunterricht, 41,* 149–153.

Grundler, E. & Vogt, R. (2006). *Argumentieren in Schule und Hochschule: Interdisziplinäre Studien.* Tübingen: Stauffenburg.

Herbart, J. F. (1806). *Allgemeine Pädagogik aus dem Zweck der Erziehung abgeleitet.* Göttingen: Johann Friedrich Röwer.

Hößle, C. & Menthe, J. (2013). Urteilen und Entscheiden im Kontext Bildung für nachhaltige Entwicklung. Ein Beitrag zur Begriffsklärung. In J. Menthe, D. Hoettecke, I. Eilks & C. Hößle (Hrsg.), *Handeln in Zeiten des Klimawandels* (S. 35–64). Münster: Waxmann.

Jeismann, K.-E. (1980). ‚Geschichtsbewußtsein‘: Überlegungen zur zentralen Kategorie eines neuen Ansatzes der Geschichtsdidaktik. In H. Süssmuth (Hrsg.), *Geschichtsdidaktische Positionen: Bestandsaufnahme und Neuorientierung* (S. 179–222). Paderborn: Ferdinand Schöningh.

Mittelsten Scheid, N. & Hößle, C. (2008). Bewerten im Biologieunterricht – Niveaus von Bewertungskompetenz. *Erkenntnisweg Biologiedidaktik, 6,* 87–104.

Niemeyer, A. H. (1802). *Grundsätze der Erziehung und des Unterrichts (Erster Theil).* 5. Aufl. Halle: Selbstverlag des Autors.

Peters, J. (2004). *Schriftliches Argumentieren – Aktualität – Bildungsstandards: Vorschläge zur Didaktik und Praxis des erörternden Schreibens.* Hamburg: Dr. Kovač.

Pohl, T. (2014). Schriftliches Argumentieren. *Schriftlicher Sprachgebrauch: Texte verfassen. Deutschunterricht in Theorie und Praxis, 4,* 287–315.

Pohl, T. & Steinhoff, T. (2010). Textformen als Lernformen. In T. Pohl & T. Steinhoff (Hrsg.), *Textformen als Lernformen* (S. 5–26). Kölner Beiträge zur Sprachdidaktik (7).

Rüsen, J. (1994). *Historisches Lernen: Grundlagen und Paradigmen.* Köln et al.: Böhlau.

Winkler, I. (2005). Argumentierendes Schreiben. In U. Abraham, C. Kupfer-Schreiner & K. Maiwald (Hrsg.), *Schreibförderung und Schreiberziehung. Eine Einführung für Schule und Hochschule* (S. 88–98). Donauwörth: Auer.

Dorothee Gronostay

Videostudie zur Qualität von argumentativen Lehr-Lernprozessen im Fachunterricht Politik/Wirtschaft

Im Rahmen der Videostudie „Argumentative Lehr-Lernprozesse" wird die Qualität argumentativer Lehr-Lernprozesse im Fachunterricht Politik/Wirtschaft am Beispiel der Unterrichtsmethode Fishbowl-Diskussion[1] untersucht. Ziel ist die Beschreibung des argumentativen Schüler/-innen-Diskurses sowie die Untersuchung der Effekte eines Argumentationstrainings auf die Diskursqualität.

Theoretischer Hintergrund

Der Kernlehrplan Politik/Wirtschaft des Landes Nordrhein-Westfalen nennt die Befähigung der Schüler/-innen zur Teilhabe an demokratischen Willensbildungs- und Entscheidungsprozessen als wesentliches Ziel der Fächer des Lernbereichs Gesellschaftslehre (MSW NRW, 2007, S. 12). In Bezug auf die Politikkompetenz stellt das mündliche Argumentieren (zum Beispiel im Rahmen einer Pro-Kontra-Debatte oder Fishbowl-Diskussion) zudem eine Facette kommunikativer politischer Handlungsfähigkeit dar (Detjen, Massing, Richter & Weißeno, 2014).

Die positive Wirkung argumentativer, d.h. diskussionsorientierter, Lehr-Lernprozesse auf das politische Verständnis und die demokratischen Einstellungen von Schüler/-innen konnte bereits in mehreren Studien nachgewiesen werden (Torney-Purta, Hahn & Amadeo, 2001; Watermann, 2003). Diese Ergebnisse beruhen jedoch auf Schüler/-innen-Befragungen, sodass wenig über die konkrete Gestaltung und Qualität mündlicher Argumentation im Unterricht bekannt ist. Die folgenden drei Kriterien können bei der Einschätzung der Qualität argumentativer Lehr-Lernprozesse eine Orientierung geben:

Transaktivität: Als besonders lernförderlich gelten solche Argumentationssequenzen, in denen sich Schüler/-innen wechselseitig auf die Redebeiträge ihrer Lernpartner/-innen beziehen. Berkowitz & Gibbs (1983) bezeichnen dieses Kriterium als „Transaktivität" und nennen achtzehn Typen transaktiver Redebeiträge, zum Beispiel: „Gegenüberstellung von Positionen", „Bitte um Rückmeldung", „Bitte um Rechtfertigung", „Paraphrase", „Kritik der Argumentation" oder „Widerspruch". Kommunikationsbrüche wie das Ignorieren von Nachfragen oder der Kritik der Diskussionspartner/-innen sind dagegen Beispiele für nicht-transaktive Redebeiträge.

---

[1] Bei einer Fishbowl-Diskussion („Diskussion im Goldfisch-Glas") diskutieren vier bis sechs Schüler/-innen in der Mitte des Klassenraums („Goldfisch-Glas") zu einem vorgegebenen Thema. Die übrigen Schüler/-innen bilden einen äußeren Sitzkreis um die Diskutierenden und beobachten den Diskussionsverlauf (Mattes, 2011). Für die vorliegende Studie wurde eine Fishbowl-Variante gewählt, bei der Schüler/-innen selbstständig, also ohne Intervention der Lehrkraft und ohne Moderation, zwischen Innen- und Außenkreis wechseln und sich auf diese Weise jederzeit in die Diskussion einbringen können.

Argumentation: Die Qualität von Argumentationssequenzen lässt sich anhand der Komplexität und Struktur der Argumentation bestimmen. In Anlehnung an das Toulmin-Modell (1996) unterscheiden Osborne, Erduran & Simon (2004) fünf Niveaus der Argumentation. Unbegründete Behauptungen (z.B. These und Gegenthese) stellen eine Argumentation auf dem niedrigsten Niveau dar. Niveausteigerungen ergeben sich durch eine zunehmende Anzahl an Begründungselementen und dem Formulieren von Einwänden.

Anwendung von Fachwissen: Bei der argumentativen Anwendung von (korrektem) Fachwissen entsprechen fachinhaltliche Aussagen auf Zusammenhangs- oder Konzeptniveau einer höheren Leistung als das Nennen von Einzelfakten (Knobloch, Sumfleth & Walpuski, 2011). Zusätzlich kann die Verwendung von Fachsprache bzw. Fachbegriffen als Qualitätskriterium dienen.

Fragestellungen

Die Studie zielt auf die Beantwortung folgender Fragestellungen: Wie ist die Qualität der Argumentationssequenzen sowie der Gesamtdiskussionen hinsichtlich der Kriterien Transaktivität, Argumentation und Anwendung von Fachwissen zu beurteilen? Lässt sich die Qualität der Diskussionen durch ein Argumentationstraining steigern?

Methodisches Vorgehen

Für das Dissertationsprojekt wird in zehn Schulklassen (Jg. 8/9) eine standardisierte Unterrichtslektion zur Parteiverbotsthematik mit/ohne Argumentationstraining im regulären Fachunterricht Politik/Wirtschaft durchgeführt und per Video aufgenommen. In allen Klassen erfolgt abschließend eine kontroverse Fishbowl-Diskussion (ca. 20 Minuten) zur Parteiverbotsthematik. Die videografierten Argumentationssequenzen werden mit Hilfe eines Kategoriensystems hinsichtlich der drei erläuterten Qualitätskriterien bewertet und quantitativ ausgewertet. Abschließend werden die Ergebnisse der beiden Gruppen verglichen.

Ausblick

Die erfolgreiche Teilnahme am demokratischen Diskurs im Klassenzimmer setzt auf Seiten der Schüler/-innen Argumentations- und Fachkompetenzen sowie soziale Kompetenzen voraus. Darüber hinaus erfordert sie aber auch die Bereitschaft, einen kontroversen Standpunkt im klassenöffentlichen Diskurs zu vertreten und sich argumentativ mit alternativen, zum Teil konfligierenden Positionen auseinanderzusetzen. In einem anderen Teilprojekt der Videostudie wird daher der Zusammenhang zwischen fachspezifischem Selbstkonzept, diskussionsbezogenen Überzeugungen und dem Engagement in der Fishbowl-Diskussion untersucht.

Literatur

Berkowitz, M. W. & Gibbs, J. C. (1983). Measuring the developmental features of moral discussion. *Merrill-Palmer Quarterly, 29* (4), 399–410.

Detjen, J., Massing, P., Richter, D. & Weißeno G. (2012). *Politikkompetenz – ein Modell.* Wiesbaden: Springer VS.

Knobloch, R., Sumfleth, E. & Walpuski, M. (2011). Analyse der Schüler-Schüler-Kommunikation im Chemieunterricht. Entwicklung und Erprobung eines Kategoriensystems. *CHEMKON, 18* (2), 65–70.

Mattes, W. (2011). *Methoden für den Unterricht. Kompakte Übersichten für Lehrende und Lernende.* Paderborn: Schöningh.

Ministerium für Schule und Weiterbildung des Landes Nordrhein-Westfalen (Hrsg.). (2007). *Kernlehrplan für das Gymnasium – Sekundarstufe I (G8) in Nordrhein-Westfalen. Politik/Wirtschaft.* Frechen: Ritterbach. Verfügbar unter: http://www.schulent wicklung.nrw.de/lehrplaene/lehrplannavigator-s-i/gymnasium-g8/politik-wirtschaft-g8/ [18.12.2014].

Osborne, J., Erduran, S. & Simon, S. (2004). Enhancing the quality of argumentation in school science. *Journal of Research in Science Teaching, 41* (10), 994–1020.

Torney-Purta, J., Hahn, C. & Amadeo, J. (2001). Principles of subject-specific instruction in education for citizenship. In J. Brophy (Hrsg.), *Subject-specific instructional methods and activities* (S. 381–408). Greenwich, CT: JAI Press.

Watermann, R. (2003). Diskursive Unterrichtsgestaltung und multiple Zielerreichung im politisch bildenden Unterricht. *Zeitschrift für Soziologie der Erziehung und Sozialisation (ZSE), 23* (4), 356–370.

Sabrina Dittrich

Problemlösen und Argumentieren – Behandlung von Mensch-Umwelt-Interaktionen im Geographieunterricht

1. Einleitung

Kommunikation ist einer der sechs Kompetenzbereiche der nationalen Bildungsstandards für das Fach Geographie in Deutschland (vgl. DGfG, 2014, 20). Auf der einen Seite hilft den SchülerInnen Kommunikation beim Verstehen von geographischen Inhalten. Auf der anderen Seite beinhaltet das Fach Geographie viele Themen, die auch außerhalb des Klassenzimmers in der Gesellschaft relevant sind, wie beispielsweise Klimawandel, Migration oder Geopolitik. Die SchülerInnen lernen im Geographieunterricht, wie sie über solche Themen kommunizieren und am gesellschaftlichen Diskurs teilnehmen können.

2. Theorie

Besondere Bedeutung hat das Einüben der Kommunikationskompetenz im Kontext des Problemlösens durch Argumentation, da im Geographieunterricht viele komplexe Probleme behandelt werden. Um Lösungen für Probleme zu finden, ist es wichtig, diese genau darzustellen. Dies impliziert, dass als Ausgangspunkt des Lösungsfindungsprozesses Fragen gestellt werden, deren Antworten zur Lösung des Problems beitragen können. Problem wird in diesem Zusammenhang als „ein unerwünschter Zustand für dessen Überwindung im Moment keine geeigneten Mittel zur Verfügung stehen" (Budke, 2013, 24) verstanden. Nun stellt sich die Frage, was geographiespezifische Fragen auszeichnet. Bisher wurde in diesem Bereich eine Klassifikation zu Problemeinstiegen durchgeführt, nach der zwischen Einstiegen über eine Wissenslücke, über Widersprüche und über Kompliziertheit unterschieden wurde (Budke, 2013).

Uhlenwinkel (2013) spricht in Anlehnung an Taylor (2008; 2011) von sieben Geographical Concepts, die grundlegend die geographische Perspektive auf die Welt definieren. Zu diesen Geographical Concepts gehören *place, space, scale, diversity, change* und *perception & representation* (vgl. Uhlenwinkel, 2013; Taylor, 2008; 2011). Es ist möglich, zu jedem der Concepts geographiespezifische Fragen zu formulieren, die bei der Analyse der jeweiligen Probleme helfen. Ein Beispiel dafür wäre die Frage ‚Wie ist China mit Deutschland vernetzt?' zu dem Concept *interaction*. Diese Fragestellungen sind sowohl für die LehrerInnen als auch für die SchülerInnen hilfreich, da Sie bei der Erschließung der Inhalte nützlich sind. Die LehrerInnen können wählen, welche Concepts sie für ein Thema am relevantesten halten. Ist die Stadtentwicklung gerade Thema im Unterricht, könnten die LehrerInnen mit dem Concept *change* den Wandel der Stadt ins Zentrum der Unterrichtsstunde stellen. Des Weiteren können den SchülerInnen die Fragensammlung an die Hand gegeben werden und es ihnen frei überlassen werden, welche Fragen sie zur Erschließung des Themas anwenden.

Um Probleme zu lösen, brauchen die SchülerInnen Argumentation, da es sich beim Problemlösen in der Geographie um ein diskursives Problemlösen handelt, welches auf der Grundlage von Kommunikation stattfindet. Die Fähigkeiten zur geographischen Argumentation sind höchst relevant, jedoch existieren nur wenige Konzepte, die in der Schule genutzt werden können. Die Besonderheit beim geographischen Argumentieren liegt darin, dass eine strittige Fragestellung oder These im Zentrum steht, zu deren Lösung es notwendig ist, Belege und Informationen abzuwägen. Empirische Studien belegen, dass die Argumentationsfähigkeiten von deutschen SchülerInnen nur geringfügig ausgeprägt sind (vgl. Budke, Schiefele & Uhlenwinkel, 2010; Budke & Uhlenwinkel, 2013). Der Prozess des Problemlösens (vgl. u.a. Betsch, Funke & Plessner, 2011) und der Argumentation kann in Beziehung zueinander gesetzt werden. Aus diesem Grund ist Argumentation wichtig, um geographische Probleme zu lösen. Unterrichtsmaterial und Stunden, die dies einbauen, sind hilfreich, um die SchülerInnen dabei zu unterstützen, wissenschaftliche Fragen zu stellen und ihre Argumentationsfähigkeiten zu stärken.

3. Fragestellung

Im Rahmen der Dissertation soll die folgende Frage untersucht werden: Wie lösen die SchülerInnen mithilfe von Argumentation Probleme im Geographieunterricht?

4. Methodik und Ausblick

Da diese Arbeit im Rahmen des Sonderforschungsbereichs (SFB) 806 „Our way to Europe – Culture-Environment Interaction and Human Mobility in the Late Quaternary" verfasst wird, soll auf der theoretischen Grundlage der geographiespezifischen Fragestellungen, des Problemlösens und der Argumentation didaktisches Material erarbeitet werden, welches die Forschungsfragen des SFBs in den Unterricht integriert. So gelangen Inhalte aus dem Bereich Umwelt und Gesellschaft in den Geographieunterricht, die höchst aktuell sind und die SchülerInnen dazu anregen können, zu argumentieren und geographische Probleme zu lösen. In diesem Zusammenhang kann untersucht werden, wie die Schüler die Probleme mithilfe von Argumentation lösen. Methodisch könnten dazu Beobachtungen der Klassen, Videoanalyse, die Methode des Lauten Denkens, der Einsatz von Fragebögen oder Interviews mit SchülerInnen eingesetzt werden.

Literatur

Betsch, T., Funke, J. & Plessner, H. (2011). *Denken – Urteilen, Entscheiden, Problemlösen. Allgemeine Psychologie für Bachelor*. Berlin [u.a.]: Springer.

Budke, A., Schiefele, U. & Uhlenwinkel, A. (2010). Entwicklung eines Argumentationskompetenzmodells für den Geographieunterricht. *Geographie und ihre Didaktik / Journal of Geography Education, 38* (3), 180–190.

Budke, A. (2013). Einstiege. In M. Rolfes & A. Uhlenwinkel (Hrsg.), *Essays zur Didaktik der Geographie* (S. 21–30). Potsdam: Universitätsverlag Potsdam.

Budke, A. & Uhlenwinkel, A. (2013). Argumentation. In M. Rolfes & A. Uhlenwinkel (Hrsg.), *Metzler Handbuch 2.0 Geographieunterricht* (S. 11–16). Braunschweig: Westermann Verlag.

Deutsche Gesellschaft für Geographie (DGfG) (2014). *Educational Standards in Geography for the Intermediate School Certificate with sample assignments*. Berlin.

Taylor, L. (2008). Key concepts and medium term planning. *Teaching Geography, 33* (2), 50–54.

Taylor, L. (2011). Basiskonzepte im Geographieunterricht. *Praxis Geographie, 41* (7–8), 8–14.

Uhlenwinkel, A. (2013). Geographical Concepts als Strukturierungshilfe für den Geographieunterricht. Ein international erfolgreicher Weg zur Erlangung fachlicher Identität und gesellschaftlicher Relevanz. *Geographie und ihre Didaktik / Journal of Geography Education, 41* (1), 18–43.

Florian Kolbinger & Arne Dittmer

Das Wesen der Biologie vermitteln: Ein domänenspezifisches Kommunikations- und Argumentationstraining für angehende Lehrkräfte

Einleitung

In einer naturwissenschaftlich und technisch geprägten Welt sind Schülerinnen und Schüler zunehmend gefordert, zu bioethischen Fragen und Wertkonflikten, strittigen Theorien und Fällen unsicherer Evidenz argumentativ Stellung zu beziehen (Erduran, Osborne & Simon, 2005). Für Lehrkräfte bedeutet dies zum einen, mit inhaltlich bedingten Unsicherheiten und der Komplexität biologischer Themen produktiv umzugehen, zum anderen müssen sie lernen, ergebnisoffene Momente einer diskursiven Unterrichtsführung auszuhalten und zu nutzen. Im Rahmen des hochschuldidaktischen Projektes QuiRL (Qualität in der Regensburger Lehre)[1] wird daher ein domänenspezifisches Kommunikationstraining für angehende Biologielehrkräfte entwickelt. In der wissenschaftlichen Begleitung werden Einstellungen und Verhalten im Umgang mit unsicheren Situationen untersucht.

Theoretischer Hintergrund

Dalbert und Radant (2010) kommen in ihren Studien zu dem Schluss, dass Konzepte und Trainingsmethoden in der Lehreraus- und -fortbildung notwendig sind, welche den Umgang mit schwer einschätzbaren Unterrichtssituationen fördern. Nach dem Rahmenmodell professioneller Handlungskompetenz von Baumert und Kunter (2006) spielen „Wissen" und „Können" sowie Überzeugungen, selbstregulative Fähigkeiten und die motivationale Orientierung eine entscheidende Rolle. Neben der Ambiguitätstoleranz, die Budde (2012) als die Fähigkeit beschreibt, sich in Interaktionen einzubringen, in denen widersprüchliche oder gegenläufige Motive vorzufinden sind, sind für die Verhaltensregulation auch die Selbstwirksamkeitsüberzeugungen von Bedeutung. Hierbei handelt es sich um Überzeugungen, mithilfe der eigenen Fähigkeiten bestimmte Ziele auch gegen eventuelle Barrieren erreichen zu können (Bandura, 1977). Selbstwirksamkeitsüberzeugungen können den selbstregulativen Fähigkeiten zugeordnet werden (vgl. Baumert & Kunter, 2006) und sie haben einen Einfluss auf die Bereitschaft, ergebnisoffene oder verunsichernde Situationen auszuhalten. Nach Schwarzer und Jerusalem (2002) bevorzugen beispielsweise Lehrkräfte mit geringer Selbstwirksamkeit eher sichere und einfach strukturierte Unterrichtsaktivitäten, wohingegen Lehrkräfte mit hoher Selbstwirksamkeit auch an herausfordernde Unterrichte motiviert herantreten.

---

1   http://www.qualitaetspakt-lehre.de/de/1410.php#QuirL

Ebenso grundlegend für den Umgang mit strittigen Positionen oder unsicherer Evidenz sind die epistemologischen Überzeugungen, die Urhahne und Hopf (2004) als persönliche „Vorstellungen über die Struktur des Wissen und des Wissenserwerbs" (ebd., S. 71) beschreiben. Klaczynski (2000) sieht epistemische Überzeugungen als metakognitive Faktoren zur Regulation der eigenen Begründungsprozesse an und beschreibt die enge Verbindung zu Merkmalen wie der „open mindedness" oder Reflektiertheit (vgl. Oschatz, 2011).

Fragestellung

Nadelöhr für die Implementierung einer Diskussionskultur ist die Bereitschaft von Lehrkräften, sich auf offene Diskussionen einzulassen. Phänomenal kann dies als eine „didaktische Haltung" (Dittmer & Gebhard, 2012, S. 95) beschrieben werden, bei der Kontroversen und offene Fragen als didaktische Chance und nicht als Risiko oder Kontrollverlust wahrgenommen werden. Es stellen sich daher folgende Fragen:

i. Welche Beziehungen bestehen zwischen den Einstellungen der Lehrperson zum Umgang mit Unsicherheit und einem diskursiven Interaktionsstil?

ii. Lässt sich der Interaktionsstil durch ein gezieltes Kommunikationstraining verbessern?

Vorgehen

Das Kommunikationstraining zur Förderung eines diskursiven und schülerorientierten Unterrichts erstreckt sich auf Pflicht- und Wahlpflichtmodule der Biologielehrerausbildung. In problem- und kontextorientierten Unterrichtseinheiten werden Aspekte der Argumentation, der sozialen Interaktion und diskursanalytische Aspekte Gegenstand der Reflexion. Historische Fallbeispiele werden dazu genutzt, im Lehr-Lern-Labor mit Schulklassen ethische und wissenschaftsphilosophische Fragen zu erarbeiten und zu diskutieren.

Videografierte Unterrichtseinheiten werden hinsichtlich des Interaktionsstils und der Diskursmuster (vgl. Mortimer & Scott, 2003) analysiert. Zusätzlich erhalten die Studierenden das Videomaterial ihrer Stunden zur Selbstreflexion und didaktischen Analyse. Interviews nach dem Prinzip des „stimulated recalls" ergänzen die Videodaten um die subjektive Einschätzung der Studierenden. Erkenntnisse zur Handlungspräferenz und zur individuellen Einschätzung der Unterrichtssituationen werden durch die Erhebungen von Personenmerkmalen wie Ambiguitätstoleranz, Selbstwirksamkeitserwartungen und epistemologische Überzeugungen ergänzt. Die Wirksamkeit des Trainings wird somit sowohl auf der Einstellungs- als auch auf der Handlungsebene erhoben.

Literatur

Bandura, A. (1977). Self-efficacy: Toward a unifying theory of behavioral change. *Advances in Behaviour Research and Therapy, 1* (4), 139–161.

Baumert, J. & Kunter, M. (2006). Stichwort: Professionelle Kompetenz von Lehrkräften. *Zeitschrift für Erziehungswissenschaft, 9* (4), 469–520.

Budde, M. (2012). Über Sprache reflektieren. Unterricht in sprachheterogenen Lerngruppen (Deutsch als Zweitsprache, Fernstudieneinheit 2). Kassel: Kassel Univ. Press.

Dalbert, C. & Radant, M. (2010). Ungewissheitstoleranz bei Lehrkräften. *Journal für LehrerInnenbildung, 10* (2), 53–57.

Dittmer, A. & Gebhard, U. (2012). Stichwort Bewertungskompetenz: Ethik im naturwissenschaftlichen Unterricht aus sozial-intuitionistischer Perspektive. *Zeitschrift für Didaktik der Naturwissenschaften, 18*, 81–98.

Erduran, S., Osborne, J. & Simon, S. (2005). The Role of Argumentation in Developing Scientific Literacy. In K. Boersma, M. Goedhart, O. de Jong & H. Eijkelhof (Hrsg.), *Research and the Quality of Science Education* (S. 381–394). Dordrecht: Springer Netherlands.

Mortimer, E. F. & Scott, P. (2003). *Meaning making in secondary science classrooms.* Maidenhead: Open University Press.

Klaczynski, P. A. (2000). Motivated scientific reasoning biases, epistemological beliefs, and theory polarization: A two-process approach to adolescent cognition. *Child Development, 71*, 1347–1366.

Oschatz, K. (2011). *Intuition und fachliches Lernen. Zum Verhältnis von epistemischen Überzeugungen und Alltagsphantasien.* Wiesbaden: VS Verlag für Sozialwissenschaften.

Schwarzer, R. & Jerusalem, M. (2002). Das Konzept der Selbstwirksamkeit. *Zeitschrift für Pädagogik, Beiheft* (44), 28–53.

Urhahne, D. & Hopf, M. (2004). Epistemologische Überzeugungen in den Naturwissenschaften und ihre Zusammenhänge mit Motivation, Selbstkonzept und Lernstrategien. *Zeitschrift für Didaktik der Naturwissenschaften, 10*, 71–87.

Meike Kricke,
Louisa Kürten
(Hrsg.)

Internationalisierung der LehrerInnenbildung
Perspektiven aus
Theorie und Praxis

*Band 6, 2015, 192 Seiten, br., 21,90 €,
ISBN 978-3-8309-3235-2
E-Book: 19,99 €, ISBN 978-3-8309-8235-7*

Vor dem Hintergrund einer zunehmend durch Vielfalt geprägten Gesellschaft ist es für die Professionalisierung angehender Lehrkräfte von zentraler Bedeutung, Einstellungen und Wertevorstellungen für die eigene LehrerInnenrolle zu reflektieren. Hier bildet der Ansatz einer Internationalisierung der LehrerInnenbildung einen entscheidenden Beitrag. Ob „at home" oder „abroad", der Blick über den Tellerrand kann einen zentralen Mehrwert für zukünftige Lehrkräfte in heterogenen Settings leisten, indem interkulturelle Kompetenzen, soziokulturelles Bewusstsein sowie das Kennenlernen anderer Bildungssysteme gefördert werden. In diesem Buch werden dazu Perspektiven aus Theorie und Praxis im internationalen Kontext beleuchtet.

André Bresges, Bernadette Dilger, Thomas Hennemann, Johannes König, Heike Lindner, Andreas Rohde, Daniela Schmeinck (Hrsg.)

Kompetenzen perspektivisch
Interdisziplinäre Impulse
für die LehrerInnenbildung

*Band 5, 2015, 200 Seiten, br., 21,90 €,
ISBN 978-3-8309-3128-7
E-Book: 19,99 €, ISBN 978-3-8309-8128-2*

Der Band versteht sich als Weiterführung des kritisch-konstruktiven Dialogs zwischen den verschiedenen Fachdidaktiken, der Bildungswissenschaft und der Sonderpädagogik im Rahmen der LehrerInnenbildung. Während der Vorgängerband sich stärker mit terminologischen, exemplarischen und strukturellen Fragestellungen in der LehrerInnenbildung aus der Sicht der verschiedenen Disziplinen in fachaffinen Clustern gewidmet hat, beschäftigt sich nunmehr dieser Band mit zentralen weiterführenden Aspekten aktueller und zukünftiger Schwerpunkte im Rahmen der Kompetenzdebatte in der LehrerInnenbildung. Ziel ist es zudem, die inhaltlichen Beiträge, wesentliche Arbeitsergebnisse sowie Diskussionsimpulse der im Frühjahr 2014 gemeinsam ausgerichteten Fachtagung – im Sinne eines weiteren Meilensteines fachlichen interdisziplinären Austausches – darzustellen und kritisch zu reflektieren.

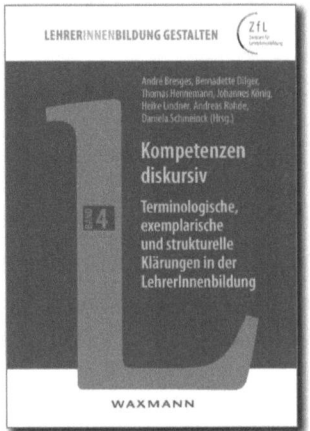

André Bresges, Bernadette Dilger, Thomas Hennemann, Johannes König, Heike Lindner, Andreas Rohde, Daniela Schmeinck (Hrsg.)

Kompetenzen diskursiv
Terminologische, exemplarische und strukturelle Klärungen in der LehrerInnenbildung

Band 4, 2014, 252 Seiten, br., 24,90 €,
ISBN 978-3-8309-2970-3
E-Book: 21,99 €, ISBN 978-3-8309-7970-8

Kompetenzorientierung in der Lehrerausbildung hat eine Vielzahl von kontroversen Diskussionen um Legitimität, Relevanz und Konsequenzen für die Steuerung von Bildungsprozessen in den verschiedenen Disziplinen ausgelöst. Bis dato ist die Auseinandersetzung um Kompetenzmodellierung und deren Umsetzung in Standards, Lehr- und Bildungsplänen und weiteren Vorgaben stark disziplinär verankert.

Die Fragen nach Anschlussfähigkeit, Gemeinsamkeiten und Differenzen unterschiedlicher Disziplinen werden bisher zu wenig aufgenommen. Für die Vertreter der vier lehrerbildenden Fakultäten und dem ZfL der Universität zu Köln entstand daraus eine Initiative inter- und transdisziplinärer Auseinandersetzung.

Im vorliegenden ersten von zwei Bänden liegt der Fokus auf den Einzelperspektiven. Es wird in fachaffinen Clustern der derzeitige Diskussionsstand zu Kompetenzorientierung dargestellt. Diese Darstellung erlaubt erste Gemeinsamkeiten und Differenzen sichtbar zu machen. Im Schlussteil werden die inter- und transdisziplinären Fragen aufgeworfen, die im Folgeband vertieft werden.